城市轨道交通专业技能培训教材

信号设备管理与维护

中铁通轨道运营有限公司
温州市铁路与轨道交通投资集团有限公司运营分公司 编著

中国铁道出版社有限公司

2022年·北京

内 容 简 介

本书为“城市轨道交通专业技能培训教材”系列图书之一。全书共6章，包括轨道交通信号系统概述、信号系统基础设备、信号维修与故障处理、故障案例分析、常规仪器认知使用、安全基本知识。

本书可供城市轨道交通领域管理与维护相关的从业人员及轨道交通职业院校的师生使用与参考。

图书在版编目(CIP)数据

信号设备管理与维护/中铁通轨道运营有限公司，温州市铁路与轨道交通投资集团有限公司运营分公司编著.—北京：中国铁道出版社有限公司，2022.8

城市轨道交通专业技能培训教材

ISBN 978-7-113-29018-4

Ⅰ.①信… Ⅱ.①中… ②温… Ⅲ.①铁路信号-信号设备-设备管理-技术培训-教材 ②铁路信号-信号设备-维修-技术培训-教材 Ⅳ.①U284

中国版本图书馆CIP数据核字(2022)第053244号

书　　名：**信号设备管理与维护**
作　　者：中铁通轨道运营有限公司
温州市铁路与轨道交通投资集团有限公司运营分公司

策划编辑：徐　艳　黎　琳　王　淳
责任编辑：徐　艳　　**编辑部电话**：(010)51873065
编辑助理：杨宣津
封面设计：尚明龙
责任校对：刘　畅
责任印制：高春晓

出版发行：中国铁道出版社有限公司(100054，北京市西城区右安门西街8号)
网　　址：http://www.tdpress.com
印　　刷：河北燕山印务有限公司
版　　次：2022年8月第1版　2022年8月第1次印刷
开　　本：787 mm×1 092 mm 1/16　**印张**：25.25　**字数**：482千
书　　号：ISBN 978-7-113-29018-4
定　　价：90.00元

《信号设备管理与维护》编审人员

主　编　徐　军　杨迎卯　杨　广

副主编　薛可宠　薛博文　余均杰

参　编　王旭忠　陈驰骋　郭腾飞　王守村　乔春东
　　　　王　海　朱金多　林　静　郑儆醒

主　审　马向东

参　审　闵永超　张春旭　刘帅刚

前言

我国城市轨道交通发展迅速，截至2021年12月31日，全国(不含港澳台)共有50个城市开通运营城市轨道交通，运营里程达9 206.8 km。随着运营里程的快速增加，城市轨道交通管理与维护人员的需求也不断增大。同时，城市轨道交通设备设施比较庞杂，且不同城市的轨道交通设备制式、厂家不尽相同，设备管理与维护过程中修程修制也有较大出入，因此在城市轨道交通设施设备日常管理与维护中，确立相对统一的管理与维护人员专业技能培训内容至关重要。

为实现企业专业技能培训科学合理化，全面提升技能队伍整体管理与维护水平，促进作业规范化、标准化，降低设备运行中的故障率，确保安全运行，中铁通轨道运营有限公司会同温州市铁路与轨道交通投资集团有限公司运营分公司组织相关人员编制了“城市轨道交通专业技能培训教材”系列图书。本套书共13册，本书为套书之一。

本套书从基础知识、运行维护、安全操作、故障判别与处理等方面阐述了城市轨道交通12个专业的管理和维护要求，并且对相关专业管理和维护过程中常见的故障进行原因分析，对高频次故障的预防及处理进行梳理。套书力求在以下方面有所突破：

一是力求岗位理论知识覆盖全面。教材根据岗位的基础知识和技能要求，内容覆盖了实际工作中需掌握的专业知识点，将理论内容结合岗位需求针对性讲解。按照连接性和扩展性要求对知识点进行必要的细化和展开，使相关的技能和知识点连成线、织成片；注重各专业间有机衔接，补充必需的基础性、辅助性知识和技能，形成较为完整的知识体系。

二是力求适用性广泛。教材内容以温州S1线市域(郊)铁路运营实践为主，同时结合国内其他城市轨道交通设备使用情况和借鉴先进管理经验，保证图书在行业内具有较好的适用性。

三是力求指导性突出。作为岗位人才培养的基础教材，图书在介绍理论知识基础上，同时介绍岗位工作接口、日常生产任务、生产技能等要求，以适应岗位的工作要求。

本套书在编写过程中汲取了相关市域（郊）铁路管理和维护单位的实践经验，结合现行国家和行业标准，紧密联系城市轨道交通的工作实际，内容深入浅出，文字力求通俗易懂。本套书既可作为市域（郊）铁路运营与管理企业员工专业技能培训教材，也可供轨道交通职业院校的师生以及行业管理人员使用与参考。

本分册为《信号设备管理与维护》，全书共分为 6 章，内容包括轨道交通信号系统概述、信号系统基础设备、信号维修与故障处理、故障案例分析、常规仪器认知使用、安全基本知识等方面，旨在使员工掌握基本安全知识及安全操作技能。

需要说明的是，本书内阐述的主要设备案例及应用场景均来源于温州市域铁路S1 线。由于城市轨道交通发展日新月异，各个城市使用的设备品牌、工艺、技术等均有所不同，加之编制人员专业技能与实践经验存在一定局限性，书中难免存在错漏之处，敬请读者批评指正，以便及时修订和完善。

编　者

2022 年 7 月

目 录

第1章 轨道交通信号系统概述

城市轨道交通信号系统是指挥列车运行、保证行车安全、提高运输效率的关键设备。只有在列车运行前方的轨道区段没有列车占用、道岔位置正确、敌对或相抵触的进路没有建立等条件满足，才允许向列车发出允许前行的信号，列车只要严格遵循信号的指示行车，就能确保列车安全运行，反之将导致事故。

随着信息技术的不断发展，特别是计算机技术、网络技术、无线和移动通信技术以及一体化的信息控制技术等现代化技术的广泛应用，信号系统发生了革命性的变化，轨旁的地面信号已由车载信号所代替，信号的内容也已发生了根本性变化，列车接收的目标速度、目标距离，由车载系统直接控制列车自动运行，实现列车超速防护和车站程序自动定位停车等。近几年基于无线通信的列车自动控制系统(CBTC)，也已在城市轨道交通信号系统中采用，将进一步提高列车运输效率。

1.1 信号系统概述

1.1.1 系统概述

城市轨道交通信号系统也称为列车自动控制(automatic train control)系统，简称为ATC系统。它实现行车指挥和列车运行自动化，能最大限度地确保列车运行安全，提高运输效率，降低运营人员的劳动强度，充分发挥城市轨道交通的运载能力。

列车自动控制系统主要用于列车进路控制、列车间隔控制、指挥调度、信息管理、设备在线工况监测及维护管理，是一个高效、综合的自动化控制系统。ATC系统包括3个子系统：

列车自动监控系统(automatic train supervision，简称ATS)；

列车自动防护系统(automatic train protection，简称ATP)；

列车自动运行系统(automatic train operation，简称ATO)。

3个子系统通过信息交换网络构成闭环系统，实现地面控制与车上控制结合、现地控制与中央控制结合，构成一个以安全设备为基础，集行车指挥、运行调整以及列车驾驶自动化等功能于一体的列车自动控制系统。它是现代城市轨道交通核心控制技术之一。

ATC系统是对列车全过程或一部分作业，实现自动控制的设备的总成，其核心是ATP子系统，主要是防止列车超速和越过禁止信号机等功能。ATS主要位于线路控制中心(俗称OCC)，主要实行监督工作，一般是通过网络的形式，和列车进行通信并指挥列车安全运行。信号集中站也具有一定的ATS功能，辅助中央ATS完成相关功能。ATS的信息通过轨旁的ATP设备传递给列车，列车上的ATP设备通过接收的信息，必要时对列车发出限速或超速防护的指令。ATO则根据这些信息，控制列车的运行、对位停车、开关车门等。

国内的城市轨道交通信号系统通常在正线采用国外供货商提供的列车自动控制系统(ATC)，在车辆段或停车场采用国内供货商提供的继电联锁或微机联锁系统的信号控制系统。

温州市域铁路S1线的ATC系统提供三种列车控制等级，即带通信的点式ATC控制级、无通信的点式ATC控制级和联锁控制级。每一个等级基于各个列车控制子系统的运行状态提供相应的操作和性能。系统正常运行模式为带通信的点式ATC控制级，无通信的点式ATC控制级和联锁控制级为系统驾驶模式降级的运行模式。正常运行模式与降级运行模式之间可实现安全、可靠地转换。

驾驶模式如下：

1. 带通信的点式ATC控制级：IATOM模式、IATPM+模式和ATB模式；
2. 无通信的点式ATC控制级：IATPM模式；
3. 联锁控制级：RM模式和NRM模式。

1.1.2 列车自动运行系统(ATO)

根据温州S1线ERATO ATO子系统分析，ATO子系统由车载设备和轨旁设备组成，采用高可靠性的硬件结构和软件设计，用于实现列车自动驾驶的功能。ATO子系统与ATP子系统共用车载硬件设备。ATO子系统的软件安装在与车载ATP子系统共用的车载计算机中，使用独立的CPU。车载ATO设备为主备冗余，当主ATO单元发生故障，自动从主ATO单元切换到备用ATO。主ATO和备用ATO单元运行同样的软件，得到相同类型的传感器输入和独立计算，但是在一个时间，只有一个ATO单元是主ATO，与其他子系统接口，如：ATP、车辆、TOD和ATS等，而备用ATO不提供任何输出。ATO子系统被设计为“主备冗余”，在当前主ATO单元中任何故障一旦被检测到，便进行自动故障切换。在ATO模式下，当主ATO故障后，可自动切换到备用ATO，列车驾驶模式仍在ATO模式下。

1. 轨旁设备的组成

1)ATO站停应答器

能够测定车门是否与站台屏蔽门/安全门对准，同时列车必须在要求的站停精度内停靠。使用速度传感器、加速度计和站台应答器的位置输入数据，列车可实现站台精确停车。欧式应答器用于确定列车的确切位置，ATO使用该信息计算列车到车站站台停车位置的行驶距离。靠近停车位置的应答器数量和位置决定了车站停车位置的精度，位置数据输入通常用来确定并校准列车距站台停车点的距离，以满足位置精度要求。整个系统的位置信息所采用的应答器为同一种应答器。用于ATO精确停车的应答器位于车站附近的特定位置并安装在两条钢轨中间，用于检测列车确切的位置信息，列车ATO利用该信息计算站台内到停车位置的行驶距离。靠近停车位置的应答器数量和位置决定车站停车位置的精度。

2)FRONTAM数据存储单元

安装于设备集中站内，全线配置一台，为双机热备冗余结构。执行两类功能：

(1)车载ATC系统和列车自动防护(ATS)子系统之间的接口。与列车自动防护(ATS)的接口，即将ATS远程控制指令和状态转换为车载ATC的远程控制指令和状态。

(2)事件数据存储和基础数据下载。它包含有三个服务器：两个服务器用于负责接口和下载，另一个服务器用于数据存档。

2. 车载设备的组成

每列车上装备1套车载控制器(CC)，包括2个冗余的ATO模块(主用/备用)。主ATO控制牵引和制动系统，经由RS-485串行接口与TMS相连接。在主ATO发生故障后，CC将自动启动从主ATO单元到备用ATO单元的切换。

3. 驾驶操作设备

IATO模式涉及的设备有TOD、驾驶模式选择器、发车按钮、站台自动折返按钮。

4. ATO功能

ATO子系统是自动控制列车运行的设备。在ATP子系统的安全保护下，根据ATS子系统的指令，实现列车的自动驾驶和列车在区间运行的调整功能，确保达到要求的设计间隔及旅行速度，高效、经济、合理地控制列车的牵引和制动，达到节能要求。

ATO子系统实现列车在区间的自动运行，控制列车按运行图规定的区间走行时分行车，自动完成对列车的启动、加速、巡航、惰行、减速和停车的合理控制。区间走行时分误差不大于±2%。ATO子系统具有自诊断功能，记录和分析故障报警信息，根据故障性质实施常用制动。ATO故障列车停车后，可人工转换为点式ATP保护下的人工驾驶模式运行。由于ATO始终在ATP的监督下运行，所以就ATO子系统而言，并没有安全性的要求。系统的非安全列车自动运行和监控功能由ATO子系统完成。在列车运行过程中，

ATO 子系统执行其规定功能，同时与 ATP 和其他子系统交换数据。门管理和发车控制涉及系统见表 1.1。

表 1.1　门管理和发车控制涉及系统

阶　　段	涉及系统	备　　注
列车停在正确的位置	运行列车的车载 ATO(进站过程中制动系统和牵引系统)	—
	车载 ATP 对零速的定义以及正确停车(在限制值以内)	—
列车请求开启 PSD	CC→ZC	PSD 开门信息经无线车地通信发送给 ZC，ZC 转送到联锁系统，经安全继电器控制 PSD 动作
	ATP+ATO	ATO 请求开启列车车门和 PSD； ATP 基于安全检查正确开门侧并激活开门使能
PSD 和列车车门开启	联锁+PSD	乘客上下车
发车准备	停站时间结束以后，ATO 或司机发送命令关闭车门(列车车门和 PSD)	—
列车请求关闭 PSD	CC→ZC	PSD 关闭指令经无线车地通信发送给 ZC，ZC 转送到联锁系统，经安全继电器控制 PSD 动作
	ATO	ATO 请求关闭列车车门
PSD 和列车车门关闭并锁定	ZC→CC	在联锁向 ZC 发送出站信号机开放信号后，ZC 通过车地无线通信发送授权，列车发车
	ATP	ATP 检查列车车门关闭并锁定
	ATP+ATO	在收到 PSD 和列车车门关闭并锁定的信号后： ATO 缓解制动； ATP 授权列车动车
列车驶离车站	ATO	ATO 发出牵引命令

车门控制具有以下三种控制模式：自动开/自动关、自动开/手动关、手动开/手动关。

ATO 系统也会提供 ATB 无人自动折返功能，为运营提供方便，并有效减小列车的运营折返时间，这个功能在允许折返的车站可用。当列车到达折返站时，模式开关仍位于 IATO 模式。司机将模式开关打到 ATB 位置，按压折返按钮，然后拔出列车室钥匙(司机室未激活)后下车。CC 子系统保持激活状态。然后，司机按压安装在站台上的“无人自动折返”按钮，列车将开始折返。控制列车自发车站台出发到达折返线停稳以后，CC 将在没有司机干预的情况下驾驶列车至第一个发车站台，列车停稳后，自动开启车门和屏蔽门。到达第一个发车站台后，CC 子系统(TOD、BTM)将切换至发车方向的司机室。在这种模式下，列车的启动、加速、巡航、惰行、制动、精确停车、开关门、折返等均由车载信号设备控制，不需要司机操作。车载信号设备连续地监测列车速度，当列车速度超过 FSB 触发速度时，信号系统将施加常用制动，当列车速度超过最大允许速度时，ATP 子系统将施加紧急制动。在极少数情况下 ATB 过程中被触发了紧急制动，此时，CC 将不会自动缓解紧急制动，需要维护人员人工干预进行缓解。

单列车到达折返站时，规定的停站时间结束，关闭车门和屏蔽门/安全门。当前驾驶模式为 IATO 模式，列车在司机按压“发车按钮”后以 IATO 模式运行至折返线停车。到达折返线后，司机用钥匙关闭当前驾驶端，走到另一端插入钥匙，将模式开关打到 IATO 模式，按压发车按钮，以 IATO 模式驾驶列车运行至出发站台。在这种模式下，列车的启动、加速、巡航、惰行、制动、精确停车、开关门等均由车载控制器控制。车载 ATP 连续监测列车速度，当列车速度超过 FSB 触发速度时，信号系统将施加常用制动，当列车速度超过最大允许速度时，信号系统将施加紧急制动。

驾驶模式转换有以下两种情况：

1)IATOM 列车自动驾驶模式

在 ATO 和 ATS 控制和 ATP 限制下，列车自动驾驶。司机按发车按钮启动列车，列车的启动、加速、巡航、惰行、制动、精确停车均由 ATO 子系统控制，不需要司机操作。一旦进入 IATO 驾驶模式，系统设备正常，没有人为干预，此驾驶模式维持不变。ATP 系统提供对站台紧急停车、屏蔽门/安全门状态的连续安全防护以及出站信号机红灯禁止发车等功能。

2)ATB 驾驶模式

在折返运行过程中，CC 负责安全和自动运行，不需要司机任何干涉。在完成自动折返运行且列车停在站台后，CC 将切换到另一端（TOD、BTM），车门打开且保持直到司机换乘后关闭。

IATO 驾驶模式切换只有在以下情况才能进行：列车处于 IATP＋模式；满足 IATO 模式建立条件（方向手柄置于向前位置，司控器置于空挡位置）；司机将模式开关从 IATP＋模式切换到 IATO 模式。这意味着在转换轨、存车线和区间满足条件的前提下，可根据要求由 IATP＋模式切换至 IATO 模式。

列车自动运行系统（ATO）的主要功能是进行精确的非安全列车定位、精确的运行速度控制，以实现精确停车、最小追踪间隔及节能。CC ATO 采用速度传感器和加速度计作为其速度源来估算车辆的运行状态，这些参数包括实际速度、空转—打滑、行驶距离、前溜/后溜以及零速度（停车）。

5. ATO 与信号内部子系统的接口

1)ATS 与联锁之间的接口用于进路命令和控制。

2)FRONTAM 接口用于 ATS 与 CC 之间。

3)联锁与 ZC 的接口。

4)ATP 与 ATO 之间的接口。

5)CC 与 TOD 以及车辆之间的接口。

6. ATO 与信号外部子系统的接口

1)轨旁:屏蔽门/安全门(PSD),该接口通过继电器接口管理。

2)车载:

(1)牵引和制动:建议 ATO 与列车牵引/制动系统之间的接口采用 RS-485 串行连接(非安全接口)。

(2)列车车门:ATP/ATO→列车:左右开门使能(2 条信息:左—右侧)(安全信息)及请求关闭车门(非安全信息);列车→ATP/ATO:门状态(关闭并锁定—未关闭)(安全信息)。

1.1.3 列车自动监控子系统(ATS)

ATS 子系统是一个分布式的计算机监控系统,由控制中心(OCC)设备和分布于全线的联锁设备站、非联锁设备站、车辆段和停车场设备组成,通过冗余的 ATS 网络连接。为了提高系统的可靠性和可用性,ATS 子系统的关键设备采用热备冗余的配置。

ATS 子系统硬件架构采用多重冗余方式:在 OCC 设置的服务器采用热备冗余方式,一台故障系统自动切换到另一台运行;在 OCC 服务器都故障的情况下,系统自动切换到后备站的服务器运行,不影响 ATS 的正常运行功能;在联锁设备集中站设置热备冗余的车站服务器和热备冗余的现地控制工作站;当中心故障时,车站 ATS 仍具备基本的进路控制(人工或自动)、列车追踪和运行调整的功能,且车站服务器或工作站一机故障后系统自动切换到另一机运行,不影响 ATS 使用功能。

1. ATS 子系统主要设备描述

1)ATS 主机服务器:为 ATS 子系统的数据处理核心。该设备主要完成以下功能:获得全线车站、车辆段以及外部系统的数据后,将站场图显示、告警、列车状态等各种信息发往各 ATS 工作站和外部接口显示;负责列车运行和计划相关事务,处理调度人员、维护人员、车辆段派班人员的各种操作请求,并发送到相关系统执行;保存系统日常运行的各种数据,用于事后分析和回放;负责向无线、广播、乘客向导等外部系统发送相应的信息。ATS 主机服务器以热备方式组成,备机实时从主机获得各种同步数据,当主机系统故障时,备机系统将替代主机系统执行数据处理和控制功能。

2)ATS 数据库服务器:ATS 数据库服务器采用双机冗余方式,在 ATS 数据库服务器上运行并行数据库例程,数据库例程接受数据库访问。ATS 数据库服务器持续存储接收到的事件、相关控制请求日志、相关自动控制请求、报警日志,并且存储时刻表等数据文件。

3)ATS 通信服务器:部署在控制中心信号设备室和带有 FRONTAM 的联锁设备站,提供与 FRONTAM 的通信接口,接收车载控制器的通信及状态数据,并向车载控制器发送相关的控制数据。

4)ATS 车站服务器:部署在联锁设备站。ATS 车站服务器在控制中心 ATS 正常工作时,实现相关系统间的消息传递处理;在控制中心 ATS 故障时,能根据列车计划和列车实际运行情况、车站设备状态自动触发列车进路、列车自动跟踪控制以及部分列车调整功能。

5)ATS 培训服务器:为相关的模拟培训工作站提供正常的 ATS 服务器环境,并具有培训 ATS 用户的仿真功能。模拟培训数据以本工程的线路、车站配线及在线运营列车等状况为对象,具备在线和离线两种工作方式。

6)接口服务器:用于处理 ATS 和外部接口之间的信息交换。ATS 会发送相关的信息给接口服务器,接口服务器按照接口协议转发相应格式的信息给外部系统;接口服务器按照接口协议接收外部系统的相关信息,并将该信息转发给 ATS 系统处理。

7)工作站:因不同使用功能,划分多种工作站,比如调度工作站、系统管理员工作站、模拟培训工作站、时刻表/运行图编辑工作站及大屏接口工作站等。

2. ATS 子系统的功能

1)信息显示功能:用于监视整条线路的信号设备状态和列车运营情况。显示信息包括行车信息、设备工作状态信息、报警信息。

2)界面信息显示更新:根据接收到的报文数据以及 ATS 子系统内部设备状态更新各信号设备及列车相关信息的显示。

3)用户管理:实现系统用户的创建、修改、删除、登录、退出、登录转移等功能。ATS 子系统能够在任一调度工作站上进行功能及控制范围的职责授权,在工作站上输入用户名和密码,实现操作人员登记进入确认和登记退出。

4)区域管理:中心控制区域分配由系统管理员或主调度员完成。每个控制区域至少有一个终端控制。系统保证用户正常注销时不会出现中心控制区域处于无人控制的情况。如果系统出现异常,系统提示中心是否出现控制区域丢失,调度主任/调度负责人负责区域分配,以防止控制区域处于无人控制。

5)控制权切换:正常情况下中央 ATS 工作站控制全线进路,现地控制工作站用户仅监视本联锁区的列车运行。需要时经中央授权后可以转为车站级控制,ATS 子系统实现中心和车站控制权的正常转换功能。在紧急情况下,车站值班员可在现地控制工作站上采用非常手段强行取得控制权,控制车站的进路和信号,并可办理引导接车。在车站级控制情况下,控制中心不能强制收回控制权。

6)安全命令的二次确认:对于 ATC 系统的安全控制命令,ATS 进行二次确认。即操作员在选择并发出一个命令后，ATS 将在用户界面提示操作员再次确认。操作员必须在界面上再次确认，该命令才能被执行。

7)信号控制功能：所有人工信号控制功能的完成，均需要操作人员有该区域的控制权限，并且有对应功能的操作权限。

8)列车识别信息及列车明细信息。

9)列车正线追踪：ATS 中列车追踪模块实现列车识别追踪功能，包括列车标识的人工操作、列车标识自动追踪。列车追踪模块接收 ATS 用户的请求包括输入、修改、删除和移动列车标识。列车车次号随着列车的走行相应位移和自动追踪，并在计划运行图和实际运行图上显示。当列车到达终端站完成折返作业后，ATS 子系统按照实施运行图自动获取新列车车次号。

10)列车自动进路：列车自动进路功能，可以减少用户的日常操作，ATS 系统根据列车信息和联锁设备状态，自动向联锁系统发送进路申请命令。

11)列车运行限制：ATS 子系统允许中央调度员和车站值班员设置限制列车运行的控制命令。监测到与列车进路有关的列车运行限制命令时，若相应进路尚未排列，则不发送排列列车进路命令。

12)运行图/时刻表管理：列车运行图/时刻表包括基本运行图/时刻表、计划运行图/时刻表和实际运行图/时刻表。基本运行图/时刻表、计划运行图/时刻表和实际运行图/时刻表均可用任意窗口显示，也可用时刻表的方式显示。

3. ATS 与信号内部子系统的接口

1)ATS 子系统与联锁系统接口

ATS→CBI：进路请求/取消进路请求；信号锁闭/解锁请求；引导信号请求；道岔定位/反位/锁闭请求；自动通过进路(Fleeting)允许/取消请求；扣车请求。

CBI→ATS：信号机状态(开放，关闭，引导，封锁，接近锁闭/接近锁闭延时，灯丝断丝)；计轴区段状态(占用/空闲，复零提示)；道岔状态(位置状态，锁闭)；进路锁闭(方向)状态；站台屏蔽门/安全门状态(打开，关闭，旁路)；站台紧急停车激活状态；IBP 站台扣车请求；联锁状态(主控状态，备机状态)；电源故障状态。

2)ATS 子系统与车载控制器 CC 的接口

ATS→CC：列车运行等级调整请求；站停时间；列车跳停请求；列车扣车请求；时钟信息。

CC→ATS：列车调整状态(运行等级)；扣车状态；列车报警状态(如 EB 等)；车载控制器(CC)运行状态；车载控制器(CC)状态(可用控制模式，驾驶室按钮和开关状态，ATO 模式故障和停车失准)。

3)ATS子系统与ZC的接口

ATS→ZC:临时限速TSR请求;屏蔽门故障报警确认。

ZC→ATS:临时限速TSR状态;屏蔽门故障报警。

4)ATS子系统与车辆段的接口

ATS子系统为车辆段的联锁系统提供时钟信息,ATS子系统从车辆段联锁以及集中监测设备获取信号基础设备报警信息,车辆段向ATS子系统提供信号设备的状态信息。

1.1.4　列车自动防护子系统(ATP)

ATP子系统是故障—安全系统,它负责列车运行过程中的安全保障作用。目前,针对不同的ATC系统制式,如固定闭塞、准移动闭塞和移动闭塞,ATP系统的组成、工作原理和功能等有所差异,但其运行模式、维修组织与流程、故障处理和设备的维修等方面都有共同的地方。ERATO ATP子系统由四个主要设备组成:线路电子单元LEU,欧标应答器,区域控制器ZC,车载控制器CC。ATP设备也分成轨旁设备和车载设备两部分。

1. ATP轨旁设备

ATP轨旁设备主要由区域控制器和轨旁应答器组成。

区域控制器ZC设置在设备集中站。ZC是基于微处理器的安全控制器。区域控制器分别与联锁和CC接口,用于实现站台的连续安全防护、车门—PSD联动管理、出站发车授权(红灯防护)及自动折返等功能。区域控制器采用安全可靠的3取2结构,负责实行列车站台区域安全防护、车门—站台门联动以及填充MA等功能。ZC架构确保将控制指令即时发送,冗余配置确保在极少数故障情况下也不影响系统的可用性。更为重要的是,可在运营期间进行维护,不会影响到系统的性能。每个ZC单元与相邻的ZC通信,并与联锁和车载通信,以确保运行和控制的各方面得到安全管理。同时,ZC的设计使其能够轻易地与联锁建立接口。在系统配置中,ZC与BiLOCK联锁设备接口。BiLOCK与转辙机、信号机、站台门和计轴等设备接口。联锁控制根据安全逻辑控制转辙机和信号机,它还根据来自ATS的进路申请,完成联锁功能。ZC通过DCS子系统与BiLOCK、CC子系统、其他的ZC及ATS子系统接口。从可用性角度考虑,所有ZC的外部计算机接口都有冗余。

温州市域铁路S1线采用欧式固定数据应答器(无源应答器)和可变数据应答器(有源应答器)。固定数据应答器无须敷设电缆或以其他形式与电子设备或电源连接,可变数据应答器从LEU接收信息(数据报文),当与LEU连接中断时,将发送默认报文。

地面电子单元(LEU)是一种与有源应答器之间接口的轨旁或者室内安装设备,用于向有源应答器传输可变信号数据,满足应答器上行链路数据传输的需要。LEU与联锁和应答器接口，负责将联锁选择的应答器报文发给应答器。轨旁应答器按照标准协议向车载 ATP 设备传输相关 ATP 安全运行信息，包括移动授权等。

2. ATP 车载设备

ATP 车载子系统设备包括车载控制器 CC ATP 和外围设备，外围设备又包括转速计（速度传感器）、加速度计、应答器读取器和天线、司机操作显示单元 TOD、车载 MR 和天线。

CC 采用三取二计算机系统，测速装置包括速度传感器、加速度计。每列车配置两套速度传感器，分别安装在列车不同侧的不同非动力制动轴上。本项目中所有列车的速度传感器的安装方式应该保持一致。车轮带动速度传感器轮齿的转动，当传感器经过轮齿的时候会输出数字脉冲，这些脉冲由硬件计数器来计数，从而可以在给定周期内测试速度。

每列车装备 4 个加速度计，包括两个数字型和两个模拟型，安装在 CC 机柜底部。加速度计分为两套，每套有两个不同的加速度计。两套设备互为冗余，用于提高系统的可用性和可靠性。模拟和数字加速度计的厂家不同，以消除共模误差。通过这两套设备交叉检查测量来保证系统的安全。当空转/滑行开始时，CC 使用空转/滑行开始前的速度，利用加速度计进行补偿来计算当前的速度和位置。一旦空转/滑行结束，速度和位移的测量将切换回速度传感器负责。

车载数据通信系统（DCS）由移动通信设备（MR）、MR 天线、车载交换机和车载中继器构成。在列车每端安装有一个 MR 和两个 MR 天线，车载交换机安装在装有 CC 机柜的司机室内，和 MR 主机安装在一起，在靠近另一端司机室的相邻客室内，安装有车载中继器。MR 是车载无线设备，用来在车载设备（如 ATP 和 ATO）和轨旁设备间传输数据。车载 ATP 和 ATO 子系统通过两个独立的以太网连接到 MR。在每个列车车头车尾之间，组成 A、B 通道的数据传输网络，实现两端 TOD 等设备之间的数据传输冗余网络。同时，CC 与轨旁通信之间，组成 A、B 双网络，实现 CC 与轨旁通信之间的数据传输冗余网络。

列车司机显示器作为司机与列车控制系统之间的人机界面，在每个司机室内均配置了一台 TOD 司机显示器。TOD 司机显示器界面采用 12.1 英寸的有源矩阵彩色显示器（TFT），作为 TOD 的显示屏。司机显示器本身采用了触摸屏设计，硬件上配置了光线感应器，可以在室内环境和室外环境下根据外界光线的强弱，来自动调节或者人工调节显示器屏幕亮度，方便司机对显示器屏幕信息进行查看。同时在硬件设备上也配置了音量大小可调的声音蜂鸣器，在信号系统或车辆系统触发全常用制动或紧急制动时，对司机进行蜂鸣报警。司机显示器人机界面应采用中文界面的图形用户接口方式，具备多级菜单、多级窗口的功能，主要包括公共控制区，驾驶界面，系统管理界面。公共控制区包括登录子窗口、LCD 亮度调节子窗口。驾驶界面包括信息日志浏览子窗口、速度显示区窗口、状态信息区窗口、EB 窗口等。

3. ATP子系统功能概述

ATP子系统是保证列车运行安全的设备，提供列车运行间隔控制及超速防护，所有功能均满足故障—安全原则，该准则符合CENELEC标准。为确保系统的高可靠性和高安全性，采用高可靠性、高安全性硬件结构和软件设计，以及采取必要的硬件、软件冗余措施，硬件结构采用三取二的冗余结构。ATP子系统与相邻有关系统间的通信通道具有故障—安全功能并有热备冗余，主备设备转换时间不影响列车正常运行和司机正常驾驶。

轨旁ATP设备向车载设备发送必要的运行线路条件、轨旁信号状态及列车运行权限等信息。车载ATP子系统根据线路数据、列车临时限速信息、联锁设备提供的列车进路信息等确定运行的最大安全速度，提供列车间隔保护、超速防护、运行方向和列车的运行权限；通过与ATO的硬件及软件接口，实现对列车的安全和自动控制，并保证前行列车和追踪列车间的安全间隔。车载ATP子系统负责确定列车位置，监测列车速度，保证适当的制动次序，管理列车的控制模式，并根据ZC所提供的信息来控制列车。车载子系统的关键元件是车载控制器(CC)，它包括一个安全的三取二处理器以及输出/输入控制器模块所提供的输入/输出接口。

CC与速度传感器、加速度计和应答器天线接口，以确定列车的位置。列车司机显示器与CC接口，显示驾驶信息、设备状况以及给司机的报警。车载ATP设备能自动识别ATC监控区，当列车自非ATC监控区(如停车场)，进入ATC监控区(如正线)时，ATP子系统保证车载设备建立和完成列车进入ATC监控区的工作，并立即进入工作状态。

车载子系统的功能包括：列车安全速度和位置的确定、安全的超速保护、安全的紧急制动、安全的列车对位停车、安全的方向控制、安全的门控制(使能)、ATC运行模式、安全后溜和前溜防护。

ATP列车控制方式采用连续的速度—距离控制模式曲线，具有在各种驾驶模式下(除NRM模式外)列车运行的超速防护功能。当列车运行速度接近ATP最大允许速度时，车载设备产生声光报警，并采用常用制动降低列车速度。采用常用制动时系统连续地检查列车的制动率，如常用制动率达不到规定值，或车速未按要求进行减速而列车速度达到ATP紧急制动触发曲线速度时，实施紧急制动。ATP子系统具备临时限速功能，连续、自动地对列车位置准确可靠检测。为满足测速精度，ATP子系统具有人工和自动轮径磨损补偿功能。

ATP防护的站停功能：ATP子系统保证列车在有效站台区的运行速度不超过规定值。ATP子系统对车站停车精度实施安全防护，列车在车站停车误差超过0.5 m但小于5 m，ATP将实施保护，车门和站台门不能打开，IATPM+/RM模式下，列车可按规定的模式和速度前进或后退进行调整，后退次数不超过2次，若停到位，则可开启车门和站台门。若列车在车站停车误差大于 5 m,或后退后仍然超出停车精度范围,则列车只能运行至下一站停车。

轨旁 ATP 功能:ATP 地面设备能够向车载设备发送必要的速度、距离、线路条件等信息或向车载设备传送列车运行权限等信息,以供车载设备确定列车运行的最大安全速度,提供列车间隔保护及超速防护能力,保证列车运行安全。

车载 ATP 功能:车载 ATP 设备实现与车辆(包括牵引和制动)的可靠接口,保证安全、连续地对列车实施有效控制。车载 ATP 测速设备采用冗余方式的测速系统,速度信息的输出有相互校验,并实行断路检查,测速设备的测速精度参数应满足对列车控制精度的要求。车载 ATP 设备对车轮打滑及空转采取切实可行的技术措施,确保列车的运行安全和系统性能指标。车载 ATP 设备保证列车速度不超过线路、道岔、列车等规定的允许速度,并在 IATO 模式、IATP+模式、IATP 模式下对列车实施监控,防止列车超速运行。车载 ATP 系统提供倒溜防护功能,如果列车倒溜超过 1 m,则实施紧急制动,并向司机提供相应显示。

非正常状态下的运营:ATP 子系统与联锁子系统结合共同实现非装备列车(含车载设备故障列车)与装备列车的共线混跑,在紧急情况下,可通过按下车站控制室 IBP 盘上的紧急关闭按钮或车站站台上的紧急关闭按钮实施站台紧急停车。如果一列 ATC 列车已经进入或仍未完全离开站台区域,列车将立即紧急制动并停车;如果 ATC 列车正在接近站台,ZC 会执行站台防护功能防止列车进入站台区域,若在进站信号机前收到授权收回,能在进站信号机前停下,执行 FSB;列车运行至进站信号机时未停车,读到红码,执行 EB 制动;若越过进站信号机后收到授权收回,能在站台端头外停车,执行 FSB,若无法在端头外停下,执行 EB;任何列车的非预期移动、列车位置丢失、列车超过紧急制动限速、列车完整性信息丢失等均将产生紧急制动并报警。轨旁 ATP/ATO 设备故障、车载设备故障将根据不同的故障类型做出相应反应(常用制动或紧急制动)。列车在运行过程中,信号系统检测到车门锁闭状态丢失后,车载 ATP 子系统将触发全常用制动直至停车。

ATP 车载设备故障:(1)车载 ATO 设备故障。车载 ATO 采用双机热备冗余方式,一个 ATO 模块故障时,系统自动切换到另一 ATO 模块,列车可继续以 IATO 模式驾驶。如车载 ATO 设备全部故障,ATP 设备正常,车载设备产生报警,司机可选择 IATP 驾驶模式驾驶列车运行。(2)车载 ATP 设备故障。车载 ATP 设备采用三取二冗余方式,一个 ATP 模块故障时,系统自动切换为二取二模式运行,列车可继续以 IATO 模式或 IATP+模式驾驶。当 2 个以上 ATP 模块故障时,车载设备产生报警并紧急制动列车。列车只能在人工转换为非限制驾驶人工 NRM 模式下运行,司机根据调度命令和地面信号的显示人工驾驶列车。

ATP 对车门及站台门的监控:车载 ATP 设备监控车门及站台门的开启和关闭状态,当到站列车在站台区停稳并满足停车精度要求时，ATP才允许打开车门及站台门；开门侧应符合站台的位置和列车运行方向。车门及站台门安全关闭后，才允许列车自车站发车。当站台门因故失去关闭锁闭的状态表示时，ATP将对站台区域实施防护，不允许列车进入或在站台区域内移动。列车在运行过程中，车载设备监督列车车门的状态。当车门关闭锁闭状态丢失时，ATP将对列车采取全常用制动以使列车停车。采用全常用制动可以避免对乘客造成大的冲击，避免增大发生危险的可能。

4. ATP与信号内部子系统的接口

区域控制器ZC与车载控制器CC、区域控制器ZC与联锁的接口完全采用在城市地铁CBTC系统应用成熟的接口方式和通信协议，经国内外多个已运行项目的检验，接口稳定可靠。ATP子系统与信号其他子系统接口采用基于UDP的专用协议，保证系统间信息交换的实时性。

1)区域控制器(ZC)与ATS子系统接口：通道基于以太网连接和光纤骨干网，使用UDP/IP。接口主要用于TSR管理。

2)区域控制器(ZC)与DCS子系统的接口：ZC通过以太网接口连接到接入交换机，接入数据通信子系统。接入交换机通过光纤连接到骨干交换机。

3)区域控制器(ZC)与BiLOCK接口：ZC与联锁接口采用SAFE_P专有协议，用于针对损坏的安全数据和超时的安全数据的保护，确保系统间信息交换的安全性。区域控制器与BiLOCK之间的通信从物理角度来说，是通过冗余的数据通信网络(DCS)来实现的，其中BiLOCK周期性地通过DCS子系统向区域控制器发送联锁相关的信息；区域控制器周期性地通过DCS子系统向BiLOCK发送ATC相关的信息。区域控制器与BiLOCK之间的通信，对于实现列车定位功能、列车安全间隔功能、自动折返功能、站台安全连续防护功能、扣车功能等ATC功能是必须的。

4)区域控制器(ZC)至CC的接口：通道基于冗余的以太网连接、光纤骨干网和802.11 g无线局域网，使用UDP/IP。主要用于列车在车站区域的定位、安全防护信息、站台紧急停车信息(综合站台紧急停车按钮)、发车授权等。

5)区域控制器(ZC)至区域控制器(ZC)的接口：通道基于冗余的以太网连接和光纤骨干网，使用UDP/IP。

6)CC至列车操作显示器的接口：通道基于10 M/100 M的以太网连接，使用UDP/IP。传送信息包括：列车实际运行速度和建议运行速度；列车的最大允许速度；目标距离和速度；驾驶状态(牵引、惰行和制动)和驾驶模式指示；列车折返；紧急制动报警；自动和收到关门的指示；列车门控制和门状态指示；站台门状态指示；发车和驾驶指令、启动紧急制动和指示；空转/打滑状态；制动力故障；车载ATP和ATO设备故障指示；下站名称、目的地名称和时间显示;列车完整性;系统故障消息提示。

7)CC 至 ATS 子系统的接口:通道基于冗余的以太网连接,光纤骨干网和 IEEE 802.11 无线局域网,使用 UDP/IP。ATS 与 CC 经 FRONTAM 的接口主要用于 ATO 功能,如列车调整、跳停等。

8)CC 至 DCS 子系统的接口:车载控制器通过冗余的以太网接口连接到车载交换机,接入数据通信子系统。车载交换机连接到车载 MR,并通过无线接口,接入到轨旁 AP 接入交换机。接入交换机通过光纤连接到骨干交换机。

9)CC 至 BiLOCK 子系统的接口:车载控制器基于 DCS 子系统的通道,在站台区域无线覆盖范围内与 BiLOCK 子系统建立通信。典型接口信息主要包括站台 ID 信息、列车停靠在站台、站台门开门命令、站台门关门命令、列车到站信息。BiLOCK 子系统会将站台 ID 信息和 PSD 状态发送给 CC 子系统。

1.1.5 计算机联锁子系统(CBI)

1. 联锁的构成

配置一套双系热冗余的 2×2 取 2 联锁系统,负责完成管辖区域内的所有联锁功能,以及与 ATS、ZC 等系统之间的接口和数据传输。配置两层冗余的通信传输结构,一层为联锁系统与 ATS 子系统、系统维护台及现地控制工作站之间的信息交换提供网络传输通道,一层为联锁与 ATP/ATO 之间的信息交换提供网络传输通道。设置一套热冗余的现地控制工作站(ATS 操作工作站与联锁设备的操作员工作站合用,称为现地控制工作站,简称 LCW),车站或中心值班员的操作命令(如:进路办理、单操道岔、开放引导进路等所有的联锁操作)经 LCW 处理后送给联锁,联锁把运算后的相关表示信息(信号机状态、道岔位置、区段状态等)送至 LCW 上显示。配置一台系统维护台 SDM,负责完成本联锁设备集中站所辖车站的联锁诊断和故障记录等。

2. CBI 系统性能

高安全性:BiLOCK 联锁机采用了三种故障—安全技术:组合故障—安全,反应式故障—安全和固有故障—安全。单个联锁机由二取二通道组成,且两个通道都具有联锁运算功能和比较判决功能,只有表决结果一致且正确才产生有效的驱动输出。采集、通信和逻辑运算采用统一的编码方式,特别是通信采用加强型 CRC 校验方式,数据错误将自动导向安全,属于固有故障—安全措施。由双通道的联锁机+双套联锁软件+双断方式直流控制的输出,确保了系统中任何故障均不会造成计算机危险的输出。

高可靠性:采用了 2×2 取 2 结构,系统由两套联锁机、上位机、冗余网组成。该系统的 I/O 接口及配线部分均为双套,主备机任何部分故障,均不影响正常使用。故障设备可在完全脱机的状态下进行维修而不影响工作系统，即系统的可用性极高。

高抗干扰能力和高防雷性能：CBI 子系统中所有的有源元器件加罩与外界隔离屏蔽。安全型输入/输出板采用浪涌保护电路和泄流保护电路，防止外线对系统造成危害。供电电源采用滤波器，防止电源噪声和外部电源干扰进入 CBI 子系统。采用多处理器、相互独立的计算机电源保护、防浪涌和双重电源防雷、机箱屏蔽接地、分区滤波等技术，使设备具有较高的防雷和抗干扰能力。

3. CBI 系统功能

负责本联锁设备集中站所辖区域内的联锁逻辑处理；采集和驱动现场相关轨旁信号设备，通过安全型继电器实现和道岔转辙机、信号机、计轴检测设备、紧急停车按钮、站台门等设备的安全接口；实现相邻联锁之间的信息交换；实现与区域控制器 ZC 接口，负责把本区域内的信号机、道岔和计轴占用状态等信息发送给相应的 ZC；实现与 ATS 子系统的接口，通过 LCW 接收 ATS 子系统下发的中心或车站 ATS 控制命令，并把站场显示信息通过车站 ATS 分机送给中心 ATS；联锁与 ATS 子系统结合实现 ATS 中心控制、ATS 车站控制和联锁紧急站控功能；提供直观的维护和诊断功能。

4. CBI 系统原理

BiLOCK 型计算机联锁系统除诊断维护子系统为单系工作外，其余各个层次，包括信息通道均设双重系，分别为 A 机和 B 机，互为备用。单台联锁机采用二取二双通道表决机制，两个通道都具有联锁运算和比较判决功能，只有两个通道的表决结果一致且正确才产生有效的驱动输出。在单机双通主备机有自动切换和人工切换两种切换方式。当切换手柄在自动挡时，系统根据主备机运行状态进行自动切换。当主机出现故障，自动停止驱动，此时备机自动升为主机。当切换手柄在 A 机挡时，则系统设定 A 机为主机，系统不能进行自动切换。当切换手柄在 B 机挡时，则系统设定 B 机为主机，系统也不能进行自动切换。通道表决的基础上，A、B 机采用双套比较一致驱动、双套采集，进一步提高了系统的安全性和可用性。

5. CBI 系统的接口

1)CBI 与信号机、道岔、轨道电路的接口：CBI 通过安全型输出板驱动信号点灯电路继电器，用于控制信号机的每个灯位，并通过安全型输入板回采该驱动信息；CBI 还将采集每架信号机灯丝继电器，用于监督灯丝状态。CBI 通过安全型输出板驱动道岔操纵继电器和道岔锁闭继电器，用于控制转辙机转换。也通过安全型输入板采集区段空闲/占用状态。

2)与相邻联锁设备站的接口：所有联锁站之间的双系的联锁系统通过信号子网接入骨干网。两个相邻的联锁设备集中站之间传递分界点进路、信号机及计轴检测等信息。

3)CBI 与 IBP 盘按钮的接口：在 IBP 盘上，设置“紧急停车/紧急停车取消”按钮及相应表示灯。在紧急情况下,可按下车控室综合控制工作台的紧急停车按钮或车站站台上的紧急停车按钮,实现对列车的紧急控制。CBI 通过安全采集板采集紧急停车按钮继电器位置状态信息。在 IBP 盘上还设有扣车/取消扣车按钮,一旦按压扣车按钮,点式状态下 CBI 子系统设备首先关闭相应出站信号机,并通过 ATS 改变发车表示器显示。办理取消扣车后恢复信号开放及发车表示器显示。CBI 通过安全采集板采集扣车/取消扣车按钮继电器位置状态信息。

4)CBI 与站台门的接口:CBI→PSD 开、关门命令;PSD→CBI 屏蔽门锁闭、屏蔽门故障等信息。当列车进入站台停车、满足定点停车精度要求后,CC 将开/关安全门指令送给 CBI,CBI 收到指令后驱动安全继电器将开/关安全门指令送给安全门系统。

5)CBI 与 ZC 的接口:CBI→ZC 信号机状态(开放/关闭);道岔状态(定位/反位);计轴区段状态(占用/空闲);站台门状态;紧急停车按钮状态;自动折返区域区段锁闭状态、保护区段锁闭状态和自动折返按钮状态;ZC→CBI 自动折返区域列车接近和保护区段请求状态。

6)CBI 与 CC 的接口:CBI→CC 站台门状态;CC→CBI 站台门开关门命令;列车在站台信息。

7)CBI 与地面电子单元(LEU):CBI→LEU 进路信息(开放/关闭);LEU→CBI LEU 工作状态信息。

8)CBI 与 ATS 的接口:CBI→ATS 道岔、区段、信号机、进路、按钮、表示灯、扣车;ATS→CBI 进路控制、扣车。

1.1.6 基于通信技术的列车控制系统(CBTC)

CBTC 是指基于通信技术的列车控制(Communication Based Train Control)系统。该系统不依靠传统的轨道电路向列车车载设备发送信息,而是通过轨旁无线、环线、漏缆、波导管等方式来建立车与地之间的无线通信,实现连续、双向、高速的车地通信。由于计算机技术和通信方式的发展,信号的概念已经改变,从被动反应到主动检测,从轨旁设备控制到列车自我控制,使得列车具备了思考和对话的能力。列车运营过程中的命令和状态可以在车与地之间进行实时可靠的信息交换,以完成调度或车站值班员对列车的各种控制。

1. CBTC 系统的结构与功能

1)移动闭塞

传统信号系统的主要设计目标是用安全型轨旁信号机、列车停车和司机的警惕性来保持列车的实际间隔,从而使列车不会进入一个已被其他列车占用的区间。与此相比,移动闭塞系统的主要设计目标是:在保持传统设计安全性的前提下,通过改进列车定位分辨率和移动授权更新频率来减少列车间隔距离，从而提供更大的通过能力。

在 CBTC 系统中，列车检测自身位置，并将其报告给区域控制器以及 ATS，区域控制器根据 ATS 的进路请求以及列车位置、线路情况等向列车发布移动授权。

车载设备在区域控制器(ZC)发出的移动授权权限(LMA)下负责列车的安全运行。LMA 被授权至列车前方的障碍物(包括前方列车、关闭的轨道、关闭的站台等)。车载设备确保由它产生的速度曲线考虑了所有适当的安全因素。这些考虑包括最不利情况下的停车距离和前方障碍物位置的不确定性。在传统信号系统中，对后续列车的移动授权是根据前行列车对轨道区段的占用而给出的。在移动闭塞系统中，ZC 根据列车所报告的位置以及位置的不确定误差，从而得出该列车在最不利条件下的位置(即前方列车的最大包络线)。ZC 将这个列车的位置作为后续列车的障碍物来计算后续列车的移动授权权限，使之与前方列车尽可能接近。移动闭塞关系图如图 1.1 所示。

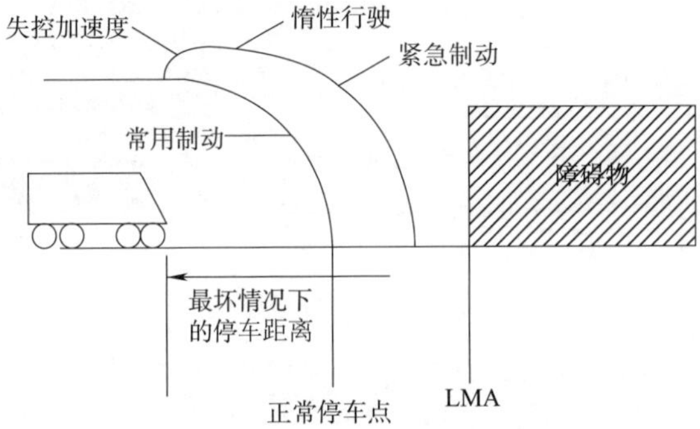

图 1.1　移动闭塞关系图

采用 CBTC 移动闭塞系统最大的好处就在于大大减小了行车间隔，列车之间的间隔不再受限于轨道区段(轨道电路或计轴区段)，从而使得增加列车数量、提高系统运能成为可能。

此外，在 CBTC 系统下，由于采用了高速无线通信方案，使得车与地、车与 ATS 之间可以实时传递大量数据，极大地丰富了 ATS 显示的信息。操作人员在 ATS 界面上可以实时了解列车的准确位置、速度等详细信息，为调度操作提供了有力技术支撑。

2)移动授权权限

CBTC 系统的主要任务是保证列车在系统控制的线路范围内安全运行。这是通过为每列通信列车提供一个 LMA 来完成的。当列车在受控线路区域内按照正常时刻表运行时，车载控制器(VOBC)将列车的位置与运行方向发送给 ZC，而 ZC 使用列车当前位置、行驶方向、进路以及周围线路的当前状态来计算每列车的 LMA，ZC 通过 DCS 通信子系统向 VOBC 发送列车的 LMA。VOBC 负责列车在自己的 LMA 范围内运行。

ZC有规律地、定期性地通过DCS通信子系统向其管辖区域内运行列车的VOBC发送LMA。ZC还会把列车LMA内的信号机和道岔状态报告VOBC。与之相反，VOBC也会把列车位置和行驶方向周期性地报告ZC。

列车的LMA是指从列车的车尾起到前方障碍物的这部分线路。障碍物可能是另一列车的LMA、关闭的线路区域或道岔等。LMA将考虑特殊障碍物的相关特性，例如列车倒溜容限等。列车的LMA会有规律地、周期性地重建。重建将基于相邻线路资源的可用性，此可用性反映了线路的当前状态。

LMA结构是从列车当前位置开始并且沿着列车行驶方向延伸至最近的道岔区或其他障碍物，如图1.2所示。CBTC采用的原则是，只有在列车达到使其在道岔前停车的制动曲线之前的3 s才让LMA向前延伸越过道岔。这样做可以避免干扰列车的正常运行。

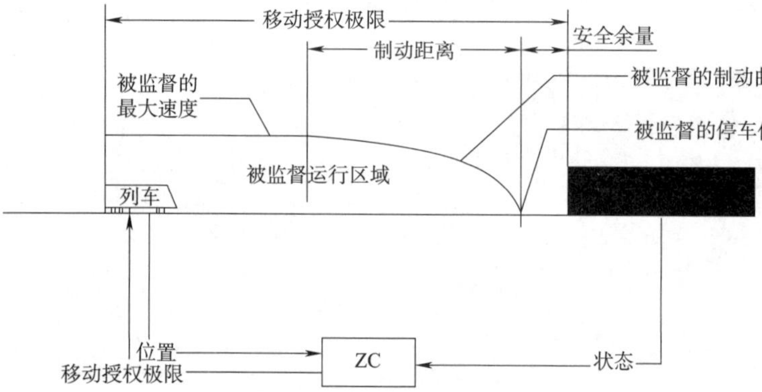

图1.2　LMA构建

如果列车在离道岔很远的地方就将LMA延伸入道岔区，即使其他列车先到达，由于该道岔已被此列车预定，其他列车就不能使用该道岔，其结果是整个系统的列车时刻表很可能被该列车破坏。这样做也符合以下原则：LMA一般总是向前延伸，只是在异常情况下才回撤。

探测到系统状态（如前方列车的移动、占用、线路关闭区域、道岔动作）的改变后，ZC将重新计算并将调整后的LMA发给列车，而列车又不断地将新的位置发给ZC，该位置在重建列车的LMA过程中将被使用，并且对其他列车来说是个障碍物。

LMA会被列车前方最接近的障碍物所限制。可能的障碍物包括：线路封锁区域；另一个通信列车的LMA；道岔；故障ZC控制的区域；非通信列车（NCT）；紧急停车按钮按下的站台；激活的防淹门；线路尽头；屏蔽门的非计划打开；反向行驶线路区域；列车完整性信号丢失区域等。

3)列车间距

VOBC不断地确定如何让列车尽量靠近ZC提供的LMA。它是通过先计算安全距离，然后把ZC提供的LMA减去安全距离来实现的。安全距离的计算包括以下因素：当前列车速度；最大速度测量误差；列车位置的不确定性；VOBC反应时间与延时；列车紧急制动的最差性能；列车失控的加速能力；列车当前位置与LMA之间线路的坡度；障碍物类型。

2. CBTC的各子系统功能

1)列车自动监控子系统(ATS)

ATS是一个非安全子系统，ATS为控制中心调度员和车站值班员提供了一个可视化的人机接口界面。显示了当前的线路状态和列车状态，监督各子系统和外部接口的工作状态。控制中心调度员和车站值班员可以通过ATS发送列车进路请求命令给ZC，也可通过ATS实现与所有列车运行控制子系统的通信，用于发送列车命令、精确排列列车进路。ATS是非安全子系统，所有ATS安全命令的发出，均需经过控制中心调度员两次确认。

2)数据通信子系统(DCS)

DCS本身并不是一个安全的系统，但它通过轨旁和车载的保密器件(SD)来传送安全的控制信息。与DCS相连的任何两个节点之间均可以实现互相通信。DCS采用开放的国际标准：以IEEE 802.3(以太网)作为列车控制子系统间的接口标准，以IEEE 802.11作为无线通信接口标准。系统中的安全部件(VOBC、ZC)通过非安全的数据通信系统(DCS)互相通信，但是端对端的连接是安全的。这是由于安全设备生成的每一个报文中都包含了序号以及CRC，随后将有一个算法应用于该报文的认证。而只有安全设备才知道序号以及CRC的认证算法，由此可避免DCS系统的非安全部件对报文的破坏。

3)区域控制器(ZC)

ZC由移动授权单元(MAU)和计算机联锁系统(PMI)组成。ZC通过CBTC的移动闭塞来确保列车的安全运行。它通过DCS保持与控制区域内所有列车的安全信息通信，控制本区域内的列车运行，列车穿越区域是通过相邻ZC之间的网络通信实现。两个相邻的控制区域有一定的重叠，保证了列车移交时无线通信不中断。

4)车载控制器(VOBC)

车载信号设备主要包括：一个车载控制器(VOBC)、两个移动无线设备、一个应答查询器、两个速度传感器、三个加速度计、两个CDU和两个列车显示单元(TOD)。VOBC通过检测道床上的信标建立列车在轨道上的位置，随后利用这些信息扫描数据库。当检测到一个信标后，列车使用速度传感器输入来测量信标之间的距离以及运行的距离。数据库包含了所有相关的轨道信息，如信标位置、车站、坡度、土建限速、道岔位置以及信号机位置。VOBC从MAU处接收LMA(对所有通信列车都适用)，同时在LMA里计算停车点。停车点通常在LMA终点前至少一个安全距离处，而根据情况，也有可能在更远的位置(如列车需要停站)。通信人工/WSP 列车虽然接收 LMA，但是 VOBC 只是利用 LMA 来显示“ATP/ATP 可用”以及使列车更顺利地转换到 ATO/ATPM 模式。司机仍然负责列车的驾驶和停止。VOBC 采用了三取二的冗余配置。列车操作显示(TOD)为司机提供了连接 VOBC 与 ATS 的接口，显示的信息包括最大速度、目标速度、目标距离、列车运行模式及系统出错信息等。

1.2 “故障—安全”原则

“故障—安全(fail-safe)”是信号设计的基本原则。它要求行车时一旦信号设备或系统发生故障后，应具有自动导向安全一侧，防止出现危险性后果，以确保行车安全的功能。

“故障—安全”技术是具有层次性的。传统技术方式是依靠器件的故障率不对称性来构成一个“故障—安全”信号系统，例如在安全型继电器的失效形态中，错误释放的失效率远远高于错误励磁的失效率，具有强烈的不对称性，因此采用接点落下位置对应安全侧、吸起位置对应危险侧的方式来获得“故障—安全”功能。

由于传统“故障—安全”技术的实现必须具备信号系统中出现意外事件与其导致结果之间的逻辑必须是单调性的，而实际信号系统的功能要求并不具备这种单调性，因此国际上自 20 世纪 60 年代末开拓了对“故障—安全”的研究领域，提出了二值逻辑、三值逻辑和双轨逻辑等理论，试图从结构上实现完善的“故障—安全”系统。到 20 世纪 70 年代，计算机容错计算(Fault-Tolerant Computing)技术的研究开始发展，并逐步运用到信号设备和系统中，使“故障—安全”和容错之间产生了许多相互包容的内涵。

1.3 闭塞技术

为了保证列车在区间行车安全，即确保列车在区间中运行不发生追尾或者正面冲突，需要确认列车在某个区间范围内，在同一时刻，只有一列车占用，这就是闭塞的基本概念。通常所说的闭塞，也称为行车闭塞法，是指为了确保列车在区间内运行安全，车站向区间内发车时，必须确认区间内没有列车，并需遵循一定规律组织行车的方法，简单来说，就是把一段线路封闭起来，不准许其他列车进入的行车组织方法。因此，闭塞是列车安全运行的基本保证。通常把实现闭塞方式的设备称为闭塞设备。

1. 组织区间行车实现闭塞的方法

1)时间间隔法

列车按照事先规定好的时间由车站发车，使前行列车和追踪列车之间保持一定时间的行车方法。这种行车方法因追踪列车不能确切得到前行列车的运行状况，所以不能确保列车在区间内的运行安全，目前已不使用这种方法。

2)空间间隔法

把线路划分为若干段落(区间或分区)，在每个线段内同时只准许一列列车运行，使前行列车和追踪列车之间必须保持一定距离的行车方法。这种行车方法能严格地把列车分隔在2个空间，可以有效地防止列车追尾和正面冲突事故的发生，确保列车运行安全。一般所说的"闭塞"就是指的空间间隔法。

区间闭塞是列车在区间运行的安全保证，因此，所有行车组织都必须按照闭塞设计的原则进行安排，随着运能和列车运行速度及技术的发展，一般把闭塞按实现手段和闭塞区段划分方式来区分。

2. 按实现闭塞的手段分类

1)人工闭塞

电报、电话和电气路签(牌)闭塞都是以人工办理闭塞手续后，采用以人工书写的路票或由电气路签(牌)机中取得的路签(牌)作为列车占用区间的凭证。人工闭塞制式中，需要操作人员全程参与交接凭证和检查区间状态的工作，一些设备只是辅助进行行车指示工作。

2)半自动闭塞

在半自动闭塞制式下，首先人工办理闭塞手续，列车凭出站信号机的开放显示作为列车占用区间的凭证，列车出发后，出站信号机自动关闭的闭塞方法。发车站行车人员必须在办理好闭塞手续后才能开放出站信号机，列车出发后出站信号机自动关闭，在列车未到达接车站时，出站信号机不能开放。列车到达对方车站后，由行车人员确认列车完整到达后，办理解除闭塞手续，才能进行再办理闭塞手续。这种方法，既要人工操纵，又需依靠列车自动动作，所以叫作半自动闭塞。

半自动闭塞在站内设有轨道电路，主要用于监督列车的出发，使发车站闭塞机闭塞，禁止向同一区间再次发车；监督列车的到达，然后由车站值班员办理到达复原手续，因此具有设备简单、动作稳定、使用方便、维修容易、投资少、安装快的优点。半自动闭塞在区间一般不设轨道电路，因此不能监督列车在区间内是否遗留有车列，列车的整列到达必须依靠值班员的确认，以专用的复原按钮发送到达复原信号之后，区间才能解除闭塞，其主要缺点是区间没有检查空闲的设备，在区间遗留车辆或车辆溜逸的情况下，极易发生事故。

3)自动闭塞

把站间区间划分为若干闭塞分区，每个闭塞分区都设有轨道电路及防护该分区的通过信号机。根据列车运行及有关闭塞分区状态，自动变换通过信号机的显示，而司机只凭信号显示行车的闭塞方法。在自动闭塞制式下，操作人员无须参与交换凭证和检查区间状态的工作，完全由设备自动完成这些工作，是一种效率比较高、安全等级也较高的闭塞方式。

需要注意的是，在区间闭塞中，区间和闭塞分区是两个概念。区间一般指两个车站之间的线路，闭塞分区通常指在区间中划分出来的段落，一般由若干段轨道电路区段构成，可以说，一个区间里包含了若干个闭塞分区。

1.4 列车自动控制系统分类

目前在城市轨道交通中使用的信号系统一般称为 ATC 系统，其 ATP/ATO 制式主要有 3 种。

第一种为基于多信息移频轨道电路的固定闭塞。采用台阶式速度控制模式，属 20 世纪 80 年代技术水平。

第二种为基于轨道电路的速度—距离曲线控制模式 ATP/ATO 系统，它采用"跳跃式"连续速度—距离曲线控制模式，追踪列车的安全停车点按前行列车尾部依次出清各电气绝缘节时"跳跃"跟随。同时采用在传统轨道电路上叠加信息报文方法，即把列车占用/空闲检测和 ATP 信息传输合二为一，它们的追踪间隔和列车控制精度除取决于线路特性、停站时分、车辆参数外，还与 ATP/ATO 系统及轨道电路的特性密切相关，如轨道电路的最大和最小长度、传输信息量的内容及大小、轨道电路分界点的位置等。基于轨道电路的列车控制系统的最小追踪间隔一般可达到 120 s，属 20 世纪 90 年代技术水平。

第三种为基于通信的移动闭塞 ATP/ATO 系统。前两种闭塞制式均属于基于轨道电路的 ATP 系统，而基于通信的移动闭塞 ATP 系统不依靠轨道电路，它是采用交叉感应电缆环线、漏缆、裂缝波导管以及无线电台等方式实现车地、地车间双向数据传输，监测列车位置使地面信号设备可以得到每一列车连续的位置信息和列车运行其他信息，并据此计算出每一列车的运行权限，动态更新，发送给列车。列车根据接收到的运行权限和自身的运行状态计算出列车运行的速度曲线，车载设备保证列车在该速度曲线下运行。ATO 子系统在 ATP 保护下，控制列车的牵引、巡航、惰行、制动。追踪列车之间应保持一个"安全距离"。这个最小安全距离是指后续列车的指令停车点和前车尾部的确认位置之间的动态距离。这个安全距离允许在一系列最不利情况存在时，仍能保证安全间隔。列车安全间隔距离信息是根据最大允许车速、当前停车点位置、线路等信息计算出的。信息被循环更新，以保证列车不断收到实时信息，因此在保证安全的前提下，能最大限度地提高区间通过能力。采用通信技术的移动闭塞系统已处于实用的阶段，其中利用交叉感应电缆方式的移动闭塞系统已有较成熟的使用经验。

温州市域铁路 S1 线一期工程信号系统采用基于 ETCS-1 平台的点式 ATC 系统——ERATO。ERATO 系统是基于 ETCS-1 架构、支持区域无线通信加强防护以及 ATO 功能的 ATC 系统，系统架构支持远期升级 CBTC 移动闭塞系统。本书着重以温州市域铁路 S1 线为例说明。

1.5　运营组织相关技术

城市轨道交通信号系统的终端设备基本上沿袭铁路信号制式设备，但也有基于轨道交通自身的特点，与铁路的信号系统又有一定的区别。由于城市轨道交通的行车间隔密度高、客运量大，最小行车间隔可达 90 s，甚至更小，因此对列车运行速度监控的要求极高。但其列车运行速度(通常最高为 80 km/h)却远低于铁路干线的列车运行速度，所以一般采用速率较低的数据传输系统。

随着城市轨道交通信号自动化技术的不断发展，信息需求量越来越大，而且逐步采用速率较高且独立的数据传输系统。虽然城市轨道交通的大多数车站不设道岔，没有配线，甚至不设地面信号机，仅在少数有岔联锁站及车辆段才设置道岔和地面信号机，故联锁设备的监控对象远少于铁路车站的监控对象，联锁关系远没有铁路复杂。除折返站外全部作业仅为旅客乘降，非常简单，通常几个集中站或一个控制中心即可实现全线的联锁功能。

另外，城市轨道交通信号自动控制最大的特点是把信号联锁关系纳入 ATC 监控体系中，且包含一些轨道交通特有功能，如自动折返、自动进路、紧急关闭、扣车和跳停以及屏蔽门/安全门联控等功能。城市轨道交通的车辆段类似于铁路区段站的功能，包括列车编解、接发列车和频繁的调车作业，线路较多，道岔较多，信号设备较多，一般独立采用一套联锁设备。由于城市轨道交通的线路长度短，站间距离短，列车种类较少，行车规律性很高，因此它的信号系统中通常包括自动排列进路和运行自动调整的功能，自动化程度高，人工介入极少。

轨道交通信号系统的发展特点归纳为以下六方面：

(1)具备完善的列车速度监控功能；

(2)信号系统数据传输子系统相对独立、传输速率较低；

(3)正线车站联锁关系较简单但技术要求高；

(4)车辆段/停车场等基地采用独立的联锁设备；

(5)ATC 系统自动化程度高；

(6)可通过调整时刻表和调整列车运营等级曲线来满足不同时刻的运营要求。

城市轨道交通列车运行方案和运行间隔列车运行方案主要包括列车交路计划和列车

停站计划两方面。列车交路计划主要有折返方式和交路方式两方面内容。折返方式分为：站后折返、站前折返和混合折返。

采用站后折返，优点是出发列车与到达列车不存在敌对进路，折返作业时空载（不载客）运行，折返线还可当作临时存车线，其缺点是列车折返走行距离较长。

采用站前折返，优点是列车折返走行距离较短，乘客同时上下客节省停站时间，其缺点是出发列车与到达列车存在敌对进路，折返作业时载客运行（影响乘客舒适感）。

采用混合折返，兼有站前折返和站后折返的特点，能够提高列车折返能力与线路通过能力，更有利于行车组织调整，适用于对折返能力要求较高的终点站。

第2章 信号系统基础设备

2.1 信号继电器

继电器是自动控制系统中常用的电器，它用于接通和断开电路，用以发布控制命令和反映设备状态，从而构成自动控制和远程控制电路。城市轨道交通信号技术中广泛采用的继电器，称为信号继电器（在信号系统中，可简称继电器），无论其作为继电式信号系统的核心部件，还是作为电子式或计算机式信号系统的接口部件，都发挥着重要的作用。继电器动作的可靠性直接影响到信号系统的可靠性和安全性。

2.1.1 信号继电器概述

1. 继电器的基本原理

继电器是一种电励开关，其类型很多，性能各不相同，结构形式多样，但都由电磁系统和接点系统两部分组成。电磁系统主要由线圈、固定的铁芯和轭铁以及可动的衔铁构成；接点系统主要由动接点和静接点构成。在线圈中通入一定数值的电流后，由电磁作用或感应方法产生电磁吸引力，吸引衔铁，衔铁带动接点系统，改变其状态，以反映输入电流的状况。

最简单的电磁继电器如图 2.1 所示。它就是一个带接点的电磁铁，其动作原理也与电磁铁相似。给线圈中通以一定数值的电流后，在衔铁和铁芯之间就产生一定数量的磁通，该磁通经铁芯、衔铁、轭铁和气隙形成一个闭合磁路，铁芯对衔铁就产生了吸引力。吸引力大小取决于所通电流的大小。当电流增大到一定值，吸引力增大到能克服衔铁向铁芯运动的阻力时（主要是衔铁自重），衔铁就被吸向铁芯。由衔铁带动的动接点（随衔铁一起动作的接点）也随之动作，与动合接点（前接点，以下称前接点）接通。此状态称为继电器励磁吸起（以下简称吸起）。

吸引力随电流的减小而减小，当吸引力减小到不足以克服衔铁重力时衔铁靠自重落下（称为释放），衔铁带动动接点与前接点断开，与动断接点（后接点，以下称后接点）接通。此状态称为继电器失磁落下（以下简称落下）。

可见，继电器具有开关特性，可利用它的接点通、断电路，构成各种控制和表示电路。例如可构成图 2.2 所示的信号点灯电路，前接点接通点亮绿灯，后接点接通点亮红灯。

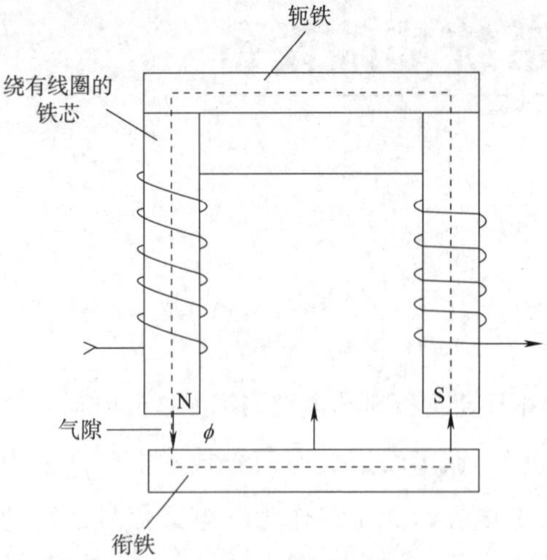

图 2.1　电磁继电器

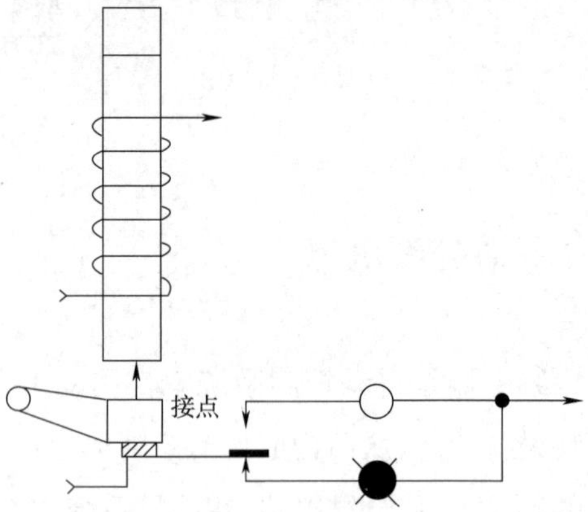

图 2.2　信号点灯电路

2. 继电器的继电特性

继电器的继电特性是当输入量达到一定值时，输出量发生突变，也叫作继电器的输入—输出特性，如图 2.3 所示。继电器线圈回路为输入回路，继电器接点所在回路为输出电路。当线圈中电流 I_x 从 0 增加到某一定值 A 时，继电器衔铁被吸引，接点闭合，接点回路中的电流 I_y 从 0 突然增大 I_{y2}。此后，若 I_x 继续增大，由于接点回路中阻值不变，I_y 保持不变。当线圈中电流 I_x 减小到 I_{x1} 时，继电器衔铁释放，输出电流 I_y 突然从 I_{y2} 减小到 0。此后 I_x 再减小，I_y 保持为 0 不变。

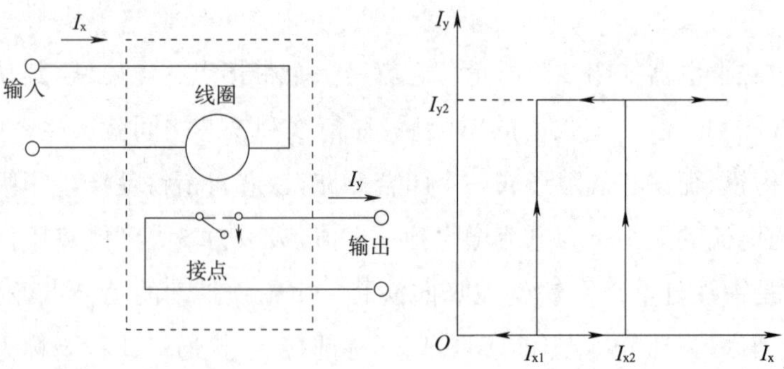

图 2.3　继电器的输入—输出特性

3. 信号继电器的作用

作为控制元件，继电器通常应用于自动控制电路中，实际上是用较小的电流去控制较大电流的一种“自动开关”，在电路中起着自动调节、安全保护、转换电路等作用，简单地说，继电器在铁路信号中主要有3个作用。

1)逻辑运算功能。自动控制装置上的一个或多个继电器与其他电器一起，可以组成逻辑程序控制电路，从而实现逻辑运算。

2)控制功能。利用继电器的继电特性，能利用一个很微小的控制量，来控制很大功率的电路，实现自控、遥控等。

3)表示功能。信号继电器可以用来实时监督设备的状态。

4. 地铁信号系统对继电器的应用

应用继电器可构成各种控制和表示电路，统称继电电路，城市轨道交通信号设备中，继电器广泛应用于信号机、轨道电路、道岔等设备的控制或表示及相关接口电路中，在具体的应用过程中，涉及如何选用继电器。电路中选择继电器的一般原则：根据电路要求，按继电器的主要参数和指标进行选择。继电器类型、线圈电阻，应能满足各种电路的具体要求。电路中串联使用继电器时，其串联的数量应满足各继电器正常工作电压的要求。继电器接点最大允许电流不应小于电路的工作电流，必要时可采用接点并联的方法。继电器的接点数量不能满足电路要求时，应设复示继电器，复示继电器应能及时反映主继电器的动作状态。电路中串联继电器接点时，要使串联继电器接点的接触电阻不影响电路的正常工作。

5. 城市轨道交通对继电器的要求

信号继电器作为城市轨道交通信号系统中的重要器件，在运用中的安全、可靠是保证各种信号设备正常使用的必要条件。为此，城市轨道交通信号对继电器提出了极其严格的要求：动作必须可靠、准确；使用寿命长；有足够的闭合和断开电路的能力；有稳定的电气特性和时间特性；在周围介质温度变化很大的情况下，均能保持很大的电气绝缘强度。

6. 继电器分类

1)按动作原理分类，可分为电磁继电器和感应继电器。

电磁继电器是通过继电器线圈中的电流在磁路的气隙(铁芯与衔铁之间)中产生电磁力，吸引衔铁，带动接点动作的。此类继电器数量最多。感应继电器是利用电流通过线圈产生的交变磁场与另一交变磁场在翼板中所感应的电流相互作用产生电磁力，使翼板转动而动作的。

2)按动作电流分类，可分为直流继电器和交流继电器。

直流继电器是由直流电源供电的。它按所通电流的极性，又可分为无极、偏极和有极继电器。直流继电器都是电磁继电器。交流继电器是由交流电源供电的，按动作原理，分为电磁继电器和感应继电器。整流式继电器虽然用于交流电路中，但它用整流元件将交流电整流为直流电，所以其实质上是直流继电器。

3)按输入量的物理性质分类,可分为电流继电器和电压继电器。

电流继电器反映电流的变化,它的线圈必须串联在所反映的电路中。该电路中必有被反映的器件,如电动机绕组、信号灯泡等。电压继电器反映电压的变化,它的线圈励磁电路单独构成。

4)按动作速度分类,可分为正常动作继电器和缓动继电器。

正常动作继电器衔铁动作时间为 0.1～0.3 s。大部分信号继电器属于此类,通常不要加“正常动作”四个字,简称为继电器。缓动继电器衔铁动作时间超过 0.3 s,分为缓吸、缓放。时间继电器是利用脉冲延时电路或软件设定使之缓吸。缓动继电器则利用短路铜环产生磁通使之缓动,主要取其缓放特性。

5)按接点结构分类,可分为普通接点继电器和加强接点继电器。

普通接点继电器具有开断功率较小的接点能力,以满足一般信号电路的要求,多数继电器为普通接点继电器,通常不要加“普通接点”四个字,简称为继电器。加强接点继电器具有开断功率较大的接点能力,以满足电压较高、电流较大的信号电路的要求。

6)按工作可靠程度分类,可分为安全型继电器和非安全型继电器。

安全型继电器(N 型)是无须借助于其他继电器,亦无须对其接点在电路中的工作状态进行监督检查,其自身结构即能满足一切安全条件的继电器。其特点是:当线圈断电时,衔铁可借助于自身重量释放,从而使前接点可靠断开;选用合适的接点材料,构成非熔接性前接点,或采用能防止接点熔接的特殊结构(例如接熔断器、接点串联);当一组不应闭合的后接点仍然闭合时,结构上能防止所有前接点闭合。

非安全型继电器(C 型)是必须监督检查接点在电路中的工作状态,以保证安全条件的继电器。其特点是:由于继电器在使用时已检查了衔铁的释放,因此不必采用非熔接性接点材料;当一组不应闭合的前接点仍然闭合时,结构上能保证所有后接点不闭合,反之亦然。

N 型继电器主要依靠衔铁自身释放,故又称重力式继电器,C 型继电器主要依靠弹簧弹力释放衔铁,故又称弹力式继电器。一般说来,N 型继电器的安全性、可靠性高于 C 型继电器。

7. 继电器的主要电气特性参数

1)额定值。继电器正常工作时所接入的电源系统的电压或电流值。

2)工作值。向继电器线圈通电,至前接点完全闭合(此时衔铁止片应与铁芯面密贴,并满足规定接点压力)时的电压或电流值。

3)反向工作值。向继电器线圈供以反极性(与规定正方向相反)电源后所测得的工作值。

4)充磁值。为了测试继电器的释放值或转极值,预先使继电器磁系统磁化,向其线圈通以4倍的工作值或转极值。

5)释放值(又称落下值)。向继电器供给过负载电压或电流值后,再逐渐降低电压或电流值,至前接点刚刚断开时的电压或电流值。

6)转极值。有极继电器通电,使动接点由定位转换到反位,或由反位转换到定位,并达到规定的接点压力时所需要的电压或电流值。

7)反向不工作值。向偏极继电器线圈反向通电,继电器不动作的最大电压值。

8)返还系数。释放电压(电流)与工作电压(电流)的比值称为返还系数,此值一般在0.2~0.99之间。返还系数对铁路信号有特殊且重要的意义,返还系数越高,标志着继电器衔铁落下越灵敏,例如轨道继电器的返还系数规定不得小于0.5。返还系数的大小与继电器的结构、牵引特性与机械特性的配合及磁路的磁性材料质量等有关。

9)安全系数。额定值与工作值之比。此值越大,在额定电源下继电器工作越稳定。

10)缓放时间。向继电器线圈通以规定数值的电压(或电流)后切断电源,从断开电源时起至全部动接点离开前接点的时间止。

11)缓吸时间。向继电器线圈通以规定数值的电压(或电流)起至全部后接点断开的时间止。

12)转换时间。有极继电器由电源改变极性时起至动接点转换至另一极性接点的时间止。

2.1.2 安全型继电器

AX系列安全型继电器,是由我国自行设计和制造的。经几十年的运用考验,证明其安全可靠、性能稳定,能满足信号电路对继电器提出的各种要求。它是我国铁路信号继电器的主要定型产品,也广泛应用于城市轨道交通之中。

安全型继电器是直流24 V系列的重弹力式直流电磁继电器,其典型结构为无极继电器,其他各型继电器由无极继电器派生。因此,绝大部分零件都能通用。

1. 安全型继电器的分类

安全型继电器分为插入式和非插入式。插入式多为单独使用,非插入式常使用于有防尘外壳的组匣中。两者的区别仅在于,插入式继电器带有透明性很好的外罩(由聚甲基丙烯酸甲酯或聚碳酸酯制成),用以密封防尘,同时为了与插座配合使用,插入式继电器安装在酚醛塑料制成的胶木底座上。插入式无极继电器如图2.4所示。

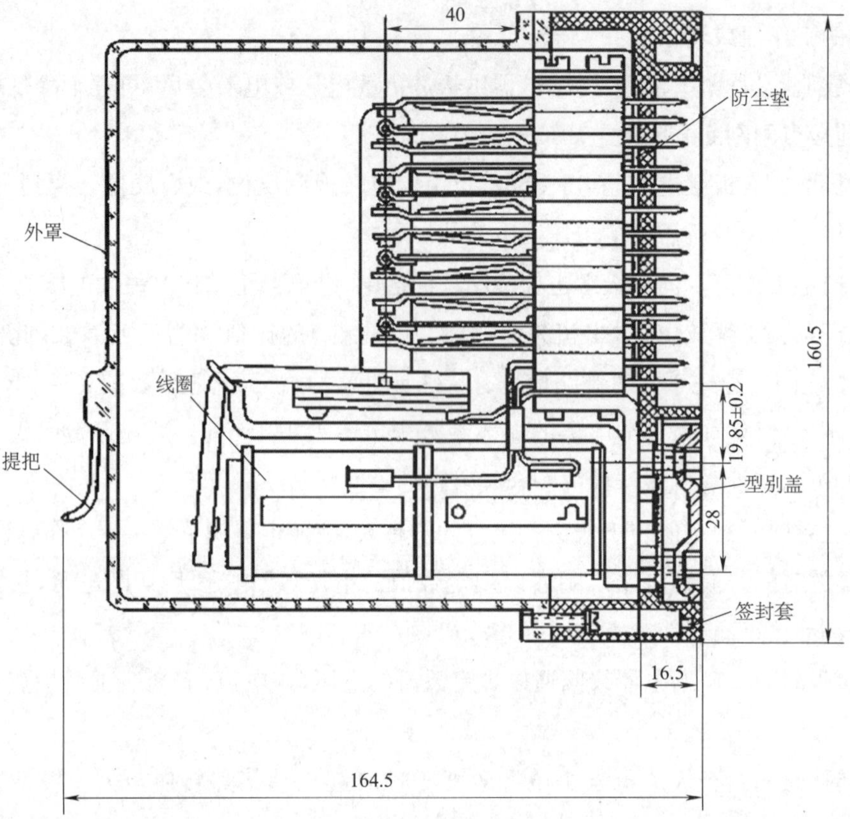

图 2.4　插入式无极继电器(单位:mm)

2. 安全型继电器的型号表示法

安全型继电器型号用汉字拼音字母和数字表示,字母表示继电器种类,数字表示线圈的电阻值(单位为 Ω)。如图 2.5 所示。继电器型号的含义见表 2.1。

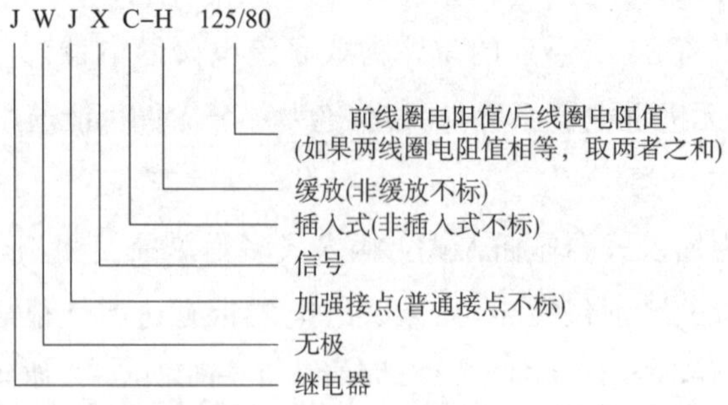

图 2.5　安全型继电器的型号表示法

表 2.1　继电器型号的含义

代号	含义		代号	含义	
	安全型	其他类型		安全型	其他类型
A		安全	R		二元
B		半导体	S		时间、灯丝、双门
C	插入	插入、传输、差动	T		通用、弹力
D		单门、动态	W	无极	
DB	单闭磁		X	信号	信号、小型
H	缓放	缓放	Y	有极	
J	继电器、加强接点	继电器、加强接点、交流	Z	整流	整流、转换
P	偏极				

3. 安全型继电器的品种及用途

安全型继电器具有无极、无极加强接点、无极缓放、无极加强接点缓放、整流式、有极、有极加强、偏极、单闭磁 5 种 9 类，基本情况见表 2.2。它们的特性和线圈电阻值各不相同，在信号电路中有不同的作用。

表 2.2　安全型继电器基本情况

品种序号	规格序号	继电器名称	型号	接点组数	鉴别销号码	线圈连接	电源片连接	
							连接	使用
1	1	无极继电器	JWXC-1000	8QH	11,52	串联	2,3	1,4
	2		JXWC-1700		11,51			
	3	无极加强接点继电器	JWJXC-480	2QH,2QHJ	15,51	串联	2,3	1,4
	4	无极缓放继电器	JWXC-H340	8QH	12,52	串联	2,3	1,4
	5	无极加强接点缓放继电器	JWJXC-H125/0.44	2QH,4QJ,2H	15、55			
	6		JWJXC-H125/80		31、52			
2	7	整流式继电器	JZXC-H18	4QH	13、53	串联	1、4	5、6
	8		JZXC-H18F			单独	—	5、6
	9		JZXC-H18F1					1、2
3	10	有极加强接点继电器	JYJXC-135/220	2DF,2DFJ	15、54	单独	—	1、2、3、4
4	11	偏极继电器	JPXC-1000	8QH	14、51	串联	2、3	1、4

注：表中，Q 表示前接点，H 表示后接点，D 表示定位接点，F 表示反位接点，J 表示加强接点。例如，8QH 表示 8 组普通前后接点组，2DFJ 表示 2 组加强定反位接点组。

4. 安全型继电器的特点

在城市轨道交通信号系统中，凡是涉及行车安全的继电电路都必须采用安全型继电器。所谓安全型继电器是指它的结构必须符合故障—安全原则（发生安全侧故障的可能性远远大于发生危险侧故障的可能性；处于禁止运行状态的故障有利于行车安全，称为安全侧故障；处于允许运行状态的故障可能危及行车安全，称为危险侧故障）。它是一种不对称器件，在故障情况下使前接点闭合的概率远小于使后接点闭合的概率。这样，就可以用前接点代表危险侧信息，用后接点代表安全侧信息。

为了达到故障—安全要求，安全型继电器在结构上有以下特点：

1)前接点采用熔点高、不会因熔化而使前接点粘连的导电性能良好的材料；

2)增加衔铁重量，采用"重力恒定"原理在线圈断电时强制将前接点断开；

3)采用剩磁极小的铁磁材料构成磁路系统，并在衔铁与极靴之间设有一定厚度的非磁性止片，当衔铁吸起时仍有一定的气隙以防剩磁吸力将衔铁吸住。进而衔铁不因机械故障而卡在吸起状态。

5. 安全型继电器的结构和动作原理

这种继电器通入线圈的电流都是直流，只要线圈电压（或电流）达到工作值，继电器衔铁便励磁吸起，因此称这种继电器为直流无极继电器，它可以做成电压型或电流型的。电压型继电器，其线圈与回路并联，线圈的匝数较多，线径较细，线圈的电阻也较大，JWXC-1000 和 JWXC-1700 等 AX 型继电器就属于电压型继电器；电流型继电器，其线圈与回路串联，线圈的匝数少，线径较粗，线圈的电阻也较小，JWXC-2.3 型继电器就属于电流型继电器。

1)直流无极继电器

直流无极继电器，简称无极继电器。它由电磁系统和接点系统两大部分组成。

(1)无极继电器的电磁系统

无极继电器电磁系统包括线圈、铁芯、轭铁和衔铁，其结构如图 2.6 所示，具有结构紧凑、加工方便等特点。

①线圈

线圈分为前圈和后圈，水平安装在铁芯上。采用双线圈，可根据电路需要单线圈控制、双线圈串联控制或双线圈并联控制，增强了控制电路的适应性和灵活性。

线圈绕在线圈架上。缓放型无极继电器为了增加缓放时间，采用铜质阻尼线圈架。线圈用高强度漆包线密排绕制，抽头焊有引线片，线圈及其与电源片的连接如图 2.7 所示。

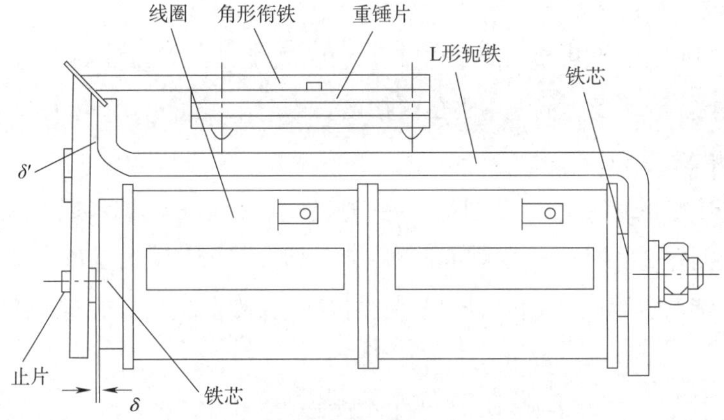

图 2.6　无极继电器的电磁系统结构

δ—工作气隙；δ′—第二工作气隙

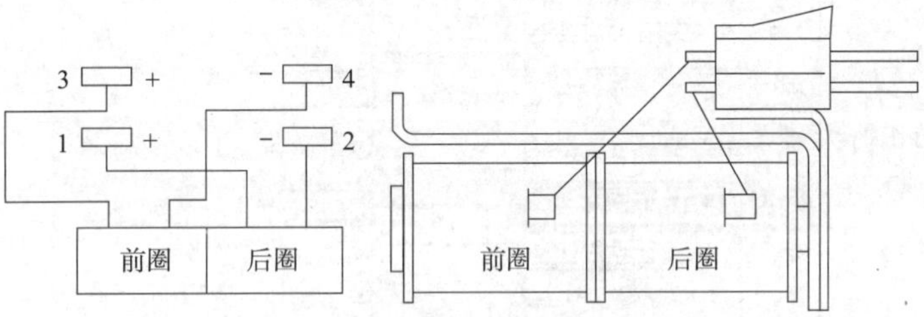

图 2.7　线圈及其与电源片的连接

②铁芯

铁芯由电工纯铁制成，其为软磁材料，具有较高的磁通密度和较小的剩磁，以利于继电器的工作。铁芯尺寸的大小，根据继电器的规格不同而有所区别。缓放型继电器、灵敏继电器（如 JWXC-370/480）尺寸大些，以加大缓放时间或减小工作值。极靴在铁芯头部，用冷锹法加粗。在极靴正面，钻有两个圆孔，便于组装和检修时紧固和拆装铁芯。

③轭铁

轭铁由电工纯铁板冲压成型，呈 L 形，外表镀多层铬防护。

④衔铁

衔铁为角形，靠蝶形钢丝卡固定在轭铁的刀刃上。衔铁由电工纯铁冲压成型，衔铁上铆有重锤片，以保证衔铁靠重力返回。衔铁重锤片由薄钢板制成，其片数由接点组的多少决定，使衔铁的重量基本上满足后接点压力的需要。一般 8 组后接点用三片，6 组用两片，4 组用一片，2 组不用。

衔铁上有止片，止片由黄铜制成，安装在衔铁与铁芯闭合处。止片有 6 种厚度，因继电器规格不同而异，可取下按规格更换。止片用以增大继电器在吸起状态的磁阻，减小剩磁影响，保证继电器可靠落下。

在电磁系统中，除衔铁和铁芯间工作气隙 δ 外，在轭铁的刀口处尚有第二工作气隙 δ'，以减小磁路的磁势降，从而提高继电器的灵敏度。

(2)无极继电器的接点系统

接点系统处于电磁系统上方，通过接点架、螺钉紧固在轭铁上，两者成为一个整体，无极继电器的接点系统如图 2.8 所示。用螺钉将下止片、电源片单元、银接点单元、动接点单元及压片按顺序组装在接点架上。在紧固螺钉前，应将拉杆、绝缘轴、动接点轴与动接点组装好。

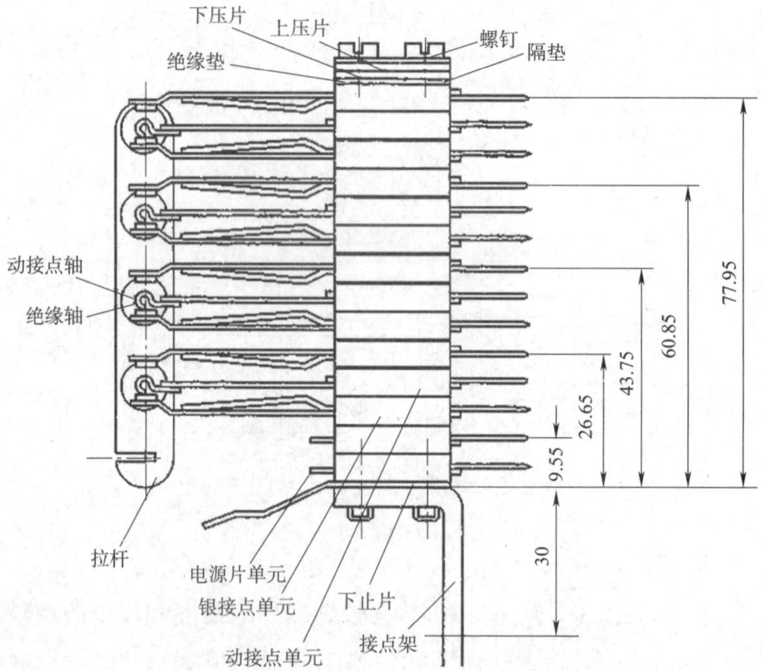

图 2.8　无极继电器的接点系统(单位:mm)

无极继电器的接点系统采用两排纵列式联动结构，因此，接点组数只能成偶数增减。拉杆传动中心线与接点中心线一致，以减少不必要的传动损失。为减少接点组组装时的积累公差，将接点片与托片组合压在酚醛塑料内以形成单元块。单元块之间为平面接触，易于控制公差，同时提高了接点组之间的绝缘强度。

银接点单元是由锡磷青铜带制成的接点片与由黄铜制成的托片两组对称地压制在胶木内。在接点簧片的端部焊有银接点。

接点接触时碰撞会产生颤动，颤动将形成电弧，对接点有较大的破坏作用，为消除这种颤动必须设置托片。在调整继电器时，可在接点片和托片间加一个初压力，保证接点刚接触时可动部分的动能被接点片吸收，这样既可消除颤动，又可缩短接点的完全闭合时间，大大减轻了接点的烧损。

动接点单元是由锡磷青铜带制成的动接点簧片与由黄铜板制成的补助片压制在酚醛塑料胶木内。动接点簧片端部焊有动接点，动接点由银氧化镉制成。

电源片单元是由黄铜制成的电源片压在胶木内。拉杆有铁制的和塑料制的，衔铁通过拉杆带动接点组。绝缘轴由冻石瓷料制成，具有足够的抗冲击强度。动接点轴由锡磷青铜线制成。压片由弹簧钢板冲压成弓形，分上、下两片，其作用是保证接点组的稳固性。下止片由锡磷青铜板制成，外层镀镍。它在衔铁落下时起限位作用。接点架由钢板制成，用稳钉与轭铁固定，保证接点架不变位。接点架的安装尺寸是否标准，角度是否准确，对继电器的调整有很大影响。无极继电器均为普通接点。

(3)无极继电器的动作原理

无极继电器的磁系统为无分支磁路，无极继电器磁路如图 2.9 所示。在线圈上加上直流电压后，线圈中的电流 I 使铁芯磁化，在铁芯内产生工作磁通 Φ，它由铁芯极靴处经过主工作气隙 δ 进入衔铁，又经过第二工作气隙 δ' 进入轭铁，然后回到铁芯，形成一闭合磁路。在工作气隙 δ 处，由于磁通 Φ 的作用，铁芯与衔铁间产生电磁吸引力 F_D，当 F_D 大到足以克服机械负载的阻力 F_j（主要是衔铁自重）时，衔铁即与铁芯吸合。此时衔铁通过拉杆带动动接点运动，使后接点断开，前接点闭合。

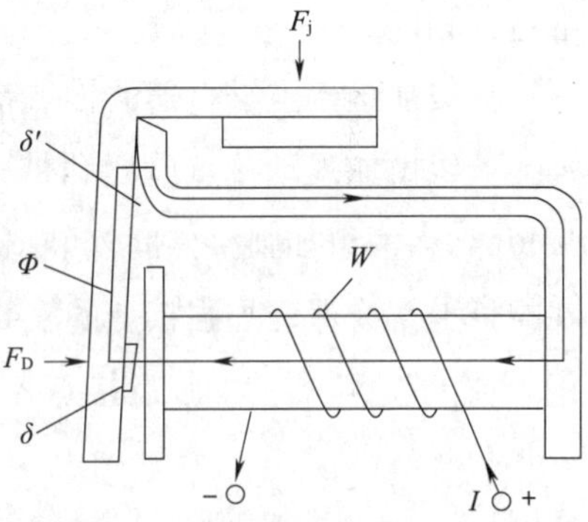

图 2.9　无极继电器磁路

当线圈中的电流减小时，铁芯中的磁通按一定规律随之减小，吸引力也随着减小。当电流小到一定值，它所产生的吸引力小于机械力时，衔铁离开铁芯，被释放。此时拉杆带动动接点运动，使前接点断开，后接点闭合。

2)无极加强接点继电器

加强接点继电器是为通断功率较大的信号电路而设计的，无极加强接点的继电器有 JWJXC-480 型，缓放的 JWJXC-H125/0.44 和 JWJXC-H125/0.13 型，JWJXC-160，JWJXC-135/135，JWJXC-300/370，JWJXC-H125/80，JWJXC-H80/0.06，JWJXC-H120/0.17 等品种。

JWJXC-480 型继电器，其磁系统具有加大尺寸的无极磁路，接点系统由两组普通接点和两组加强接点组成，表示为 2QH 和 2QHJ。普通接点与无极继电器相同，加强接点则具有特殊设计的大功率接点和磁熄弧器。

JWJXC-H125/0.44 和 JWJXC-H125/0.13 型无极加强接点缓放继电器，其电磁系统和无极缓放继电器(JWXC-H340)相同。接点系统由两组带磁熄弧器的加强前接点、两组不带磁熄弧器的加强后接点和两组普通接点组成，即 2QJ、2H、2QH。前圈为主线圈，后线圈为电流保持线圈。

JWJXC-H125/80 型继电器是专为交流转辙机设计的缓放继电器，其后线圈为电压保持线圈。

JWJXC-H120/0.17 型继电器主要用于驼峰调车场五线制道岔电路，其电压线圈(120 Ω)的缓放时间不小于 0.55 s，电流线圈(0.17 Ω)的缓放时间不小于 0.4 s，由于延长了缓放时间，较好地解决了道岔四开的问题。

JWJXC-480 型继电器主要用于复示其他继电器的动作。

无极加强接点继电器电磁系统虽与无极继电器相同，但由于接点系统结构的改变，引起磁系统的结构参数有较大变化。无极加强接点继电器的线圈与电源片连接方式与无极继电器相同。

无极加强接点继电器的接点系统如图 2.10 所示，它的普通接点与无极继电器相同。加强接点组由加强动接点单元和带磁熄弧器的加强接点单元组成。为了防止接点组间的飞弧短路，在两组加强接点间安装既耐高温、又具有良好绝缘性能的云母隔弧片。隔弧片铆在拉杆上。为保证加强接点的安装空间，增加了空白单元。图 2.10 中用虚线表示的熄弧磁钢，只有带熄弧器的加强后接点才具有。

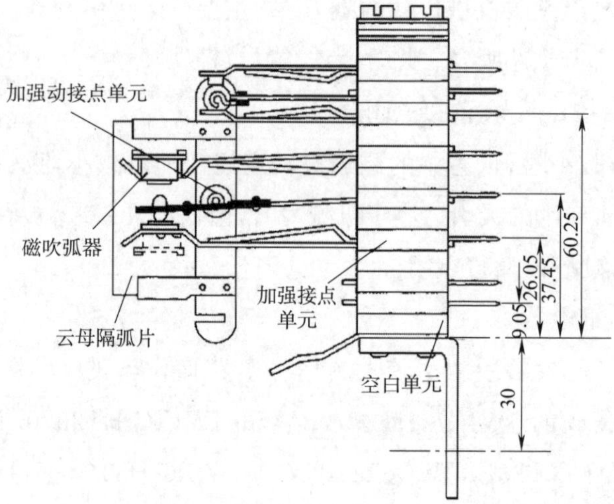

图 2.10　无极加强接点继电器的接点系统(单位:mm)

3)整流式继电器

整流式继电器用于交流电路中，它通过内部的半波或全波整流电路将交流电变为直流电而动作。

整流式继电器的电磁系统与无极继电器相同，只是磁路的结构参数有所不同。更主要的是，在接点组上方安装由二极管组成的半波或全波整流电路。

整流式继电器有 JZXC-480，JZXC-0.14，JZXC-H156，JZXC-H62，JZXC-H142，JZXC-H138，JZXC-H60，JZXC-H0.14/0.14，JZXC-16/16，JZXC-H18 型及派生的 JZXC-H18F，JZXC-H18F1，JZXC-480F 等品种。

JZXC-480 型继电器的磁路具有加大的尺寸（加大止片厚度），目的是为了增大返还系数而不使工作值增加很多。它具有不规则的 4QH 与 2Q 接点组。在接点组上，安装由 2CP25 型二极管组成的桥式全波整流电路。

JZXC-0.14 型继电器磁系统与 JZXC-480 相同。两线圈并联连接，有 4QH 接点组，接点组上方安装由 2CZ-1 型二极管组成的半波整流电路。

JZXC-H156 与 JZXC-H18 型继电器是具有缓放特性的整流式继电器，其采用铜线圈架，接点系统为 4QH 接点组。在接点组上方，安装由 2CP25 型二极管组成的桥式全波整流电路。

JZXC-H18F 是 JZXC-H18 的派生型号，具有防雷性能，以保护整流二极管免遭击穿。

JZXC-H142，JZXC-H138 和 JZXC-H60 型整流式继电器用于 LED 为光源的信号点灯电路。JZXC-16/16 型整流式继电器具有较高的返还系数，用于自动闭塞区间信号点灯电路，可解决长距离供电电缆漏泄电流大、灯丝断电器释放不可靠的问题。其前圈为二极管封闭的短路线圈，无整流单元与电源线直接连接，具有一定的防雷功能。

JZXC-H18F1 可代替交流灯丝转换继电器 JJXC-H15。

整流式继电器的线圈、整流器与电源片连接如图 2.11 所示。

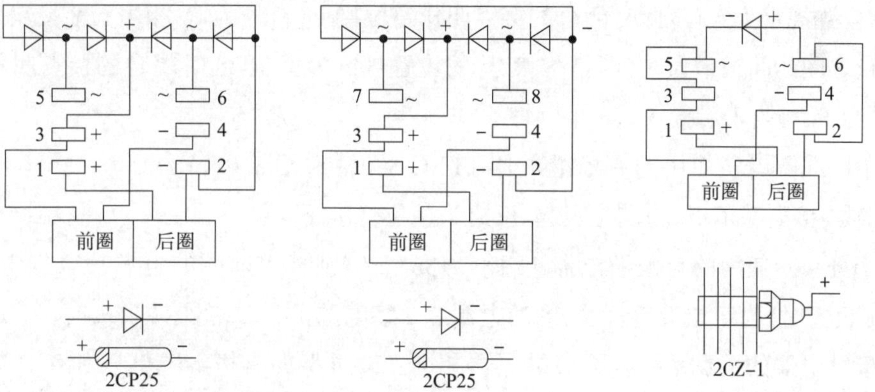

(a)JZXC-H156 及 JZXC-H18 型　　(b)JZXC-480 型　　(c)JZXC-0.14 型

图 2.11　整流式继电器的线圈、整流器与电源片连接

整流式继电器的线圈、整流器与电源片连接的结构与无极继电器相同，零部件全部通用，只是接点的编号有区别。

整流式继电器动作原理与无极继电器相同，但由于交流电源通过整流后动作继电器，在线圈上加上的是全波或半波的脉动直流电，其中存在交变成分，使电磁吸引力产生脉动，工作时发出响声，对继电器正常工作带来不利影响。

4)有极继电器

有极继电器根据线圈中电流极性不同而具有定位和反位两种稳定状态，这两种稳定状态在线圈中电流消失后仍能继续保持，故又称极性保持继电器。它的特点是磁系统中增加了永久磁钢。在线圈中通以规定极性的电流时，继电器吸起，断电后仍保持在吸起位置，通以反方向电流时，继电器打落，断电后保持在打落位置。有极继电器有JYXC-660，JYXC-270，加强接点的JYJXC-J3000和JYJXC-135/220，JYJXC-220/220，JYJXC-3000，JYJXC-X135/220，JYJXC-160/260等型号。

有极继电器的磁路结构与无极继电器基本相同，不同的只是用一块端部呈刃形的长条形永久磁钢代替无极继电器的部分轭铁，磁钢与轭铁间用螺钉连接。

在与轭铁连接的部位有两个大于螺钉的圆孔，便于与轭铁安装时适当地调节磁钢的前后位置。磁钢上部的中间位置有一台面，以形成均匀的第二工作气隙。台面的中间有一凹槽，使拉杆下部不致与磁钢抵触而影响第二工作气隙的调整。

有极继电器的角形衔铁的尾部加装两个青铜螺钉，用来调节第二工作气隙的大小。在铁芯部位没有加装止片。

有极继电器的线圈引线与电源片的连接和无极继电器相同。

有极继电器衔铁位置的定位、反位规定为：衔铁与铁芯极靴之间的间隙最小时(即吸起状态)的位置规定为定位，此时闭合的接点叫作定位接点(符号为D，相当于前接点)；衔铁与铁芯极靴之间的间隙最大时(即打落状态)的位置规定为反位，此时闭合的接点叫作反位接点(符号为F，相当于后接点)。

对于两线圈串联使用的有极继电器JYXC-660、JYXC-270、JYJXC-J3000，电源片1接电源正极，4接电源负极，为定位吸起，反之为反位打落。

对于分线圈使用的有极继电器JYJXC-135/220，则规定前圈的电源片3接电源正极，4接电源负极时，为定位吸起；而后圈的电源片2接电源正极，1接电源负极时，为反位打落。

有极继电器的接点系统与无极继电器相同。改进型的有极继电器JYJXC-135/220和JYJXC-J3000的接点系统有较大改变，加强接点片加厚，取消接点托片，动接点片改为面接触以增大接触面积。JYJXC-J3000还取消了普通前接点。

5)偏极继电器

JPXC-1000型偏极继电器是为了满足信号电路中鉴别电流极性的需要而设计的。它与无极继电器不同，衔铁的吸起与线圈中电流的极性有关，只有通过规定方向的电流时，衔铁才吸起，而电流方向相反时，衔铁不动作。但它又不同于有极继电器，只有一种稳态，即衔铁靠电磁力吸起后，断电就落下，落下是稳定状态。

偏极继电器的接点系统与无极继电器基本相同，电磁系统有所不同。铁芯的极靴是方形的，在方极靴下方用两个螺钉固定一个 L 形的永久磁钢，使衔铁处于极靴和永久磁钢之间，受永久磁钢的作用力处于落下位置。由于永磁力的存在，衔铁只安装一块重锤片，后接点的压力由永磁力和重锤片共同作用产生。

铁芯由电工纯铁制成，方形极靴是先冲压成型后再与铁芯焊接成整体的。

由于铁芯端部为方形极靴，衔铁也由半圆形改为方形，以增加受磁面积，降低气隙磁阻。永久磁钢由铝镍钴合金材料制成，其上部为 N 极，下部为 S 极。

接点线圈串联使用，接线方式同无极继电器。

接点系统与无极继电器完全相同，具有 8QH 接点组。

6)单闭磁继电器

JDBXC-1100、JDBXC-A550/550 和 JDBXC-1500 型单闭磁继电器在信号电路中常作为双命令控制继电器使用。它的外观与无极继电器完全一样，但磁系统有较大差别，如图 2.12 所示。磁系统由 L 形轭铁、U 形铁芯及 T 形轭根组成。装配时先在 U 形铁芯上套上两个方形线圈，再用螺钉紧固在 T 形轭根上。L 形轭铁与轭根铆成一个整体。

单闭磁继电器的线圈为扁平形，是专为配合 U 形铁芯而设计的，单闭磁继电器线圈与电源片的连接如图 2.13 所示。

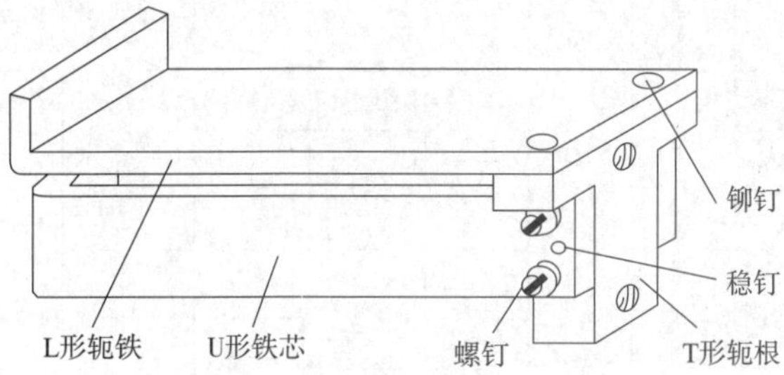

图 2.12　单闭磁继电器磁路

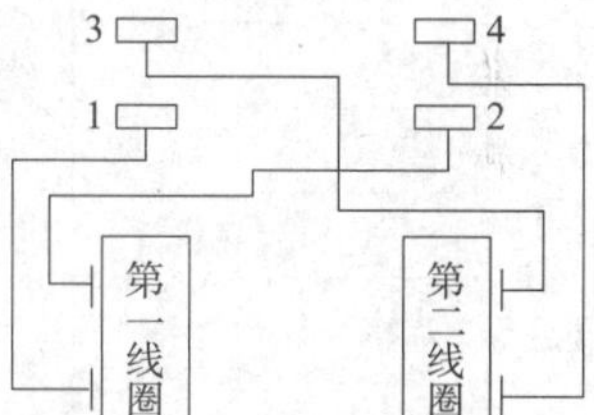

图 2.13　单闭磁继电器线圈与电源片的连接

单闭磁继电器的接点系统同无极继电器。U 形铁芯与轭根组成一个闭合磁路，铁芯的两个芯柱上各绕一个线圈。当两个线圈中一个通电时，它产生的磁通被封闭在闭合磁路中，工作气隙已没有磁通存在，衔铁不受电磁力的作用。当两个线圈同时通电且它们产生的磁通在 U 形铁芯内方向一致(两线圈电流方向相反)时，仍被封闭在闭合磁路中，工作气隙仍然没有磁通，衔铁不会动作。只有当两线圈同时通电且在 U 形铁芯中产生的磁通方向相反(两线圈中电流方向相同)时，磁通通过气隙、衔铁、轭铁、轭根、铁芯构成闭合回路，磁通在气隙处产生吸引力，使衔铁吸合。当一个线圈断电时，则另一个线圈的磁通又立即回到 U 形铁芯的闭合磁路中，衔铁不能保持释放。

如果使单闭磁继电器的一个线圈（称其为局部线圈）通以固定极性电流，而另一个线圈的电流极性是正负变化的，它就成为一个不带永久磁钢的偏极继电器，具有反映外加信号极性的功能，以此来检查两个控制命令之间的极性关系。如果将单闭磁继电器的一个线圈通以固定方向的电流，作为局部线圈，则可当线路继电器使用。此外，还作为与门继电器使用。

2.1.3 时间继电器

JSBXC-850 和 $JSBXC_1$-850 型时间继电器是一种缓吸继电器，借助电子电路，获得 180 s、30 s、13 s、3 s 四种延时，以满足信号电路的需要。时间继电器由时间控制单元和 JWXC-370/480 型无极继电器组合而成。时间控制单元装在印刷电路板上，安装在接点组的上方。鉴别销号码为 14、55。时间继电器的基本情况见表 2.3。

表 2.3 时间继电器基本情况

<table>
<tr><th rowspan="3">规格序号</th><th rowspan="3">继电器名称</th><th rowspan="3">型　号</th><th rowspan="3">鉴别销号码</th><th colspan="2">线圈参数</th><th colspan="3">电气特性</th><th colspan="4">动作时间(s)</th></tr>
<tr><th rowspan="2">连接</th><th rowspan="2">电阻(Ω)</th><th rowspan="2">充磁值(mA)</th><th rowspan="2">释放值不小于(mA)</th><th rowspan="2">工作值不大于(mA)</th><th colspan="4">连接端子 51-52　53-12</th></tr>
<tr><th>51-52</th><th>51-61</th><th>51-63</th><th>51-83</th></tr>
<tr><td>1</td><td rowspan="3">半导体时间继电器</td><td>JSBXC-780</td><td rowspan="6">14、55</td><td rowspan="7">单独</td><td>390×2</td><td rowspan="2">$\frac{56}{56}$</td><td rowspan="2">$\frac{4.5}{4.5}$</td><td rowspan="2">$\frac{14}{14}$</td><td rowspan="2">$\frac{60\pm6}{45\pm4.5}$</td><td rowspan="2">30±3</td><td rowspan="2">13±1.3</td><td rowspan="2">3±0.3</td></tr>
<tr><td>2</td><td>JSBXC-820</td><td>410×2</td></tr>
<tr><td>3</td><td>JSBXC-850</td><td>370/480</td><td rowspan="5">$\frac{56}{54}$</td><td rowspan="5">$\frac{4}{3.8}$</td><td rowspan="3">$\frac{14}{13.4}$</td><td>180±27</td><td>30±4.5</td><td>13±1.95</td><td>3+0.45</td></tr>
<tr><td>4</td><td rowspan="3">单片机时间继电器</td><td>JSDXC-850</td><td>370/480</td><td rowspan="2">180±9</td><td rowspan="2">30±1.5</td><td rowspan="2">13±0.65</td><td rowspan="2">3±0.15</td></tr>
<tr><td>5</td><td>$JSBXC_1$-850</td><td>370/480</td></tr>
<tr><td>6</td><td>$JSBXC_1$-870 B01</td><td>370/500</td><td>$\frac{16}{13.4}$</td><td>3±0.15</td><td>2±0.1</td><td>1±0.05</td><td>0.6±0.03</td></tr>
<tr><td>7</td><td>道口时间继电器</td><td>JSC-30</td><td>11、12</td><td>370/370</td><td>$\frac{14.5}{13.8}$</td><td colspan="4">连接端子 11-52/12-51/13-61
30±0.3</td></tr>
</table>

1. JSBXC-850 型半导体时间继电器

在单结晶体管 BT 的发射极 e 和第一基极 b_1 的放电回路中接入了继电器 J 的前圈（3-4，370 Ω），而继电器的后圈（1-2，480 Ω）则通过电阻 R_1 直接与电源相连。当接通电源时，后线圈将有电流通过，其电路：

+24 V（73 端子）→二极管 D_1→R_3→R_1→$J_{1\text{-}2}$→62 端子（电源）。

但是，由于 R_1 电阻值很大，为 3～4.7 kΩ。因此流过后线圈的电流很小，继电器 J 不会动作。

与此同时，电容 C_1 也开始充电，其电路：

+24 V电源（73端子）→二极管D_1→R_3→51端子→52（或61、63、83）端子→R_6 ~ R_7→

C_1→23端子→J_{4-3}（370 Ω）→71端子→R_2→62端子（电源-）

（C_1→D_4→71端子）

此电流流过前线圈(370 Ω)的方向正好与后线圈(480 Ω)的相反，因此继电器更不会动作。

当电容器 C_1 充电电压大于单结晶体管 BT 的击穿电压时，则 BT 的发射极 e 与第一基极 b_1 导通，C_1 放电，其电路是：

C_1(＋)→$BT_{e\text{-}b_1}$→R_2→71 端子→$J_{3\text{-}4}$(370 Ω)→23 端子→C_1(－)

此电流流过前线圈(370 Ω)的方向正好与后线圈(480 Ω)的相同，因此继电器衔铁立即吸合。

衔铁吸合后，J 的前接点 11-12 构通了自闭电路：

73端子（+24 V）→D_1→R_3→51端子→$J_{11\text{-}12}$→53端子→R_4

（R_3→R_1）

→81端子→$J_{1\text{-}2}$（480 Ω）→13端子→62端子（-）

由于 R_4 的接入，电路的电阻降低一半，流过 J 后线圈电流增加到大于继电器的释放电流，继电器可靠吸起。

1)由于 BT 和 C_1 组成的脉冲延时电路的存在，使继电器从电源接通到完全吸合经过一段时间，这一段时间就是继电器吸起延时时间。这一吸起延时时间与下列参数有关。

(1)C_1 的电容量越大，则充电达到单结晶体管击穿电压的时间越长，因此吸起时间越大。

(2)充电电路的电阻 R 越大，则电容器充电电流越小，充电时间必然越长，故延时越大，电路就是利用这一特点在端子 52、61、63、83 分别接入不同的电阻值，以获得四种延时。

(3)与单结晶体管击穿的电压有关，而击穿电压又由单结晶体管的分压比 η 决定，击穿电压越高，则 C_1 的充电电压升高，缓吸延时加大。

2)电路中其他元件的作用

(1)为了消除因电源电压波动对延时的影响，电路中加装了两个稳压二极管 D_2 与 D_3，串联后的稳压值为 19.5～20.5 V。它们与 R_3 串联成一简单的稳压电路，保证继电器电压在 21～27 V 间变化时吸起时间仍保持标准值，见表 2.4。

表 2.4　时间继电器标准值

继电器型号	连接端子	11-51、12-53			
		51-52	51-61	61-63	51-83
JSBXC-850	延时时间 S	180±27	30±4.5	13±1.9	3±0.45
$JSBXC_1$-850	延时时间 S	180±9	30±1.5	13±0.65	3±0.15

(2)二极管 D_1 是防止电源极性接错而设。

(3)二极管 D_4 是吸收继电器 J 的 370 Ω 前圈的磁场能量的，防止继电器断电时引起反电势使单结晶体管 BT 击穿，从而避免了电路的干扰。

(4)C_2 是单结晶体管第二基极的平滑电容，同时也是稳压后的滤波电容，以消除电源杂音对电路延时的干扰。

(5)R_5 是单结晶体管的基极电阻。

3)半导体时间继电器的电气特性与 JWXC-370/480 型继电器相同，但有下列补充规定：

(1)继电器延时误差均不能超出标准值的±15%。

(2)在通电至继电器闭合的缓吸时间内，后接点的压力为 0.098 N(10)～0.147 N(15)。

继电器的接点组编号与无极继电器相同。

$JSBXC_1$-850 型继电器主要由 4 000 kHz 晶体振荡器和分频器及可编程芯片组成，采用微电子技术，通过软件设定不同的延时时间，不用调整，电路安全可靠，其延时精度比较高。并且不用改动继电器外部配线，是取代 JSBXC-850 型继电器比较理想的新一代时间继电器，其电路结构目前尚无图纸。

石英晶体振荡器的频率越高，其误差越小。4 000 kHz÷2^n，以 2^7 为例，$2^7=128$，用石英晶体振荡器的误差数÷128，得数极小。因此误差极小。

2. $JSBXC_1$-850 型继电器在使用中的注意事项

1)继电器 1、3 端接正电，2、4 端接负电，因为线圈两端并联二极管。

2)如果继电器缓放时间出现误差，应更换控制电路中晶振或单片机。

3)如果继电器通电后工作正常，但发光二极管不亮，可更换发光二极管。

4)如果继电器通电后不吸，检查继电器输入条件正确，可能是控制电路板出现故障，更换延时电路板。

3. $JSBXC_1$-850 型继电器使用

1)人工解锁。进路的人工解锁应具备以下条件。

(1)信号机开放后，列车或调车车列已驶入接近区段。

(2)防护该进路的信号机必须随着人工解锁的手续而关闭，从信号关闭时起接车进路和正线发车进路要延时 3 min 才允许解锁，站线发车进路和调车进路要延时 30 s 才允许解锁，以保证解锁时车已停住。

(3)在整个延时过程中，必须证明车未冒进信号才允许解锁。

2)挤岔报警。每一组道岔均设有 DBJ、FBJ，正常状态下不是 DBJ 吸起，就是 FBJ 吸起，只有在道岔在转换过程中(3 s)和挤岔子时出现 DBJ、FBJ 均不吸起的状态，为区别这两种状态，设置了挤岔限时继电器 JCJ1 和 JCJ2，用 DBJ、FBJ 的后接点接通 JCJ1，用 JCJ1 的前接点接通 JCJ2,JCJ2 采用的 JBSXC-850 继电器 13 s 后动作,报警。

3)主灯丝断丝报警。为了监督列车信号灯泡主灯丝的断丝并及时发出报警,每个咽喉设一套列车信号主灯丝断丝报警电路。

每架进站信号机和出站兼调车信号机的各个灯泡均接有一个灯丝转换继电器,它们在主灯丝完好时励磁,主灯丝断丝时失磁,用其后接点接通副灯丝,保持副灯丝继续亮灯。利用本咽喉每架信号机的灯丝转换继电器的后接点构成一个电路,当任何一架信号机发生点灯灯泡断丝时,该架信号的对应的灯丝转换继电器落下,同时接通灯丝继电器 DSJ 电路。DSJ 采用 JBSXC-850 继电器,延时 3 s 吸起,用其第四组接点接通报警。采用 3 s 延时主要是在信号变换显示时也有灯丝转换继电器落下的瞬间。

4)二线制改变运行方向电路中的区间监督继电器电路,为监督区间状态设区间监督继电器 JQJ 及其复示继电器 JQJF 和 JQJF2。两站 JQJ 串入方向控制电路,构成区间监督电路。

辅助办理改变运行方向时,JQJF 随 JQJ 的动作而动作。欲作为接车站,按下 JFZA 时断开 JQJF 电路,使之落下。JQJF2 随 JQJF 的动作而动作,采用 JSBXC-850 型时间继电器。正常办理改变运行方向时,办理发车进路后,FKJ 吸起,JQJF2 通电后缓吸 2.3 s,辅助办理改变运行方向时,FKJ 尚未吸起,JQJF2 在 FZAJF 吸起后缓吸 9 s。2.3 s 和 9 s 时间是通过 61(13 s)、63(30 s)并接实现 9 s,通过 FKJ 的吸起再与 83(3 s)并接实现 2.3 s。

2.1.4 交流二元继电器

交流二元继电器,二元指有两个互相独立又互相作用的交变电磁系统。根据频率不同,交流二元继电器分为 25 Hz 和 50 Hz 两种。在城市轨道交通采用直流牵引,JRJC-66/345 和 $JRJC_1$-70/240 型二元继电器用于 50 Hz 相敏轨道电路中作轨道继电器。它们具有可靠的频率选择性和相位选择性,对于轨端绝缘破损和不平衡造成的干扰能可靠地防护。另外还有动作灵活的翼板转动系统、紧固的整体结构,不仅经久耐用,而且便于维修。

本节介绍 50 Hz 交流二元继电器,基本情况见表 2.5。

表 2.5 交流二元继电器基本情况

型号		接点组数	线圈电阻(Ω)	电气特性				轨道电流滞后局部电压相位角
				额定值		工作电压不大于(V)	释放电压不小于(V)	
				电压(V)	电流(A)			
JRJC-45/300	局部	2Q 2H	300	220	0.08	—	—	162°±5°
	轨道		45	—	—	14	7	
JRJC-40/265	局部	4组 转换	265	220	0.11	—	—	
	轨道		40	—	—	14	7	

1. 交流二位继电器的结构

JRJC-45/300 型和 JRJC-40/265 型交流二元继电器的结构相同,仅参数不同。

1)电磁系统

电磁系统包括局部电磁系统和轨道电磁系统。局部电磁系统由局部铁芯和局部线圈组成。轨道电磁系统由轨道铁芯和轨道线圈组成。铁芯均由硅钢片叠成。线圈是用高强度漆包线绕在线圈骨架上而成。

2)翼板

翼板是将电磁系统的能量转换为机械能的关键部件。翼板由 1.2 mm 厚的铝板冲裁而成,安装在主轴上。翼片尾端安装有重锤螺母,对翼板起平衡作用。在翼板一侧的主轴上还安装一块 2.0 mm 厚由钢板制成的止挡片,与轴成一整体,使翼板转至上、下极端位置时受到限制。

3)接点组

动接点固定在副轴上,主轴通过连杆带动副轴上的动杆单元使动接点动作。

2. 交流二元继电器的工作原理

1)交流二元继电器的相位选择性

交流二元继电器的磁系统如图 2.14 所示。

当局部线圈和轨道线圈中分别通以一定相位差的交流电流 i_s 和 i_G 时,形成交变磁通 Φ_J 和Φ_G,磁通穿过翼板时就形成了磁极 J 和 G,在翼板中分别产生感应电流,可看作是由许多环绕磁通的电流环所组成,故称为涡流,以i_{WJ} 和i_{WG} 表示。涡流i_{WG} 和i_{WJ} 分别与磁通Φ_J 和Φ_G 作用,产生电磁力F_1 和F_2,即轨道线圈的磁通Φ_G 在翼板中感应的电流i_{WG},在局部线圈磁通Φ_J 作用下产生力F_1;局部线圈的磁通Φ_J 在翼板中感应的电流i_{WJ},在轨道线圈磁通作用下产生力F_2。F_1 和F_2 的方向可由左手法则决定,如图 2.15 所示。

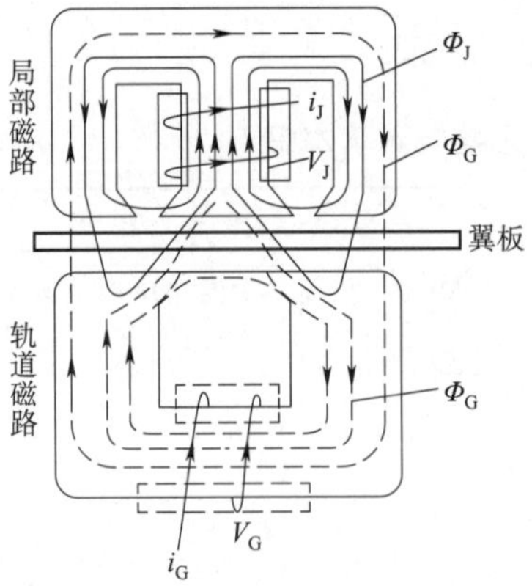

图 2.14　JRJC 型继电器的磁系统

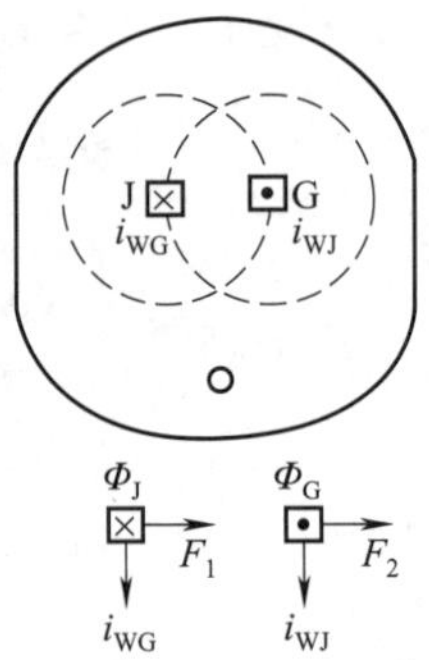

图 2.15　涡流在磁通作用下产生力

若使F_1和F_2同方向，必须Φ_J和Φ_G方向相反，i_{WG}和i_{WJ}方向相同，或者i_{WG}和i_{WJ}方向相反，而Φ_J和Φ_G方向相同。只要在Φ_J和Φ_G相差90°的条件下F_1和F_2是同方向的，即任何瞬间翼板总是受一个方向的转动力的作用。当Φ_J超前Φ_G90°时，在翼板上得到正方向转矩，接通前接点；而当Φ_J滞后Φ_G90°时，则在翼板上得到反方向转矩，使后接点更加闭合。如果仅在任一线圈通电，或两线圈接入同一电源，翼板均不能产生转矩而动作，这就是交流二元继电器所具有的可靠的相位选择性，由此可解决轨端绝缘破损的防护问题。

2）交流二元继电器的频率选择性

如果轨道线圈混入干扰电流，所产生的转矩在一个周期内时平均值为零，即轨道线圈混入干扰电流与固定的50 Hz局部电流相作用，翼板不产生转矩，不能使继电器误动。同时，由于翼板的惯性较大，使继电器缓动，跟不上转矩变化的速率，使继电器保持原来的位置而不致误动。

由于交流二元继电器具有频率选择性，不仅可以防止牵引电流的干扰，而且对于其他频率也有同样的作用。可以证明，当轨道线圈电流频率为局部电流频率的几倍时，不论电压有多高，翼板均不能产生转矩使继电器误动。

2.1.5 灯丝转换继电器

灯丝转换继电器是交流继电器，用于信号点灯电路中。当信号灯泡的主灯丝断丝时，通过它自动转换至副灯丝点亮，通过其接点构成报警电路。灯丝转换继电器有JZCJ型、JZSJC型、$JZSJC_1$型和JZCJ-0.16型等类型。基本情况见表2.6。

表2.6 灯丝转换继电器基本情况

型号	接点组数	线圈电阻(Ω)	电气特性(A)			转换时间不大于(s)	备注
			额定值	释放值不小于	工作值不大于		
JZCJ	2QH	0.12	—	AC 0.35	AC 1.5	—	与BX_1-30配合工作值不大于150 V
JZCJ-0.16	4QH	0.16	—	AC 0.35	AC 1.5	—	—
JZSJC	2QH	—	AC 2.1	AC 0.35	AC 1.5	0.1	—
$JZSJC_1$	2QH	—	AC 2.1	AC 0.35	AC 1.5	—	线圈压降不大于1.6 V
$JZSJC_2$	2QH	—	AC 2.1	AC 0.35	AC 1.5	0.1	线圈压降不大于1.6 V

1. JZSJC型继电器

JZSJC型继电器是弹力式继电器，属于插入式结构，便于现场维修更换。电磁系统为

H 形拍合式结构。铁芯和线圈是方形的，可防止线圈转动。轭铁上端的衔铁支架用来固定衔铁，再加上锁片挡住衔铁，较牢固。衔铁支架可串动，以调整衔铁与轭铁接触处的间隙。在衔铁上端和轭铁上的衔铁架上挂有反力弹簧。短路铜环采用长方形，是为配套铁芯而设计的。线圈的线径较粗，以减小交流阻抗。

接点系统有两组接点，接点引线片和线圈引线片固定在底座上。插座上有 8 个螺钉作为接线端子，分别与插座上的插片相连，是为了与信号机构配线而设置的。当继电器发生故障时可迅速更换。JZSJC 型具有直立和侧放两种工作位置。

$JZSJC_1$ 型继电器是吸收国外机车继电器的优点而研制的，是弹力型插入式继电器。接点有较大行程，接点接触可靠，有较强的抗振性能，并配有专用插座，方便现场使用和维修。

2. JZCJ-0.16 型继电器

JZCJ-0.16 型继电器是重弹力式交流电磁继电器，为插入式，设有专用插座。在插座上端装有锁住装置，继电器插入插座后，用卡板将其锁住。

JZCJ-0.16 型继电器在现场使用，必须安装防振架。防振架有两种，一种用于信号机构，另一种用于变压器箱。

JZCJ-0.16 型继电器结构，其电磁系统由 n 形铁芯和条形衔铁组成拍合式磁路。铁芯的两个极面各嵌一个短路铜环。衔铁的释放靠其自重及接点的反作用力，故可靠性较高。

JZCJ-0.16 型继电器的接点系统的结构与安全型无极继电器基本相同，有 4 组后接点。

2.2 信号机

2.2.1 铁路信号认知

1. 铁路信号的含义

目前我国铁路信号普遍采用色灯信号机，包括广泛使用的透镜式色灯信号机、组合式色灯信号机、LED 信号机，其他类型的信号机已逐渐淘汰。

铁路信号分为视觉信号和听觉信号。视觉信号是以颜色、形状、位置、显示数目、灯光及状态等表达的信号，如用信号机、信号旗、信号灯、信号牌、信号表示器、信号标志及火炬等显示的信号都是视觉信号。听觉信号是以不同器具发出音响的强度、频率和音响的长短等表达的信号，如用号角、口笛、响墩发出的音响及机车、轨道车鸣笛等发出的信号，都是听觉信号。

视觉信号又按信号机具是否可以移动分为固定信号、移动信号和手信号。手持信号旗或信号灯发出的信号，称为手信号。在地面上临时设置的可以移动的信号牌，称为移动信号，如为防护线路施工地点临时设置的方形红牌、圆形黄牌等。为防护一定目标，常设于固定地点的信号，称为固定信号，如设于地面的信号机和信号表示器等。在机车司机室内设置指示列车运行前方条件的信号，称为机车信号，它对于机车是固定的，也属于固定信号。

2. 铁路信号及基本颜色的意义

要求停车的信号叫作禁止信号或停车信号，要求注意或减速运行的信号及准许按规定速度运行的信号，都叫作进行信号。

我国《铁路技术管理规程》(以下简称《技规》)对视觉信号的基本颜色意义规定如下：

红色——要求停车；

黄色——要求注意或减低速度；

绿色——准许按规定速度运行。

原则上信号机上同时点亮的基本灯光不超过两个(附加灯光除外，如进路表示器)。

此外还有辅助颜色：

月白色——作为调车信号时，准许越过调车信号机；作为引导信号时(和一个红灯同时点亮)，准许列车在该信号机前方不停车，以不超过 20 km/h 的速度进站或通过接车进路，并准备随时停车。

蓝色——作为调车信号时(对列车无效)，禁止越过调车信号机；作为容许信号时，准许列车在该信号机显示一个红灯或红灯灭灯的情况下不停车，以不超过 20 km/h 的速度通过，运行至次一架通过信号机，并随时准备停车。

3. 固定信号的分类

1)按设置部位分类，固定信号可分为地面信号和机车信号。

地面信号是设于车站或区间固定地点的信号机或信号表示器，用来防护站内进路或区间闭塞分区及道口。机车信号设于机车驾驶室内，接收钢轨(或环线)中传输的机车信号信息，给出相应的机车信号显示。

2)按色灯信号机构造分类，可分为透镜式、组合式和 LED 式。

色灯信号机是用灯光的颜色、数目及亮灯状态表示信号含义的信号机。色灯信号机具有昼夜显示一致、易于辨认、控制简便、受环境气候影响小、安全稳定和便于维修等优点。

组合式色灯信号机是为克服透镜式色灯信号机的缺点而研制的新型信号机构。信号灯泡发出的光由反射镜汇聚，经滤色片变成色光，再由非球面镜汇聚成平行光，偏散镜折射偏散，能保证信号显示在曲线线段上的连续性。信号机构采用组合形式，一个灯位为一个独立显示单元，配一种颜色，使用时根据需要进行组合，故称组合式色灯信号机。

LED 色灯信号机用发光二极管取代白炽灯泡和透镜组，采用铝合金机构组合而成，其显示距离远，寿命长，安全可靠，是节能、免维护的新型信号机。

3)按用途分类,固定信号可分为信号机和信号表示器。

信号机是表达固定信号显示所用的机具,用来防护站内进路,防护区间,防护危险地点,具有严格的防护意义。信号机按用途可分为进站、出站、通过、进路、预告、复示、遮断和调车等信号机,另有设于铁路平交道口的道口信号机。

信号表示器是对行车人员传达行车或调车意图的,或对信号进行某些补充说明所用的器具,没有防护意义。信号表示器按用途可分为发车、进路、发车线路、道岔、脱轨、调车及车挡等表示器。

4)按地位分类,信号机可分为主体信号机和从属信号机。

主体信号机是能独立地显示信号,指示列车或调车运行条件的信号机,如进站、出站、进路、通过、调车等信号机;从属信号机是指本身不能独立存在,只能附属于某种信号机的信号机,如预告信号机、复示信号机等。预告信号机从属于进站信号机、所间区间的通过信号机、遮断信号机;复示信号机从属于进站、进路、出站、调车等信号机。

5)按停车信号的意义,可分为绝对信号和非绝对信号。

绝对信号是指当显示停止运行的信号时,列车、调车必须无条件遵守的信号显示。所有站内信号机的显示均为绝对信号。非绝对信号是指列车在列车信号机显示红色灯光、显示不明或灯光熄灭时允许列车限速通过,并准备随时能够停车的信号,如自动闭塞区间的通过信号机。《技规》规定:通过信号机显示停车信号(包括显示不明或灯光熄灭或显示不正确)时,列车必须在该信号机前停车,司机应使用列车无线调度电话通知运转车长,通知不到时,鸣笛一长声,停车等候 2 min,该信号机仍未显示进行信号时,即以遇到阻碍能随时停车的速度继续运行,最高速度不超过 20 km/h,运行到次一架通过信号机,按其显示的要求运行。

6)按安装方式分类,可分为高柱信号机、矮型信号机、信号托架和信号桥。

高柱信号机一般用于显示距离要求较远的信号机,安装在信号机柱上。高柱信号机具有显示距离远、观察位置明确等优点。因此,为保证安全、提高效率,进站、正线出站、接车进路、通过、遮断、预告等信号机必须采用高柱信号机。

矮型信号机设于位于建筑限界下部外侧的信号基础上,一般用于显示距离要求不远的信号机,因高柱信号机的设置受建筑限界的限制,另考虑信号机的设置不影响到发线有效长,站线出站信号机、发车进路信号机和一般情况下的调车信号机等采用矮型信号机。

设于特殊地形和特殊条件下的信号机,其中包括进站信号机,经铁路局批准,亦可采用矮型信号机,设于桥隧的预告信号机、通过信号机、高架线路上的进站信号机、双线双向自动闭塞区段的反方向进站信号机亦可采用矮型信号机。

因受限界限制,不能安装信号机柱时,则以信号桥或信号托架代替,信号桥为桥型结构建筑物,信号托架为托臂形结构建筑物。

2.2.2　色灯信号机

1. 透镜式色灯信号机

1)透镜式色灯信号机的组成

透镜式色灯信号机有高柱和矮型两种类型,高柱信号机的机构安装在钢筋混凝土信号机柱上,矮型信号机的机构安装在信号机水泥基础上。

高柱透镜式色灯信号机由机柱、机构、托架、梯子等部分组成。机柱用于安装机构和梯子。机构的每个灯位都配备有相应的透镜组和单独点亮的灯泡,给出信号显示。

托架用来将机构固定在机柱上,每一机构需要上、下托架各一个。梯子用于给信号维修人员攀登及作业。

矮型透镜式色灯信号机用螺栓固定在信号机基础上,没有托架,更不需要梯子。色灯信号机可构成二显示、三显示和单显示信号机。各种信号机根据需要还可以分别带引导信号机构或进路表示器。

2)透镜式色灯信号机的组成

透镜式色灯信号机的每个灯位由灯泡、灯座、透镜组、遮檐和背板等组成,如图 2.16 所示。

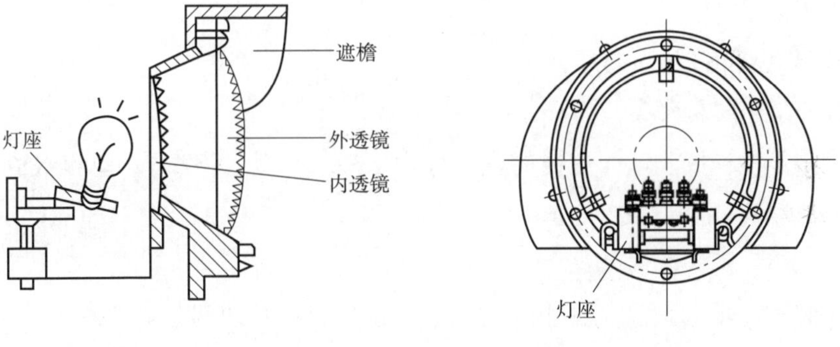

(a)　　(b)

图 2.16　透镜式色灯信号机的组成

灯泡是色灯信号机的光源,采用直丝双丝铁路信号灯泡。

灯座用来安放灯泡,采用定焦盘式灯座,在调整好透镜组焦点后固定灯座,更换灯泡时无须再调整。

透镜组装在镜架框上,由两块带棱的凸透镜组成,里面是有色带棱外凸透镜(可有红、黄、绿、蓝、月白、无色六种颜色),外面是无色带棱内凸透镜。之所以采用两块透镜组成光学系统,是利用光的折射和反射原理,将光源发出的光线集中射向所需要的方向,即增强该方向的光强。这样就能满足信号显示距离远而且具有很好的方向性的要求。信号机构的颜色取决于有色透镜,可根据需要选用。

遮檐用来防止阳光等光线直射时产生错误的幻影显示。

背板是黑色的，构成较暗的背景，可衬托信号灯光的亮度，改善瞭望条件。只有高柱信号机才有背板，一般信号机采用圆形背板。

3)透镜式色灯信号机机构分类

透镜式色灯信号机机构分为高柱、矮型两大类信号机机构。

高柱、矮型信号机机构按结构又分为二显示、三显示两种。二显示机构有两个灯室，三显示机构有三个灯室。每个灯室内有一组透镜、一副灯座、一个灯泡和遮檐。灯座间用隔板分开，以防止相互串光，保证信号显示的正确。背板是一个机构共用的。各种信号机可根据信号显示的需要选用机构，再按灯光配列对信号灯位颜色的规定安装各灯位的有色内透镜。

4)透镜式色灯信号机的光系统

如果直接采用向周围空间以相同光强发射光线的光源，会造成光线不集中，大部分光线被散射掉，还会造成其他方向误认信号，不适用于信号系统。信号显示要求远且具有方向性，还要显示角度较小。为此，必须选用适当的光系统，将光源发出的光线集中射向所需要的方向，以增加所需要方向上的光强。

理论和实践证明，两块透镜组成的光学系统的增强率比单透镜系统大。所以色灯信号机一般采用透镜组。

2. 组合式色灯信号机

1)组合式信号机构种类

组合式信号机构按非球面透镜的直径分为 XSZ-135 型、XSZ-150 型和 XSZ-200 型，其中应用最早、最多的是 XSZ-135 型。

2)组合式信号机构结构

组合式信号机构由光系统、机构壳体、遮檐、瞄准镜插孔四部分组成。

(1)光系统

组合式信号机构的光系统由反光镜、灯泡、色片、非球面镜、偏散镜及前表面玻璃组成。

(2)机构壳体

机构的外壳用硅铝合金压铸而成，内外表面均涂无光黑漆，可防止光反射。优点是结构合理，密封性能好且体积小，重量轻，每个机构包括遮檐约 7 kg，便于携带安装。

(3)遮檐

机构的遮檐采用玻璃纤维增强不饱和聚酯(俗称玻璃钢)制造。优点是重量轻、耐腐蚀性能好、强度高，其几何形状设计既能遮挡阳光，又能满足偏散光显示的需要。

(4)瞄准镜插孔

信号机构右下方有一个瞄准镜插孔，供调整信号机显示方向时使用。在现场调整信号机时，将专用的8倍瞄准镜插入插孔内，调整信号机构的转向机构，在瞄准镜中能很容易地找到信号机前面信号显示需要达到的最远目标点。因瞄准镜孔中心与信号机构的主光轴是相互平行的，所以瞄准镜中找到的目标点就是信号机主光轴能照射到的地方，从而加快了信号机的调整速度。

3)组合式信号机的光学原理

由光源(信号灯泡)发出的光，通过滤色片变成色光，经过非球面透镜将散射的色光会聚成平行光，再经过偏散镜进行折射偏散，将其中的一部光保持原方向射出，称之为主光；另一部分光按偏散镜的偏散角度射出，称之为偏光。主光主要用于远距离显示，光强较高；偏光主要用于曲线部分。随着列车的运行，逐渐接近信号机，对于光强的需要也逐渐减弱，所以偏光的光强也随着偏散角度加大相应地逐渐减弱，从而充分有效地利用了光源，使得在曲线上各个位置看到的信号灯光亮度均匀一致。

3. 信号光源

色灯信号机采用直丝信号灯泡，配套定焦盘式灯座，以及点灯和灯丝转换装置。

1)直丝信号灯泡

信号灯泡是色灯信号机和信号表示器的光源。目前，均采用直丝信号灯泡，其灯丝为双螺旋直丝，克服了原U形灯丝光强度峰值不在主光轴上的缺点，光衰小，提高了显示距离，并减少了维修工作量。

主灯丝和副灯丝呈直线状且平行。主灯丝在下，其轴心线与灯头的中心线相垂直，副灯丝在上，其轴心线距离主灯丝轴心线(2.5±0.5)mm。主灯丝在前，副灯丝在后，间距为2.5 mm，以防止副灯丝挡住主灯丝的光。主灯丝在下可避免主灯丝断丝时，灯丝落下碰到副灯丝，影响副灯丝正常工作，有利于安全使用。检验信号灯泡就是查看灯泡外观，并用必要的量具和器具检查灯泡灯丝，均应符合灯泡的技术标准。

点灯试验应在额定电压和额定功率的条件下进行。试验时间主灯丝2 h，副灯丝1 h。点灯试验时间是经过大量调查和试验后确定的。在2～4 h之间出现主灯丝断丝的概率很小，规定试验时间2 h，既满足了质量检验的要求，又减少了能耗。

2)定焦盘式信号灯座

与直丝信号灯泡配套的灯座是定焦盘式信号灯座。定焦盘灯座三维(上下、左右、前后)可调，可调整光源位置，使主灯丝位于透镜组的焦点上，获得最佳显示效果。定焦盘灯座具有以下特点：

(1)灯泡和灯座是平面接触，可以基本上保证光中心高度的一致性；

(2)灯头冲压成翻边结构，一般不会变形，从而提高了灯泡和灯座的配合精度；

(3)防止电接触片受过压造成变形或弹力减小，从而避免电接触片与灯泡的接触不良或发热、熔化等故障；

(4)灯座与灯泡的连接，用内六方螺丝固定，灯口不易移位；

(5)更换灯泡时，一般不用重新调整显示，信号显示比较稳定。

因此，定焦盘灯座对提高信号显示的稳定性和减少维修工作量起着积极作用。

3)信号点灯和灯丝转换装置

信号点灯和灯丝转换装置一般由信号变压器和灯丝转换继电器组成。之后又出现了将点灯和灯丝转换结合为一体的XDZ型多功能信号点灯装置和DDXL-34型点灯单元。

(1)信号变压器

信号变压器用于色灯信号机的点灯电源，设置于信号机处的变压器箱内，用以将220 V交流电降压为12 V。目前使用的信号变压器有BX-40、BX-30、BX_1-30、BX_1-34，以及BYD-60型远程点灯信号变压器，其中使用最多的是BX_1-34型。

(2)灯丝转换继电器

灯丝转换继电器是交流继电器，用于信号点灯电路中。当信号灯泡的主灯丝断丝时，通过它自动转换至副灯丝点亮，通过其接点构成报警电路。

(3)XDZ型多功能信号点灯装置

XDZ型多功能信号点灯装置把信号灯泡的点灯和灯丝的转换结合成一体，取代了点灯变压器和灯丝转换继电器。其主要特点是采用软启动技术，主、副灯丝断丝均能报警。

信号灯泡灯丝的冷丝电阻为0.5 Ω，在灯丝点亮时瞬态冲击电流可达10 A以上，容易在接通电源瞬间断丝。软启动是指在灯丝点亮瞬间加在灯丝上的电压远低于额定电压，然后经过一定时间逐步上升到额定值，这由电子电路来完成。采用软启动技术后，可使冷丝冲击电流(指点灯开始瞬间灯丝处于冷态时所流过的电流)限制在6 A以下，以降低故障率，延长灯泡使用寿命。冷丝冲击电流越小，对延长灯泡的使用寿命越有利。但是冷丝冲击电流越小，软启动时间(指点灯启动至灯丝稳定点亮所经历的时间)越长，软启动时间过长，灯丝继电器可能出现瞬间落下又吸起的现象，影响灯丝继电器的正常工作。在冷丝冲击电流小于6 A的条件下，软启动时间为0.05～0.2 s。

在主灯丝回路中串联着继电器JZ，在副灯丝回路中串联着微电流继电器JG(工作电流17 mA)。当主灯丝完好时，主灯丝点亮，JZ吸起，JG也吸起，但副灯丝不会点亮，这时能检测副灯丝的完好。当主灯丝断丝时，JZ断电落下，JZ的后接点闭合，自动转换至副灯丝点灯，且JG被短路落下，通过JG的后接点发出断丝报警。当主灯丝完好，副灯丝断丝时，JG断电落下，也发出报警。

2.2.3 LED信号机

LED信号机构采用轻便、耐腐蚀的单灯铝合金机构，组合灵活、安装简单。显示距离超过1.5 km且清晰可辨，安全可靠。通过监测控制系统的电流，可监督信号显示系统的工作状态，预警异常情况，有助于准确判断故障点，并及时处理。LED信号机构重量大大减小，便于施工安装，密封条件好，使用寿命长，用LED取代传统的双丝信号灯泡和透镜组，从而彻底消除灯丝断丝这一多发性的信号故障，可以做到免维护，结束了普通信号机定期更换信号灯泡的维修方式，减少维修工作量，节省维修费用。用发光盘取代信号灯泡具有可靠性高、寿命长、节省能源、聚焦稳定、光度性好、无冲击电流等显著优点。

1. LED信号机技术参数和工作原理

现使用的LED信号机有XSLE型、XLL型、XSZ(G、A)型、XLG(A、Y)型和XSL型等。现以XLA-220型LED信号机为例介绍。

1)主要技术参数

信号机额定电压220 V/50 Hz，输入电压范围AC 180～230 V。

信号机正常工作电流100 mA，通电瞬间电流130 mA。

矮型信号机显示距离不小于800 m，辅助信号机显示距离不小于400 m。

LED信号机的发光直径：矮型125 mm，高柱180 mm。

LED信号机具有抗强光干扰性能。能防止由于外部光线的照射导致的信号错误显示。

对信号电缆中产生的感应电压有抗干扰措施。

LED信号机发光二极管损坏数量达30%时，不影响信号显示的规定距离。

符合“故障—安全”原则，当点灯系统出现故障时，不引起信号升级显示或其他危及行车设备的安全隐患。

信号机在灭灯LED开路时，一次侧空载电流不大于15 mA。

LED信号机可实现25%的故障模拟，与LED信号机报警仪结合，可实现室内集中报警功能。

门限电压：AC 140 V。当信号机输入电压(干扰信号)小于门限电压时LED应灭灯，当信号机输入工作电压大于门限电压时LED应点亮(注：门限电压允许误差范围±5%)。

信号机构内每个灯位均设置一个点灯变压器，并在变压器的一、二次侧设置相应的有效避免雷电等干扰的措施，保护LED光源内部电路。

机构的正常绝缘电阻不小于100 MΩ，经12 d交变湿热试验后的潮湿绝缘电阻不小于1.5 MΩ。

绝缘耐压：机构承受交流50 Hz、电压有效值1 000 V、历时1 min的耐压试验，无击穿或闪络现象。重复试验的电压应为原试验电压的80%。

电快速瞬变脉冲群抗扰度3级；静电放电抗扰度3级。

外壳防护等级IP55。

接地要求(包括工作接地、安全接地和电磁兼容接地):接地电阻不大于 10 Ω。

信号机单元外形宽度:矮型≤252 mm。

矮型信号机构的仰角为 3°～5°,高柱机构安装后,应能在左右至少各 45°、前俯 5°的范围内任意调整。

安装尺寸及基础座要求:矮型机构的安装孔距离为 205 mm,螺栓 M16×2;高柱采用立柱安装。

AC 220 V 供电、1 mm 电缆线径(1 km 来回电阻值≤47 Ω)的条件下,通过调整室外点灯变压器的输出电压,可以满足信号机在 7 km 内能正常工作。

LED 信号机通电瞬间电流 130 mA,保证 JZXC-H18 型继电器可靠吸起,工作电流 100 mA,能可靠维持 JZXC-H142 型继电器吸合。

LED 光源灭灯时,通过灯丝继电器回路电流小于 40 mA,保证 JZXC-H18 型继电器可靠落下,为联锁电路提供断丝条件。信号机采用组合式结构,每个灯位均可独立,可根据需要任意组装成一显示、二显示、三显示等机构。

2)工作原理

(1)从电源屏输出的 220 V 电源通过 DJ(JZXC-H18)和室外电缆到达信号机点灯变压器上。

(2)室外点灯单元。

高柱信号机点灯单元放在 XB_1 变压器箱里面,采用 4 颗 M4 的自攻螺丝安装,具体配线如图 2.17 所示。矮型信号机和高柱信号机的点灯单元是不通用的,出厂时候点灯单元的各项参数已经进行出厂设置。

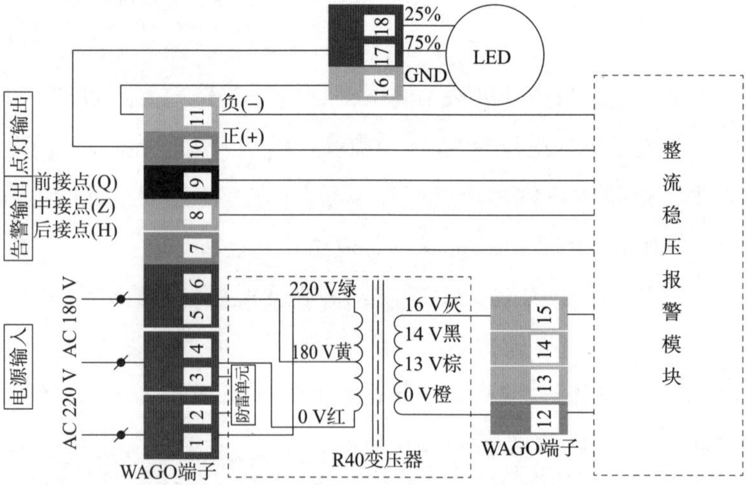

图 2.17　高柱信号机点灯单元配线图

矮型信号机点灯单元放在信号机构门盖上，具体配线如图 2.18 所示。

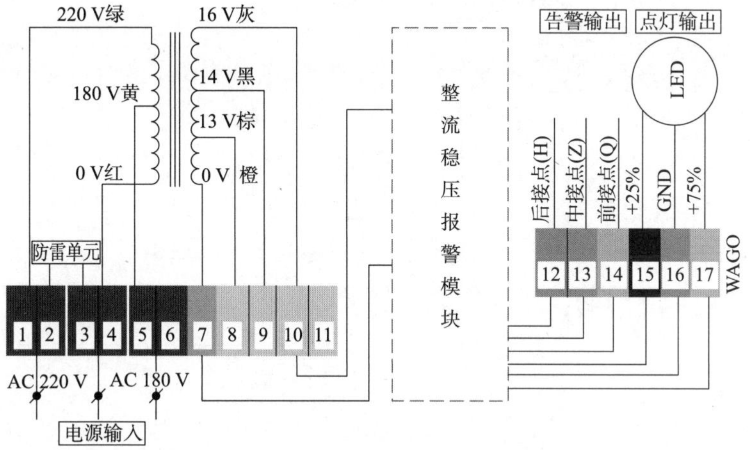

图 2.18 矮型信号机点灯单元配线图

(3)防雷、整流、稳压和光源部分。

在 R40 型变压器一次侧安装防雷单元，防止过电压的冲击。变压器二次侧输出的电压通过整流稳压报警模块输出稳定的直流电压供发光管用。光源部分主要由多路 LED 和电阻串并联而成。

3)信号机外形结构示意图

XSLE-A 型 LED 信号机外形结构示意图如图 2.19～图 2.21 所示。

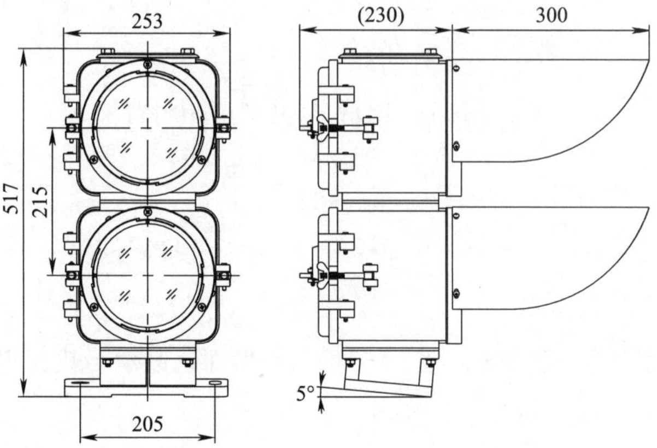

图 2.19 XSLE-A 型二显铝合金信号机外形结构示意图(单位：mm)

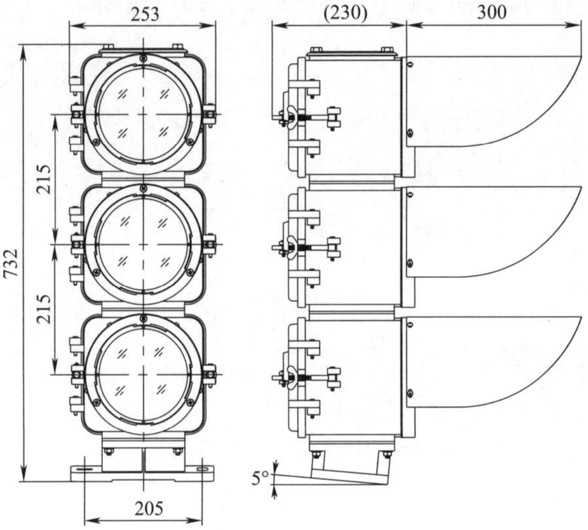

图 2.20　XSLE-A 型三显铝合金信号机外形结构示意图(单位:mm)

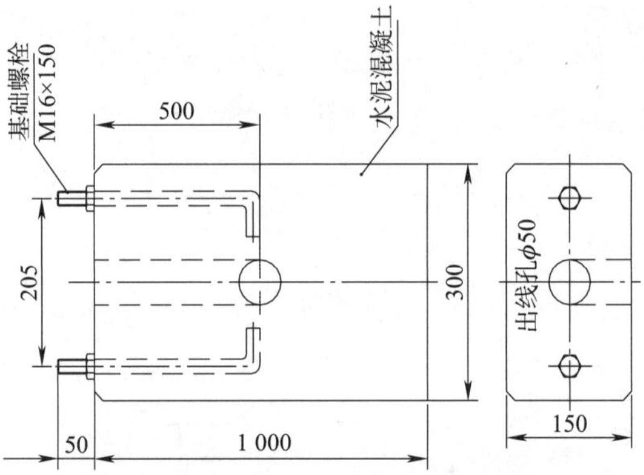

图 2.21　XSLE-A 型 LED 信号机安装基础图(单位:mm)

2. LED 信号机故障报警仪的结构、外形尺寸

1)LED 信号机报警仪由主机箱、电源模块、采集板及报警仪单元控制器组成,每台主机最多可装 9 块 CJB-GY. 24 采集板;每个采集板上有八个灯位,每个灯位检测一架信号机,如果哪个灯位报警,其中相应的报警灯就会亮起,1～8 可通过信号机控制单元通道键来选择相应信号机。

2)报警仪主机外形尺寸:长×宽×高为 532 mm×245 mm×175 mm(长度尺寸可根据用户要求更改),如图 2.22 所示。

3. 信号机的设置

正线信号机:温州 S1 采用左侧行车。

1)正线及车辆段/停车场出入段线均应能组织列车双方向运行:

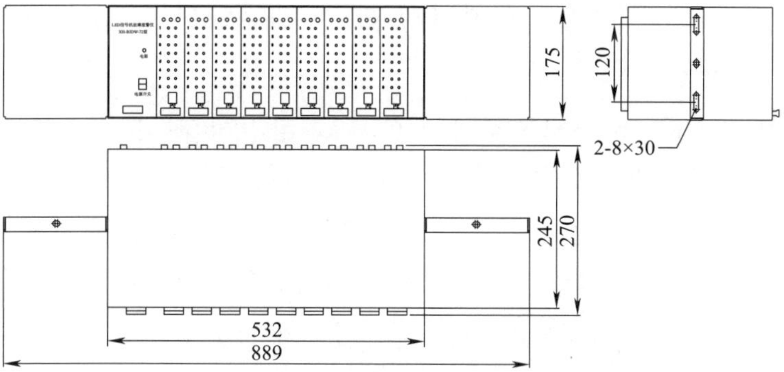

图 2.22 报警仪主机面板及外形示意图(单位:mm)

(1)正线正方向采用自动闭塞方式运行,区间设置通过信号机,通过信号机的设置应满足列车在区间运行间隔的要求。

(2)反方向运行采用大区间运行模式,反方向区间不设置通过信号机,提供本站出站信号机至下一站反向进站信号机的大区间运行方式。

(3)出段线和入段线正常运营的反方向按照大区间运行,即反方向入段按出站信号机至入段信号机,中间不设置通过信号机;反方向出段按照转换轨出发信号机至进站信号机,中间不设置通过信号机。

2)正线车站设正向和反向进站信号机、正向和反向出站信号机或出站兼调车信号机;区间正方向设通过信号机;运营折返站折返线进站方向设置进站兼折返信号机。

3)存车线及存车兼临时折返线向站内方向设置调车信号机,并根据车站配线情况设置顺向列车终端用于存车线接车;根据车站配线情况,存车线及存车线兼临时折返线向邻站发车方向设置出站信号机。

4)区间通过信号机、进站信号机、正线正方向出站信号机及出站兼调车信号机采用半高柱信号机;正线反方向出站信号机、反方向出站兼调车信号机以及存车线、到发线、折返线上的信号机采用矮型信号机。

5)闭塞分区的长度应大于列车的安全制动距离 SBD,进站信号机与出站信号机间的距离加上出站信号机内方保护区段的长度之和也应大于 SBD。

6)信号机与计轴点设备位置。原则上,信号机内方未设置保护区段的,即进站信号机、区间通过信号机设置于计轴点前 5.5 m 位置;信号机内方设置保护区段的,即出站信号机、出站兼调车信号机、调车信号机以及进站兼折返信号机设置于计轴点前 0.5 m 处。原则上,站台正向出站信号机设置于距站中心约 79.5 m,距有效站台边约 9.5 m 处,其计轴点设置于距站中心约 80 m,距有效站台边约 10 m 处;站台反向出站信号机设置于距站中心约 83.5 m,距有效站台边约 13.5 m 处,其计轴点设置于距站中心约 84 m,距有效站台边约 14 m 处。当由于道岔位置限制，出站信号机不能设置于上述地点时，计轴按照岔前计轴点设置原则进行设置。特殊地点若设置后，出站信号机与站台距离过近时，可考虑将计轴设置于岔尖与基本轨缝之间。存车线上出站信号机设置于计轴点前方 0.5 m 处，其计轴点按照岔前计轴点设置原则进行设置。站台正向进站信号机原则上设置于距站中心 89.5 m，距有效站台边 19.5 m 处，其计轴点设置于信号机内方 5.5 m 处；站台反向进站信号机原则上设置于距站中心 85.5 m，距有效站台边 15.5 m 处，其计轴点设置于信号机内方 5.5 m 处。岔前进站信号机设置于计轴点前 5.5 m 位置，计轴点按照岔前计轴点设置原则进行设置。

4. 信号分类及显示

1)信号分类

(1)正、反向进站信号机采用黄、绿、黄、封灯、红，五灯位信号机；

(2)正、反向出站信号机和区间通过信号机均采用黄、绿、红，三灯位信号机；

(3)正、反向出站兼调车信号机采用黄、绿、红、白，四灯位信号机；

(4)当出站进路内存在分歧道岔时，出站信号机配置一个进路表示白灯，表示经由道岔侧向位置的进路出站；

(5)进站兼折返信号机采用黄、封灯、黄、封灯、红，五灯位信号机；

(6)调车信号机采用封灯、白、红，三灯位信号机；

(7)线路终端阻挡信号机采用单红灯机构；

(8)当进站信号机的显示距离达不到 400 m 时，设置进站复示信号机，进站复示信号机采用一个绿灯的单灯位方形背板机构，区间通过信号机不设置复示信号机；

(9)车辆段/停车场内设置进站信号机和出站信号机，并根据要求设置调车信号机；

(10)进站信号机采用黄、绿(封闭)、黄、红、白，五灯位信号机；

(11)出站信号机采用黄、白、红，三灯位信号机；

(12)调车信号机采用白、蓝，两灯位信号机。

图 2.23 所示为信号显示示意图。

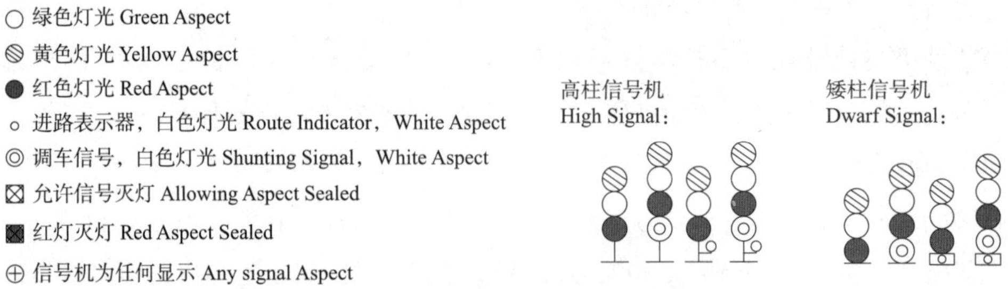

图 2.23　信号显示示意图

2)进站信号机显示

(1)一个绿色灯光——准许列车以不大于站台允许速度正线通过车站,表示出站信号机在开放状态,进路上的道岔均开通直向位置;

(2)一个黄色灯光——准许列车经道岔直向位置进入车站站台停车;

(3)两个黄色灯光——准许列车经道岔侧向位置进入车站站台或存车线停车;

(4)一个红色灯光——不准列车越过该架信号机;

(5)红色+黄色灯光——引导信号显示,准许列车以不大于 30 km/h 速度越过该架信号机继续运行,并随时准备停车。

3)出站信号机及出站兼调车信号机显示

正方向出站信号:

(1)一个绿色灯光——准许列车由车站出发,表示运行前方至少有两个闭塞分区空闲;

(2)一个黄色灯光——表示运行前方有一个闭塞分区空闲,原则上不准许运营列车由车站出发进入正线区间(特殊规定的除外),允许列车进行回停车场/车辆段及折返作业;

(3)一个红色灯光——不准列车越过该架信号机;

(4)红色+黄色灯光——引导信号显示,准许列车以不大于 30 km/h 速度越过该架信号机继续运行,并随时准备停车。

反方向出站信号:

(1)一个绿色灯光——准许列车由车站出发,表示运行前方至下一站区间空闲且下一站进站信号机开放允许信号,列车可按规定速度运行至下一站停车;

(2)一个黄色灯光——表示运行前方至下一站区间空闲,下一站进站信号机处于关闭状态或开放引导信号;

(3)一个红色灯光——不准列车越过该架信号机;

(4)红色+黄色灯光——引导信号显示,准许列车以不大于 30 km/h 速度越过该架信号机继续运行,并随时准备停车。

调车信号:

一个白色灯光——准许越过该信号机调车。当进行调车作业时,司机应按照调车信号显示并以不超过 30 km/h 的速度驾驶列车。

4)进路表示器显示

一个绿色灯光或一个黄色灯光+进路表示白灯——表示列车经道岔侧向位置发车。

5)调车信号机显示

(1)白色灯光——准许越过该信号机调车;

(2)红色灯光——不准列车越过该架信号机。

6)进站复示信号机显示

(1)一个绿色灯光——表示主体信号机在正常开放状态,即进站信号机开放一个绿色灯光、一个黄色灯光或两个黄色灯光;

(2)无显示——表示进站信号机关闭或开放引导信号。

7)信号机定位显示及进路触发条件

(1)进站、出站、出站兼调车、进站兼折返信号机均以显示停车信号为定位;

(2)区间通过信号机以显示进行信号为定位;

(3)调车信号机以显示禁止调车为定位;

(4)进站复示信号机以无显示为定位;

(5)进站、出站、进站兼折返进路采用 ATS 列车接近触发的方式,当未设置站台跳停时,出站信号机应在列车越过进站信号机且进入站台后才能开放;

(6)调车进路采用人工办理开放信号。

8)信号机关闭时机

(1)进站、出站、进站兼折返信号及区间通过信号机,当列车或车辆第一轮对越过该信号机后自动关闭;

(2)调车信号在调车车列第一轮对越过该信号机后自动关闭;

(3)引导信号在列车越过信号机后即时关闭。

2.3 转辙机

道岔的转换和锁闭是直接关系行车安全的关键。由转辙机转换和锁闭道岔,易于集中操纵,实现自动化。转辙机是重要的信号基础设备,它对于保证行车安全,提高运输效率,改善行车人员的劳动强度,起着非常重要的作用。

2.3.1 转辙机概述

1. 转辙机的作用

1)转换道岔的位置,根据需要转换至定位或反位。

2)道岔转至所需位置而且密贴后,实现锁闭,防止外力转换道岔。

3)正确反映道岔的实际位置,道岔的尖轨密贴于基本轨后,给出相应的表示。

4)道岔被挤或因故处于“四开”(两侧尖轨均不密贴)位置时,及时给出报警及表示。

2. 转辙机的基本要求

1)作为转换装置,应具有足够大的拉力,以带动尖轨作直线往返运动。当尖轨受阻不能运动到底时，应随时通过操纵使尖轨恢复原位。

2)作为锁闭装置，当尖轨和基本轨不密贴时，不应进行锁闭。一旦锁闭，应保证不因车通过道岔时的振动而错误解锁。

3)作为监督装置，应能正确反映道岔的状态。

4)道岔被挤后，在未修复前不应再使道岔转换。

3. 转辙机的分类

1)按传动方式分类

按传动方式分类，转辙机可分为电动转辙机、电动液压转辙机。电动转辙机由电动机提供动力，采用机械传动。多数转辙机都是电动转辙机，包括 ZD6 系列转辙机和 S700K 型电动转辙机。电动液压转辙机简称电液转辙机，由电动机提供动力，采用液力传动。ZYJ7 型转辙机即为电液转辙机。

2)按供电电源种类分类

按供电电源种类分类，转辙机可分为直流转辙机和交流转辙机。直流辙机采用直流电动机，工作电源是直流电。ZD6 系列电动转辙机就是直流转辙机，由直流 220 V 供电。直流电动机的缺点是由于存在换向器和电刷，易损坏，故障率较高。

交流转辙机采用三相交流电源或单相交流电源，由三相异步电动机或单相异步电动机(现大多采用三相异步电动机)作为动力。S700K 型电动转辙机和 ZYJ7 型电液转辙机为交流转辙机。交流转辙机采用感应式交流电动机，不存在换向器和电刷，因此故障率低，可以做到在额定的动作次数内免维护，而且单芯电缆控制距离远。

3)按锁闭道岔的方式分类

按锁闭道岔的方式分类，转辙机可分为内锁闭转辙机和外锁闭转辙机。内锁闭转辙机依靠转辙机内部的锁闭装置锁闭道岔尖轨，是间接锁闭的方式。ZD6 系列等大多数转辙机均采用内锁闭方式。内锁闭方式，锁闭可靠程度较差，列车对转辙机的冲击大。

外锁闭转辙机虽然内部也有锁闭装置，但主要依靠转辙机外的外锁闭装置锁闭道岔，将密贴尖轨直接锁于基本轨，斥离尖轨锁于固定位置，是直接锁闭的方式。S700K 型电动转辙机和 ZYJ7 型电液转辙机都采用外锁闭方式。外锁闭方式锁闭可靠，列车对转辙机几乎无冲击。

4)按是否可挤分类

按是否可挤分类，转辙机分为可挤型转辙机和不可挤型转辙机。可挤型转辙机内设挤岔保护(挤切或挤脱)装置，道岔被挤时，动作杆解锁，保护了整机。不可挤型转辙机内不设挤岔保护装置，道岔被挤时，挤坏动作杆与整机连接结构，应整机更换。电动转辙机和电液转辙机都有可挤型和不可挤型。

此外，各种转辙机还有不同转换力和动程的区别。

4. 转辙机的设置

城市轨道交通的正线上一般采用9号单开道岔，每组道岔可用一台ZD6-D型电动转辙机牵引。如果正线上采用的是9号AT道岔，其为弹性可弯道岔，每组道岔需要两点牵引，即一组道岔需两台转辙机牵引。若采用ZD6系列电动转辙机，则第一牵引点用一台ZD6-E型电动转辙机，第二牵引点用一台ZD6-J型电动转辙机；若采用S700K型电动转辙机，则第一、第二牵引点各用一台S700K型电动转辙机；若采用ZYJ7型电液转辙机，则第一牵引点用一台ZYJ7-B型主机，第二牵引点用一台SH6型转换锁闭器，也可第一、第二牵引点各用一台ZYJ7-B型电液转辙机。

如果采用9号三开道岔，则一组道岔需两台转辙机牵引。复式交分道岔的两组尖轨和两组可动心轨各由一台转辙机牵引。

一组道岔由一台转辙机牵引称为单机牵引，由两台转辙机牵引称为双机牵引，由两台以上转辙机牵引称为多机牵引。温州S1线正线大部分采用12号提速道岔，尖轨和可动心轨由交流转辙机四机牵引。有部分安全线采用9号岔，无可动心轨由双机牵引。车辆段采用9号岔，通常一组道岔由一台转辙机牵引，可采用一台ZD6-D型电动转辙机。

2.3.2 ZD6系列电动转辙机

ZD6系列电动转辙机是城市轨道交通使用最广泛的电动转辙机，包括A、D、E、J等派生型号。ZD6型电动转辙机采用内锁闭方式。ZD6-A型是ZD6系列电动转辙机的基本型号，其他型号的ZD6系列电动转辙机皆是以此为基础改进、完善及发展而来。

1. ZD6-A型电动转辙机

ZD6系列电动转辙机主要由电动机、减速器、摩擦连接器、主轴、自动开闭器、动作杆、表示杆、移位接触器、安全接点、外壳等组成。

1）电动机

为电动转辙机提供动力，要求具有足够的功率，以获得必要的转矩和转速。为实现道岔的定、反位转换，要求电动机能够逆转。

ZD6-A型电动转辙机采用断续工作制直流串激可逆转电动机，它的正转和反转可通过改变激磁绕组（定子绕组）或电枢（转子绕组）中的电流方向来实现。为配合四线制道岔控制电路，采用正转和反转分开定子绕组的方式。两个定子绕组通过公共端子分别与转子绕组串联。

直流电动机的参数：额定电压160 V，额定电流2.0 A；摩擦地电流2.3～2.9 A；额定转速2 400 r/min；额定转矩0.882 6 N·m；短时工作输出功率≥220 V·A；单定子工作电阻

(20 ℃)为(2.85±0.14)×2 Ω;刷间总电阻(20 ℃)为(4.9±0.245) Ω。

2)减速器

减速器用来降低转速以获得足够的转矩,并完成传动。因体积和重量的限制,电动转辙机功率有限,为得到较大转矩带动道岔转换,需安装减速装置降低转速。减速装置由两级组成,第一级为定轴传动外啮合齿轮,即小齿轮带动大齿轮,减速比为103∶27,第二级为渐开线内啮合行星传动式减速器,简称减速器,其减速比为41∶1。总减速比为(103/27)×(41/1)=156.4。定轴传动外啮合齿轮与减速器两级之间以输入轴组联系,减速器由输出轴和主轴联系。

行星传动式减速器如图2.24所示,内齿轮依靠摩擦连接器的摩擦作用"固定"在减速器壳。内齿轮里装有外齿轮,外齿轮通过滚动轴承装在偏心的轴套上,偏心轴套用键固定在输入轴上。外齿轮上有8个圆孔,每个圆孔内插入一根套有滚套的滚棒,8根滚棒固定在输出轴的输出圆盘上,当外齿轮作摆式旋转时,输出轴就随着旋转。

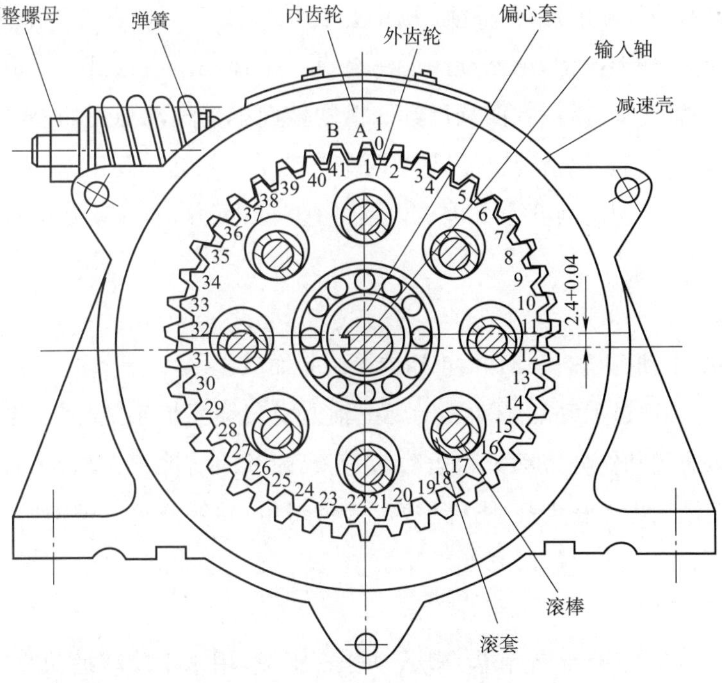

图2.24 行星传动式减速器

当输入轴随第一级减速齿轮顺时针旋转时,偏心轴套也顺时针旋转,使外齿轮在内齿轮里沿内齿圈作逐齿啮合的偏心运动。当输入轴旋转一周,外齿轮也做一周偏心运动。外齿轮41个齿,内齿轮42个齿槽,两者相差1齿。因此,外齿轮做一周偏心运动时,外齿轮的齿在内齿轮里错位一齿。在正常情况下,内齿轮静止不动,迫使外齿轮在一周的偏心运动中反方向旋转一齿的角度。当输入轴顺时针方向旋转 41 周，外齿轮逆时针方向旋转一周（齿 1 又返回原位 A），带动输出轴逆时针方向旋转一周，这样就达到了减速的目的。

外齿轮既在输入轴的作用下做偏心运动，又与内齿轮作用做旋转运动，类似于行星的运动，既有自转又有公转，所以外齿轮称为行星齿轮，这种减速器称为行星传动式减速器。

为了达到机械转动的平衡，内齿轮里有两个外齿轮，它们共同套在一个输出轴圆盘的 8 根滚棒上，两个外齿轮之间偏向成 180°。

3）传动装置

转辙机的传动装置由减速齿轮、输入轴、减速器、输出轴、启动片、主轴构成。

（1）启动片

启动片是介于减速器和主轴间的传动媒介。启动片除了起连接主轴的作用外，还对自动开闭器起控制作用。启动片连接输出轴与主轴，利用其正、反两面互相垂直成“十”字形的沟槽，使它与输出轴、主轴同步动作，可反映锁闭齿轮再解锁、转换、锁闭各个动作阶段所对应的转角，与速动片相配合，在解锁、锁闭过程中控制自动开闭器的动作。

启动片上有一梯形凹槽，道岔锁闭后总会有一个速动爪占据其中。道岔解锁时，启动片一方面带动主轴转动，另一方面利用其凹槽的坡面推动速动爪上的小滚轮，使速动爪抬起，以断开表示接点。在道岔转换过程中，两个速动爪均抬起。在道岔接近锁闭阶段，启动片的凹槽正好转到应速动断开道岔电机电路的速动爪下方，与速动片配合，完成自动开闭器的速动。

（2）主轴

主轴主要由主轴、主轴套、轴承、止挡栓等组装而成。

主轴由输出轴通过启动片带动旋转。主轴上安装锁闭齿轮，锁闭齿轮拨动齿条块，将转动变成平动，通过动作杆带动尖轨运动，并完成内锁闭功能。主轴上的止挡栓用来限制主轴的转角，使锁闭齿轮和齿条块达到规定的锁闭角，并保证每次解锁后都能使两者保持最佳的啮合状态，使整机动作协调。

4）转换锁闭装置

转换锁闭装置由锁闭齿轮和齿条块、动作杆组成，用来把旋转运动改变为直线运动以带动道岔尖轨位移，并最后完成内部锁闭。

（1）锁闭齿轮和齿条块

锁闭齿轮和齿条块，共有 7 个齿，其中 1 和 7 是位于中间的启动小齿，在它们之间是锁闭圆弧。齿条块上有 6 个齿 7 个齿槽。中间 4 个是完整的齿，两边的 2 个是中间有缺槽的削尖齿。缺槽是为了锁闭齿轮上的启动小齿能顺利通过而设计。

当道岔在定位或反位，尖轨与基本轨密贴时，锁闭齿轮的圆弧正好与齿条块的削尖齿弧面重合。这时如果尖轨受到外力要使之移动，或者列车经过道岔使齿条块受到水平作用力时，这些力只能沿锁闭圆弧的半径方向传给锁闭齿轮，它不会转动，齿条块及固定在其圆孔中的动作杆也不能移动，从而实现了对道岔的锁闭。

电动转辙机每转换一次，锁闭齿轮与齿条块要完成解锁、转换、锁闭三个过程。

①解锁

假设图 2.25 左侧的位置在定位锁闭状态，若要将道岔转至反位，电动机必须逆时针旋转，输入轴顺时针旋转，从而使输出轴逆时针旋转，通过启动片带动主轴及锁闭齿轮做逆时针转动。此时，锁闭齿轮的锁闭圆弧面首先在齿条块的削尖齿上滑退，锁闭齿轮上的启动小齿 1 从削尖齿Ⅰ旁经过。当主轴旋转 32.9°时，锁闭圆弧面全部从削尖齿上滑开，启动小齿 1 与齿条块齿槽Ⅰ的右侧接触，解锁完毕。

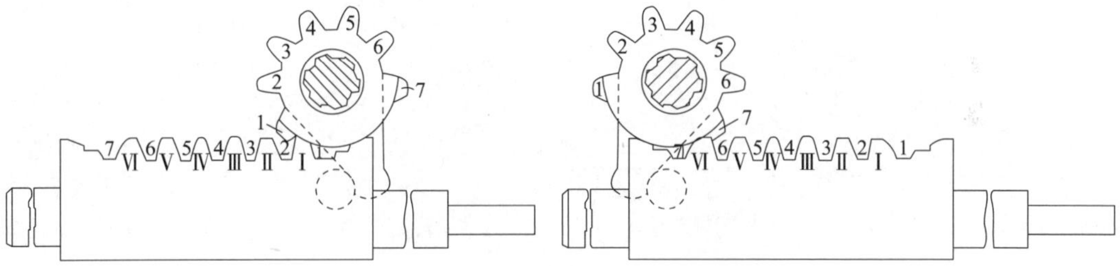

图 2.25　锁闭齿轮与齿条块解锁、转换、锁闭过程示意图

②转换

启动小齿拨动齿条块，锁闭齿轮带动齿条块移动，即将转动变为平动。锁闭齿轮转至 306.1°时，齿条块及动作杆向右移动了 165 mm，使原斥离尖轨转换到反位，与另一基本轨密贴。

③锁闭

道岔转换完毕后必须进行锁闭，否则齿条块及动作杆在外力作用下可倒退，造成“四开”的危险。道岔转换完毕后，锁闭齿轮继续转动到 339°，锁闭齿轮的启动小齿 7 在削尖齿Ⅵ旁经过，锁闭齿轮上的圆弧面与齿条块削尖齿弧面重合，实现了锁闭，如图 2.25 右侧位置。此时，止挡栓碰到底壳上的止挡桩，锁闭齿轮停止转动。

(2)动作杆

动作杆是转辙机转换道岔的最后执行部件。动作杆一端与道岔的密贴调整杆相连接，带动尖轨运动。动作杆通过挤切销和齿条块连成一体，正常工作时，它们一起运动。采用挤切销连接，是为了挤岔时，动作杆和齿条块能迅速脱离联系，使转辙机内部机件不受损坏。挤切销分主销和副销，分别装于锁闭齿轮削尖齿中间开口处的挤切孔内。主销挤切孔为圆形，能顺利插入起主要连接作用；副销挤切孔为扁圆形，插入起备用连接作用。

由于副销挤切孔为扁圆形且齿条块在动作杆上有 3 mm 的窜动量，如果是非挤岔原因使主销折断，副销还能起到连接作用。

5)自动开闭器

自动开闭器用来及时、正确反映道岔尖轨的位置，并完成控制电动机和挤岔表示的功能。在解锁过程中，由自动开闭器接点断开原表示电路，接通准备反转的动作电路；锁闭后，由自动开闭器接点自动断开电动机动作电路，接通表示电路。

自动开闭器由 4 排静接点、2 排动接点、2 个速动爪、2 个检查柱及速动片等组成。静接点、动接点、速动爪、检查柱对称地分别装于主轴的两侧，自动开闭器及与表示杆的动作关系如图 2.26 所示。

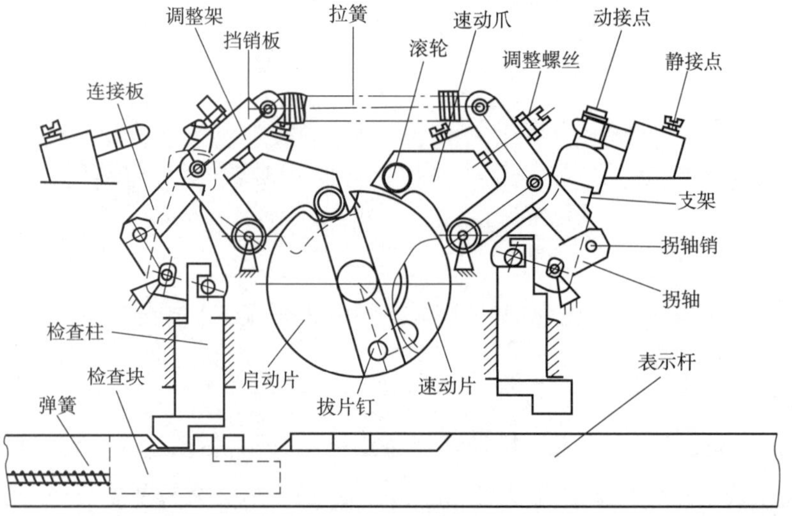

图 2.26　自动开闭器及与表示杆的动作关系

(1)自动开闭器的组成

自动开闭器分为接点部分、动接点块传动部分及控制部分。接点部分包括动接点块、静接点、接点座等。静接点左右对称地安装在接点座上。两组动接点块分别安装在左右拐轴上，拐轴以接点座为支承。动接点块可以在拐轴转动时改变对静接点组的接通位置。

动接点块传动部分包括速动爪及其爪尖上的滚轮、接点调整架、连接板和拐轴，这些部件左、右各有一套。调整接点调整架上的螺钉可以改变动接点插入静接点的深度。

控制部分由拉簧、检查柱、速动片组成。拉簧连接两边的调整架，将两边的动接点拉向内侧，为动接点速动提供动力。检查柱在道岔正常转换时，对表示杆缺口起探测作用。道岔不密贴缺口位置不对，检查柱不会落下，它阻止动接点块动作，不能构成道岔表示电路。挤岔时，检查柱被表示杆顶起，迫使动接点块转向外方，断开道岔表示电路。

(2)速动片

速动片有一个矩形缺口,缺口对面有一个腰形扁孔。速动片通过速动衬套套在主轴上。启动片上的拨片钉插入速动片的腰形孔中。道岔锁闭后,拨片钉总是在腰形孔的一端。道岔解锁后,主轴反转,拨片钉在腰形孔中空走一段才拨动速动片一起转动。

速动片套在速动衬套上,速动衬套又卡在接点座上,它不随主轴转动。速动片直径比启动片略大,正常情况下总有一个速动爪的小滚轮压在它上面,所以即使主轴转动,速动片也不会跟着转。它的转动只有靠拨片钉拨动。

在锁闭齿轮进入锁闭阶段时,齿条块已不再动,为了完成内锁闭,主轴还在转动,启动片和速动片也在转动。这时启动片的梯形凹槽已经转到速动爪的下方,为速动爪的落下准备好条件。但是,速动片仍然支承着速动爪,使它不能落下。只有当速动片再转过一个角度,使速动爪突然失去支承,在拉簧的强力作用下,迅速落向启动片凹槽底部,实现了自动开闭器的速动,因此速动的关键是尖爪从速动片的缺口尖角边突然跌落。否则,尖爪沿启动片梯形凹槽边下滑,就不会有速动效果。

(3)自动开闭器的动作原理

自动开闭器的动作受启动片和速动片的控制。输出轴转动时带动启动片转动。速动片由启动片上的拨片钉带动转动,它们之间的动作关系以及受它们控制的速动爪的动作情况,如图 2.27 所示。

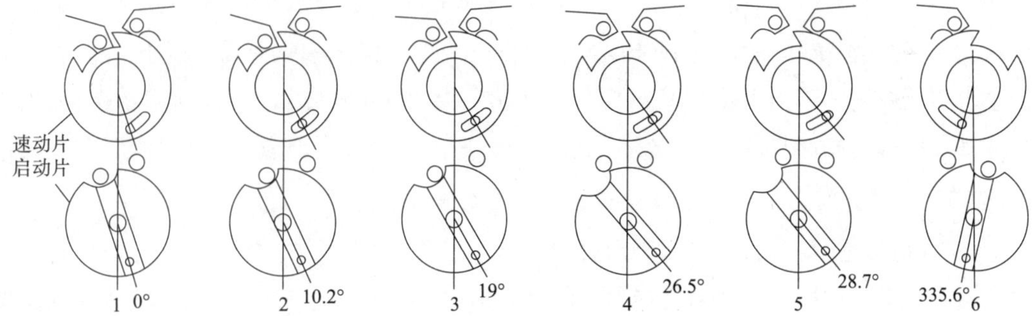

图 2.27 启动片、速动片及速动爪的动作关系

道岔在定位时,启动片沟槽与垂直线成 10.5°角,将这个起始状态作为 0°(图 2.27 中位置 1)。假设启动片逆时针转动,固定在左速动爪上的滚轮与启动片斜面接触,左速动爪随滚轮沿斜面滚动向上升(图 2.27 中位置 2),使 L 形调整架、连接板、拐轴、支架等相互传动(图 2.27 中位置 3),当启动片转至 10.2°时,自动开闭器第 3 排接点断开;转至 19°时,第 4 排接点开始接通断开;转至 26.5°时,左速动爪的滚轮升至最高(图 2.27 中位置 4),左动接点完全打入第 4 排静接点。启动片转至 28.7°时,拨片钉移动至速动片导槽尽头(图 2.27 中

位置5)，拨动速动片随启动片一起转动，一直转到335.6°时，速动片缺口对准右速动爪，在弹簧作用下，右速动爪迅速落入速动片缺口内(图2.27中位置6)，带动右动接点，使第1排接点迅速断开，第2排接点迅速接通。同时，带动右检查柱落入表示杆检查块的反位缺口内，检查道岔确已转换至反位密贴状态。

(4)自动开闭器接点

自动开闭器有2排动接点、4排静接点，它们的编号是：站在电动机处观察，自右至左分别为第1排、第2排、第3排、第4排接点。每排有3组接点，自上而下顺序编号，如第1排接点为11-12、13-14、15-16，其余类推。

若转辙机定位时，1、3排接点闭合，则转辙机向反位动作，解锁时，左动接点先动作；接通第4排接点，为反转做好准备。转换至反位后，右动接点动作，断开第1排接点。切断电机动作电路；接通第2排接点，沟通道岔反位表示电路。若转辙机定位时，2、4排接点闭合，则转向反位时，右动接点先动作，断开第2排接点，接通第1排接点；转换到反位时，左动接点动作，断开第4排接点，接通第3排接点。从反位转向定位时，接点动作情况与上述相反。

6)表示杆

电动转辙机的表示杆与道岔的表示连接杆相连并随道岔动作，用来检查尖轨是否密贴，以及是在定位还是在反位。表示杆由前表示杆、后表示杆及两个检查块组成。两杆通过并紧螺栓和调整螺母固定在一起。前表示杆的前伸端设有连接头，用来和道岔的表示连接杆相连，并紧螺栓装在后表示杆的长孔与相对应的前表示杆圆孔里，前表示杆后端有横穿后表示杆的调整螺母，后表示杆末端有一轴向长孔，内穿一根调整螺杆并拧入调整螺母内，在调整螺杆颈部用销子将它与后表示杆连成一体，松开并紧螺栓，拧动调整螺杆时，它带动后表示杆在调整螺母内前后移动。由于后表示灯前端与并紧螺栓相连的是一长孔，所以调整范围较大，为86～167 mm，以满足不同道岔开程的需要。

为检查道岔是否密贴，在前后表示杆的腹部空腔内分别设一个检查块。每个检查块上有一个缺口，道岔转换到位并密贴后，自动开闭器所带的检查柱落入此缺口，使自动开闭器动作。设置两个检查块是为了满足道岔定位和反位检查的需要。若左侧检查柱落在后表示杆缺口中，则右侧检查柱将落在前表示杆缺口中。检查柱落入表示杆缺口时，两侧应各有1.5 mm的空隙。

在现场维修中调整表示杆缺口是一项重要的工作。现场调整应在道岔密贴调整好以后进行。先在动作杆伸出位置，调整表示连接杆螺母，使前表示杆上的标记，与窗口标记重合，这时检查柱应落入表示杆缺口并保持每侧有1.5 mm的间隙，然后在动作杆拉入位置，道岔密贴后，松开并紧螺栓，调整后表示杆的螺母，使检查柱落入后表示杆的缺口且保持每侧有1.5 mm的间隙，再经几次定、反位动作试验，设备工作正常，上紧并紧螺栓，调整工作即告完毕。

检查块轴向有一导杆，上面穿有弹簧和导杆钉，平时靠弹簧弹力顶住检查块，以完成对检查柱的检查。挤岔时，检查块缺口被检查柱占有，挤岔瞬间检查块动不了，挤岔的冲击力使表示杆向检查块运动，弹簧受到压缩，检查块和检查柱并未直接受到挤岔冲击力，不会损坏。另一方面，表示杆被挤，用缺口斜面迫使检查柱抬起，脱离检查块缺口，各部件不致受损。此时由于检查柱抬起，自动开闭器的动接点立即退出静接点组，断开道岔表示电路。

7)摩擦连接器

摩擦连接器是保护电动机和吸收转动惯量的连接装置。因为，当道岔因故转不到底时，电动机电路不能断开，如果电动机突然停转，电动机将会因电流过大而烧坏。另外，在正常使用中，道岔转换到位，电动机的惯性将使内部机件受到撞击或毁坏。要解决这两个问题，又要在正常情况下能带动道岔转换，就要求机械传动装置不能采用硬性连接而必须采用摩擦连接。因此，ZD6-A 型电动转辙机中在行星传动式减速器中安装了摩擦连接器。

ZD6-A 型电动转辙机的摩擦连接器是在行星传动式减速器内齿轮延伸部分的小外圆上套以可调摩擦板构成。

行星传动式减速器的内齿轮大外圆装在减速壳内，可自由滑动。内齿轮延伸的小外圆上装上有摩擦带的摩擦制动板。摩擦制动板下端套在固定于减速壳的夹板轴上，当上端由螺栓弹簧压紧时，内齿轮就靠摩擦作用而被“固定”。在正常情况下，依靠摩擦力，内齿轮反作用于外齿轮，使外齿轮作摆式旋转，带动输出轴转动，使道岔转换。当发生尖轨受阻不能密贴和道岔转换完毕电动机惯性运动的情况下，输出轴不能转动，外齿轮受滚棒阻止而不能自转，但在输入轴带动下作摆式运动时，这样外齿轮对内齿轮产生一个作用力，使内齿轮在摩擦制动板中旋转(称为摩擦空转)消耗能量，保护电动机和机械传动装置。

摩擦连接器的摩擦力要调整适当，过紧会失去摩擦连接作用，损坏电动机和机件；过松不能正常带动道岔转换。摩擦连接器的松紧用调整螺母调整弹簧压力来实现。调整的标准是额定摩擦电流应为额定动作电流的 1.3～1.5 倍。

8)挤切装置

挤切装置包括挤切销和移位接触器，用来进行挤岔保护，并给出挤岔表示。

(1)挤切销

两个挤切销(主销和副销)把动作杆与齿条块连成一体。

道岔在定位或反位时，齿条块被锁闭齿轮锁住，道岔也就被锁住。挤岔时，来自尖轨的挤岔力推动动作杆，当此力超过挤切销能承受的机械力时，主、副挤切销先后被挤断，动作杆在齿条块内移动，道岔即与电动转辙机脱离机械联系，保护转辙机主要机件和尖轨不被损坏。挤岔后，只要更换挤切销即可恢复使用。

(2)移位接触器

自动开闭器检查柱和表示杆中段特制了斜面，挤岔时表示杆被推动，表示杆中段的斜面顺着检查柱的斜面移动，将检查柱顶起，使一排动接点离开静接点组，从而断开了表示电路。若挤岔时表示杆无动程或动程不足，检查柱没有顶起来，表示电路断不开，这将十分危险。为了确保断开表示电路，ZD6 系列电动转辙机设有移位接触器。

移位接触器安装于机壳内侧、动作杆上方，由触头、弹簧、顶销、接点等组成。移位接触器受齿条块内两端的顶杆控制。平时顶杆受弹簧弹力，顶杆下端圆头进入动作杆上成 90°的圆坑内。挤岔时齿条块不动，挤切销被挤断，动作杆在齿条块内产生位移，顶杆下端被挤出圆坑，使顶杆上升，将移位接触器的顶销顶起，断开它的接点，从而断开道岔表示电路。移位接触器上部留有小孔，以便挤岔后予以恢复。

9)ZD6-A 型电动转辙机的整体动作过程

当电动机通入规定方向的道岔控制电流，电动机轴逆时针方向旋转。电动机通过齿轮带动减速器，这时输入轴按顺时针方向旋转，输出轴按逆时针方向旋转。输出轴通过启动片带动主轴，按逆时针方向旋转。锁闭齿轮随主轴逆时针方向旋转，在旋转中完成解锁、转换、锁闭三个过程，拨动齿条块，使动作杆带动道岔尖轨向右移动，密贴于右侧尖轨并锁闭。同时通过启动片、速动片、速动爪带动自动开闭器的动接点动作，与表示杆配合，断开第 1、3 排接点，接通第 2、4 排接点，完成电动转辙机转换、锁闭及给出道岔表示的任务。

2. ZD6 系列电动转辙机的基本参数

各型 ZD6 电动转辙机的额定工作电压均为直流 160 V。ZD6-A 型、D 型、F 型转辙机单独使用时，摩擦电流为 2.3～2.9 A；E 型和 J 型双机配套使用时，单机摩擦电流为 2.0～2.5 A。具体参数见表 2.7。

表 2.7　ZD6 系列电动转辙机的基本参数

特性	型号						
	ZD6-A 165/250	ZD6-D 165/350	ZD6-E 190/600	ZD6-F 130/450	ZD6-G 165/600	ZD6-H 165/350	ZD6-J 165/600
额定转换力 [N(kgf)]	2 450 (250)	3 432(350)	5 884(600)	4 413 (450)	5 884 (600)	3 432 (350)	5 884 (600)
额定直流电压(V)	160						
工作电流(A)	≤2.0	≤2.0	≤2.2	≤2.2	≤2.2	≤2.0	≤2.2
转换时间(s)	≤3.8	≤5.5	≤9	≤6.5	≤9	≤5.5	≤9
动作杆动程 (mm)	165±2	165±2	190±2	130±2	165±2	165±2	165±2
表示杆动程 (mm)	86～167	14～185	17～196	75～115	14～185	70～167	50～100

续上表

特性	型号						
	ZD6-A 165/250	ZD6-D 165/350	ZD6-E 190/600	ZD6-F 130/450	ZD6-G 165/600	ZD6-H 165/350	ZD6-J 165/600
动作杆主副销抗挤切力[N(kgf)]	主副销均为29 420±1 961(3 000±200)	主销29 420±1 961(3 000±200)副销49 033±3 266(5 000±333)	主销49 033±3 266(5 000±333)副销88 200(9 000)	主销29 420±1 961(3 000±200)副销49 033±3 266(5 000±333)	主销29 420±1 961(3 000±200)副销49 033±3 266(5 000±333)	主销29 420±1 961(3 000±200)副销49 033±3 266(5 000±333)	主销29 420±1 961(3 000±200)副销49 033±3 266(5 000±333)
表示杆销抗挤切力[N(kgf)]	—	14 710～17 652(1 500～1 800)	设固定检查缺口14 710(1 500)	14 710～17 652(1 500～1 800)	14 710～17 652(1 500～1 800)	—	—
挤岔与锁闭方式	单锁闭	双锁闭	双锁闭，不可挤	双锁闭	双锁闭	单锁闭	单锁闭

1)ZD6-E 型电动转辙机

ZD6-E 型电动转辙机适用于牵引 50 kg/m 12 号 AT，60 kg/m 12 号 AT、18 号 AT，75 kg/m 12 号 AT、18 号 AT 道岔第一点牵引。它在原有电流消耗的前提下，增大了牵引力，扩大了转换动程，具有双锁闭功能，并配套了新型电动机(与原电机通用)。它将单侧圆弧锁闭改进为卧式圆柱体下方两侧对称圆弧接触面，实现双圆弧组成的圆槽锁闭，提高了锁闭可靠性。启动齿结构从原来的半齿弱力启动改进为全齿啮合抗过载强力启动，提高了耐磨性能。减速器采用轴承钢，增设固化板，行星齿轮的滚动轴承由滚珠式改为滚柱式，壳体局部厚度增加，机械强度提高。

2)ZD6-F 型电动转辙机

ZD6-F 型电动转辙机适用于 60 kg/m 以上可动心轨道岔的心轨第一点牵引。它是在 ZD6-E 型的基础上研制而成，将动程缩短为 130 mm，主要在主轴轴尾原有的弹性制动防逆转措施基础上，叠加了刚性制动防逆转措施，采用了专用启动片和专用速动片。在自动开闭器下方设有方棒锁闭杆，以满足辅助锁闭、监督心轨位置及挤岔报警的要求。

3)ZD6-J 型电动转辙机

ZD6-J 型电动转辙机适用于 60 kg/m AT 道岔的第二牵引点，用来辅助牵引尖轨。它是 ZD6-D 型的派生产品，它与 ZD6-E 型电动转辙机配合牵引 AT 道岔，称为“双机牵引”制式。它更换了 ZD6-E 型转辙机的第一级减速齿轮，使之与 ZD6-E 型动作同步。用前一个表示杆的第一个横穿孔，以适用道岔第二点动程小的需要，取消杆内副锁闭销，以顺利实现挤岔报警。

此外，还有 ZD6-G 型电动转辙机，双锁闭、可挤型，适用于 60 kg/m 单开道岔。ZD6-H

型电动转辙机，单锁闭、可挤型，适用于 50 kg/m 复式交分道岔。

2.3.3 外锁闭装置

1. 概述

外锁闭装置及安装装置是保证铁路运输安全的重要设备之一。外锁闭装置的主要功能是将道岔的密贴尖轨与基本轨、心轨与翼轨直接进行锁闭，同时将斥离尖轨保持在标准开口位置，其对道岔的锁闭是在转辙机外部实现的，这种锁闭方式提高了道岔的结构刚性，保证了高速、重载列车的行车安全。安装装置的主要功能是完成转辙机的正确安装，将转辙机与外锁闭装置、转辙机与道岔连接起来，辅助实现道岔转换、锁闭，并表示尖轨和心轨的正确位置。

2. 道岔的锁闭方式

所谓道岔锁闭就是把道岔可移动的部件（如尖轨或心轨）固定在某个开通位置，当列车通过时，不受外力而改变。道岔锁闭按其方式来讲，可分为内锁闭和外锁闭两种。

1）内锁闭

内锁闭方式锁闭道岔是对道岔可动部分进行间接锁闭。当道岔由转辙机带动转换至某个特定位置后，转辙机通过其内部器件将道岔锁闭，由转辙机动作杆经外部部件对道岔实现位置固定，使其不因振动等外力而发生位移，即锁闭道岔。

内锁闭由于存在以下缺点，不能适应提速需要。内锁闭，一般在非提速道岔应用，外部杆件受到外力冲击时，易造成尖轨与基本轨不密贴，威胁行车安全；列车冲击力直接作用于转辙机内部，使转辙机部件易受损。

2）分动外锁闭

道岔由转辙机带动转换至某个特定位置后，通过本身所依附的锁闭装置，直接把尖轨与基本轨（或心轨与翼轨）密贴夹紧、固定，即为道岔的外锁闭，实现这种锁闭方式的设备就称为外锁闭装置。

由于道岔两根尖轨之间没有连接杆，在道岔转换过程中，两根尖轨是分别动作的，故称为分动外锁闭道岔。

分动外锁闭装置特点如下：

（1）改变了传统的框架结构，使尖轨的整体刚性大幅度下降；

（2）两根尖轨分开动作后，其中一根尖轨的变形不影响另一根尖轨，由此造成的反弹、抗劲等阻力均减小很多；

（3）两根分动尖轨在外锁闭装置作用下，不论是启动解锁，还是在密贴锁闭过程中，所需的转换力均较小，避开了两根尖轨最大反弹力的叠加时刻；

（4）外锁闭装置一旦进入锁闭状态，车辆在过岔时，轮对对尖轨（心轨对翼轨）产生的侧

向冲击力基本上传不到转换设备上,即具有隔力作用,有利于延长转辙机及各类转换部件的使用寿命(特别是可动心轨部分);

(5)由于两尖轨间无连接杆相连,锁闭状态下的密贴尖轨很难在外力作用下与基本轨分离。外锁闭道岔转换设备克服了内锁闭方式的缺陷,用于尖轨分动的提速道岔。

3. 钩式外锁闭

钩式外锁闭装置的锁闭方式为垂直锁闭,受力结构合理。锁闭力通过锁闭铁、锁闭框直接传给基本轨。锁闭铁、锁闭框基本不承受弯矩,锁闭更加可靠。

钩式外锁闭装置分为分动尖轨用钩式外锁闭装置、可动心轨用钩式外锁闭装置两大类。

1)分动尖轨用钩式外锁闭装置

(1)分动尖轨用钩式外锁闭装置的构成

分动尖轨用钩式外锁闭装置由锁闭杆、锁闭框、锁闭铁、锁钩、锁轴、尖轨连接铁组成,尖轨用钩式外锁闭装置。

锁闭杆的作用是通过安装装置与转辙机动作杆相连,利用其凸台和锁钩缺口带动尖轨。第一牵引点锁闭杆与第二牵引点锁闭杆凸台尺寸不同,不能通用。锁钩头部与销轴连接,下部缺口与锁闭杆凸台作用,通过尖轨连接铁带动尖轨运动,尾部内斜面与锁闭铁作用锁闭密贴尖轨和基本轨。第一点牵引点锁钩与第二牵引点锁钩也不能通用,其余各牵引点的锁闭杆、锁钩同样不能通用。

锁闭框固定锁闭铁,支承锁闭杆。锁闭铁与锁钩作用锁闭尖轨和基本轨,导向槽在锁闭杆两侧槽内起导向作用。

锁闭框用螺栓与基本轨连接,锁闭铁插入锁闭框方孔内,并用固定螺栓紧固。尖轨连接铁用螺栓与尖轨连接,由锁轴将其与锁钩连接。锁钩底部缺口对准锁闭杆的凸块,并与锁闭杆共同穿入锁闭框。

(2)分动尖轨用钩式外锁闭装置的动作原理

当转辙机动作杆带动锁闭杆移动,密贴尖轨处的锁钩缺口随之入槽并移动,当动作到另一侧尖轨与基本轨密贴时,锁钩沿锁闭杆斜面向上爬起,锁钩升至锁闭杆凸块顶面时,锁钩同时被锁闭铁和锁闭杆卡住不能落下,实现了锁闭。本侧锁钩的缺口卡在锁闭杆的凸起处不能移动,保持尖轨与基本轨的开口基本不变,其解锁、转换、锁闭过程如图 2.28 所示。

①道岔解锁过程

开始转换前,左侧处于密贴锁闭状态,如图 2.28(a)所示。转辙机动作杆带动锁闭杆运动,左侧尖轨(原密贴尖轨)的锁钩缺口与锁闭杆凸块接触,锁闭量逐渐减小,但该尖轨不动。而锁闭杆凸块带动右侧尖轨(原斥离尖轨)的锁钩运动,道岔开程逐渐减小,如图 2.28(b)所示。运动至 60 mm 时,锁闭杆左端凸块移动至锁钩缺口内,两根尖轨处于解锁状态，如图 2.28(c)所示。

②道岔转换过程

锁闭杆继续运动，带动两侧锁钩运动，从而带动两根尖轨继续活动，如图 2.28(d)所示。当锁闭杆动作 160 mm 时，锁闭杆凸块与右侧锁钩的缺口脱离，并抬起锁钩的燕尾部，使其沿锁闭铁的斜面上升，该锁钩后部锁闭，如图 2.28(e)所示。

③道岔锁闭过程

虽然右侧尖轨已密贴，但锁闭杆继续运动，带动左侧锁钩及左侧尖轨继续移动。当锁闭杆动作 220 mm 时，右侧尖轨由于锁钩及锁闭框的作用，使该锁钩固定在不变的位置，有足够的锁闭量，实现了锁闭。这时左侧锁钩的缺口与锁闭杆的凸块相咬合，由于转辙机具有内锁作用，使锁钩处于不动位置，有足够的开程，对斥离轨也实现了锁闭，如图 2.28(f)所示。

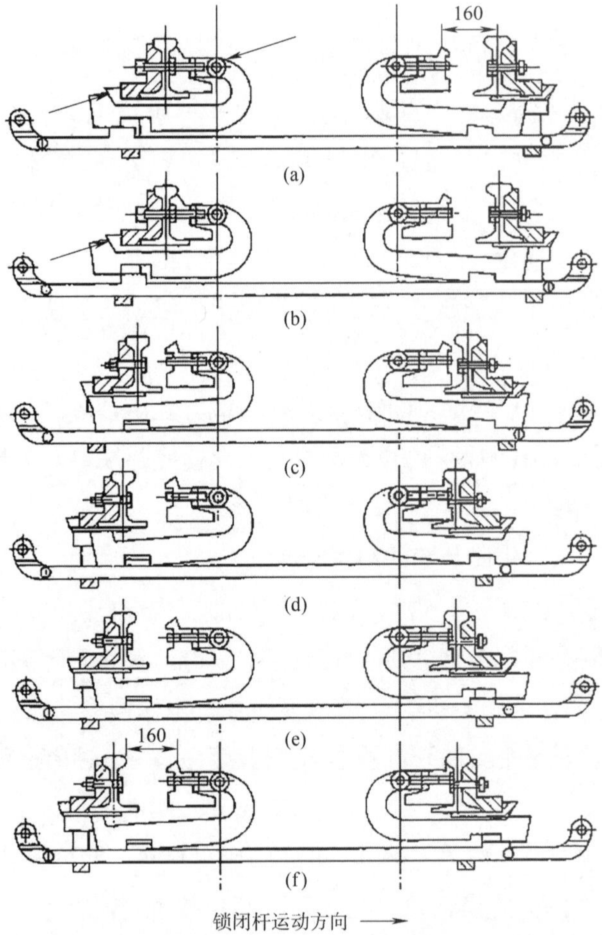

图 2.28　分动尖轨用钩式外锁闭装置的动作过程示意图(单位：mm)

2)可动心轨用钩式外锁闭装置

(1)可动心轨用钩式外锁闭装置的结构

可动心轨用钩式外锁闭装置由锁闭杆、锁钩、锁闭框及锁闭铁组成,但锁闭杆的尺寸、锁钩的外形与尖轨所用完全不同。锁闭框安装在翼轨补强板上,直接与翼轨相连,心轨的凸缘插在锁钩的楔形槽内,心轨在槽内可前后伸缩,通过锁闭杆的横向运动牵引心轨转换并锁闭。

(2)可动心轨用钩式外锁闭装置的动作原理

可动心轨用钩式外锁闭装置的工作过程也分为解锁、转换及锁闭三个阶段,如图 2.29 所示。可动心轨原密贴于左侧翼轨。锁闭杆向右运动,锁钩转动解锁,如图 2.29(a)所示。锁闭杆继续运动,锁闭杆带动锁钩,进而带动心轨转换至右侧翼轨,如图 2.29(b)所示。心轨与翼轨密贴后,锁闭杆继续运动,直到锁钩转动锁闭,如图 2.29(c)所示。

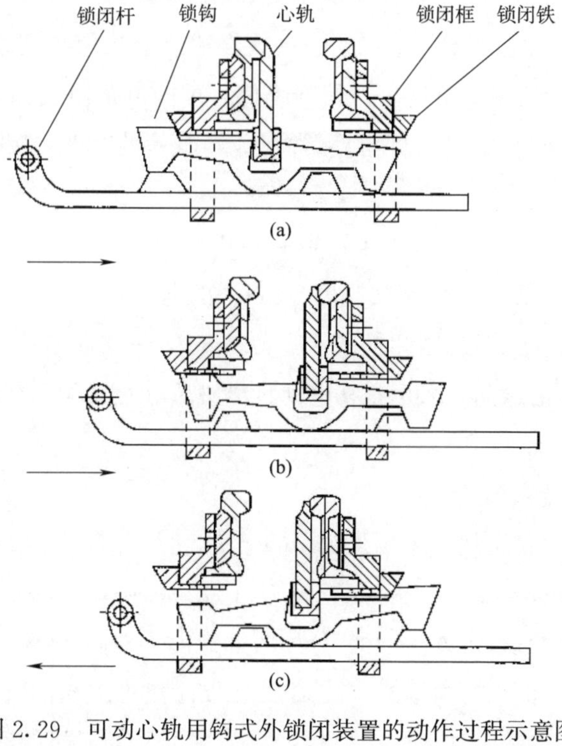

图 2.29 可动心轨用钩式外锁闭装置的动作过程示意图

3)钩式外锁闭装置维护

(1)外锁闭装置及安装装置应方正、平顺;转辙机的动作杆与锁闭杆、连接杆成一条直线,并与岔枕保持平行。

(2)外锁闭装置及安装装置的紧固件、连接销、表示杆和锁闭杆的螺母齐全、不松动,防松措施良好;开口销齐全,劈开角度应大于 60°,两臂劈开角度应基本一致。

(3)锁闭铁、锁钩与锁闭杆接触的摩擦面及运动范围内应保持清洁、油润、无锈蚀、无沙尘、无异物，运动灵活，无卡阻。

(4)表示拉杆的接头与尖端铁的连接应牢固、不松动，锁钩轴销不弯曲，轴向滑动效果良好；外锁闭装置锁闭框两侧的限位螺钉应有效插入锁闭杆两侧导向槽内，不得松脱、别卡；表示杆托架滚轮和长表示杆间隙适当，确保在运行过程中滚轮能转动同时又无明显阻力。

(5)结合部无病害(尖轨、基本轨、可动心轨、翼轨的竖切部分无肥边；尖轨、可动心轨爬行不超过 20 mm；滑床板和尖轨间隙适当，尖轨无翘头、吊空；滑床板无断裂、缺油等)；尖轨底部和滚轮间作用良好；道岔密贴状态良好。道岔锁闭时，尖轨(可动心轨)尖端至第一牵引点处，尖轨(可动心轨)与基本轨的间隙≤0.5 mm，其余密贴部位间隙≤1.0 mm。

2.3.4 S700K 型电动转辙机

S700K 型电动转辙机是由于铁路提速需要，从德国西门子公司引进设备和技术，经消化吸收和改进后，迅速在主要干线推广运用的转辙机。经数年的实践表明，该型转辙机结构先进，工艺精良，不但解决了长期困扰信号维修人员的电机断线、故障电流变化、接点接触不良、移位接触器跳起和挤切销折断等惯性故障，而且可以做到“少维护，无维修”，符合中国运营的特点和发展方向，也适用于城市轨道交通。

城市轨道交通运行速度不高，可采用普通的直流转辙机，但采用三相交流电动转辙机优点十分明显。由于采用三相交流电动机，线路上的电能损失大大减少；又由于采用摩擦力非常小的滚珠丝杠传动装置，因此机械效率高。这样，在同样的控制电流下，可增大控制距离，或减小电缆芯线的截面。采用三相电动转辙机后，由于没有直流电动机的整流子，维修工作量大为减少。

1. S700K 型电动转辙机的特点

S700K 型电动转辙机适用于采用外锁闭的道岔，它具有以下主要特点：

1)采用交流三相电动机，不仅从根本上解决了原直流电动转辙机必须设置整流子而引起的故障率高、使用寿命短、维修量大的不足，而且减少了控制导线截面，延长了控制距离，当采用直径为 1.0 mm 的信号电缆时，单芯电缆控制距离可达 6.5 km。

2)采用直径 32 mm 的滚珠丝杠作为驱动装置，延长了转辙机的使用寿命。

3)采用具有簧式挤脱装置的保持连接器，并选用不可挤型零件，从根本上解决了由挤切销劳损造成的惯性故障。

4)采用多片干式可调摩擦连接器，经工厂调整加封，使用中无须调整。

2. S700K 型电动转辙机分类

S700K 型电动转辙机规格齐全，不仅能满足道岔尖轨、可动心轨的单机牵引，而且也能满足双机、多机牵引的需要。

S700K 型电动转辙机的机身是通用的，经配件组装，可组成不同种类。不同种类的转辙机，动作杆有不同的动程，表示杆也有不同的动程，转换力不同，也可以根据需要重新进行组合成为新的种类。

根据安装方式不同，每一种类又分为左装、右装两种。左装（面对尖轨，转辙机安装在线路左侧）的转辙机型号用字母 A 加上奇数表示，如 A13、A15；右装（面对尖轨，转辙机安装在线路右侧）的转辙机型号用字母 A 加上偶数表示，如 A14、A16 等。不同种类的 S700K 型电动转辙机不能通用。

部分 S700K 型电动转辙机概况见表 2.8。表中动程指转辙机动作杆动程，包括转辙机带动可动轨经过的道岔开程和外锁闭装置完成锁闭所经过的距离。道岔动程指检测杆的行程即转辙机带动可动轨所经过的道岔开程。两者不同。

表 2.8 S700K 型电动转辙机概况

代号 左/右装	型号	动程(mm)	检测行程(mm)	确定转换力(N)	电源电压(V)	动作电流（单线电阻 54 Ω）(A)	动作时间(s)	挤岔力(kN)	用于
A13/A14	220/160	220	160	3 000	380	≤2	≤ 6.6	不可挤	第一牵引点
A15/A16	150/75	150	75	4 500	380	≤2	≤ 6.6	≤ 24	双机
A17/A18	220/120	220	120	3 000	380	≤2	≤ 6.6	不可挤	多机
A19/A20	220/110	220	110	3 000	380	≤2	≤6.6	不可挤	多机
A21/A22	220/100	220	100	2 500	380	≤2	≤6.6	不可挤	第一牵引点
A23/A24	150/85	150	85	4 500	380	≤2	≤6.6	不可挤	多机
A27/A28	220/75	220	75	3 000	380	≤2	≤6.6	不可挤	多机
A29/A30	150/85	150	85	4 500	380	≤2	≤6.6	≤24	多机
A31/A32	220/100	220	100	3 000	380	≤2	≤6.6	不可挤	多机
A33/A34	150/65	150	65	4 500	380	≤2	≤6.6	不可挤	多机
A35/A36	150/	150	—	6 000	380	≤2	≤6.6	不可挤	多机
A39/A40	220/140	220	140	3 000	380	≤2	≤6.6	不可挤	多机
A41/A42	220/110	220	110	2 500	380	≤2	≤6.6	不可挤	第一牵引点
A43/A44	220/	220	—	3 000	380	≤2	≤6.6	不可挤	多机
A45/A46	150/100	150	100	4 500	380	≤2	≤6.6	不可挤	多机
A47/A48	150/75	150	75	4 500	380	≤2	≤6.6	不可挤	多机
A49/A50	220/120	220	120	2 500	380	≤2	≤6.6	不可挤	第一牵引点
A63/A64	220/130	220	130	2 500	380	≤2	≤6.6	不可挤	第一牵引点
A69/A70	220/140	220	140	4 500	380	≤2	≤6.6	不可挤	第一牵引点
A71/A72	220/85	220	85	4 500	380	≤2	≤6.6	不可挤	第一牵引点

3. S700K 型电动转辙机结构

1）S700K 型电动转辙机的整体结构

S700K 型电动转辙机主要由外壳、动力传动机构、检测和锁闭机构、安全装置、配线接口五大部分组成，其结构如图 2.30 所示。

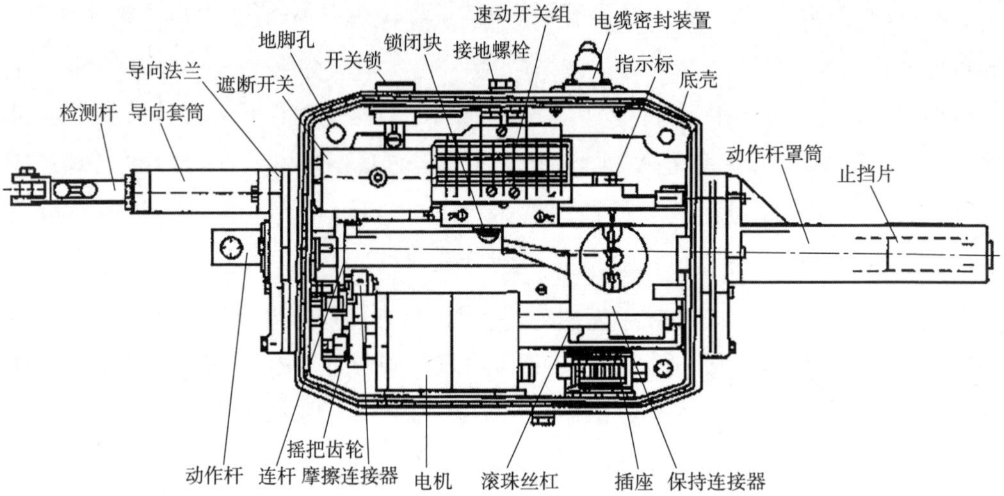

图 2.30　S700K 型电动转辙机的结构

(1)外壳

主要由铸铁底壳、机盖、动作杆套筒、导向套筒、导向法兰等组成。

(2)动力传动机构

主要由三相交流电动机、齿轮组、摩擦连接器、滚珠丝杠、保持连接器、动作杆等组成。

(3)检测和锁闭机构

主要由检测杆、叉形接头、速动开关组、锁闭块和锁舌、指示标等部分组成。

(4)安全装置

主要由开关锁、遮断开关、连杆、摇把孔挡板等组成。

(5)配线接口

主要由电缆密封装置、接插件插座组成。

2)S700K 型电动转辙机主要部件及其作用

(1)三相交流电动机

三相交流电动机为转辙机提供动力，为笼式转子，定子三个绕组呈星形接法。每相的引出线为单根多股软线，其星形汇接在安全接点座第 61、71、81 端子上，由跨接片跨接。由于采用交流电动机，没有直流电动机的整流子，自然消除了电机电枢断线、枢间混线、炭刷与整流子接触不良等惯性故障，从而提高了设备的可靠性和使用寿命，减少了维修量。

(2)齿轮组

齿轮组由摇把齿轮、电机齿轮、中间齿轮及摩擦连接器齿轮组成。其中摇把齿轮与电机齿轮是一个传递系统，使得能用摇把对转辙机进行人工操纵。电机齿轮、中间齿轮、摩擦连接器齿轮是一个传递系统，将电机的旋转驱动力传递到摩擦连接器上，并将电动机的高速转速降速，以增大旋转驱动力，适应道岔转换的需要，这是转辙机的第一级降速。

(3)摩擦连接器

摩擦连接器将齿轮组变速后的旋转力传递给滚珠丝杠，摩擦连接器内有三对主被金属摩擦片，分别固定在外壳和滚珠丝杠上，摩擦片的端面有若干压力弹簧，通过调整弹簧压力，可以使主被摩擦片之间的摩擦结合力大小发生变化，实现了电动机和传动机构之间的软连接。这样，就可消耗因电动机转动惯性带来的电动机动作电路断开后的剩余动力，在尖轨转换中途受阻不能继续转换时不使电动机被烧毁，即当作用于滚珠丝杠上的转换阻力大于摩擦结合力时，主被摩擦片之间相对打滑空转，保护了电动机。

摩擦连接器的摩擦力必须能调节，使道岔在正常工作情况下，电动机能够带动转辙机工作，在道岔转换终了或尖轨被阻时，使电动机能克服摩擦连接器的压力而空转，以保证电动机不致被烧毁。所以摩擦连接器调整好的摩擦力必须稳定，才能保证转辙机的可靠工作。

对于交流转辙机来说，其动作电流不能直观地反映转辙机的拉力，现场维修人员不能像对直流转辙机那样，通过测试动作电流来对摩擦力进行监测，必须由专业人员用专业器具才能进行这一调整。转辙机在出厂时已对摩擦力进行标准化测试调整，所以现场维修人员不得随意调整摩擦力。

(4)滚珠丝杠

滚珠丝杠相当于一个直径 32 mm 的螺栓和螺母，如图 2.31 所示。当滚珠丝杠正向或反向旋转一周时，螺母前进或后退一个螺距。它一方面将电动机的旋转运动变成丝杠的直线运动；另一方面起到减速作用，减速比取决于丝杠的螺距。

(5)保持连接器

保持连接器是转辙机的挤脱装置，利用弹簧的压力通过槽口式结构将滚珠丝杠与动作杆连接在一起，如图 2.32 所示。当道岔的挤岔力超过弹簧压力时，动作杆滑脱，起到整机不被损坏的保护作用，相当于 ZD6 型电动转辙机的挤岔装置。

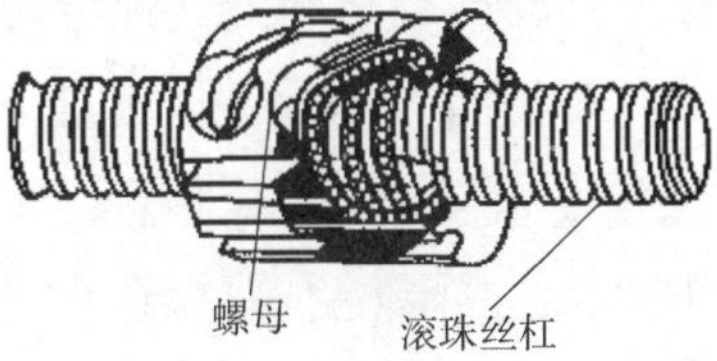

图 2.31　滚珠丝杆

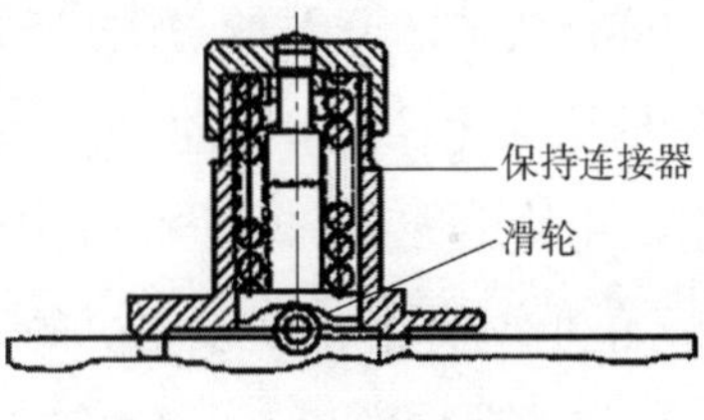

图 2.32　保持连接器

根据现场实际需要，保持连接器可采用可挤型和不可挤型。可挤型是指保持连接器利用其内部弹簧的压力将滚珠丝杠和动作杆连接在一起，弹簧的挤岔阻力可分别设定为 9 kN、16 kN、24 kN、30 kN 等，当道岔的挤岔阻力超过弹簧设定压力时，动作杆滑脱，实现挤岔时的整机保护。不可挤型是工厂将保持连接器内部的弹簧取消，放一个止挡环，用于阻止与动作杆相连的保持栓的移动，成为硬连接结构。挤岔锁定力为 90 kN。当道岔挤岔阻力超过 90 kN 时，挤坏硬连接结构的保持连接器，需整机送回工厂修理。

保持连接器的顶盖是加铅封的，维修人员不得随意打开。铅封打开后，必须由专职人员重新施封，以保证其安全可靠地运用。

(6)检测杆

检测杆随尖轨或可动心轨转换而移动，用来监督道岔在终端位置时的状态。检测杆有上、下两层，上层检测杆用于监督拉入密贴的尖轨或可动心轨拉入时的工作状态，下层检测杆用于监督伸出密贴的尖轨或可动心轨伸出时的工作状态，如图 2.33 所示。

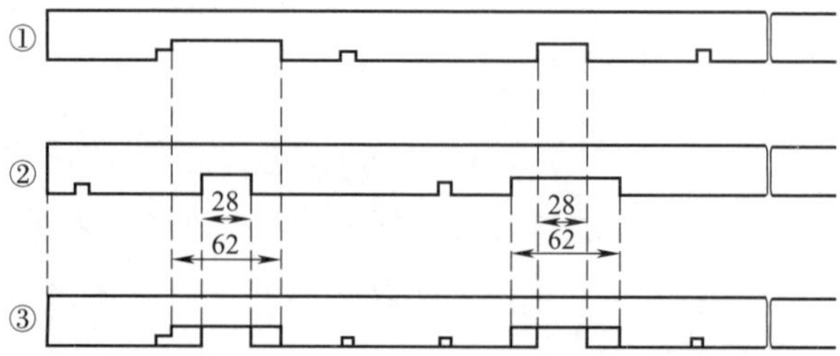

图 2.33　左装式 S700K 型电动转辙机检测杆示意图

①—上层杆，检测缩进位置；②—下层杆，检测伸出位置；③—上下杆重叠示意图

上、下层检测杆之间没有连接或调整装置，外接两根表示杆，分别调整。道岔转换时，由尖轨或可动心轨带动检测杆运动。当密贴尖轨或可动心轨密贴，斥离尖轨或可动心轨到达规定位置，上、下层检测杆的大小缺口对准转辙机的锁闭块时，锁舌才能弹出。就是说，密贴尖轨或可动心轨，斥离尖轨或可动心轨到达规定位置时，才能给出有关表示。

(7)锁闭块和锁舌

道岔在终端位置，当检测杆指示缺口与指示标对中时，锁闭铁及锁舌应能正常弹出。锁闭块的正常弹出使速动开关的有关启动接点闭合及表示接点断开。锁舌的正常弹出用于阻挡转辙机的保持连接器的移动，实现转辙机的内部锁闭。锁舌的伸出量一般大于或等于 10 mm，但最小伸出量不得小于 9 mm。

转辙机开始动作后，锁舌在锁闭块的带动作用下应能正常缩入。锁闭块的缩入，应可靠地断开表示接点；锁舌的缩入，应完成转辙机的内部解锁。

(8)速动开关

速动开关实际上是采用了沙尔特堡接点组的自动开闭器。它随着尖轨或可动心轨的解锁、转换、锁闭过程中锁闭块的动作自动开闭，以自动开闭电动机动作电路和道岔表示电路。

速动开关包括定位动作接点(DD)、反位动作接点(FD)、定位表示接点(DB)、反位表示接点(FB)。在尖轨或可动心轨解锁以后，断开原表示电路，DB、FB都断开，表示道岔处于不密贴状态。然后闭合反转用的电机电路，为随时回转做好准备。在尖轨或可动心轨转换过程中，必须保证自动开闭器不动，排除DB、FB有闭合的可能性。在尖轨或可动心轨锁闭后应及时断开电动机动作电路，接通表示电路。若尖轨或可动心轨不密贴，严禁表示接点闭合。道岔在“四开”位置，应可靠断开表示电路。

道岔在定位时，自动开闭器的第1排、第3排接点闭合的叫“1、3闭合”，自动开闭器的第2排、第4排接点闭合的叫“2、4闭合”，这和ZD6型电动转辙机的提法相同。

S700K型电动转辙机无论“1、3闭合”还是“2、4闭合”，其内部配线完全一样，只需通过室外连线X2与X3、X4与X5的交叉和二极管的换向来实现。

(9)开关锁与安全接点座

开关锁是操纵遮断开关闭合和断开的机构，用来在检修人员打开电动转辙机机盖进行检修作业或车务人员插入摇把转换道岔时，可靠断开电动机动作电路，防止电动机误动，保证人身安全。当钥匙立着插入并逆时针转动90°时，遮断开关被可靠断开。恢复时须提起开关锁上的锁闭销，同时将插入的钥匙顺时针转动90°，遮断开关被可靠接通。

遮断开关接通时，摇把挡板能有效阻挡摇把插入摇把齿轮，防止用钥匙打开电动转辙机机盖；断开遮断开关时，摇把能顺利插入摇把齿轮或用钥匙打开电动转辙机机盖，此时电动机的动作电源将被可靠地切断，不经人工操纵和确认，不能恢复接通。

3. S700K型电动转辙机的动作原理

1)S700K型电动转辙机的传动过程

S700K型电动转辙机的机械传动机构按如下过程工作。

(1)电动机的转动通过减速齿轮组，传递给摩擦连接器。

(2)摩擦连接器带动滚珠丝杠转动。

(3)滚珠丝起的转动带动丝杠上的螺母水平移动。

(4)螺母通过保持连接器经动作杆、锁闭杆带动道岔转换。

(5)道岔的尖轨或可动心轨经外表示杆带动检测杆移动。

2)S700K型电动转辙机的动作过程

S700K型电动转辙机的动作可分为三个过程：第一为解锁过程，也是断开表示接点的过程；第二为转换过程；第三为锁闭过程，也是接通表示接点的过程。现以220 mm动程转辙机定位拉入为例分述各过程。

(1)解锁及断开表示接点过程

当操纵道岔,需使转辙机动作杆由拉入变为伸出位置时,三相电动机得到 380 V 交流电源,使电动机顺时针方向旋转,经齿轮组及摩擦连接器使滚珠丝杠向顺时针方向旋转,从而使丝杠上的螺母向左侧运动。在运动过程中,由操纵板将锁闭块顶进,使表示接点断开,同时带动左锁舌向缩进方向运动,直至左锁舌完全缩进。

(2)转换过程

在转辙机解锁后,由于三相电动机继续转动,故滚珠丝杠上的螺母继续向左运动,带动保持连接器向左运动,由于保持连接器与动作杆固定为一体,使动作杆向左侧(伸出方向)运动,带动道岔尖轨或可动心轨进行转换,当动作杆运动 220 mm 时,即完成了转换过程。

(3)锁闭及接通表示接点过程

当动作杆向左侧运动了 220 mm 时,检测杆在尖轨带动下运动了 160mm,这时锁闭块弹出,接通表示接点,同时右锁舌也弹出,锁住保持连接器,使动作杆不得随意窜动。

3)S700K 型电动转辙机的动作程序

S700K 型电动转辙机的动作程序与 ZD6 型电动转辙机的动作程序大致相同,即:断表示→解锁→转换→锁闭→给出另一位置表示。

以 220 mm 动程的 S700K 型电动转辙机为例,其动作程序为:电动机转动→中间齿轮转动→摩擦连接器转动→滚珠丝杠转动→丝杠螺母移动→操纵板将锁闭块顶入,断开原表示→锁舌缩入,解锁→滚珠丝杠螺母带动保持连接器移动→外锁闭装置开始解锁→动作杆移动 60 mm 时外锁闭装置解锁完毕→道岔转换→动作杆移动 220 mm 时内检测杆缺口对准锁闭块,锁闭块弹出,进入检测杆缺口→锁舌伸出→断开启动电路,接通表示。与 ZD6 型电动转辙机不同的是,S700K 型具有表示电路自检锁闭功能,卡缺口时,锁舌伸不出来,内锁闭无法锁闭,不能接通表示电路,即有道岔表示时转辙机必须在内锁闭状态。而 ZD6 型表示电路不检查锁闭,检查柱不落槽,转辙机照样能实现内锁闭。

4)S700K 型电动转辙机的调整

分动外锁闭道岔调整的基本顺序是:先调密贴,再调锁闭量,最后调表示缺口。

(1)密贴调整

尖轨与基本轨的密贴调整通过在锁闭铁与锁闭框之间增减调整片来进行。定、反位锁闭量之差大于 3 mm 时,可通过减少密贴调整片,同时在尖轨连接铁和尖轨间增加调整垫来调整。

(2)锁闭量调整

定、反位锁闭量之差大于 2 mm 时就应翻转弯头动作杆的叉形接头进行调整。

弯头动作杆的叉形接头的螺距为 3 mm,就是说叉形接头每翻转 360°,弯头动作杆的长度变化 3 mm，可由此推算出需调锁闭量相对应叉形接头的翻转角度。

(3)转辙机表示缺口调整

当尖轨与基本轨处于密贴状态时，观察缺口标记是否处于检测缺口的中心位置，如偏离可调整与尖轨连接的外表示杆的长度，使缺口至最佳位置(1.5 mm±0.5 mm)。心轨表示缺口不论定位、反位均要求达到 1.5 mm±0.5 mm，如不符合规定，则可调整外表示杆的长度来实现。调整时，应先调伸出位置缺口，后调缩进位置缺口。

2.3.5　ZD(J)9 系列电动转辙机

ZD(J)9 系列电动转辙机是一种能适应交、直流电源的新型电动转辙机，它有着安全可靠的机内锁闭功能，适用于联动内锁道岔，也可适用于分动外锁道岔。通过动程及转换力的系列化，既可用于单点牵引，又可用双机及多点牵引道岔。安装时，既能角钢安装，又能托板安装。ZD(J)9 系列电动转辙机使用范围广泛，不但能满足客运专线道岔的转换要求，同时还兼顾提速、普通道岔和地铁道岔的使用需求。

1. 转辙机型号及含义

图 2.34 所示为转辙机型号及含义。

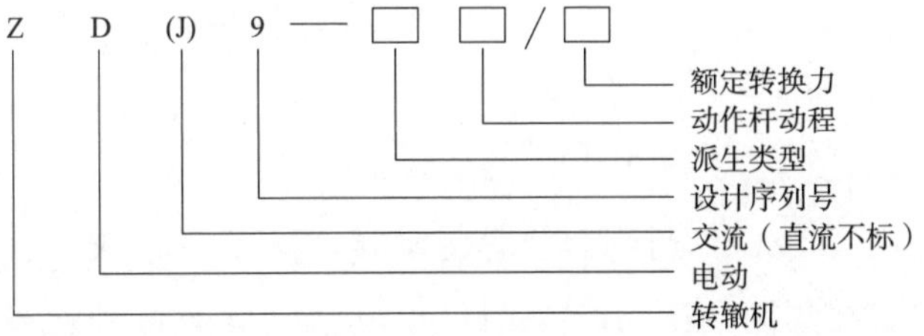

图 2.34　转辙机型号及含义

2. ZD(J)9 系列电动转辙机的特点

ZD(J)9 型电动转辙机采用滚珠丝杠减速，效率较高。交流系列采用三相 380 V 交流电动机，故障少，电缆单芯控制距离长。根据需要可配置直流系列转辙机。接点系统采用铍青铜静接点组和铜钨合金动接点环。伸出杆件用镀铬防锈，伸出处用聚乙烯堵孔圈和油毛毡防尘圈支承和防尘。转动和滑动面用 SF2 复合材料衬套和衬垫，维护工作量小。停电或维修时需手动转换的情况下，可转动手动开关轴，断开安全接点插入手摇把，就可以手动转换转辙机。

3. ZD(J)9 系列电动转辙机的结构

转辙机主要由电动机、减速器、摩擦连接器、滚珠丝杠、推板套、动作板、锁块、锁闭铁、接点座组成、动作杆、锁闭(表示)杆等零部件组成，结构采用模块化设计，便于维护和维修。

1)电动机

(1)交流电动机

交流电动机为 ZDJ802-4 型专用交流电动机,额定输出功率 0.4 kW,当电源电压为三相 380 V、单相电阻为 54 Ω 时,额定转矩为 2 N·m,转速大于或等于 1 330 r/min。

(2)直流电动机

直流电动机额定电压 160 V,额定转矩 2 N·m,转速大于或等于 980 r/min。

2)减速器

减速器为两级减速,在改变转换力或转换时间时,可以变动减速比。ZD(J)9-A 型第一级速比为 38/26,第二级速比为 46/18,总速比为 3.74。ZD(J)9-B 型第一级速比为 44/20,第二级速比亦为 46/18,总速比为 5.63。这时由于双机牵引的道岔要求第二牵引点先动,使得宏观上达到同步。

3)滚珠丝杠

滚珠丝杠选用国产磨削丝杠,直径 32 mm,导程 10 mm。由于导程大,滚珠也大,故可靠性高。

4)摩擦连接器

摩擦连接器采用干摩擦,主动片是 4 片外摩擦片,用钢带加工,被动片为 3 片内摩擦片,用 12 个弹簧加压。

5)自动开闭器

自动开闭器接点组与 ZD6 型相同,只是将动接点支架改进成为有两处压嵌连接的结构,因此左右调整板设在同侧,缩小了接点组尺寸,减少了零件品种。

6)安全接点

安全接点采用沙尔特堡开关。

7)接线端子

接线端子采用德国产笼式弹簧的 2 线接线端子,由于接线部分没有螺纹连接,使用中无须检查或重新拧紧,能抗振动和冲击,是一种免维护的接线端子。

4. ZD(J)9 系列电动转辙机的动作原理

ZD(J)9 型转辙机动作原理图如图 2.35 所示。电动机上装有减速器,电动机的驱动力矩经减速器减速后传到摩擦连接器,由摩擦连接器的内摩擦片通过花键传动滚珠丝杠,将转动转换为螺母的平动。螺母外套有推板套,其上固定有动作板,推板套推动动作杆上的锁块,在锁闭铁作用下,形成了转辙机的解锁、转换、锁闭过程。ZD(J)9-A 型的锁闭铁直接固定在底壳上;ZD(J)9-B 型的锁闭铁被挤脱器固定在底壳上,挤脱力 28 kN±2 kN。

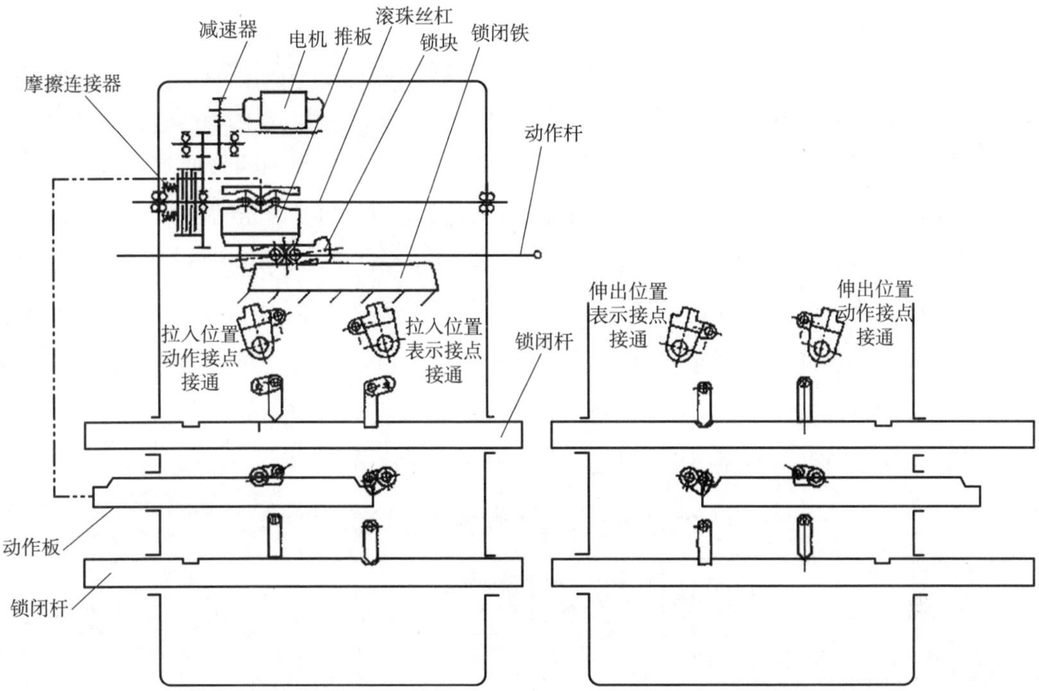

图 2.35　ZD(J)9 系列电动转辙机的传动原理图

ZD(J)9-A 型的左右锁闭杆分别与第一牵引点两根分动的尖轨相连，在动作杆上的锁块被推板套锁闭在锁闭铁上，与密贴尖轨相连的锁闭杆被锁闭柱锁在密贴位置，这样就形成了双杠锁闭。一根锁闭杆上锁闭用的直缺口和挤岔表示用的斜缺口的距离与尖轨动程有关，只能适用于 160 mm±6 mm，超过此动程范围需另配锁闭杆。锁闭杆断面为 20 mm×50 mm，其弯曲程度为 ZD6 型表示杆的 3.7 倍，保证了第二锁闭的可靠性。

ZD(J)9-B 型的左右表示杆与第二牵引点的两根分动的尖轨相连，表示杆内检查块的结构、密贴检查和挤岔断表示原理均与 ZD6 型相同。其仅在动作杆上有锁闭，故为单杆锁闭。挤岔时，通过斥离尖轨的动作，使表示杆的斜面推动检查柱断开表示接点，给出挤岔表示。同时斥离尖轨推动外锁闭杆，进而推动动作杆，当动作杆上的挤岔力超过挤脱力时，锁闭铁就脱开挤脱柱，动作杆解锁。此时，锁闭铁移动 8 mm，锁闭铁上凹槽推动水平顶杆，再推动竖顶杆、动接点支架，从而断开表示。非经人工恢复锁闭铁，不能再接通表示。

为防止惯性反弹，在推板套与动作杆间加有阻尼机构。当推板套推动锁块进入锁闭位，动作杆停止不动，推板套继续前进，到动作板使电动机电源断开时，推板套因惯性继续前进，推板套与动作杆间有相对移动，推板套内的弹簧在动作杆槽的斜面上压缩，弹力使摩擦块在动作杆侧面上摩擦而吸收惯性，即防止了惯性反弹。

5. 挤脱及挤岔表示原理

当挤岔时，锁闭铁可推动水平顶杆。水平顶杆推动竖顶杆，竖顶杆推动接点组的左右支架，从而完成接点断开。

ZD(J)9 系列转辙机不可挤机型的锁闭杆与尖轨相连，当一根锁闭杆通过锁闭柱将尖轨锁闭时，在斥离尖轨上固定的另一根锁闭杆则成为挤岔表示杆。当挤岔时，通过斥离尖轨动作作为挤岔表示杆的锁闭杆上有斜面的缺口，推动检查柱断开表示接点，给出挤岔表示。挤岔时，当挤脱器中的锁闭铁在动作杆上的锁块作用下，脱开挤脱柱，在锁闭铁上的凹槽推动水平顶杆，水平顶杆推动竖顶杆，竖顶杆推动动接点支架，从而切断表示，非经人工恢复锁闭铁，不可能再接通表示。

6. ZD(J)9 系列电动转辙机的主要技术参数(表 2.9)

表 2.9　ZD(J)9 系列电动转辙机的主要技术参数

型号		额定转换力(kN)	动程(mm)	动作时间不大于(s)		挤脱力(kN)	锁闭方式	挤切方式	适用范围
交流系列	直流系列			交流	直流				
ZDJ9-170/4K	ZD9-170/4K	4	170±2	5.8	8	28±2	双杆内锁	可挤	尖轨动程 152 mm 以下道岔
ZDJ9-A220/2.5K	ZD9-A220/2.5K	2.5	220±2	5.8	8	—	双杆内锁	不可挤	分动外锁双机牵引第一点，三机牵引第一点、第二点，可动心轨第一点
ZDJ9-B150/4.5K	ZD9-B150/4.5K	4.5	150±2	5.8	8	28±2	单杆内锁	可挤	分动外锁双机牵引第二点，三机牵引第三点，可动心轨第二点
ZDJ9-C220/2.5K	ZD9-C220/2.5K	2.5	220±2	5.8	8	—	双杆内锁	不可挤	分动外锁多机牵引第一牵引点
ZDJ9-D150/4.5K	ZD9-D150/4.5K	4.5	150±2	5.8	8	28±2	单杆内锁	可挤	联动内锁第二牵引点

ZD(J)9 型电动转辙机分成 ZDJ9 型交流系列和 ZD9 型直流系列，两者的区别仅在于分别采用交流电动机和直流电动机。交流转辙机电源电压为 AC 380 V，直流转辙机电源电压为 DC 220 V，它们的工作电流均不大于 2 A。

ZDJ9 型和 ZD9 型转辙机又分为 A、B、C、D、E、F 不同的派生型号，它们的基本情况见表 2.4。其中 A、B 为分动外锁闭道岔所用，分别用于第一、第二牵引点；C、D 为联动内锁道岔所用，分别用第一、第二牵引点；E 用于非提速区段第二牵引点；F 用于单机牵引的道岔。

7. ZD(J)9 系列电动转辙机的电路

ZD(J)9 系列电动转辙机的电路包括:启动电路、动作电路、表示电路、保护电路。

1)保护电路

(1)作用:电源出现断相,自动切断动作电源(保护电机)道岔转换完毕,自动切断动作电源。

(2)构成三相自耦变压器、继电器 BHJ、整流电路。

(3)平时,A、B、C 三相无电,BHJ ↓;供电时,每相 3 次谐波叠加(同相),BHJ ↑。其中一相断相,变压器头尾相连,大小相同方向相反,抵消,BHJ ↓,断两相,BHJ ↑,但交流电机不会转。保护电路如图 2.36 所示,控制电路如图 2.37 所示。

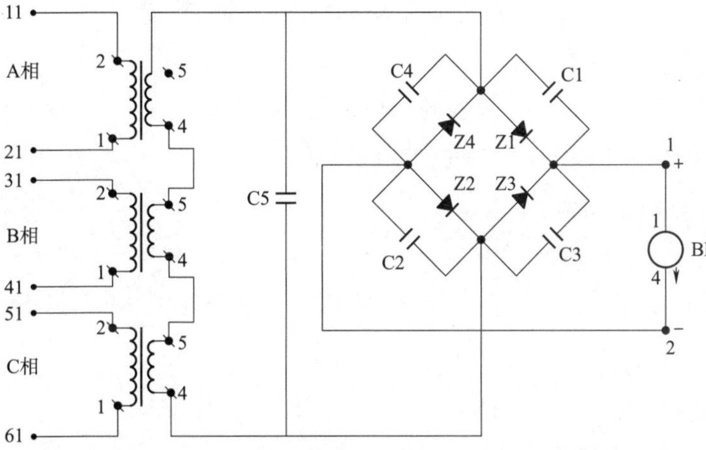

图 2.36　保护电路

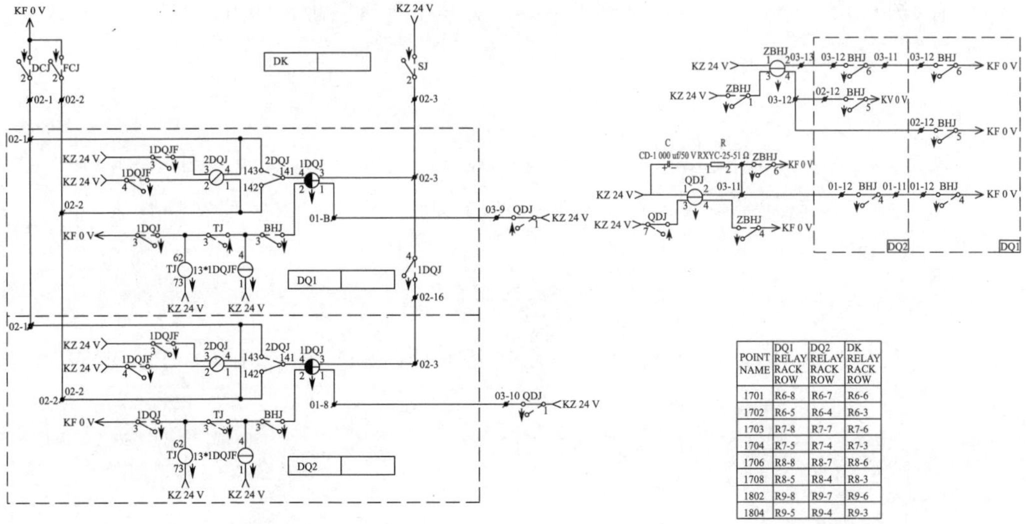

POINT NAME	DQ1 RELAY RACK ROW	DQ2 RELAY RACK ROW	DK RELAY RACK ROW
1701	R6-8	R6-7	R6-6
1702	R6-5	R6-4	R6-3
1703	R7-8	R7-7	R7-6
1704	R7-5	R7-4	R7-3
1706	R8-8	R8-7	R8-6
1708	R8-5	R8-4	R8-3
1802	R9-8	R9-7	R9-6
1804	R9-5	R9-4	R9-3

图 2.37　控制电路

2)1DQJ 继电器电路(采用 JWJXC-H125/80 型继电器)

(1)用 3-4 线圈来检查道岔启动前的联锁条件是否符合要求(SJ↑)和道岔需要转换的方向(定位 DCJ 或反位 FCJ)。

(2)在 1DQJ1-2 线圈自闭电路中串联了 BHJ↑接点,用来监督检查道岔的转换。道岔转换到位后,用转辙机内启动接点断开三相电机的控制电路使 BHJ↓切断 1DQJ 的自闭电路。

(3)在 1DQJ1-2 线圈自闭电路中还检查了 QDJ↑接点,用来检查尖轨两个牵引点转辙设备是否动作一致。如果其中有一台电机不动作,那么 QDJ↓将切断另一台电机的动作电路,保证动作的一致性。

(4)为保证 2DQJ 转极以后,1DQJ 继电器从励磁电路可靠转到自闭电路上,1DQJ 采用了缓放型继电器,动作顺序如下:

1DQJ 励磁吸起↑→1DQJF↑→2DQJ 转极(1DQJ3-4 线断电)→控制电路通过 DBQ 线圈往外送电→BHJ↑→1DQJ1-2 线圈自闭电路构通。

3)启动电路增设 1DQJF

(1)完全复示 1DQJ 继电器的动作。

(2)控制 2DQJ 转极。

(3)用第一、二组加强接点给室外转辙机送动作电源。

4)2DQJ 继电器电路(采用 JYJXC-135/220 或 JYJXC-160/260)

(1)用 1DQJ 第三、四组接点和操作控制条件(DCJ 或 FCJ)进行转极。

(2)用 2DQJ 的前、后接点区分定反位动作方向。

(3)在动作电路中对 B、C 相电源进行换相,使三相电机实现正转或反转。

(4)动作、表示电路如图 2.38 所示。

5)动作电路

(1)定→反　A、C、B;X1、X3、X4 经 1DQJF-Q、1DQJ-Q 和 2DQJ 反位接点。

(2)反→定　A、B、C;X1、X2、X5 经 1DQJF-Q、1DQJ-Q 和 2DQJ 定位接点。

6)表示电路

(1)定位状态

继电器状态:YCJ、DCJ、FCJ、FBJ、1DQJ、1DQJF、BHJ 落下;DGJ、QDJ、DBJ 吸起;2DQJ(1、2)。

动结点状态:1、3 排结点闭合。

表示电路:

①(BD1-7 变压器,4 端正,3 端负时,此时二极管反向截止)BD(4)→1DQJ→U1→W1→(12、11)→DBJ→2DQJ(132、131)→1DQJ→R1→BD(3);

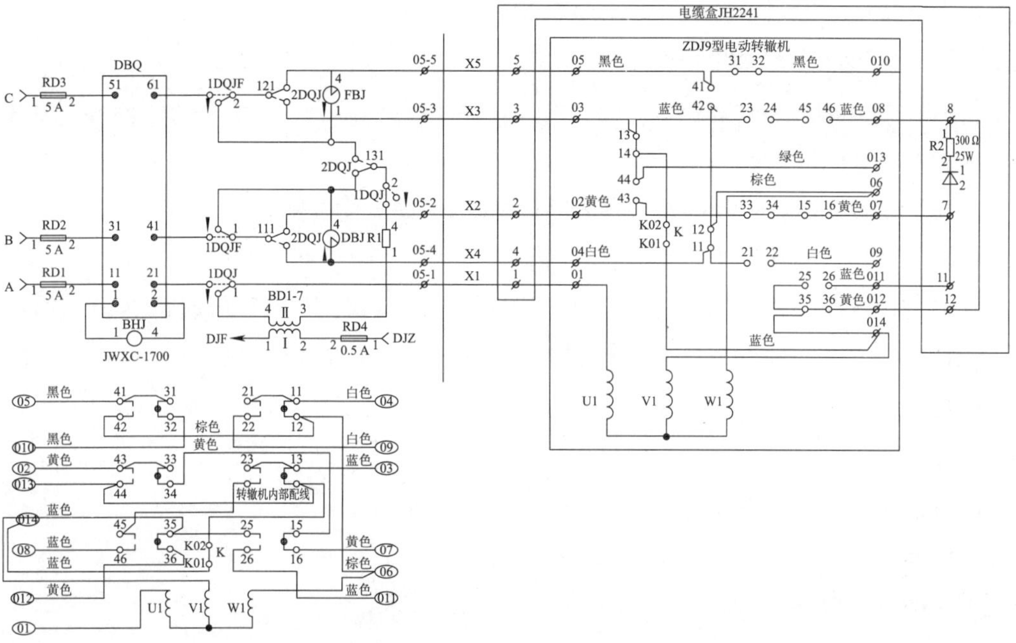

图 2.38　动作、表示电路

②(BD1-7 变压器，4 端负，3 端正时，此时二极管正向导通)BD(4)→1DQJ→U1→V1→(35、36)→R2→Z→(16、15)→(34、33)→2DQJ(112、111)→1DQJF→2DQJ(132、131)→1DQJ→R1→BD(3)。

(2)反位状态

继电器状态：YCJ、DCJ、FCJ、DBJ、1DQJ、1DQJF、BHJ 落下；DGJ、QDJ、FBJ 吸起；2DQJ(1、3)。

动结点状态：2、4 排结点闭合。

表示电路：

①(BD1-7 变压器，4 端负，3 端正时，此时二极管反向截止)BD(4)→1DQJ→U1→W1→(42、41)→FBJ→2DQJ(133、131)→1DQJ→R1→BD(3)；

②(BD1-7 变压器，4 端正，3 端负时，此时二极管正向导通)BD(4)→U1→V1→(25、26)→Z→R2→(46、45)→(24、23)→2DQJ(123、121)→1DQJF→2DQJ(133、131)→1DQJ→R1→BD(3)。

(3)定位向反位动作

继电器状态：DCJ、FBJ、DBJ 落下；FCJ、QDJ、1DQJ、1DQJF、BHJ 吸起；2DQJ(1、3)。

动结点状态：1、3 排结点闭合(转动前)→1、4 排结点闭合(转动中)→2、4 排结点闭合(转到位)。

动作电路：

C相位→1DQJF→2DQJ(121、123)→(13、14)→V1；

B相位→1DQJF→2DQJ(111、113)→(11、12)→W1；

A相位→1DQJ→U1。

转动过程中3结点断开，4结点闭合，转到位后1结点断开，2结点闭合。

(4)反位向定位动作

继电器状态：FCJ、FBJ、DBJ落下；DCJ、QDJ、1DQJ、1DQJF、BHJ吸起；2DQJ(1、2)。

动结点状态：2、4排结点闭合(转动前)→1、4排结点闭合(转动中)→1、3排结点闭合(转到位)。

动作电路：

C相位→1DQJF→2DQJ(121、122)→(41、42)→W1；

B相位→1DQJF→2DQJ(111、112)→(43、44)→V1；

A相位→1DQJ→U1。

转动过程中2结点断开，1结点闭合，转到位后4结点断开，3结点闭合。

转辙机表示功能的完成是由动作板、接点座组成、表示杆共同完成的。推板套动作的同时，安装在推板套上的动作板随着推板套一起运动。动作板开始运动后，动作板滑动面一端的斜面推动与起动片连接的滚轮，切断表示接点，同时接通下一转换方向的动作接点；当动作到位时，滚轮从动作板滑动面落下，动作接点断开，同时表示接点接通，给出道岔表示。在这一过程中，滚轮通过左右支架的作用，使锁闭柱(检查柱)抬起或落入锁闭(表示杆)槽内，达到检测道岔状态的作用。

2.3.6 ZYJ7型电动液压转辙机

电动液压转辙机(简称电液转辙机)是采用电动机驱动、液压传动方式来转换道岔的一种转辙装置。液压式转辙机取消了齿轮传动和减速器，简化了机械结构，将机械磨损减至最低程度，减少了维修工作量。但液压传动对液压介质要求较高，对元件要求也高，传动效率较低。ZYJ7型电液转辙机适用于提速道岔，城市轨道交通采用ZYJ7型电液转辙机的原因同前述S700K型电动转辙机。

1. 液压传动

液压传动是用液体为工作介质来传送能量的。油压传动是液压传动的一种，是利用油液的压力来传递能量。

液压传动借助于处于密闭容器内的液体的压力来传递能量和动力。液体虽然没有立体的几何形状，却有几乎不变的容积。当它被容纳于密闭的系统之中时，就可以将压力由一处传递到另一处。当高压液体在管道、油缸中流动时，就能传递机械能。任何液压传动都是建立在这种通过处于密闭容器中的受压液体流动来传递机械能的基础上。

1)液压传动的优点

(1)易于获得很大的力或力矩，并且易于控制。使用油泵容易获得较高的压力(7～35 MPa)，油缸的有效承压面积较大，可获得很大的力或力矩，这是其他传动方式难以做到的。

(2)易于实现直线的往复运动，直接推动工作机构，适合牵引道岔尖轨移位。

(3)易于调整调速比。如用节流阀调速时，流量变速若由 0.02 L/min 变到 100 L/min，调速比就达 5 000，这是其他传动方式无法比拟的。

(4)输出功率大、体积小。油泵的外形尺寸仅为同功率电机的 12%～13%，重量仅为 10%～20%。

(5)操纵力较小，传动平稳、均匀。

(6)在往复和旋转运动中，可以经常快速而无冲击地变速和换向。由于液压机构重量轻，惯性小，可获得高速反应。中等功率的电机起动，正常需要 1～2 s，而同功率的液压机不超过 0.1 s。

(7)易于获得各种复杂的动作及防止过载事故。

(8)易于布局及操纵，根据需要可增设多个牵引点。

(9)自动润滑，元件的寿命较长。

(10)易与电气设备配合，制作出性能良好、自动化程度很高的复合控制系统。

2)液压传动的缺点

(1)容易出现泄漏。

(2)油的黏度随温度变化会引起工作机构的不稳定性。

(3)空气渗入液压系统后会引起系统工作不良，如发生振动、窜动、爬行、噪声，都是由于空气渗入液压系统而造成的。尤其是在密封或液压系统设计得不合理时，空气很容易渗入。

(4)元件精度要求高，不易加工，价格较贵，对使用维修的要求较高。

(5)液压油易受污染，从而加剧元件的磨损和堵塞，使整机性能下降，寿命缩短甚至损坏。

2. ZYJ7 型电动液压转辙机

1)ZYJ7 型电液转辙机的结构

ZYJ7 型电液转辙机由主机和 SH6 型转换锁闭器两部分组成，分别用于第一牵引点和第二牵引点。ZYJ7 型电液转辙机主机主要由电动机、油泵、油缸、启动油缸、接点系统、锁闭杆、动作杆等部分组成。SH6 型转换锁闭器(亦称副机)主要由油缸、挤脱接点、表示杆、动作杆组成。

2)ZYJ7 型电液转辙机的部件

(1)电动机

采用交流三相异步电动机，型号为 Y90S-6-B35，额定电压 380 V，额定电流 2.2 A，转速 960 r/min。电动机将电能变为机械能，为整机提供动力，该电动机增加了惯性轮，保证转辙机转换到位后开闭器接点不致颤动。

(2)油泵

采用双向斜盘轴向柱塞式油泵，额定压力 9 MPa，排油量 2.1 mL/r。双向柱塞泵的特点是构造简单、寿命长、工作可靠，其结构如图 2.39 所示。泵内装有 9 个不同的柱塞，柱上有弹簧和钢球，并装有厚薄不同的钢质片，下边有沟槽。在受力挤压后便吸出和挤出液压油。当电动机带动油泵往一个方向旋转时，泵的柱塞就可从一端吸出液压油注入另一端，经反复高速吸出和注入，即可泵出液压油；电动机反转时，可带动油泵从另一端吸出和注入液压油，泵出反方向液压油，所以称为柱塞式油泵。ZYJ7 型的油泵结构是改进型的，取消了柱塞弹簧(只保留一根弹簧)，提高了容积效率和机械效率。

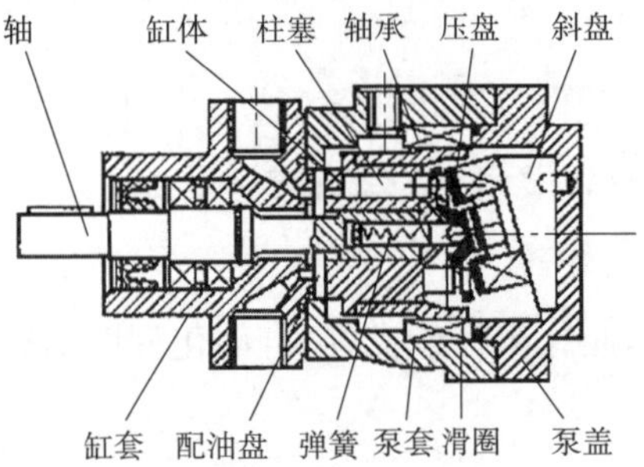

图 2.39　油泵示意图

(3)油缸

油缸用来将注入缸内的液压力转换或机械力，以推动尖轨或可动心轨转换，其由活塞杆、缸座、缸筒、缸套、接头体、连接螺栓和密封圈组成，如图 2.40 所示。活塞杆两端的螺孔与连接螺柱的一端紧固，连接螺栓另一端与杆架相连，杆架又连在机体外壳上，这样就使得活塞杆固定，用缸筒运动来推动尖轨或可动心轨转换。油缸动程为转辙机动程加 50 mm。

(4)启动油缸

启动油缸的作用是在电动机刚启动时先给一个小的负载，待转速提高、力矩增大时再带动负载，来克服交流电动机启动性能的不足。启动油缸由缸体、缸筒、柱塞、垫块、螺堵及 O 形圈组成，如图 2.41 所示。启动油缸用两个接头阀将油路板与缸体上的两个孔连接起来，使得其在油路中与油缸并联。柱塞和缸筒位于启动油缸体内。

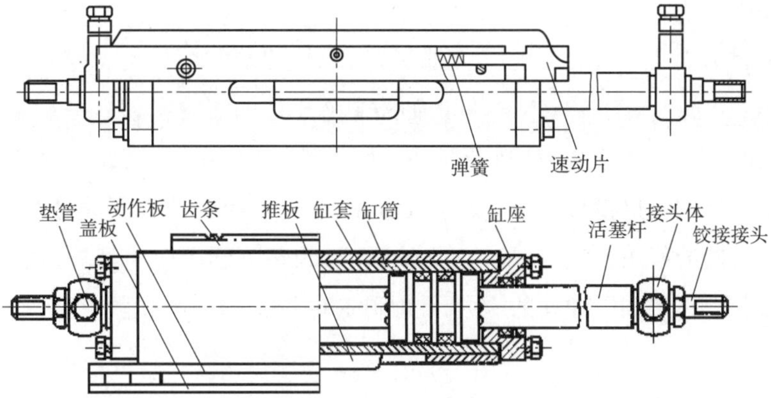

图 2.40　油缸及推板

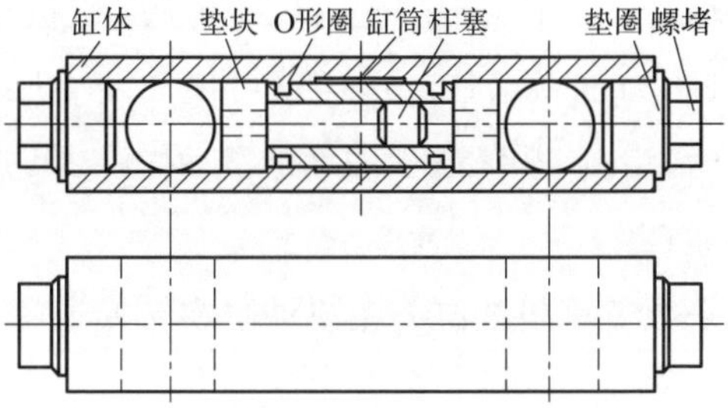

图 2.41　启动油缸示意图

当电动机刚启动时，若油泵右侧为高压油，则启动油缸右孔为高压，因启动油缸与油缸并联，则高压油先推动启动油缸的柱塞向左移动，由于柱塞力很小，相当于电动机只带一个很小的负载启动。电动机启动后力矩增大，启动油缸也已被充满，液压油再充入油缸，推动油缸动作以带动道岔转换。

当道岔需向反方向转换时，电动机反转，油缸左孔为高压，这时启动油缸的柱塞向右移动，即可解决反方向操纵道岔时电动机启动力矩小的问题。

(5)单向阀

单向阀就像二极管单向导电那样，正向的液压油流畅通，反向的液压油流则被关闭而不能通过。单向阀由阀体、空心螺柱、钢球、O 形圈、挡圈等组成。

阀体内有两个钢球，装在与空心螺栓同心的圆槽内，螺栓与油路板间经加垫的密封圈坚固连接，为防止失灵，做成双层阀门。挡圈用来防止钢球封死上部出油口。

单向阀可使液压油从空心螺栓底部掀起钢球顺利进入，此时另一端的单向阀被返回油流冲击而使钢球堵在空心螺栓的圆槽内，封住油口即堵死了油流通道。这样就有效地保证了油流单方向通过。油路中单向阀的通畅和堵塞性能的好坏直接影响着油路的正常工作。

(6)溢流阀

溢流阀主要由阀体和阀芯等组成。阀芯装在阀体顶端并用弹簧、弹垫、密封螺母紧固。溢流阀的作用是,通过调整弹簧弹力,保证油路中液压油的压力不超过一定的限值,以防止道岔转换受阻时,电动机电源没被断开时油路中油液压力不断升高而损坏各部液压件;当道岔转换到位而电动机仍没停转时,使高压油释放压力,经回油管回油箱。它相当于电动转辙机摩擦连接器的作用。溢流阀在正常油压下,阀座下部的压力油进入阻尼活塞底部,形成向上的液压力小于调压弹簧的压力,此时阀芯的锥面与阀座压紧,压力油被堵住,溢流阀不溢流。

当道岔受阻或转换到位电动机还没断开电源时,油压增大,此压力大于弹簧的压力,阀芯就向上移动,溢流阀的阀口开启,高压油进入阀座上部,经阀体侧孔流入溢流板的回油孔,使液压油流回油箱构成溢流。当油路中压力降到小于此数值时,压力弹簧恢复原位,阀芯的锥面又压紧了阀座,将压力油封堵住。这样就可使油路中压力大于一定数值(可根据需要调整弹簧的压力)时开始溢流,既保证了油路正常动作,又保护了液压件不被损坏。

(7)调节阀

调节阀(调节螺柱)用来改善副机油缸与主机油缸在转换道岔时的同步性。

(8)节流阀

设在主机油缸活塞杆的两端,用来调节进入主机油缸液压油的流速。

(9)滤清阀

滤清器也称滤芯,用合金粉末压铸而成,用来防止杂物进入溢流阀及油缸,造成油路卡阻,以保证油路系统的可靠性。

(10)推板

推板是嵌在油缸套上的矩形钢板,其大部分嵌在缸套内,斜面凸起露在缸套外面。凸起的斜面动作时推动锁块,从而使动作杆运动。

(11)动作杆

方形动作杆上装设两个活动锁块,与油缸侧面的推板配合工作。动作杆外侧有圆孔,用销子和外锁闭杆连接。转换道岔时,油缸带动推板,推板推动锁块,锁块通过轴销与动作杆相连。道岔转换至锁闭位置时,推板将动作杆上的锁块挤于锁闭铁斜面上。

(12)锁闭杆

主机的伸出与拉入位置各设一根锁闭杆,外端通过长、短外表示杆与尖轨相连。内方开有方槽,与接点组系统的锁闭柱方棒相配合。当尖轨转换到位锁闭后,锁闭柱落入锁闭杆上的方槽内,使接点接通相应的表示电路。由于锁闭杆上方槽为矩形,锁闭柱下端也为矩形,所以具有锁闭作用,故称为锁闭杆。两锁闭杆分别连接在两尖轨上,一根作锁闭杆,另一根即作为斥离尖轨的表示杆。

(13)表示杆

副机的伸出与拉入位置各设一根表示杆，外端通过长、短表示杆与尖轨连接。内方开有斜槽，与接点组系统的检查柱下端斜角相配合，检查道岔位置。当尖轨转换到位锁闭时，检查柱下端落入表示杆缺口，使接点接通相应位置的表示电路。副机表示杆不起锁闭作用。挤岔时，检查柱上提断开表示电路。

(14)接点组

电液转辙机可采用普通自动开闭器，也可采用沙尔特堡 S800aW40 型速动开关。

接点编号方法是：站在电动机、油泵一侧，两排接点左边的第一位数为 1，右边的为 2；由近至远是第二位数的 1、2、3、4、5，每组接点的左上为第三位数的 1，右上为 2，左下为 3，右下为 4。

当动接点架转换 9°时，将常闭的 23-1-2 接点断开，断开表示。电液转辙机转换终了，启动片掉入圆弧内，开关迅速动作，依靠开关的弹力接通反位的 13，21，14-1-2 接点，接通新的表示电路。若此时，锁闭杆缺口不对，不能接通表示电路。

(15)挤脱器

挤脱器安装在 SH6 型转换锁闭器上。挤脱器与锁闭铁经定力机构与机壳连在一起。当道岔被挤时(挤切力大于该挤脱器预先调整的压力 30.4 kN 时)，锁闭铁位移，转换接点组断开表示电路，及时给出挤岔表示。

挤脱器由机壳上立柱形的固定桩与动作杆连接的锁闭铁靠凹凸槽吻合连接。固定桩内装有环形弹簧，经紧固后将锁闭铁与机壳连接起来，如图 2.42 所示。

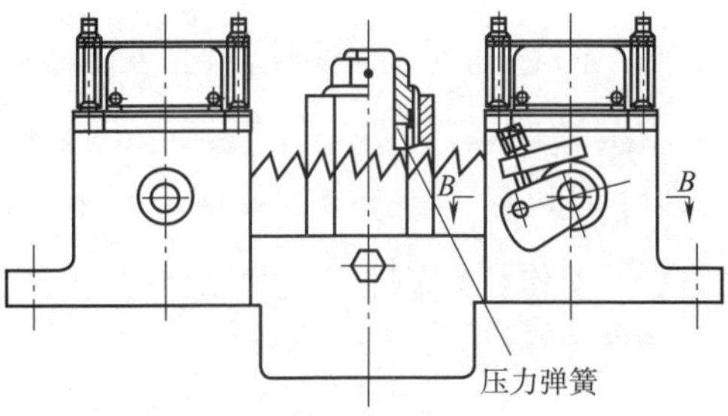

(a)

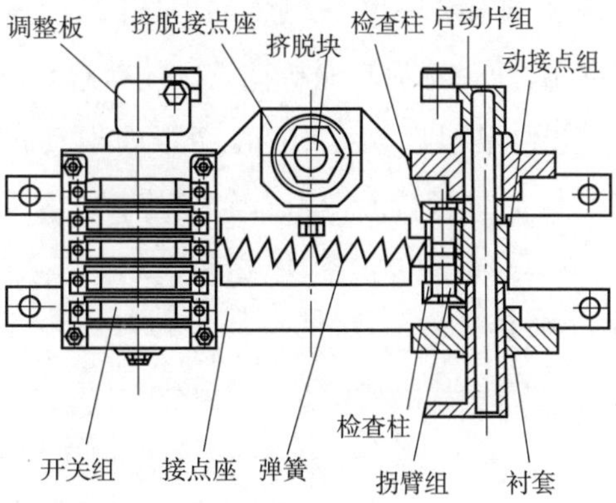

(b)

图 2.42　挤脱器结构

如果道岔被挤，动作杆带动锁闭铁挤出凹槽，启动片随之移动，斜面带动拐臂轴上的小滚轮抬起，使动接点退出，断开表示电路。此时动作杆连接的锁闭铁与机壳上的固定桩失去连接,来自动作杆的挤切力再不能传给内方的其他部件,起到了挤岔保护作用。另外,道岔被挤时,表示杆的移动也能及时断开表示,可以说是双重保护。

3)ZYJ7 型电液转辙机的动作原理

(1)ZYJ7 型电液转辙机的油路系统

①ZYJ7 型电液转辙机油路系统的组成

ZYJ7 型电液转辙机的油路系统为闭式系统。油路系统可分成四部分:动力源、操纵控制装置、执行机构和辅助装置。油泵是整个系统的动力源,用以将机械能变成液压油的压力能。调节阀、单向阀、溢流阀等组成操纵控制装置,用以调节液压油的压力、流向和流量,从而实现不同的工作循环。油缸是系统的执行机构,可以把液压油的压力能变成机械能。滤清器、油池是辅助装置。

②ZYJ7 型电液转辙机油路系统的动作原理

当电动机带动油泵逆时针方向旋转时,油泵从油缸右侧腔内吸出油,泵出的液压油经活塞杆中心圆孔注入油缸的左腔,即左腔内为高压油,由于活塞杆固定不动,所以高压油推动油缸向左移动。当油缸动作到位时,油泵从右边的单向阀吸出油,泵出的液压油经左侧的滤清器和溢流阀回到油池。

电动机带动油泵顺时针方向旋转时,油泵从油缸左侧腔内吸入油,泵出的高压油通过活塞杆空腔进入油缸右侧,使油缸右腔为高压,此时油缸向右移动。

(2)ZYJ7 型电液转辙机机械动作原理

当道岔转换至定位位置时(例如拉入),推板的拉入锁闭面与拉入锁块的锁闭面相吻合使锁块不能移动,拉入锁块的斜锁闭面与锁闭铁拉入锁闭面相互吻合,使锁块和动作杆不能伸出,此时称为转辙机拉入锁闭状态,如图 2.43(a)所示。

当电动机启动,泵出的高压油推动油缸向伸出方向移动时,推板随油缸移动,移动 25 mm 时推板拉入锁闭面全部退出拉入锁块的锁闭面,此时,转辙机为解锁状态。推板继续移动,即带动伸出锁块、销轴、动作杆移动,动作杆又带动拉入锁块离开锁闭铁拉入锁闭面,迫使拉入锁块移动,拉入锁块动作面跟随推板拉入动作面,这时转辙机进入了转换状态,如图 2.43(b)所示。

油缸和推板继续移动,至伸出锁块锁闭面将要与锁闭铁伸出锁闭面接触,则进入增力状态,这时伸出锁块由推板伸出动作面和锁闭铁伸出锁闭面接触。此后推板面向前 15.2 mm(动作杆相应动作 7.6 mm)即为增力阶段。推板继续移动 9.8 mm(从两面开始接触,共移动 25 mm)伸出锁块斜锁闭面与锁闭铁伸出锁闭面完全密贴吻合,转辙机为伸出锁闭状态,如图 2.43(c)所示。

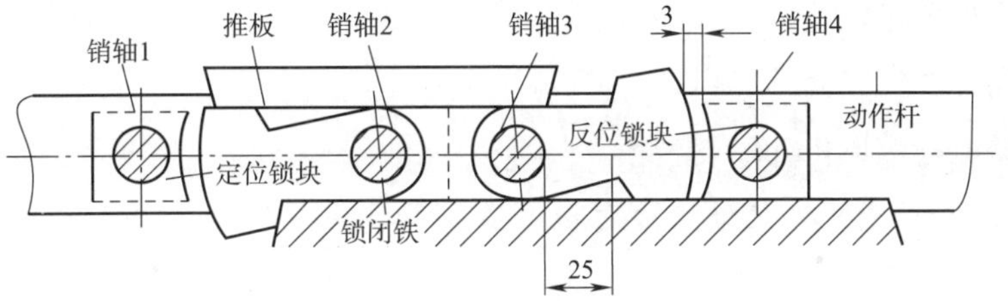

(a)定位锁闭

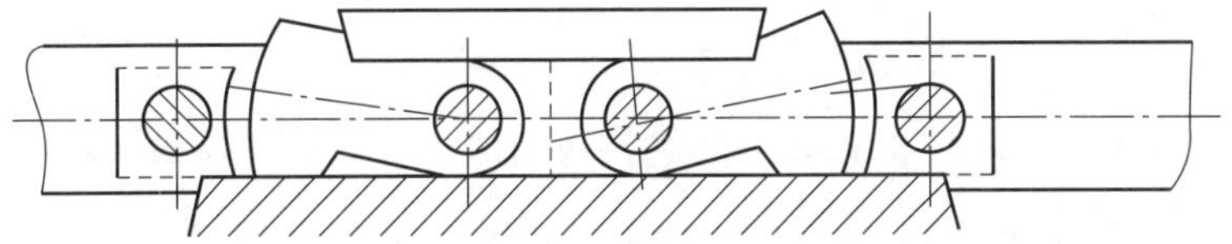

(b)转换

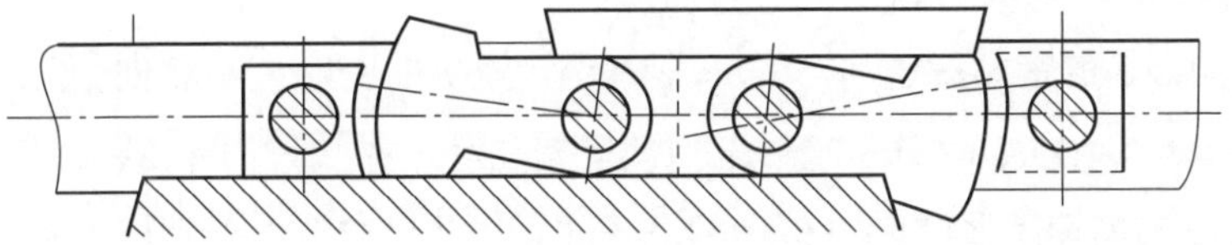

(c)反位锁闭

图 2.43 ZYJ7 型电液转辙机机械动作原理图(单位:mm)

4)ZYJ7 型电液转辙机的检查和表示

ZYJ7 型电液转辙机的检查和表示装置由固定座、拐臂、锁闭检查柱、轴承座、传动杆及齿轮、动作板、速动片、弹簧、接点组和内外表示杆组成。

转辙机处于拉入位置时,锁闭检查柱与内表示杆的主锁闭杆缺口对应,只有缺口对准,锁闭检查柱方可落入检查口。用此来检查道岔尖轨密贴,并通过拐臂带动接点组构成表示电路。转辙机在伸出位置时,锁闭检查柱与副锁闭杆缺口对应,即检查了此时尖轨的密贴。

当油缸侧面上的动作板向左移动 1.4 mm 时,动作板的斜面开始推动接点组的滚轮。油缸移动 17.4 mm,动接点组转换,断开原表示接点。油缸移动 25 mm,油缸侧面的推板刚接触反位锁块的锁闭面时,推板将定位锁块解锁,油缸解锁动程结束。道岔尖轨转换,当尖轨与基本轨密贴时,油缸走完了转换动程,油缸侧面的推扳动作面进入反位锁块的锁闭面,动作杆不再动作,油缸继续移动的锁闭动程为 17.4 mm。当锁闭动程为 23.6 mm 时,接点组的启动片在弹簧的作用下,快速落入动作板上速动片圆弧内,即快速地断开电动机电源,接通现表示接点。

当自动开闭器使用沙尔特堡 S800aW40 型速动开关时,其接点由拐臂轴上的凸轮带动。由此可见,转辙机实现了两处锁闭:

(1)将动作杆通过锁块锁在锁闭铁上(锁闭铁连接底壳);

(2)将锁闭杆通过锁闭柱、接点座锁在底壳上。

5)ZYJ7 型电液转辙机的手动转换

为满足电源中断或发生其他故障对转换道岔及检修作业的需要,ZYJ7 型电液转辙机设置了手动装置,分为手摇装置和扳动装置两种。

手摇装置是用摇把直接摇动电动机机轴,因电机与油泵相连,可使油泵泵出液压油。顺时针摇动时,右侧泵出液压油,反之左侧泵出液压油,油缸则沿着液压油方向移动。插入摇把前应先断开安全接点。手摇电液转辙机时只要在主机处摇动,副机即被带动。

扳动装置由扳手、方轴齿轮、齿条、拉板、钩块组成。扳手转动方轴和齿轮,齿轮带动齿条连同钩块(钩块直接钩在油缸的缺口上)直接动作油缸。道岔自定位扳至反位,扳手需转动 1.6 圈。在扳手插入方轴前应确认短路阀被打开。

6)ZYJ7 型电液转辙机的调整

尖轨和可动心轨的密贴调整与 S700K 型电动转辙机的密贴调整相同。ZYJ7 型的表示杆缺口调整可直接拧主、副表示杆的调整螺母,使检查柱落入主、副表示杆缺口,其缺口间隙应为 2 mm±0.5 mm(转换锁闭器应为 4 mm±1.5 mm)。定、反位可以分别调整,互不影响。

2.4 轨道电路

2.4.1 轨道电路的概述

轨道电路是轨道交通信号系统的重要基础设备,是利用钢轨线路和钢轨绝缘构成的电路。它用来监督线路的占用情况,以及将列车运行与信号显示等联系起来,即通过轨道电路向列车传递行车信息,它的性能直接影响行车安全和运输效率。

对于城市轨道交通,轨道电路不仅用来检测列车是否占用,更重要的是要传输 ATP 信息。所以除车辆段内可采用 50 Hz 相敏轨道电路外,正线需要采用音频轨道电路等便于传输 ATP 信息的轨道电路。为便于牵引电流流通,提高线路性能,方便维修,音频轨道电路是无绝缘的。音频轨道电路多采用数码调制方式,数码调制与模拟信号调制相似,也是用较高频率的正弦信号作为载波,但调制信号是数字基带信号,有数字振幅调制、数字频率调制、数字相位调制三种,但多采用高可靠性、多信息量的数字编码式音频轨道电路。

轨道电路由钢轨、轨道绝缘、轨端接续线、引接线、送电设备及受电设备等主要元件组成。

2.4.2　轨道电路的基本原理及其相关技术

轨道电路是以铁路线路的两根钢轨作为导体，两端加以机械绝缘（或电气绝缘），接上送电和受电设备构成的电路。轨道电路原理如图 2.44 所示。

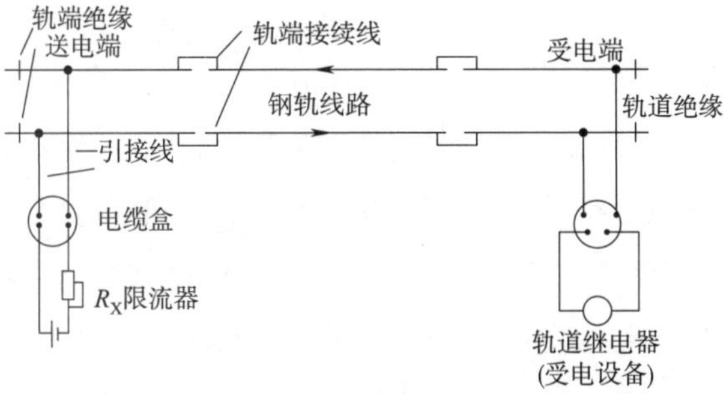

图 2.44　轨道电路原理

轨道电路的送电设备设在送电端，由轨道电源 E 和限流电阻 R_X 组成，限流电阻的作用是保护电源不致因过负荷而损坏，同时保证列车占用轨道电路时，轨道继电器可靠落下。接收设备设在受电端，一般采用继电器，称为轨道继电器，由它来接收轨道电路的信号电流。

送、受电设备一般放在轨道旁的变压器箱或电缆盒内，轨道继电器设在信号楼内。送、受电设备由引接线（钢丝绳）直接接向钢轨或通过电缆过轨后由引接线接向钢轨。

钢轨是轨道电路的导体，为减小钢轨接头的接触电阻，增设了轨端接续线。钢轨绝缘是为分隔相邻轨道电路而装设的。两绝缘节之间的钢轨线路，称为轨道电路的长度。

1. 轨道电路的基本技术要求

1）当轨道电路内钢轨完整，且没有列车占用时，轨道电路继电器衔铁应可靠吸起，表示轨道电路空闲。

2）轨道电路在任何一点被列车占用时，即使只有一个轮对进入轨道电路，轨道继电器应立即释放衔铁，表示轨道电路被占用。

3）当轨道电路不完整，断轨、断线或绝缘破损时，轨道继电器应立即释放衔铁。

4）对某些轨道电路，还应实现由轨道向机车传递信息的要求。

5）必须满足铁路信号安全设备的“故障—安全”原则，出现故障后，分路时应有可靠的分路检查。

6）在最不利条件下，受电端的接收设备在调整状态时应可靠工作，分路状态时应可靠不工作。如送电端的发送设备兼作机车信号发码电源时，其入口电流应满足机车信号接收灵敏度的要求。

7）为保证轨道电路能安全、可靠、正常地使用，任何制式的轨道电路均应进行完整的理论分析和计算。

8)分路时,轨端绝缘破损、电路内任一元件故障,轨道电路不应失去分路检查或造成防护该轨道电路区段的信号机及机车信号机显示升级。

2. 轨道电路的分类

1)依据供电电源分类

依据供电电源,轨道电路可分为直流轨道电路和交流轨道电路。

采用直流供电的轨道电路,称为直流轨道电路,其主要用于交流电源不可靠的非电力牵引区段。采用交流供电的轨道电路,称为交流轨道电路。交流轨道电路的种类繁多,所用频带可分为:低频,300 Hz 以下;音频,300～3 000 Hz;高频,10～40 kHz。一般所说的交流轨道电路指的是工频 50 Hz 的轨道电路;25 Hz 的交流轨道电路需注明电源频率,以示区别。

2)依据工作方式分类

依据工作方式,轨道电路可分为开路式轨道电路和闭路式轨道电路。

开路式轨道电路平时呈开路状态,其发送设备和接收设备安装在轨道电路的同一端。轨道电路无车占用时,不构成回路,其轨道继电器落下;有车占用时,轨道电路通过车辆轮对构成回路,轨道继电器吸起。由于轨道继电器经常落下,不能监督轨道电路的完整,遇有断轨或引接线、接续线折断等故障,不能立即发现。若此时有车占用,轨道继电器也不能吸起,极不安全,故很少使用。

闭路式轨道电路的发送设备(电源)和接收设备(轨道继电器)分别装设在轨道电路的两端,平时构成闭合回路。当轨道电路上没有车占用时,轨道继电器吸起;有车占用时,因车辆分路,轨道继电器落下。当发生断轨、断线等故障时,轨道继电器落下,能实现故障—安全,故几乎所有轨道电路都采用闭路式。

3)依据所传送的电流特性分类

依据所传送的电流特性,轨道电路可分为连续式轨道电路和移频式轨道电路。

连续式轨道电路中传送连续的交流或直流电流,其唯一功能是监督轨道的占用与否,无法传送更多信息。

移频式轨道电路在钢轨中传送的是移频电流,在发送端用低频(几赫兹至几十赫兹)作为行车信息去调制载频(数百赫兹至数千赫兹),使移频频率随低频作周期性变化。在接收端将低频解调出来,去动作轨道继电器。移频式轨道电路可传送多种信息的信号。

4)依据分割方式分类

依据分割方式,轨道电路可分为有绝缘轨道电路和无绝缘轨道电路。

有绝缘轨道电路是指用钢轨绝缘将轨道电路与相邻的轨道电路互相隔离,大部分轨道电路是有绝缘的。一般的轨道电路即指有绝缘轨道电路。

由于钢轨绝缘在车辆运行的冲击力、剪切力作用下很容易破损，从而使轨道电路的故障率较高且绝缘节的安装有时需锯轨，会降低线路的轨道强度及增加线路维护的复杂性。

电气化铁路的牵引回流不希望有绝缘节。为使牵引回流能绕过绝缘节，必须安装扼流变压器。因此无缝线路和电气化铁路常采用无绝缘轨道电路。

所谓的无绝缘轨道电路，是指在其分界处不设钢轨绝缘，通常采取电气绝缘，又称电气隔离式。

电气隔离式亦称谐振式，其是指利用谐振槽路，采用不同的信号频率，通过谐振回路对不同频率呈现不同阻抗，来实现相邻轨道电路间的电气隔离。

5)依据使用处所分类

依据使用处所，轨道电路可分为区间轨道电路和站内轨道电路。

区间轨道电路主要用于自动闭塞区段，其不仅要监督各闭塞分区是否空闲，还要传输有关行车信息。一般而言，区间要求轨道电路传输距离较长，要满足闭塞分区长度的要求，轨道电路的构成也比较复杂。

站内轨道电路，用于站内各区段。一般只有监督本区段是否空闲的功能，不能发送其他信息。为了使机车信号在站内能连续显示，要对站内轨道电路实现电码化，即在列车占用本区段或前一区段时用预叠加或叠加方式转为能发码的轨道电路。站内轨道电路除了股道外，一般传输距离不长。

6)依据轨道电路内有无道岔分类

依据轨道电路内有无道岔，轨道电路可分为无岔区段轨道电路和道岔区段轨道电路。

无岔区段轨道电路内钢轨线路无分支，构成较简单。一般用于股道、尽头调车信号机前方接近区段、进站信号机内方、两差置调车信号机之间。

在道岔区段，钢轨线路有分支，道岔区段的轨道电路称为分支轨道电路或分歧轨道电路。在道岔区段，道岔处钢轨和杆件要增加绝缘，还要增加道岔连接线和跳线。当分支超过一定长度时，还必须设多个受电端。

7)依据适用区段分类

依据适用区段，轨道电路可分为非电气化区段轨道电路和电气化区段轨道电路。

非电气化区段轨道电路，没有抗电气化干扰的特殊要求。一般的轨道电路指非电气化区段轨道电路，无须说明。

电气化区段轨道电路，既要抗电气化干扰，又要保证牵引回流的畅通无阻。因钢轨中已流有 50 Hz 的牵引电流，轨道电路就不能采用 50 Hz 电源，而必须采用 50 Hz 以外的频率。对于有绝缘的轨道电路，必须安装扼流变压器，使牵引回流能顺利越过绝缘节。我国电气化铁路目前站内多采用 25 Hz 相敏轨道电路，区间多采用无绝缘移频轨道电路。

8)依据轨道电路利用钢轨作为通道的方式分类

依据轨道电路利用钢轨作为通道的方式，轨道电路可分为双轨条轨道电路和单轨条轨道电路。双轨条轨道电路利用同一线路的两根钢轨作为传输通道，一般的轨道电路均为双轨条轨道电路，无须说明。

单轨条轨道电路是利用一条钢轨作为传输通道，另一通道由电缆构成。

3. 轨道电路的基本工作状态

轨道电路有三种工作状态，为调整状态、分路状态和断路(轨)状态，这三种状态各自有不同的工作条件和最不利工作条件。最不利工作条件包括调整状态下的钢轨阻抗最大、道砟电阻最小、电源电压最小；分路状态下的钢轨阻抗最小、道砟电阻最大、电源电压最大；断路状态下的钢轨阻抗最小、电源电压最大、临界断轨点和临界道砟电阻最大等，但无论哪一种状态，主要因素为三个变量，即轨道电路的道砟电阻、钢轨阻抗和电源电压。

4. 轨道电路的分路灵敏度

列车分路电阻：列车占用轨道电路时，列车轮对跨接在轨道电路的两根钢轨上构成轨道分路，这个分路的轮轴电阻就是列车分路电阻，它是由车轮和轮轴本身的电阻和轮缘与钢轨头部表面的接触电阻组成，由于轮缘与钢轨头部表面的接触电阻很小，因此车轮和车轴形成的电阻比接触电阻小很多，可以忽略不计。实际上列车分路电阻就是轮缘与钢轨头部的接触电阻，它是纯电阻。

列车分路电阻与钢轨上分路的车轴数、车辆的载重情况、列车的行驶速度、轮缘装配质量、钢轨表面的洁净程度、是否生锈、有无撒沙及其他油质化学绝缘层等因素均有关系，它的变化范围很大，可以从千分之几欧姆变化到 0.06 Ω，对于轻型车辆或轨道车还要更大。

1)分路灵敏度：当轨道电路被列车车轮或其他导体分路，恰好使轨道电路继电器线圈电流减少到落下值时的列车分路电阻值(或导体的电阻值)就是该轨道电路的分路灵敏度。

2)极限分路灵敏度：在轨道电路上各点的分路灵敏度不同，对于某一具体轨道电路来说，它的分路灵敏度应该以最小的分路灵敏度为准，称为极限分路灵敏度。

3)标准分路灵敏度：我国现行规定标准分路灵敏度为 0.06 Ω，和国际上规定的分路灵敏度是一致的。任何轨道电路在分路状态最不利的条件下，用 0.06 Ω 电阻进行分路时，轨道继电器应释放衔铁(连续式轨道电路)或不吸起(脉冲式)。否则不能保证分路状态的可靠工作。

5. 轨道电路参数

1)道砟电阻

轨道电路在电能传输中，电流由一根钢轨经过枕木、道砟以及大地漏泄到另一根钢轨上的漏泄电阻，称为道砟电阻，目前城市轨道交通基本采用整体道床，但是跟碎石道床一样也同样有道砟电阻的存在。如图 2.45 所示。

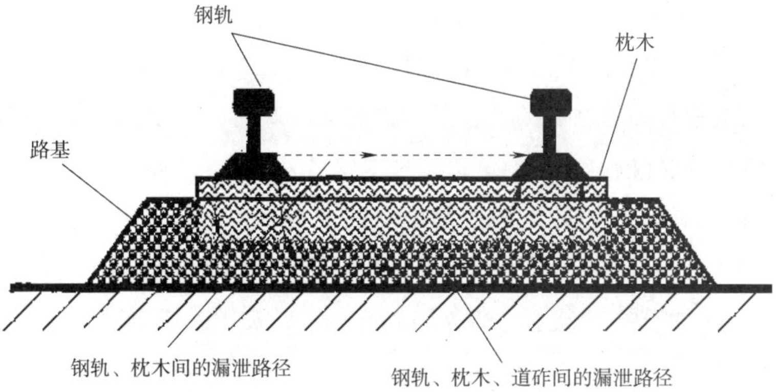

图 2.45　道砟电阻(轨道电路漏泄电流)

道砟电阻与道砟材料、道砟层的厚度、清洁度、枕木的材质和数量、土质以及因气候影响的温度、湿度等有很大关系，尤其是在气候变化时，道砟电阻也随之变化。对某一轨道电路来说，它的道砟电阻受外界影响可以从 1～2 Ω/km 变化到 100 Ω/km，通常在夏季湿热，降雨后 8～10 min 时的道砟电阻最低，而严冬季节道砟冰冻时的道砟电阻最高。

2)钢轨阻抗

钢轨阻抗包括钢轨条本身阻抗和两节钢轨连接处的各种阻抗。

在钢轨阻抗构成的各个元素中，各连接处的接触电阻随着接触面的大小、清洁程度、接触压力等因素也会改变。它在整个接头阻抗中占主要成分，在直流和低频交流时，不易精确计算，实际上钢轨阻抗只能通过多次实际测量来确定，我国目前采用的单位钢轨阻抗标准值见表 2.10。

表 2.10　单位钢轨阻抗标准值

接续线形式	电源种类	钢轨阻抗(Ω/km)	
		区间	车站
塞钉式(接续线直径为 5 mm×2 mm)	交流(50 Hz)	1.0	1.2
	直流	0.6	0.8
焊接式(0.508 mm×7 mm×19 mm)	交流(50 Hz)	0.8	0.8
	直流	0.2	0.2
焊接长钢轨	交流(50 Hz)	0.65	0.65

2.4.3　轨道电路元器件及基础知识

1. 钢轨绝缘

1)钢轨绝缘的设置

钢轨绝缘安装在轨道电路分界处，以保证相邻轨道电路之间可靠的电气绝缘，使它们互不影响。

除钢轨绝缘外，轨道电路区段的轨距保持杆、道岔连接杆、道岔连接垫板、尖端杆、转辙机的安装装置及其他有导电性能的连接两钢轨的配件，均应装设绝缘并应保持绝缘良好。

(1)道岔区段警冲标内方的钢轨绝缘。在道岔区段，设于警冲标内方的钢轨绝缘，除双动道岔渡线上的绝缘外，其安装位置距警冲标 3.5～4 m，如图 2.46(a)所示。若不得已必须安装于警冲标内方小于 3.5 m 处，则被称为“侵限绝缘”，将该绝缘外圈画上圆圈标注，如图 2.46(b)所示。在联锁表中进行条件检查，充分考虑“侵限绝缘”的防护问题。

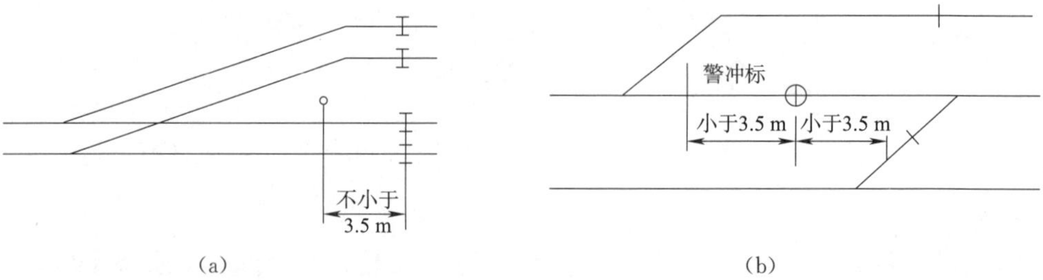

图 2.46　钢轨绝缘与警冲标

(2)两钢轨绝缘应设于同一坐标处。一对绝缘的两组坐标应尽量对齐，若对不齐，则两绝缘中间的部分有车占用时不能发现，称为死区段。死区段的长度不得大于 2.5 m，如图 2.47(a)所示。对旧结构道岔，道岔内的死区段不得大于 5 m。

(3)两相邻死区端间隔。为防止车辆跨压，轨道区段的长度、两相邻死区段的间隔及死区段与相邻区段的距离不得小于 18 m，分别如图 2.47(b)和(c)所示。当死区段小于 2.1 m 时，其与相邻死区段间的间隔或与相邻轨道电路的间隔允许15～18 m。

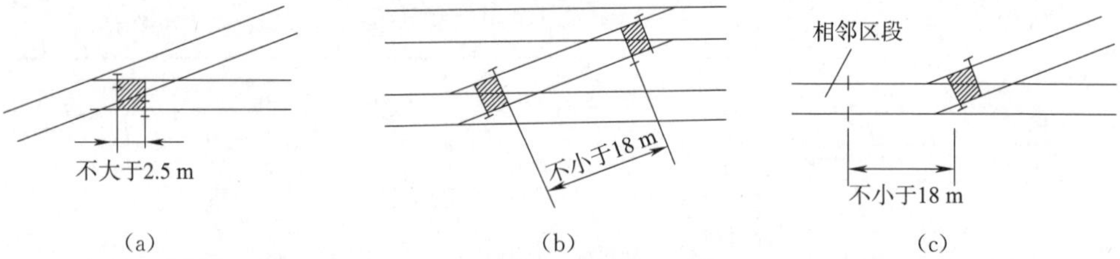

图 2.47　死区间

(4)信号机处的钢轨绝缘。设于信号机处的绝缘节原则上应与信号机并齐，当不能设于同一坐标处时，应符合下列要求：

①进站信号机、接车进路信号机、调车信号机和自动闭塞区间并置的通过信号机处，绝缘可设在信号机前方或后方 1 m 的范围内；

②出站信号机或发车进路信号机、自动闭塞区间单置的通过信号机、设于到发线的调车信号机处，绝缘可设在信号机前方 1 m 或后方 6.5 m 的范围内；

③调车信号机处，钢轨绝缘可设在信号机前方或后方各 1 m 的范围内，当该信号机设在到发线时，同出站信号机要求。

(5)半自动闭塞区段的预告信号机处。半自动闭塞区段的电气集中车站，预告信号机处的钢轨绝缘宜安装在预告信号机前方 100 m 处，以保证在预告信号机的死角区内提前构成接近锁闭。

(6)异型钢轨接头

异型钢轨接头不能设置绝缘节。

(7)在平交道口处的钢轨绝缘

在平交道口处的钢轨绝缘应安装在公路路面两侧外不小于 2 m 处。

(8)桥梁(隧道)护轮轨上

桥梁(隧道)护轮轨上应安装钢轨绝缘。

(9)在轨道电路内的轨距杆、道岔连接杆、道岔连接垫板、尖端杆、各种转辙设备的安装装置和其他具有导电性能的连接钢轨的配件均应装设轨道绝缘。

2)对钢轨绝缘的要求

钢轨绝缘受机车车辆的频繁冲压，使用环境恶劣，是轨道电路的薄弱环节，因此要求：

(1)钢轨绝缘的结构，应能保证在钢轨爬行的情况下，以及在列车运行中产生的压力、冲击力和气温变化时产生的膨胀力的作用下，不致被损坏；

(2)钢轨绝缘应采用机械强度高的、具有可靠电气绝缘性能的绝缘材料，以保证绝缘性能和使用寿命；

(3)制作钢轨绝缘的材料主要有钢纸板、玻璃布板、尼龙塑料板等。

3)钢轨绝缘的形式

钢轨绝缘由轨端绝缘、槽形绝缘、绝缘管、绝缘垫圈等组成。槽形绝缘按分段形式，可分为一段(整体)、二段、三段三种，按轨型分为 P-43 kg、P-50 kg、P-60 kg、P-75 kg。

2. 轨道电路连接线

轨道电路连接线包括引接线、钢轨接续线及道岔跳线(连接道岔岔心等处的导线)。

1)钢轨引接线

钢轨引接线，简称引接线，其是用来连接轨道电路送、受电端变压器箱或电缆盒与钢轨的导线。

YG 型钢轨引接线一般用涂有防腐油的多股钢丝绳(低碳素钢镀锌绞线)制成。它的一端焊在塞钉上，固定在钢轨上的塞钉孔内；另一端焊在螺柱上，固定在变压器箱或电缆盒上。其长度分为 1 200 mm、1 600 mm、2 700 mm、3 600 mm 四种，最大电阻值分别为 0.016 Ω、0.021 Ω、0.035 Ω 及 0.045 Ω。

引接线电阻的大小影响着轨道电路的工作。引接线电阻过大,会使得轨道电路工作不稳定;过小,则会降低轨道电路的分路灵敏度。

引接线的长度要满足连接设备之间的直线距离并留有适当余量,为保证引接线的可靠,多采用双引接线。

2)钢轨接续线

钢轨接续线用来完成电路接缝处的连接,以减小接触电阻,分为塞钉式和焊接式两种。

(1)塞钉式钢轨接续线

JS型塞钉式钢轨接续线由两根直径5 mm的镀锌钢线与两端的圆锥形塞钉焊接而成,铁线两端绕成螺旋形。钢轨接续线一般装在钢轨外侧,并与接头夹板密贴,高度不得超过轨头底部。

安装时,塞钉孔内不得有锈;安装后,塞钉与塞钉孔缘应涂漆封闭。为减小塞钉与钢轨之间的接触电阻,塞钉打入塞钉孔应保持最大的接触面,以打紧后露出钢轨2~3 mm为宜。

(2)焊接式钢轨接续线

焊接式钢轨接续线采用多股镀锌钢绞线,截面积不小于25 mm^2,长200 mm,接头间的距离为110 mm;用铝热剂法或电弧焊钎焊、冷挤压焊接、爆压速焊技术等,将其焊在钢轨两端。两焊头中间距离应在70~150 mm范围内,焊头应低于钢轨面11 mm。

3. 轨道电路的极性交叉

按铁路信号故障—安全的原则,当钢轨绝缘破损时轨道继电器的衔铁应转为释放状态,从而使信号机关闭和道岔锁闭,轨道电路极性交叉即为达到此目的而设置。

1)极性交叉

对于有钢轨绝缘的轨道电路,为了实现对钢轨绝缘破损的防护,要求绝缘节两侧的轨面电压具有不同的极性(直流)或相反的相位(交流),即轨道电路的“极性交叉”,轨道电路的极性交叉如图2.48所示。图中,粗线表示接电源正极,细线表示接电源负极。

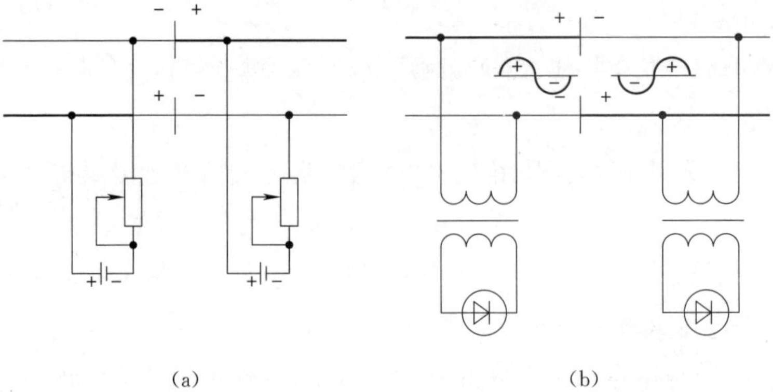

图2.48　轨道电路的极性交叉

2)极性交叉的作用

极性交叉可防止在相邻轨道电路间的绝缘节破损时引起轨道继电器的错误动作。假设 1G 和 3G 是两个相邻的轨道电路，它们没有实现极性交叉。当 1G 有车占用而绝缘破损的情况，流经轨道继电器 1GJ 的电流等于两个轨道电源所供的电流之和，1GJ 有可能保持吸起，不能保证行车安全。

若按极性交叉来配置，绝缘破损时，轨道继电器中的电流就是两者之差。在调整得当时，会落下，1GJ 和 3GJ 都会落下，从而实现了故障—安全原则。对于交流供电来说，只要两相邻轨道电路的电流相位相反，它们的瞬间极性也相反，就得到极性交叉的效果。

对于频率电码轨道电路而言，因相邻区段的编码不同，无法实现极性交叉，必须采用频率防护的方法。即在相邻轨道电路发送不同周期的电码信息，用不同的频率加以区分。

3)极性交叉的检查方法

以交流轨道电路为例，检查轨道电路是否实现极性交叉的方法如图 2.49 所示。

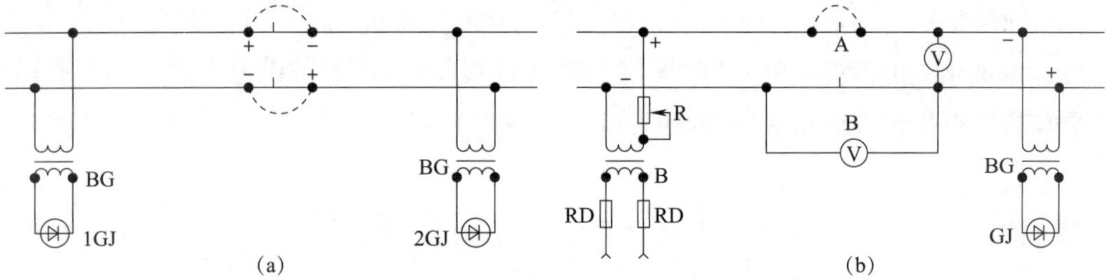

图 2.49　极性交叉的检查方法

(1)两个受电端邻接时，可利用两根短路线进行检查，如图 2.49(a)所示。

将两根短路线跨接在两组绝缘上，此时轨道继电器衔铁落下，即实现极性交叉；反之，则极性没有做到交叉(两轨面电压差值不能太大)。

(2)送电端和受电端邻接时，则可利用短路线和交流电压表进行检查，如图 2.49(b)所示。

首先用电压表测出受电端钢轨面电压 U_1，然后将短路线跨接在一组钢轨绝缘上，用电压表测得另一组钢轨绝缘两端的电压 U_2，如果电压值 $U_1 < U_2$，则实现极性交叉；反之，则极性没有交叉(此时同样应注意两轨面电压的差值，差值大亦有可能误判)。当两个送电端邻接时亦可利用此法进行。

(3)在轨端绝缘处交叉测量得到两个电压，若这两个电压低于轨面电压，则说明极性交叉正常。

4. 道岔区段轨道电路

与无岔区段轨道电路不同的是，道岔区段轨道电路的钢轨线路被分开产生分支，为此需要增加道岔绝缘和道岔跳线，还存在着一送多受的问题。

1)道岔区段轨道电路的相关要求

(1)轨道电路的道岔跳线应采用双跳线。

(2)与到发线衔接的道岔轨道电路的分支末端,应设接收端。

(3)所有列车进路上的道岔区段,其分支长度超过 65 m 时,在分支末端应设接收端。

(4)个别分支长度小于 65 m、分路不良、危及行车安全的分支线末端,应增设接收端。

(5)一送多受轨道电路,同一道岔区段最多不应超过 3 个接收端,单动道岔不超过 3 组,复式交分道岔不超过 2 组。

2)道岔绝缘和道岔跳线

(1)道岔绝缘

道岔区段除各种杆件、转辙机安装装置等要加装绝缘外,还要加装切割绝缘,称为道岔绝缘,以防止辙叉将轨道电路短路。道岔绝缘视需要,可设在道岔直股钢轨上,也可设在道岔侧股钢轨上。

(2)道岔跳线

为了保证信号电流的畅通,道岔区段除轨端接续线外,还需装设道岔跳线。道岔跳线由塞钉和镀锌低碳钢绞线组成,两端焊在圆锥形塞钉上。

(3)道岔绝缘和道岔跳线的配置

单开道岔、交叉渡线及复式交分道岔的绝缘及跳线配置。

3)道岔区段轨道电路的连接方式

依据轨道电路的连接方式,道岔区段轨道电路分为串联式和并联式两种。

串联式道岔区段轨道电路,此种轨道电路的电流要流经整个区段的所有钢轨,可以检查所有跳线和钢轨的完整,比较安全。但由于增加了一组道岔绝缘且在直股和弯股两根钢轨间加装两根用电缆或长跳线构成的连接线,结构复杂且给施工和维修带来不便,故在我国未被广泛采用。

在直股或弯股有车占用时,轨道继电器因分路均能落下。但在分支线路上只有电压检查没有电流检查,当跳线、连接线折断,列车进入弯股时,因弯股未设受电设备,轨道继电器不会落下。为此,通过采用双跳线来防护,即增加第二跳线,以减少跳线折断的概率。

另外,当弯股钢轨折断或弯股钢轨表面不洁或分支线路过长,列车占用时,轨道继电器也不落下,不符合故障—安全原则的要求。为使各分支线路都得到检查,需采用一送多受轨道电路。

4)一送多受轨道电路

一送多受轨道电路设有一个送电端,在每个分支轨道电路的另一端各设一个受电端。

各分支受电端轨道继电器的前接点,串联在主轨道继电器电路中。当任一分支分路时，分支轨道继电器落下，主轨道继电器也落下，将主轨道继电器接点用在联锁电路中。

采用一送多受轨道电路时，应注意以下各点要求：

(1)与到发线(包括场间列车走行线、外包线)相衔接(无其他道岔区段隔开)的道岔轨道电路的分支末端，应设受电端；

(2)所有列车进路上的道岔区段，其分支长度超过 65 m 时(自并联起点道岔的岔心算起)，在该分支末端应设受电端；

(3)个别分支长度小于 65 m 的分支线末端，当分路不良而危及行车安全时，亦应增设受电端；

(4)一送多受轨道电路最多不应超过 3 个受电端，一送四受轨道电路，因维修调整困难，不再使用，遇有此种情况应分成两个轨道电路；

(5)一送多受轨道电路任一地点有车占用时，必须保证有一个受电端被分路。

5. 电气化区段对轨道电路的特殊要求

使用电力机车牵引列车的区段，叫电气化区段。驱动机车牵引电机的电流简称牵引电流。我国铁路电气化区段均采用工频 50 Hz 交流供电，两根钢轨既是牵引电流的回流通道，又是轨道电路信号电流的传输通道。轨道电路既要保证牵引回流的畅通，又要保证在受到钢轨中不平衡牵引电流回流、瞬间脉冲电流及谐波电流的干扰时能可靠工作。

1)必须采用非工频道轨道电路

轨道电路应能防护牵引电流的干扰，与 50 Hz 的牵引电流区分。非工频轨道电路主要有移频轨道电路、25 Hz 相敏轨道电路等制式。

2)必须采用双轨条式轨道电路

双轨条轨道电路采用扼流变压器沟通牵引电流成双轨条回流，轨道电路处于平衡状态，便于实现站内电码化。

3)交叉渡线(含复式交分道岔)上两根直股都通过牵引电流时，加设钢轨绝缘

为了确保交叉渡线上轨道电路和机车信号设备能正常工作，当交叉渡线上两根轨道都通过牵引电流时，该交叉渡线上应增加绝缘节，将上下两个道岔区段完全隔开。由于交叉渡线道岔型号及铺设处所线路间距的不同，在辙叉处增设绝缘节的方式也不尽相同。

4)道岔跳线、钢轨引接线和接续线截面加大，引接线等阻

为了减小钢轨阻抗，牵引电流连接线及道岔跳线是截面面积不小于 42 mm^2 的多股镀锌铁绞线，牵引电流连接线两端焊接牢固，以减小钢轨阻抗。穿越钢轨时，应进行防护，距轨底不少于 30 mm。

电气化区段的钢轨接续线，除应保证通过一定电流外，还要尽量减小钢轨接头的接触电阻，钢轨接续线应采用双焊接式接续线(其截面面积应符合设计规定)或一塞一焊式接续

线，要求采用铜焊接线或冷挤压式焊接线。为了减小两根钢轨引接线因长度不同、阻抗不等对轨道电路不平衡度的影响，钢轨引接线宜采用等阻连接线。

5）相关地线连接规定

高柱信号机的安全地线、接触网的杆塔地线、桥梁等建筑物地线不得直接与设有轨道电路的钢轨相连接，也不应接至扼流变压器中心点。严禁经火花间隙与设有轨道电路的钢轨连接。

2.4.4 工频交流连续式轨道电路

工频交流连续式轨道电路采用 50 Hz 交流电源，轨道继电器采用 JZXC-480 型继电器，故又称为 480 型轨道电路。

1. 工频交流连续式轨道电路组成

工频交流连续式轨道电路由送电端设备、受电端设备、钢轨绝缘、钢轨引接线、钢轨接续线及钢轨组成。

送电端设备包括 BG1-50 型轨道变压器、R-2.2/220 型变阻器，安装在变压器箱内，电源由室内送至送电端。

受电端设备包括 BZ4 型中继变压器及 JZXC-480 型轨道继电器。其中，中继变压器设在变压器箱或电缆盒中；轨道继电器设在室内组合架上。

送、受电端视相邻轨道电路的不同组合，有双送、一送一受、双受及单送、单受等不同情况，除双受、单受可采用终端电缆盒外，其他情况必须采用变压器箱。

变压器箱或电缆盒用钢轨引接线接向钢轨。钢轨接续线用来连接相邻钢轨，以减小钢轨接头处的接触电阻。钢轨绝缘设于轨道电路分界处，用于隔离相邻的轨道电路。

2. 工频交流连续式轨道电路工作原理

当轨道电路完整且无车占用时，交流电源由送电端经钢轨传输至受电端，轨道继电器吸起，表示本轨道电路空闲。此时轨道继电器的交流端电压应在 10.5～16 V 之间，即高于轨道继电器工作值（9.2 V）15%，此安全系数用以保证轨道继电器可靠励磁。

当车占用轨道电路时，轨道电路被车辆轮对分路，使轨道继电器端电压低于其工作值，轨道继电器落下，表示本轨道电路被占用。分路时，轨道继电器的交流残压值不得大于 2.7 V，即轨道继电器释放值（4.6 V）60%，以低于释放值 40%的安全系数保证轨道继电器可靠释放。

3. 工频交流连续式轨道电路主要部件

1）轨道变压器

BG 型轨道变压器主要用于轨道电路供电，其Ⅰ次侧额定电压为 220 V，Ⅱ次侧依据连接的端子不同，可获得不同的输出电压。BG型轨道变压器的电气特性见表2.11。

表2.11　BG型轨道变压器的电气特性

类型	额定容量(V·A)	额定电压(V)		额定电流(A)		空载电流(A)	安装尺寸(mm)	质量(kg)
		Ⅰ次	Ⅱ次	Ⅰ次	Ⅱ次			
BG1	300	220	0.4～17.6	1.86	18	0.28	4孔 ϕ7 194×104	8.5
BG2	300	220	5.5～247.5	1.86	1.21	0.28	4孔 ϕ7 194×104	8.5
BG1-50	50	220	0.45～10.8	0.25	4.5	≤0.015	4孔 ϕ6.5 134×65	3.35

BG1-50型轨道变压器Ⅱ次线圈电压见表2.12。

表2.12　BG1-50型轨道变压器Ⅱ次线圈电压

电压(V)	使用端子	连接端子	电压(V)	使用端子	连接端子
10.80	1-6	3-4	5.40	1-4	2-5
10.53	1-5	3-4	4.95	1-4	2-6
9.90	1-6	3-4	4.50	2-6	3-4
9.45	1-3	—	4.05	2-5	3-4
9.00	1-5	3-6	3.60	2-6	3-5
8.55	1-4	3-5	3.15	2-3	—
8.10	1-4	3-6	2.70	2-5	3-6
7.65	1-6	2-4	2.25	2-4	3-5
7.20	1-5	2-4	1.80	2-4	3-6
6.75	1-6	2-5	1.35	4-6	—
6.30	1-2	—	0.90	4-5	—
8.85	1-5	2-6	0.45	5-6	—

2)中继变压器

中继变压器用于轨道电路受电端。其电气特性见表2.13。BZ4型中继变压器与JZXC-480型轨道继电器配合使用，使钢轨阻抗与轨道变压器阻抗相匹配。

表2.13　BZ4型中继变压器的电气特性

型号	额定容量(V·A)	额定电压(V)		Ⅰ次额定电流(A)	Ⅰ次空载电流(A)	备注
		Ⅰ次	Ⅱ次不小于			
BZ4	1	0.5	9	2.5	0.2～0.3	50 Hz
BZ4-A	2	0.5	9.4～11	3.5	0.25～0.27	50 Hz
	20	≥8	220	—	—	650 Hz

3)变阻器

变阻器是指可在不断开电路的情况下分级地或均匀地改变阻值的电阻器。

R-2.2/220 型变阻器阻值 2.2 Ω,功率 220 W,容许电流 10 A,容许温升 105 ℃。

变阻器作用:防止列车占用轨道时,过大的分路电流将 BG 变压器烧毁;提高轨道电路的分路灵敏度。当列车分路时,列车分路电阻与变阻器是串联关系且分路电阻远小于限流电阻,BZ4 型Ⅰ次侧得到电压很小,轨道继电器可靠落下。

4. 一送多受工频交流连续式轨道电路

在一送两受轨道电路中,分支轨道电路有车占用或跳线折断时,当 DGL 落下,DGJ 也落下,即可监督轨道电路的状态。

在一送三受轨道电路中,DGL 或 DGL 落下时,都会使 DGJ 落下,可实现对整个轨道电路空闲与否的检查。

在受电端均串接可调电阻器,是为了提高轨道电路的分路灵敏度,以及使同一轨道电路内各轨道继电器的电压基本平衡。

2.5 计轴设备

2.5.1 计轴设备概述

每个区间(两个站之间)划分为若干个闭塞区段,在每个闭塞区段的始端和终端都安装计轴设备,目的是检测每个区段的占用情况,其功能与轨道电路相似。计轴设备仅能检测该区段是否被车占用,不能够给出列车具体位置。计轴设备与联锁设备相连接,为进路编排提供基础信息。一般情况下,计轴设备将成为移动闭塞的后备模式下的主要设备。

计轴系统是基于计算机技术、通信技术和传感器技术基础上开发的新型计轴系统,是一种位于轨道旁的设备,对通过它所在位置的列车轮轴进行计数。计轴是一种设计用来替代轨道电路的列车占用检测设备。

2.5.2 计轴设备基本工作原理

1. 计轴系统的工作原理

计轴系统的工作原理是基于对所监视的轨道区段两端计轴点驶入和驶出轮轴数的比较结果,以此确定该区段的占用或空闲状态。计轴系统完成了列车驶入/驶出的车轮轮轴数的计数比较、方向判别、轨道区段状态(空闲、占用)条件的输出。

TAZ Ⅱ/S295＋JC 型计轴设备主要由车轮传感器、放大板、复零板、计轴板、输出板、电源板、监视板及其他附件组成主系统，主系统基本原理结构如图 2.50 所示。计轴系统自带可选独立的计轴监测子系统，计轴监测子系统独立工作于主系统，监测子系统故障不影响主系统的正常工作，而且计轴监测子系统提供有外部监测系统的接口（如 RJ-45、RS-422）。

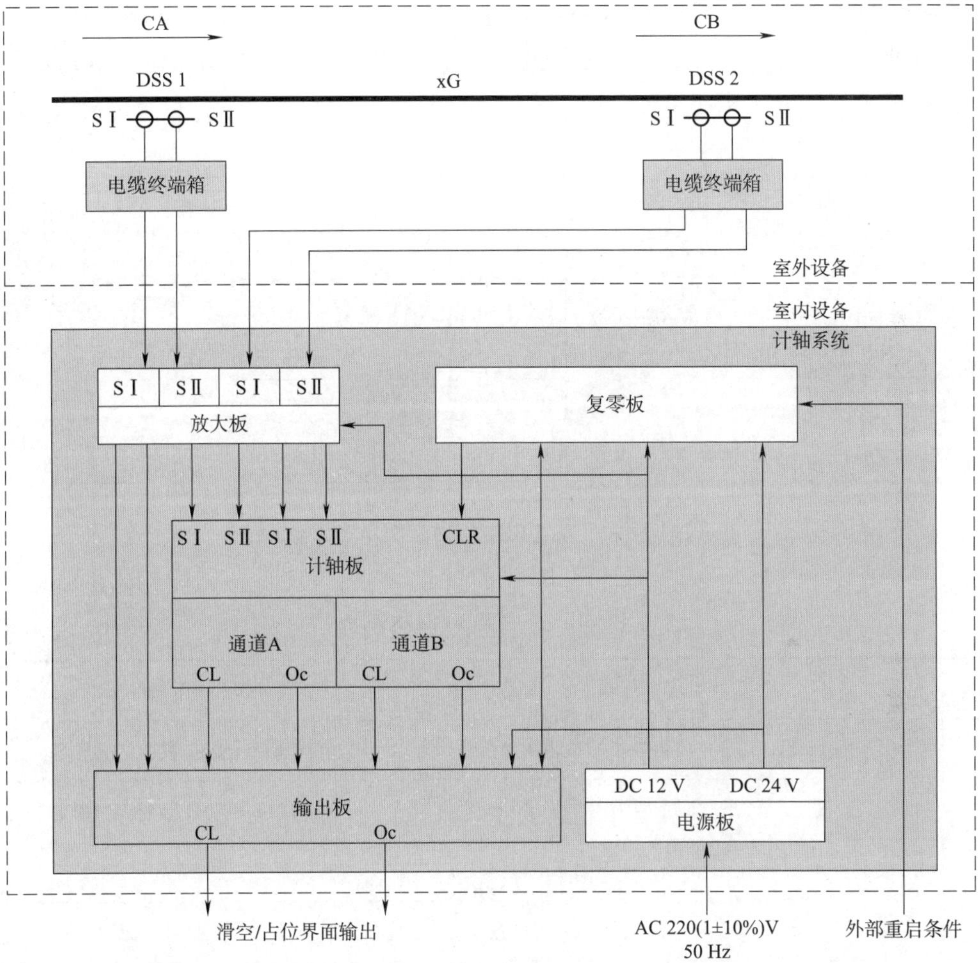

图 2.50　TAZ Ⅱ/S295＋JC 型计轴设备结构

列车完整通过计轴系统监视的轨道区段：首先从一端的车轮传感器（如计轴设备结构中 DSS1）驶入，然后从该区段另一端的车轮传感器（如计轴设备结构中 DSS2）驶出。在这个过程中计轴设备完成了一个计轴过程及轨道状态输出，轨道区段从“空闲”到“占用”状态，又从“占用”到“空闲”状态。在这一过程中轨道空闲和占用检查电路完成以下工作：

1)当车轮接近车轮传感器感应区域,当SⅠ与SⅡ中的任一个被占用时,S1或S2吸起,CL落下;

2)车轮前进跨越车轮传感器,同时占用SⅠ、SⅡ时,CLH得电吸起,并在CL落下期间自保吸起状态;

3)车轮前进完全越过车轮传感器,计数器计入一轴,区段轴数为1,计数器切断继电器CL励磁电路的工作电源,同时Oc1和Oc2得电吸起,Oc3落下;

4)在随后的车轮计入和计出过程中,除了计数器不断计数以外,其他继电器均不动作。

计轴区段轨道状态检查电路如图2.51所示,计轴灯位示意见表2.14。

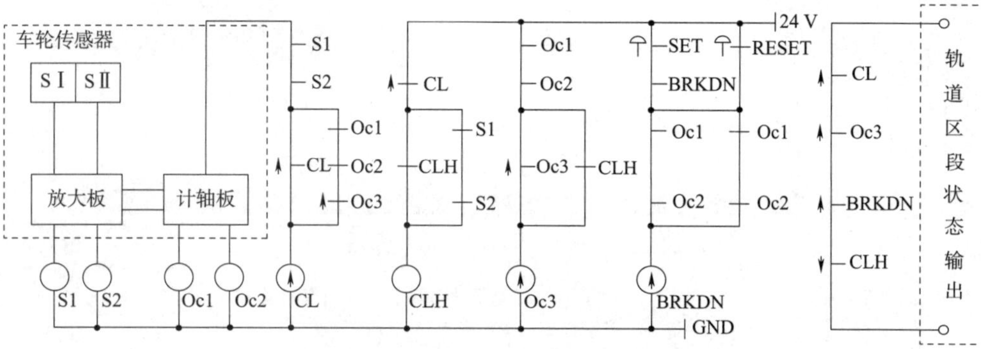

图2.51　计轴区段轨道状态检查电路

表2.14　计轴灯位示意表

序号	名称	定　义	吸起、落下条件
1	S1	区段入口/出口传感器SI首次占用继电器	SI有首脉冲吸起,其他情况落下
2	S2	区段入口/出口传感器SⅡ首次占用继电器	SⅡ有首脉冲吸起,其他情况落下
3	Oc1	计轴板运算单元1轴数表示继电器	运算单元1有轴吸起,无轴落下
4	Oc2	计轴板运算单元2轴数表示继电器	运算单元2有轴吸起,无轴落下
5	Oc3	无轴表示继电器	无轴时吸起,有轴时落下
6	CL	计轴设备区段空闲继电器	区段空闲吸起,区段占用落下
7	CLH	CL辅助继电器	车轮传感器SⅠ且SⅡ占用时吸起,区段空闲时落下
8	BRKDN	Oc1、Oc2动作一致性检查继电器	计轴板2个运算单元计数不一致时落下

2.车轮传感器基本原理

室外车轮传感器用于检测列车车轮轮缘,型号2N59-1R-400RE-40。

车轮传感器内的两个传感系统阻尼随着车轮轮缘作用而变化。传感系统阻尼的变化传输到室内放大板模块。

两个传感系统产生的阻尼轴脉冲只有叠加在一起，才认为是有效的计轴脉冲，否则认为是干扰信号，因此可以用于轴数统计和方向判别。

车轮传感器两个系统长期与钢轨轨腰固定连接，当传感器与轨腰衰减板连接空隙距离大于 2 mm 时，放大板检测到传感器阻尼状态变化引起的故障（松动），在故障没有消除前系统一直输出占用状态。

2.5.3　计轴设备组成

1. 电源板：TAZ Ⅱ/S295＋JC 型计轴设备主系统配有 2 种型号的电源板，为 SV25/1414 型和 SV26/1414 型。输入电压均为单相交流稳压电源 AC 220(1±10%)V，允许范围 AC 170 V～265 V。SV25/1414 为设备提供 DC 24 V 工作电源，SV26/1414 为设备提供 DC 12 V 工作电源。监测子系统采用独立供电，电源板为 NT6 型，输入电压也是 AC 220 V，输出 DC 12 V 和 DC 5 V 供监测子系统各模块工作使用。

2. 放大板：型号 4AB10/1105/9。一块放大板匹配 2 个室外车轮传感器，设计上 1 块放大板由两部分（DSS1、DSS2）独立的功能相同的缓冲放大器电路构成，每一部分电路独立处理所连接的车轮传感器轴脉冲信号，电路设计采用"故障—安全"原则。

放大板完成以下功能：

1)将车轮传感器感应到的模拟车轮轴脉冲信号放大、整形、滤波转换为数字信号，并输出给计轴板、输出板；

2)车轮传感器需要的恒流工作电压 DC 10 V/5.1 mA；

3)当列车车轮轮缘作用在车轮传感器感应区域内时，车轮传感器阻尼变化引起电压变化（电压抬高），放大板检测到该电压变化，输出占用信息给输出板；

4)检测车轮传感器的连接情况（包括断线、短路）以及传感器工作状态（空闲、占用、松动），体现为线间电压的变化。

对于相邻区段共用车轮传感器的情况（计轴点的复用情况），对应的放大板也要复用，两个区段的计轴单元要同时从复用的放大板中接收车轮传感器轴脉冲信号。

放大板指示灯/按钮的含义见表 2.15。

表 2.15　放大板指示灯/按钮的含义

<table>
<tr><td rowspan="7">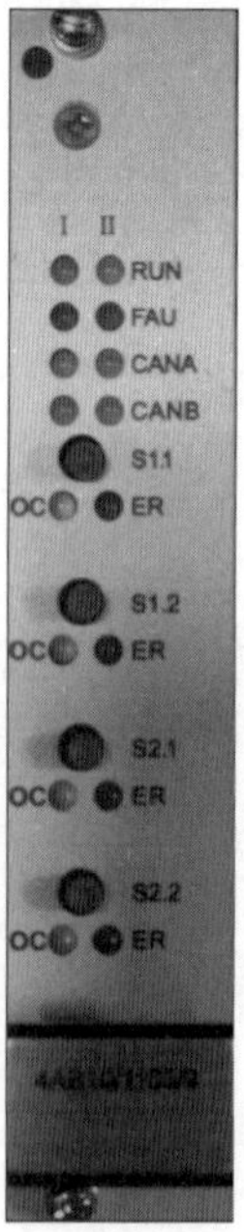
</td><td>指示灯/按钮</td><td>含　义</td><td>异常排查</td></tr>
<tr><td>RUN</td><td>正常工作时点亮</td><td rowspan="6">SⅠ(SⅡ)状态电压指标：
空闲：4.79 V ≤V≤8.31 V；
占用：8.39 V≤V≤9.96 V；
开路：9.75 V≤V≤10.25 V；
离轨：0 V≤V≤5.29 V；
短路：0 V。
测量线间电压，根据以上指标判断故障类型；
检查配线情况；
放大板是否异常；
传感器自身故障</td></tr>
<tr><td>FAU</td><td>存在故障时点亮</td></tr>
<tr><td>CANA/CANB</td><td>CAN 总线工作状态</td></tr>
<tr><td>ER</td><td>故障时点亮，可能检测到：
(1)连接电缆开路；
(2)连接电缆短路；
(3)车轮传感器安装松动</td></tr>
<tr><td>S＊.1(S＊.2)</td><td>按下模拟车轮传感器系统中 S＊.1(S＊.2)占用；
释放车轮传感器系统 S＊.1(S＊.2)恢复空闲</td></tr>
<tr><td>OC</td><td>车轮传感器系统中的SⅠ或SⅡ占用时点亮，可能检测到：
(1)连接电缆开路。
(2)连接电缆短路。
(3)以下导致SⅠ(SⅡ)占用的条件之一：
①探测到车轮；
②探测到金属阻尼物(如传感器测试板)；
③按下 SIM. I(Ⅱ)模拟按钮；
④车轮传感器安装松动</td></tr>
</table>

在计轴机柜上进行模拟行车时，使用放大板SⅠ.1和SⅠ.2。默认模拟行车时，根据信号平面图，由联锁分界点开始，默认从左往右，先SⅠ.1后SⅠ.2。

3. 计轴板主要功能：处理放大板送来的轴脉冲信号并统计区段内车轮轴数；判别列车运行方向；给输出板输出空闲、占用信息；采用双通道(Ⅰ/Ⅱ)二取二系统功能。计轴板指示灯/按钮含义见表 2.16。

表 2.16 计轴板指示灯/按钮的含义

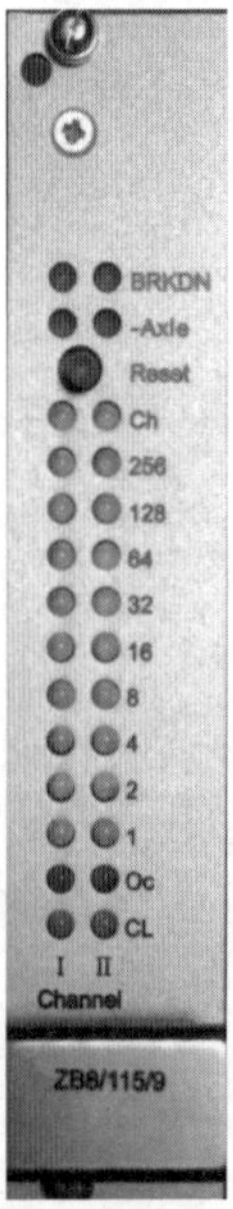

指示灯/按钮	含　义
BRKDN (指示灯)	红色 LED 亮的原因: (1)初始启动,上电; (2)工作电压降低。 ⇨ 该信息被存储下来,只能通过 RESET 按钮取消
-Axle (指示灯)	红色 LED 灯亮: (1)负轴(计出大于计入轴数)发生; (2)该信息被存储下来,只能通过 RESET 按钮取消
RESET (按钮)	按下 RESET 按钮可以: (1)将负轴信息消除; (2)轴数清为零; (3)故障恢复后 BRKDN 指示消除
Ch (指示灯)	(1)计入第一轴时点亮,计入第二轴熄灭,计入第三轴开始及计出过程中车轮作用时点亮; (2)负轴告警/脉冲时序错误/轴数溢出/车轮传感器松动时点亮
1～256 (指示灯)	(1)采用二进制(1-256)显示计轴轴数,亮灯数字叠加即为所记轴数,计入为加计数,计出为减计数; (2)当产生负轴时(1-256)黄灯一直闪亮,在随后的计入轴数仍然被记录。 ⇨ 按下 RESET 按钮可以将轴数清除,但系统仍然占用
Oc (指示灯)	红色 LED 灯亮,由于: (1)轴数不等于零; (2)按下 RESET 设置; (3)发生故障
CL (指示灯)	绿色 LED 灯亮,由于: (1)计轴板计数通过计出最后一轴设置为零; (2)没有任何引起占用的情况发生时
ZB8/115/9 计轴板预复位状态下:CL 指示灯交替闪亮	

4. 输出板主要功能:计轴设备与控制设备(6502 电气集中及微机联锁)的接口是由输出板来承担。由继电器单元来比较计数单元的双通道数据,并使输出置于关联安全的状态——"轨道占用"或"轨道空闲"。输出板内继电器组成"故障—安全"逻辑电路。当计轴系统出现故障时,自动输出安全侧信息——"轨道占用"状态。板上继电器接点通过的最大电流 $I_{max}=2$ A。一个计轴区段配置 1 块输出板。输出板指示灯/按钮的含义见表 2.17。

表 2.17　输出板指示灯/按钮的含义

	指示灯/按钮	含　义
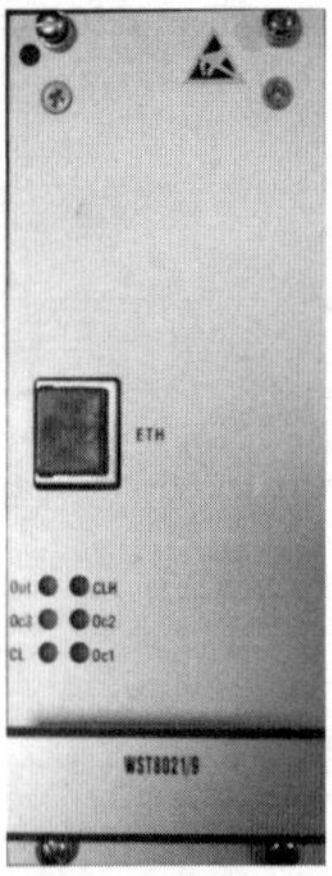	OUT (指示灯)	占用/空闲回采灯，由双 CPU 驱动： (1)空闲/两路控制输出状态一致时点亮； (2)占用/两路控制状态不一致/告警时熄灭； (3)两路控制输出状态不一致时半亮
	CLH (指示灯)	CL 辅助灯： (1)车轮传感器 SⅠ、SⅡ同时占用时点亮； (2)复零板 ACR 继电器吸起时，也使其点亮； (3)区段空闲时由 CL 吸起控制其熄灭
	Oc1/Oc2 (指示灯)	计轴板轴数表示灯： 运算单元 1 或 2 有轴点亮 Oc1 或 Oc2，无轴熄灭
	Oc3 (指示灯)	无轴表示继电器： (1)无轴(Oc1、Oc2 熄灭)时吸起，有轴(Oc1、Oc2 任一点亮)时落下； (2)指示灯闪烁为检测到继电器空闲却不吸起； (3)检测到任一继电器空闲不吸起时闪烁
	CL (指示灯)	计轴系统区段空闲继电器；区段空闲吸起，区段占用落下： (1) 区段空闲时，吸起； (2)记上 1 轴时，保持落下； (3)一路输出占用时继电器没有落下，闪烁

5. 复零板主要功能：AK19/115/9 完成系统的“预复位”功能，AK19/115 完成“直接复位”或者“条件复位”功能。一块复零板满足 2 个计轴区段的复位操作。TAZ Ⅱ/S295+JC 型计轴设备的“预复位”“直接复位”分别定义。

1)预复位：在系统无故障且车轮传感器上方车轮传感器探测范围内无金属物存在的情况下，由于系统计轴区段占用，对计轴系统进行“预复位”时，系统将计轴板轴数清零，但是计轴区段仍处于占用状态，只有在下一次计轴过程，计入与计出轴数相等时才输出空闲状态。

2)直接复位：在系统无故障且车轮传感器上方车轮传感器探测范围内无金属物存在的情况下，由于系统计轴区段占用，对计轴系统进行“直接复位”时，系统将计轴板轴数清零，并输出空闲状态。

6. 熔丝板主要功能：提供过流和过压防护；6SK/1204/9 型安装在放大机箱，4SK3/1004/9 型安装在计轴机箱。熔丝板 6SK2/1204：FUSE 1～6 采用熔丝管规格为 250 V 500 mA，给放大板提供过压过流保护。熔丝板 4SK3/1004：FUSE 1、2 采用熔丝管规格为 250 V 250 mA，给计轴板、复零板提供过压过流保护；FUSE 3、4 熔丝管规格为 250 V 500 mA，给输出板、复零板提供过压过流保护。如需要更换熔丝管，可以按压前面板的黑色保险帽，并逆时针旋转弹出熔丝管，然后取下熔丝管，更换相应规格的熔丝管。

7. 监视板主要功能：由 6 个继电器构成的单元，用来监测放大板的电源电压。当放大板工作电压过低或者没有时，继电器落下，并使放大板相关的计轴区段输出占用信息。监视板 LED/按钮的含义见表 2.18。

表 2.18　监视板 LED/按钮的含义

<table>
<tr><td rowspan="3">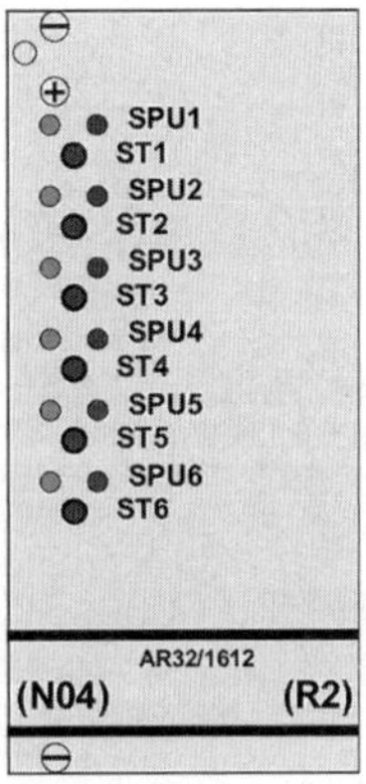
</td><td>LED/按钮</td><td>含　义</td><td>异常排查点</td></tr>
<tr><td>SPU1-6
(LED)</td><td>当 SPU 继电器闭合，绿色 LED 灯亮，放大板的电源有效</td><td rowspan="2">电源板 SV26/1414 是否工作正常；
熔丝板 6SK2/1204 相应的保险管是否熔断；
放大板输入电压是否异常；
监视板继电器是否异常</td></tr>
<tr><td>ST1-6
(按钮)</td><td>按压 ST 按钮，进行相应 SPU 继电器的故障检查。红色 LED SPU 灯显示 SPU 继电器的故障。同时，相应的计轴电路被置占用。释放 ST 按钮，SPU 继电器重新吸起。完成 SPU 继电器的故障检查后，计轴电路必须通过复位操作重新回到初始状态</td></tr>
</table>

8. CPU 板。每台计轴机柜配置 1 块 CPU 板。CPU 板处理通过 EMS 板隔离采集后来的所有信息并储存、发送到 ETH 板。每个计轴集中站计轴机柜 CPU 板地址的设置由板卡上的拨码开关设定。CPU 板指示灯含义见表 2.19。

表 2.19　CPU 板指示灯含义

指示灯	正常状态	含　义
0	闪烁	闪烁——有数据传输；熄灭——无数据传输
1	熄灭	亮——SD 卡不在位；熄灭——SD 卡在位
2	熄灭	亮——没有检测到 ETH 板；熄灭——检测到 ETH 板
3	熄灭	亮——检测到计轴设备功能故障；熄灭——计轴设备功能正常
4	闪烁	闪烁——有数据传输；熄灭——无数据传输
5	熄灭	亮——SD 卡写保护；熄灭——SD 卡未写保护
6	熄灭	亮——以太网线路故障；熄灭——以太网线路正常
7	闪烁	以 1 s 频率闪烁，CPU 板运行正常

9. EMS 板。EMS 板将采集的信息进行隔离处理后送个 CPU 板集中处理，见表 2.20。

表 2.20 EMS 板采集信息说明

序号	采集信息说明
1	板卡在位检测信息(板卡是否插入机箱)
2	传感器通道故障信息
3	区段空闲占用信息
4	轴脉冲计数信息
5	复位信息

一块信号输入板对应采集 2 块放大板信号(线路故障状态、轴脉信息、板卡在位状态),或者 2 个区段信号(区段状态、复位状态、板卡在位状态)。

当采集放大板信号时,信号输入板内 8 位拨码开关地址设置范围为“00000000～00001000”。

当采集区段信号时,信号输入板内 8 位拨码开关地址设置范围为“10000000～10001011”。

EMS 板根据采集电压信号指示灯含义分为两类。

1)EMS(12 V 信号)——车轮传感器通道信号

EMS(12 V 信号)指示灯含义见表 2.21。

表 2.21 EMS(12 V 信号)指示灯含义

指示灯	含 义
0/8	放大板在位检测:亮——放大板在位;熄灭——放大板不在位
1/9	传感器 DSS1 信号通道检测:亮——信号通道故障;熄灭——信号通道正常
2/10	传感器 DSS2 信号通道检测:亮——信号通道故障;熄灭——信号通道正常
3/11	未定义
4/12	车轮传感器 DSS1 脉冲信号 SⅠ
5/13	车轮传感器 DSS1 脉冲信号 SⅡ
6/14	车轮传感器 DSS2 脉冲信号 SⅠ
7/15	车轮传感器 DSS2 脉冲信号 SⅡ

2)EMS(24 V 信号)——计轴区段信息

EMS(24 V 信号)指示灯含义见表 2.22。

表 2.22　EMS(24 V 信号)指示灯含义

指示灯	含　义
0/8	亮——计轴区段 1/2 空闲;熄灭——计轴区段 1/2 占用
1/9	亮——检测到输出板;熄灭——没有检测到输出板
2/10	亮——计轴板通道Ⅰ空闲;熄灭——计轴板通道Ⅰ占用(Oc1 信号)
3/11	亮——计轴板通道Ⅱ空闲;熄灭——计轴板通道Ⅱ占用(Oc2 信号)
4/12	亮——计轴板通道Ⅰ与Ⅱ空闲;熄灭——计轴板通道Ⅰ与Ⅱ占用(CL 信号)
5/13	亮——复零板按钮 1 按下(ACRx. 1 复零继电器吸起);熄灭——复零板按钮 1 吸起(复零继电器落下)
6/14	亮——复零板按钮 2 按下(ACRx. 2 复零继电器吸起);熄灭——复零板按钮 2 吸起(复零继电器落下)
7/15	未定义

10. ETH 板。计轴监测系统通过 ETH 板与外部的工控机或其他监测设备进行接口。接口类型有 RJ-45、RS-232、RS-422 三种,根据项目需求选择其中的一种。

1)ETH 板内拨码开关设置

每个计轴集中站尽配置一块 ETH 板,安装在第一台计轴机柜。拨码开关设置与本集中站最后一台机柜 CPU 板的设置相同。如本集中站有 4 台计轴机柜,则对应 CPU 板地址依次为"00000000、00000001、00000010、00000011",则 ETH 板地址设置为"00000011"。

2)ETH 板面板指示灯含义(表 2.23)

表 2.23　ETH 板面板指示灯含义

指示灯	含　义
0	亮——ETH 板工作正常;熄灭——ETH 板工作异常
1	亮——ETH 板通信故障;熄灭——ETH 板通信正常

11. 计轴设备接口组成。

1)总接口如图 2.52 所示。

2)电源接口:TAZ Ⅱ计轴系统的电源接口为断路器干接点,如图 2.53 所示,外部电源接入计轴系统总开关(双位断路器)。系统设备供电采用 AC 220(1±10%)V 电源,每台机柜耗电总功能不大于 360 W。

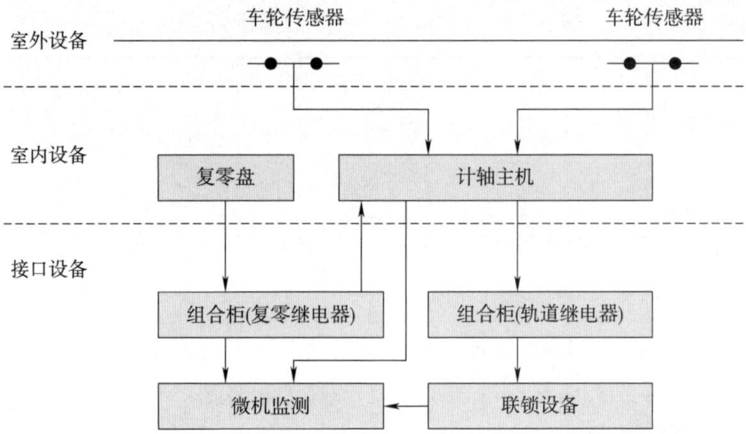

图 2.52　总接口

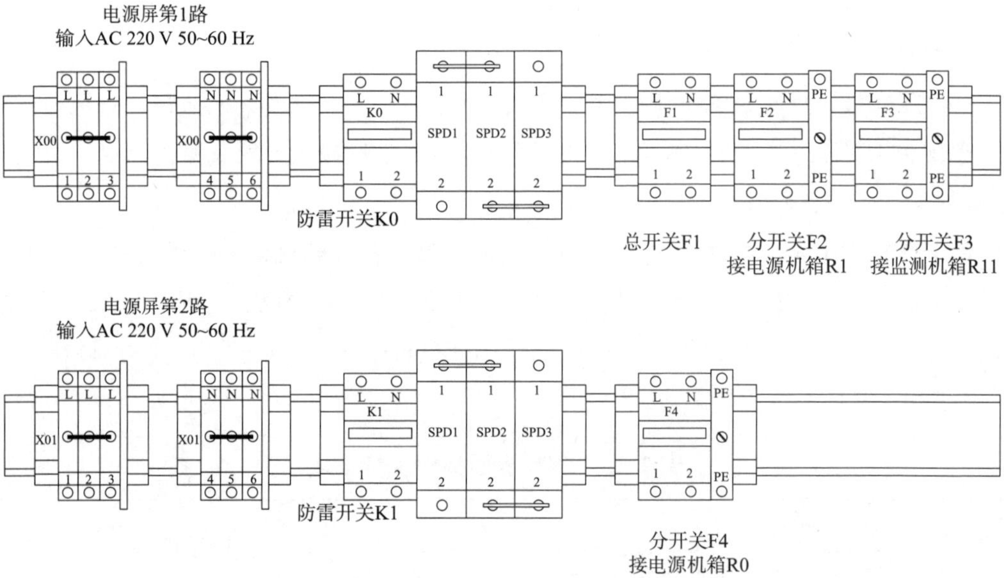

图 2.53　电源接口示意图

为了保障设备安全可靠工作，在总电源开关处设置了防雷保安器。同时，针对计轴主设备和监测系统等辅助设备分别设置 F1、F2 独立控制空开。

上电顺序：在电源屏上电稳定前提下，从左往右依次打开 K0、F1、F2、F3、K1、F4；

断电顺序：从右往左依次断开 F4、K1、F3、F2、F1、K0。

3)复零接口：计轴系统可以外接复零条件。复零信号应该持续作用至少 2 s，然后撤销，这样才能对计轴系统进行有效的复零操作。

外部复零条件可以通过连接外部按钮的开关接点或复零继电器触点闭合来实现。如图 2.54 所示。

4）与联锁接口：TAZⅡ计轴系统与联锁采用安全型继电器接口。计轴系统通过无源继电器接点为联锁系统输出轨道占用和空闲条件，使用欧洲安全小型继电器。继电器 CL、Oc3 和 BRKDN 的吸起接点与 CLH 的落下接点组成了轨道空闲检查链路，在轨道空闲情况下，继电器接点链路处于导通状态。

当联锁仅用一组接点时，可不用外接计轴轨道继电器（JGJ）。如需要使用两组以上的接点时，须外接 JGJ，如图 2.55 所示。JGJ 接入联锁的方式取决于运用的需求。

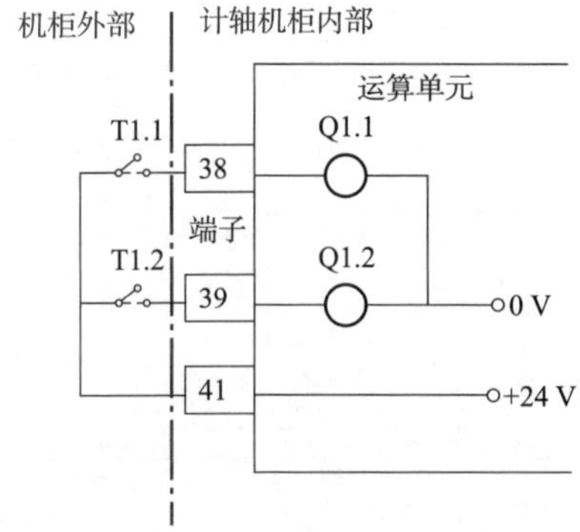

图 2.54　复零接口原理示意图

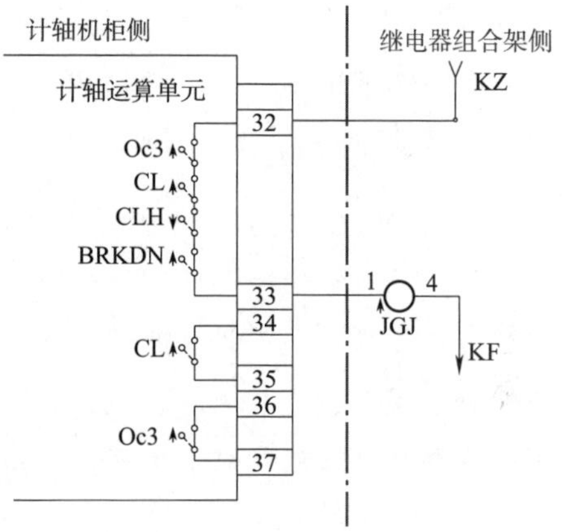

图 2.55　计轴系统接入联锁图

5）监测接口：TAZⅡ计轴系统能够将系统的实时运行信息和设备故障信息保存在自身内存中，也可将其通过外部监测接口传输至维护监测子系统。TAZⅡ计轴系统的监测系统由监测机箱组成。监测机箱可为维护监测子系统设备提供 RS-232/RS-422/RS-485/RJ-45 等类型接口。

2.6　应答器（信标）

2.6.1　应答器（信标）的概述

应答器（信标）是安装在线路沿线反映线路绝对位置的物理标志。当列车通过这些应答器及信标上方时，它能够在进路地图自己的位置重新定义，同时列车接收相应的轨道数据。当然，相应的应答器（信标）拥有一个唯一的、独立的标识符，它能够被列车读出。轨道数据通过应答器（信标）从轨旁发送给列车。发送给列车的数据还包括信号机点灯状态、前方进路情况、停车点的状态（停或不停）、每点设置的状态（正向或反向）等。从这些数据中列车按照接收到的命令做出相应的操作，并且能够沿着给定的方向运行。

2.6.2 应答器(信标)的分类

应答器分为地面和车载两部分。地面应答器(信标)按照供电方式可分为有源应答器(信标)和无源应答器(信标)两种。

1. 地面应答器

1)有源应答器(信标):有单独的外部电源,通过专用的应答器电缆与轨旁电子单元LEU连接,根据LEU所发送的报文,实时变化地向列车传送信息,主要是信号机显示、道岔位置信息和临时限速信息,可以实现车地的双向通信。

2)无源应答器(信标):无须任何外部电源,通过列车天线产生能源。在列车经过应答器(信标)所在位置时,车载天线发射的电磁波激励应答器(信标)工作。用于发送固定不变的数据,如线路坐标、线路坡度、最大允许运行速度等信息。城市轨道交通系统中所使用的应答器(信标)大部分为无源应答器(信标),安装在轨道沿线。

2. 车载应答器

车载应答器又称为查询器。车载应答器向地面无源应答器发送电能,接收地面应答器发来的信息。

2.6.3 应答器硬件结构及功能

应答器分为无源应答器和有源应答器,通过接口"A"与BTM进行通信,将应答器报文发送给BTM。另外有源应答器还通过接口"C"与LEU进行通信,接收LEU发送的应答器报文。如图2.56所示。

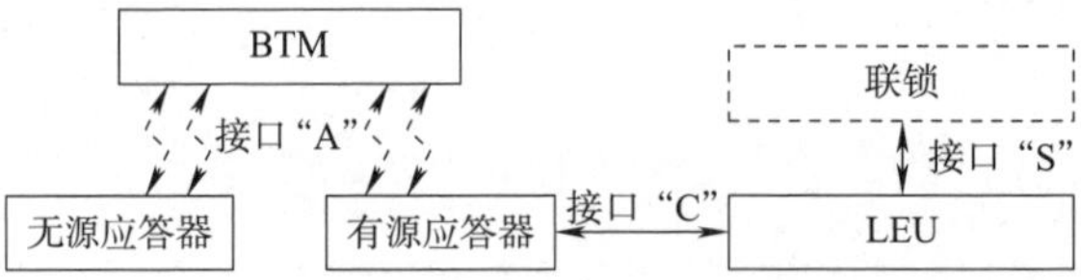

图2.56 应答器子系统框图

不论是无源应答器还是有源应答器,其工作原理相同,即车载天线与应答器之间按电感耦合的原理进行工作。应答器平时不要求外加电源,处于休眠状态。当列车经过地面应答器上方时,当安装在列车底部的应答器天线与地面应答器之间的磁场达到了规定的范围时(有效作用长度小于等于0.5 m),应答器的感应线圈接收到ATP车载应答器天线发送的电磁能量(功率载频为27.095 MHz±5 kHz),通过变换器、检波器和电压调节电路,将电磁能量转换为工作电源,启动信源编码器和调制电路工作,再经过低通滤波器整形后放大,把预先存储或LEU传送的应答器传输报文循环发送出去,直至车载天线离开应答器上方电能消失，应答器失去了电源，便停止数据发送。

也就是说，应答器的工作电源是由感应电压获取，仅靠瞬时接收车载天线的功率而工作，并能在接收到车载天线功率的同时向车载天线发送大量的编码信息。

1. 无源应答器硬件结构及功能

无源应答器的实物照片如图 2.57 所示，外观设计和灌封等工艺参照国外同类产品进行，满足在我国铁路现场环境应用的条件。

图 2.57 无源应答器硬件结构

无源应答器是一种可以发送数据报文的高速数据传输设备，主要功能和特点如下：

1)通过接收车载天线传递的载频能量获得电源和时钟，驱动应答器中的信号发生器工作，循环地发送存储在应答器中的数据报文；

2)通过应答器报文读写器能够读出和检查存储在应答器中的数据报文；

3)经严格的授权和多重安全检查后，能够通过应答器报文读写器修改应答器中的数据报文，如图 2.58 所示。

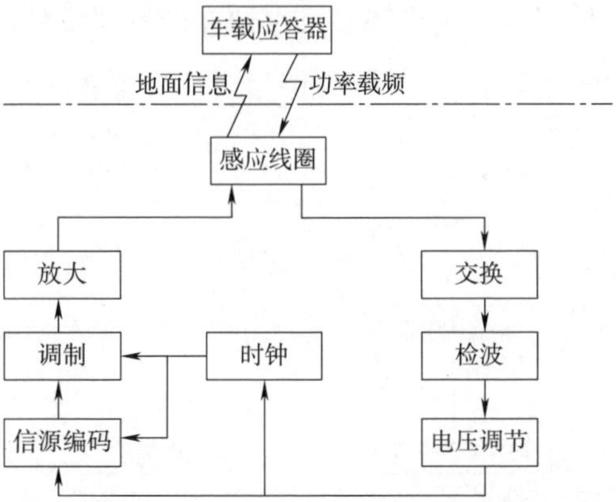

图 2.58 无源应答器的主要功能

2. 有源应答器硬件结构及功能

有源应答器的硬件结构如图 2.59 所示，外观设计和灌封等工艺参照国外同类产品进行，满足在我国铁路现场环境应用的条件。

有源应答器出厂时带有长度约为 6 m 的尾缆，尾缆采用 4 芯无氯阻燃型应答器传输电缆，用于与 LEU 连接。有源应答器是一种可以发送由 LEU 传输应答器数据报文的高速数据传输设备，主要功能和特点如下：

图 2.59　有源应答器硬件结构

1）有源应答器接收来自 LEU 的 8.82 kHz 正弦波信号，经过整流稳压后为应答器有源部分提供电源；

2）有源应答器接收来自 LEU 的 DBPL 编码形式的应答器报文，通过 DBPL 反变换将其还原为比特流，经过 FSK 调制生成符合 A 接口规范的上行链路射频信号；

3）当有源应答器接收到车载天线传递的 27.095 MHz 载频能量时，将上行链路电压信号进行功率放大，通过发射天线将携带应答器报文信息的上行链路信号发射出去；

4）如果有源应答器检测不到来自 LEU 的有效信号，当接收到车载天线传递的 27.095 MHz 载频能量时，启动无源部分工作发送默认报文；

5）C4 接口：当接收到车载天线传递的 27.095 MHz 载频能量时，向 LEU 发送阻断上行链路报文转换信息；

6）通过应答器报文读写器能够读出和检查存储在应答器中的默认数据报文：

7）经过严格的授权和多重安全检查后，能够通过应答器报文读写器修改应答器中的默认数据报文，如图 2.60 所示。

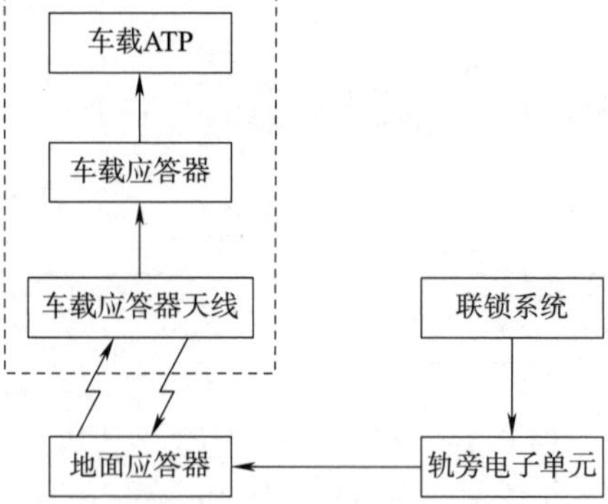

图 2.60　有源应答器的主要功能

可变信息应答器电路板原理图的实例如图 2.61 所示，它由应答器控制模块和接口部分组成。

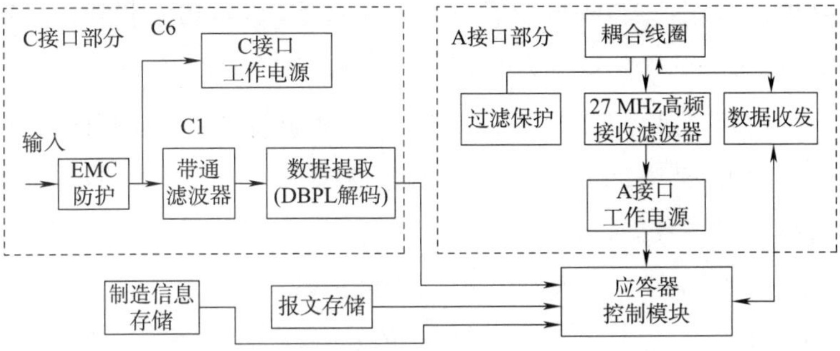

图 2.61　可变信息应答器电路板原理框图

应答器控制模块是整个电路的控制核心，当电源建立后，它首先判断由接口来的数据是否有效。若有效，则控制模块将接口传来的数据进行 FSK 调制后，输出到数据收发模块，经功率放大后，由耦合线圈发送。若该数据无效或无数据，则使用存储在报文存储器中的数据。只要电源存在，控制模块就不间断地发送。一旦控制模块作出报文选择（选择存储的数据还是接口传来的数据），在这次上电的工作周期内，无论接口数据有效与否，应答器都不会改变发送的数据。

接口工作电源仅用于该接口电路部分，不给控制模块和数据收发供电，因此，有源应答器也只有在车载天线出现时才发送数据。

有源应答器通过与 LEU 的连接，可实时改变传送的数据报文。当与 LEU 通信故障时（接口故障），有源应答器可以自动切换到无源应答器工作模式，发送预先存储在应答器中的默认报文。LEU 与应答器通信中断时，有源应答器应有保证行车安全的缺省报文。

车站的信息编码设备和车站联锁系统结合，采集联锁系统的有关信息，例如信号机的显示等。这些信息经过编码设备编码后，通过串行接口传送至轨旁电子单元。

轨旁电子单元 LEU 是地面应答器与信号机之间的电子接口设备，是一块电子印制板，其任务是将不同的信号显示转换为约定的数码形式，再通过它控制地面有源应答器的发送，为列车提供实时的信息。

有源应答器接有车站信息编码设备，因此有源应答器内的数据报文可以随外部控制条件产生变化，例如设置于地面信号机旁的应答器，它将信号机的显示状态的数据信息通过应答器传送给列车，对应信号机的不同显示。

3. 车载设备硬件结构及功能

车载应答器包括车载天线、解码器、载频发生器与功率放大器等。车载应答器完成车地的耦合联系，将能量送至地面应答器，接收地面应答器所储存的数据并传送至中央处理单元。

由车载载频发生器与功率放大器提供用于产生激活地面应答器所需的载频能量，并通过车载天线传递给地面应答器，根据应答器技术条件要求，其功率载频频率根据供应商而异，例如列车向地面传输的功率载频为 27.095 MHz±5 kHz。

由车载天线接收来自地面应答器的数据信息。解码器用于对地面应答器传送的信息进行接收、滤波、数字解调与处理。分析接收到的数据流，找出完整的报文，确定精确定位参考点。将处理好的报文数据，通过相应的接口，在约定的接口协议下传送至车载 ATC 相关的设备，如 ATP、ATO 模块，车载显示单元，无线设备。

4. 无源应答器的技术指标

1)下行链路功率载频接收：27.095 MHz±10 kHz。

2)上行链路信号：

调制方式：FSK。

调制速率：564.48±2.5% kb/s。

中心频率：4.234 MHz±175 kHz。

频率偏移：282.24 kHz±7%。

3)提供无线编程接口(A5 接口)，具备针对无线编程的多重安全保护措施。

4)应答器启动时间：小于 150 μs。

5)车载接收天线与地面应答器的距离：249～469 mm。

6)车载接收天线与应答器的水平作用范围大于 500 mm。

7)环境温度：－40～＋70 ℃。

8)存储温度范围：－40～＋70 ℃。

9)抵抗行人踩踏，能够适应以 3 000 N 的最大力在安装的应答器上行走。

10)防护等级：IP68。

11)地面应答器应安装在轨枕中央表面，其表面应低于钢轨表面 93～150 mm。

12)两相邻地面应答器安装的最小间距应满足下列要求：

$S<180$ km/h　　$d=2.3$ m；

180 km/h $\leqslant S \leqslant$ 300 km/h　　$d=3.0$ m；

300 km/h $< S \leqslant$ 500 km/h　　$d=5.0$ m。

其中 S 为线路允许最大列车运行速度，d 为最小安装距离。

13)使用年限：大于 30 年。

14)尺寸：450 mm×260 mm×35 mm。

15)重量：约 7 kg。

5. 有源应答器的技术指标

1)下行链路功率载频接收:27.095 MHz±10 kHz。

2)上行链路信号

调制方式:FSK。

调制速率:564.48×(1±2.5%)kb/s。

中心频率:4.234 MHz±175 kHz。

频率偏移:282.24 kHz×(1±7%)。

3)具备发送长帧或短帧报文的能力。

4)每个应答器有唯一序列号。

5)I/O 特性:符合《应答器技术条件(暂行)》。

6)具备无线编程接口(A5 接口)用于修改默认报文,具备针对无线编程的多重安全保护措施。

7)C1 接口:采用 DBPL 编码;平均传输速率为 564.48 kbit/s;输入阻抗范围:90～150 Ω。

8)C6 接口:8.82 kHz 正弦信号;输入阻抗范围:150～300 Ω。

9)4 芯传输电缆与极性无关,其中一对电缆传输 C 接口信号,另外一对传输检测信号的检测信号电缆不影响 C 接口信号电缆传输。

10)在 C 接口正常情况下接收 LEU 传输的数据报文,并对报文进行 CRC 检验。

11)应答器产生检测信号,向 LEU 反馈应答器工作状态。

12)在 C 接口检测不到有效信号,包括 DBPL 数据 CRC 校验错误时转为无源应答器工作模式(发送默认报文)。

13)应答器启动时间:小于 150 μs。

14)车载接收天线与地面应答器的距离:249～469 mm。

15)车载接收天线与应答器的水平作用范围大于 500 mm。

16)工作环境温度:－40～＋70 ℃。

17)存储温度范围:－40～＋70 ℃。

18)地面应答器应安装在轨枕中央表面,其表面应低于钢轨表面 93～150 mm。

19)两相邻地面应答器安装的最小间距应满足下列要求:

$S<180$ km/h	$d=2.3$ m
180 km/h$\leqslant S\leqslant$300 km/h	$d=3.0$ m
300 km/h$<S\leqslant$500 km/h	$d=5.0$ m

其中 S 为线路允许最大列车运行速度,d 为最小安装距离。

20)使用年限:大于 30 年。

21)尺寸:450 mm×260 mm×35 mm。

22)质量:19 kg,其中尾缆及护管重约 12 kg。

2.6.4 应答器的应用

1. 应答器基本布置原则

1)有源应答器

(1)正线正方向、出入段线双方向所有列车信号机,包括正向进站信号机、正向出站信号机、区间通过信号机、进站兼折返信号机均设置主信号应答器;正向进站信号机除设置主信号应答器外,在信号机前方约 500 m(暂定)处设置预告应答器。

(2)所有调车信号机不设置有源应答器,列车以 RM 模式或规定的小于道岔侧向限制的速度人工驾驶运行。

(3)所有反向出站信号机和反向进站信号机不设置有源应答器。

(4)所有入段信号机设置预告应答器,用来向列车预告入段信号机的显示状态。

2)无源应答器

(1)原则上,在区间无岔区段每隔约 500 m 设置一无源应答器,用于列车定位校准。

(2)在车站正向进站和停车点位置布置无源应答器用于站台精确停车。

(3)在出入段线和正线特定位置设置自动轮径校准应答器,自动轮径校准区域应为平直轨道,以避免列车打滑以及曲线对校准精度的影响。每处轮径校准应答器由 2 组应答器构成,出于冗余考虑,每组包括 2 个无源应答器,2 组轮径校准应答器的距离应大于 200 m。

(4)列车投入商业营运前的定位应答器:一般位于转换轨区域,它由 2 个无源应答器组成,互相之间的间隔至少约为 34 m。

(5)进站信号机、区间通过信号机等的功能停车点(FSP)前设置无源应答器,用于列车定位校准。

(6)在存车线或折返线的中间位置设置一无源应答器,用于列车定位校准。

2. 站台区应答器布置

1)在站台区设置多个无源应答器,通过多个无源应答器进行精确站台停车,通过设置出站信号机有源应答器获得出发的移动授权。

2)S_PD 在出站信号机处需要为出站设置有源应答器,车载系统将在信号开放后从该应答器获得移动授权信息。

3)LB 无源应答器 LB3/LB4 用于列车正常运行方向车站精确停车的需要,并且考虑冗余配置,两个应答器间距为 5 m;无源应答器 LB2 是在列车尾部辅助校准的情况下,用于

4 编组列车的过标停车使用。LB4 为反向过标停车应答器，在反向运行当中作为列车的反向精确停车使用；无源应答器 LB1 是在列车尾部辅助位置校准的情况下，用于 6 编组列车的过标停车使用。图 2.62 所示为站台区应答器布置。

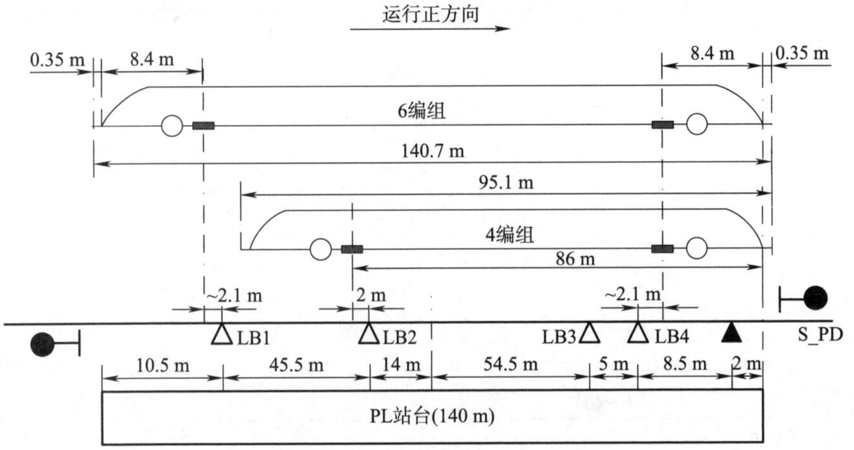

图 2.62 站台区应答器布置图

3. 进站信号机布置

1)S 有源应答器，设置于进站信号机前 20 m 处。

2)AB 有源应答器，复示进站信号机应答器的信息进行预告；这种应答器将放置在进站信号机前大约 500 m 处。

3)LB 无源应答器，满足重新校准的功能要求，从而使车载系统能够实现停车精确定位，定位应答器将放置在距进站信号机 160 m 处。图 2.63 所示为进站信号机布置。

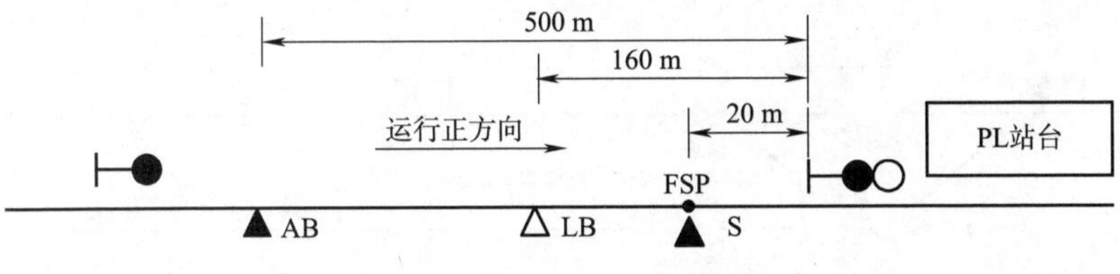

图 2.63 进站信号机区布置图

4. 区间通过信号机布置

1)S 有源应答器，放置在区间信号机 20 m 处。

2)LB 无源应答器，设置在信号机前 160 m 处，为精确停车提供位置校准功能。图 2.64 所示为区间通过信号机布置。

5. 区间应答器布置

1)在相邻两个区间信号机之间，如果这两个信号机间距等于或小于 1 000 m，在第一个信号机后方一定距离处应放置中间无源应答器，从而保持大约 500 m 就有用于定位的无源应答器。

2）如果相邻两个信号机之间的距离远大于 1 000 m，则中间无源应答器应增加，以使大约每 500 m 有一个无源应答器用于再校准列车位置。图 2.65 所示为区间应答器布置。

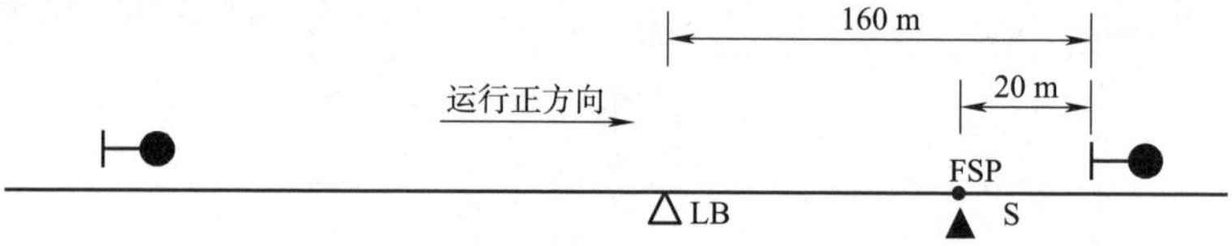

图 2.64　区间通过信号机区布置图

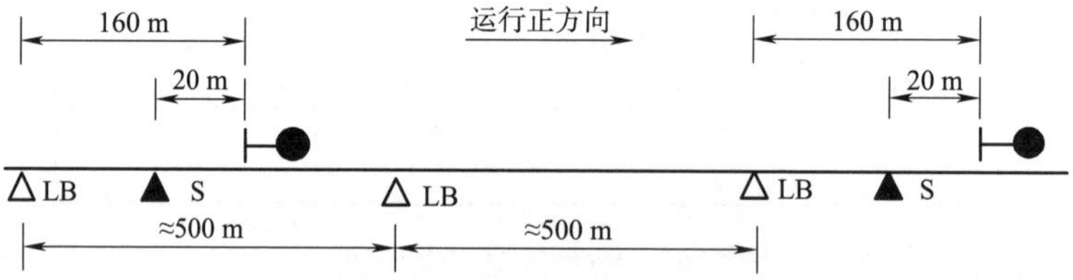

图 2.65　区间应答器布置图

6. 存车线应答器布置

1）S 在信号机前方需要相应设置有源应答器，CC 将从这一应答器处得到 MA，从而得知相应信号机是否已开放。

2）LB 单个无源应答器将放置于存车线中间位置，以满足存车线精确停车的需要。目前假设 FSP 点位于信号机前 12 m。图 2.66 所示为存车线应答器布置。

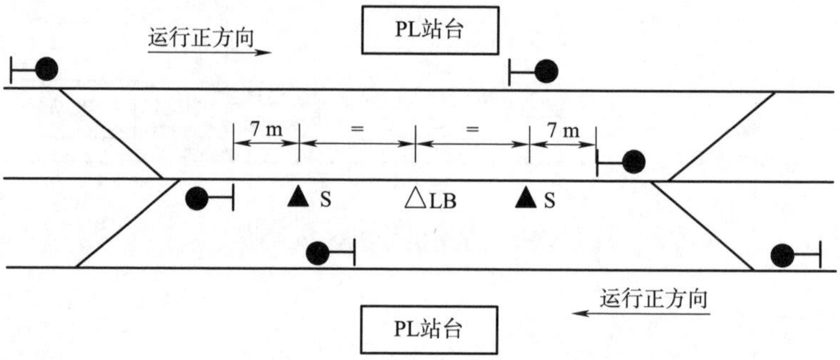

图 2.66　存车线应答器布置图

7. 站后折返轨布置

1）S 折返信号机前设置相应的有源应答器，CC 将从这个应答器得到相应信号机开放的信息。由于存车线末端是安全线，所有其终端信号机不设置有源应答器。

2)LB单个无源应答器将放置于存车线中间位置，以满足存车线精确停车的需要。图2.67所示为站后折返轨布置。

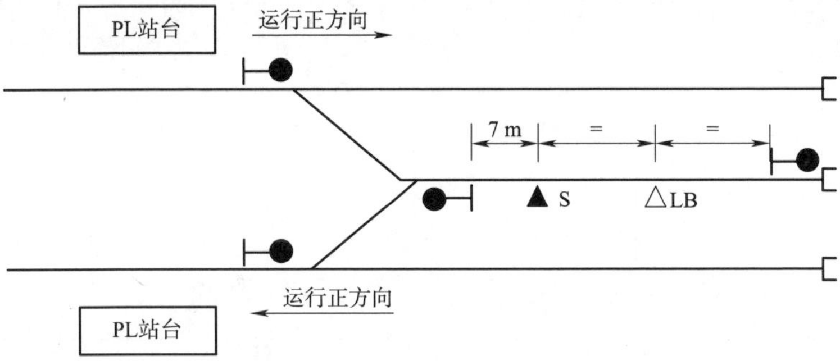

图2.67　站后折返轨布置图

8. 转换轨应答器布置

1)转换轨是连接正线与车辆段/停车场的联络区域。在列车投入运营之前，在此区域将完成列车定位和驾驶模式转换工作。

2)S信号应答器将放置在转换轨出口信号机前方20 m。

3)LB设置有源应答器用来向列车预告前方入段信号机的显示状态，此信标设置在转换轨出口信号机前40 m处。图2.68所示为转换轨应答器布置。

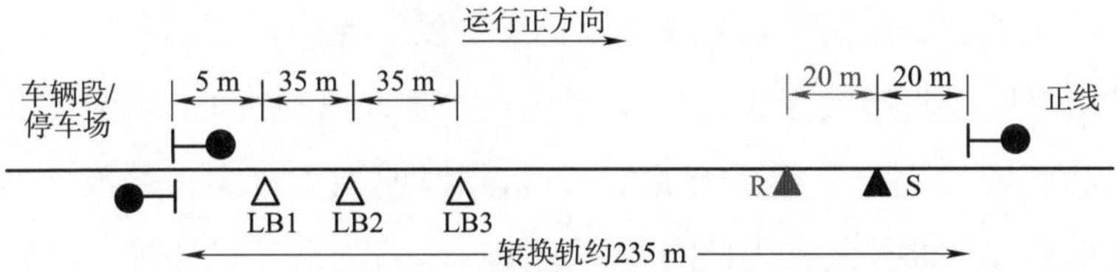

图2.68　转换轨应答器布置图

9. 轮径值校准功能应答器布置

1)轮径校准的工作首选在转换轨之后进行，如条件限制，轮径校准功能将在正线完成。

2)要求轮径校准轨道为一段无坡的平直轨道，以避免车辆打滑和线路曲线影响校准精度。

3)理想条件是在大于200 m以上的平直轨道上布置两对无源应答器，每对应答器内部实现冗余配置。图2.69所示为轮径值校准功能应答器布置。

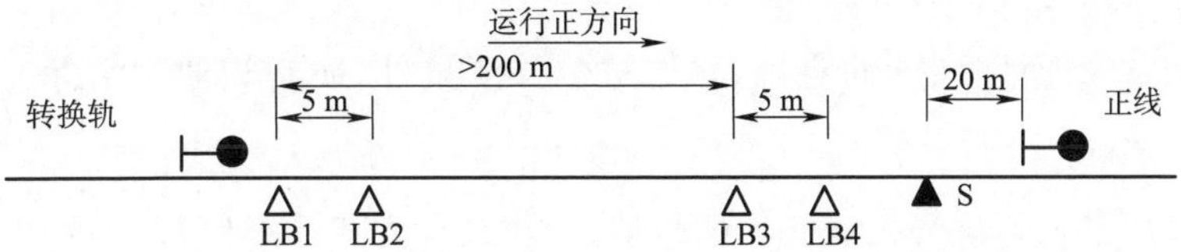

图2.69　轮径值校准功能应答器布置图

10. 分相区应答器布置

分相区定位应答器用于列车进入分相区时的精确定位。分相区定位应答器 LB_NEU1 布置在分相区磁钢 G1 前 160 m 处，LB_NEU2 布置在磁钢 G3 前 20 m 处。图 2.70 所示为分相区应答器布置。

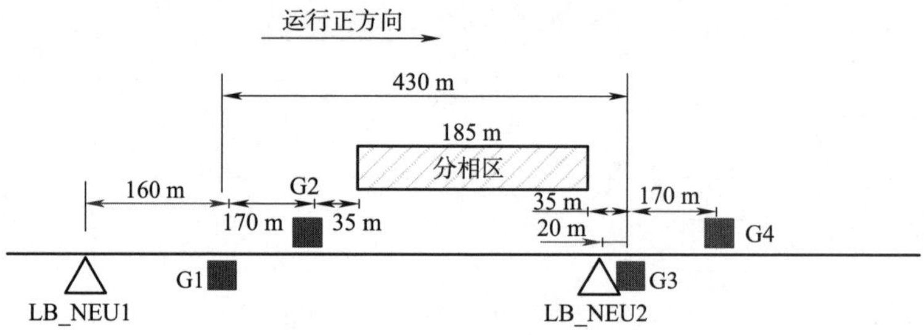

图 2.70　分相区应答器布置图

11. 在点式 ATP 系统中的应用

点式 ATP 系统在特定地点用应答器传递信息，由车载计算机进行信息处理。点式 ATP 系统结构简单、安装灵活、可靠性高，价格明显低于连续式 ATC 系统。

点式 ATP 系统的基本结构，由车载设备和地面设备组成，主要是地面应答器、轨旁电子单元(LEU，又称为信号接口)及车载设备。

地面应答器通常设置在信号机旁或者设置在一段需要降速的缓行区间的始、终端。其内部寄存器按协议以数码形式存放，实现列车速度监控及其他行车功能所必需的数据。

置于信号机旁的地面应答器为有源应答器，用以向列车传递信号显示信息，其所存储的部分数据受信号显示的控制。因此需要通过接口电路与信号机相连，此接口电路即轨旁电子单元 LEU。

置于线路上的地面应答器为无源应答器，不需与任何设备相连，所存放的数据包括线路基本参数(如线路坡度、轨道区段长度等)和线路速度信息(如线路最大允许速度、列车最大允许速度等)是固定的。

12. 在基于轨道电路的连续式 ATP 系统中的应用

在某些基于轨道电路的连续式 ATP 系统中，例如 ALSTOM ATC 系统中应用点式传输的应答器(又称之为信标)来定位。以“距离定位”为原则的 ATP 系统中，“列车定位”对安全是至关重要的，所以列车的定位，除通过位移测量外，还必须通过信标的再定位，来确保列车定位的准确。

信标确保从车载到轨旁 SACEM 的通信，接收来自列车的维修数据和 PTI 信息。当列车行驶过信标，信标所收到的信息由相应的 SACEM 的 SECTOR 设备接收。

当列车穿过或停在信标上方时，特殊信标（称之为初始化信标）允许列车初始化车载 SACEM 的位置。初始化结束后，列车的位置信息由编码里程计测量位移来更新。在任何情况下，列车必须不时地重新定位，这是在列车驶过重定位信标时实现的。

1）静止列车初始化信标

静止列车初始化信标是有源信标，一般安装于每个车站的头部和线路的端站、折返站折返信号机的前方，以及车辆段（停车场）出口进入正线的信号机前，主要用来对车载 SACEM 系统进行初始化。

当列车通过初始化信标时，便开始了列车定位功能的实现。列车的初始化定位，根据列车通过线路上设置的初始化信标，或停站时列车通过站台区域设置的初始化信标来确定。信标向列车提供了它的绝对位置，这种定位与轨道电路的分界点无关，定位的精确度也更高。

2）重定位信标

重定位信标位于线路中间，站内和区间都有，主要为车载 SACEM 系统进行定位所用。

3）移动列车初始化信标

移动列车初始化信标由两个信标组成，相隔 21 m，只有区间有，每个区间有一个。移动列车初始化信标有 3 个作用：对车载 SACEM 系统进行初始化、列车定位、校准编码里程器。

当列车进入 SACEM 系统，为了校准编码里程计数据，也可以用此信标来初始化系统，由于这两个信标之间的距离是固定的，其中第一个信标给出信息网络上的定位，并“启动”列车的位移测量系统，来校准编码里程计；第二个信标给出的信息为网络上的定位，并关闭列车位移测量系统，来校准编码里程计。列车在区间的定位消失后，用此信标，对列车重新初始化。

13. 在 CBTC 系统中的应用

在 CBTC 系统中，应答器作为车—地之间的点式通信通道，是连续式通信的后备模式。

在 CBTC 系统的后备模式中，应答器也称为信标，可分为进路信标和信号信标。

进路信标设置于运行前方进路设有道岔的接近轨道区段，道岔开通位置决定了列车运行的前方进路，当道岔处于定位状态时，激励进路信标处于工作状态，将运行前方进路的状态告知经过的列车。

信号信标设置在信号机附近，主要用来反映信号机的显示，将显示状态告知经过的列车。信号信标有绿色信标和白色信标，绿色信标向列车传送信号机显示绿灯的信息，白色信标向列车传送信号机显示白灯的信息。当信号机显示绿色灯光，绿色信标工作；当信号机显示白色灯光，白色信标工作；若信号灯点亮红灯，则信标处于呼叫状态。

若只用于判断列车的运行方向，一般一组只需要两个信标。但有的城市轨道交通线路中，列车有 8 节和 6 节不同的编组，车载控制器设在列车两头，一般由车头车载控制器起主要作用，但当车头的车载控制器不能完成功能时，可由车尾的车载控制器工作。因此一组需要设置 3 个信标。

信号信标与信号机之间的距离，由列车的长度决定：进路信标与前方信号机的距离是列车的长度、最大制动距离以及反应时间内列车走行距离的总和。其中反应时间包括驾驶员的反应时间、系统的反应时间和列车的反应时间。

在 CBTC 系统进入后备模式时，列车接收进路信标和信号信标提供的信息，形成列车当前允许运行速度，控制列车运行。

2.7 信号电源设备

信号电源屏是为地铁信号设备提供各种稳定可靠的交直流电源的配电设备，是保证列车安全运行的重要部件。用于向车站联锁设备供电的信号电源屏是将外部的三相交流电经过该电源屏稳压和变压、整流后，分配给单元控制台、信号机、继电器、直流转辙机及其他信号设备等负载。

电源屏根据其容量分为大型电源屏，容量 10 kVA 以上；中型电源屏，容量 5 kVA 以上；小型电源屏，容量 2.5 kVA 以上。

电源屏基本要求为引入电源屏内的两路交流电源，除应具备手动转换功能外，当其中一路发生断电或断相时，还应能自动转换至另一路电源供电，且屏内转换断电时间应不大于 0.15 s。

当输入电源屏的交流电源在＋15％～－20％范围内变化时，经稳压（调压）后的电源允许波动范围应不大于±3％。当稳压（调压）系统出现故障时，应能断电维修，且应不影响信号设备的继续供电。

信号电源屏主、备装置转换过程中，应不影响信号设备的正常使用，备用电源装置应能完全断电。三相交流输出电源应确保相序正确，若相序错误，应报警。电流互感器二次侧不得开路，并应可靠接地。输出电源的断电监视装置、各种屏内表示和声光报警装置均应正常工作。

2.7.1 信号电源屏

1. PMS1-15 模块化信号电源屏

上海轨道交通 1 号线地下车站的信号电源屏采用天津铁路信号工厂的 PMS1-15 模块化信号电源屏，额定容量为 15 kVA。

1)电源屏的特点

(1)采用无触点补偿式稳压器作为集中稳压的稳压源,具有对电网干扰小、负载适应能力强、无附加波形失真、功率因数高、温升低、效率高、噪声小等特点。

(2)采用模块化、插接式、“N+1”或“1+1”备用方式,具有供电可靠性高、维修方便、便于扩容等特点。

(3)两路电源可实现自动或手动转换。

PMS1-15 模块化信号电源屏由担负电源切换、稳压功能的 A 屏和担负交直流配电的 B 屏、C 屏 3 台单屏组成。

PMS1-15-A 模块化信号电源屏 A 屏由两路电源转换系统、无触点补偿式稳压器、交流配电单元等组成。其中包括Ⅰ路电源输入转换模块(M11)、Ⅱ路电源输入转换模块(M12)、备用电源模块(M13)、AC 220 V 备用模块(M14)、无触点稳压模块(M41、M51、M52)。

第二层为轨道输出,第三层为断路器及反拼开关安装板。

PMS1-15-B 模块化信号电源屏 B 屏由交直流配电单元组成。其中包括闭塞Ⅰ~Ⅳ模块(M11)、闭塞备用模块(M12)、继电器模块(M13)、继电器备用模块(M14)、报警模块(M21)、控制/闪光模块(M42)、信号/闪光模块(M51)、信号/闪光备用模块(M52)。

第三层为断路器及反隔离开关安装板。

PMS1-15-C 模块化信号电源屏 C 屏由交直流配电单元组成。其中包括道岔表示模块(M11),道岔系统模块(M12)、轨道电路电源模块(M13)、AC 220 V 备用模块(M14)、交/直流转辙机模块(M41)、交/直流转辙机备用模块(M42)。

第四层为断路器及隔离开关安装板。

2)电源屏的功能

(1)信号电源屏 A 屏

本屏在 PMS1-15 模块化信号电源屏系统中担负两路输入电源切换,为其他屏提供稳定的三相交流电源等功能,并为信号设备提供备用电源、轨道电源等交流稳压电源。

①工作原理

采用无触点补偿式稳压器作为交流稳压,输入电源电压在 AC 304 V~AC 437 V 范围内变化时,能自动将电源电压稳定在规定范围[AC 380 V×(1+3%)]内,由无触点稳压模块(M41、M51、M52)对外实现稳压供电,正常条件下带载运行,承担 100%的载荷。当某一无触点稳压模块发生故障时,其供电可自动转换到外电网直供(自动旁路)。通过操纵“输入电源稳供或直供”反拼开关和无触点稳压模块输入断路器可进行无触点稳压模块断电更换,此时不影响电源屏的输出供电。

输入电源经过稳压器稳压后再分别给本屏及其他各屏配电模块供电。各配电模块的输出工作灯（白色）通过输出断路器控制。若某个输出断路器断开，即使该模块正常输出，工作灯也不点亮，即可以通过工作指示灯来反映配电模块输出断路器的通断状态。

电源屏备用电源模块（M13）采用“1+1”备用方式，其备用模块为 AC 220 V 备用模块（M14）。

当模块切换时，先开启备用模块，各个主用模块通过反拼开关或断路器切换到备用模块供电。

Ⅰ路输入转换模块（M11）、Ⅱ路输入转换模块（M12）各提供一组两路转换报警接点，一组控制台用状态接点，无触点稳压模块（M41、M51、M52）提供一组屏内报警接点。

各供电模块内部均设有状态监督继电器，分别为备用电源、轨道输出电源的工作状态提供一组全接点供屏内故障报警电路使用。正常时，继电器吸起，提供的开关量为断开状态；故障时（或断路器断开）继电器落下，提供的开关量为闭合状态。

两路电源转换报警电路的工作原理：Ⅰ路输入转换模块（M11）、Ⅱ路输入转换模块（M12）各提供一组两路转换报警接点，用于接通屏内两路电源转换报警电路，当Ⅰ路故障或人工转到Ⅱ路工作时，通过相关屏内的报警模块发出声光报警，提醒值班人员排除故障。

控制台用两路转换状态接点工作原理：为了让车务值班人员了解供电状态，Ⅰ路输入转换模块（M11）、Ⅱ路输入转换模块（M12）各提供一组控制台用状态接点，用于给控制台点绿灯、白灯和电铃送电。

两路输入电源断相报警电路的工作原理：当Ⅰ路或Ⅱ路输入三相电源中任何一相断路时，Ⅰ路或Ⅱ路输入转换模块中的断相监督继电器落下，其常闭接点使Ⅰ路或Ⅱ路输入转换模块中的蜂鸣器 1HAU 鸣响，相应模块面板上的断相指示灯 3HL（红色）点亮，提醒值班人员排除故障。通过扳动该模块面板上的开关 2SA 至“切除”位置来清除 1HAU 的鸣响，但断相指示灯 3HL 仍然亮着，故障排除后断相指示灯 3HL 熄灭，但 1HAU 重新鸣响，以提醒值班人员扳动开关至“预警”位置，恢复到预备状态。

屏内故障报警电路的工作原理：所有故障报警端子通过屏间连线相接，正常工作时所有故障报警接点并联后报警电路为断开状态，故障恢复接点串联后报警电路为闭合状态。

稳压器工作原理：无触点稳压器是在主电路采用补偿技术，由线性变压器与可控硅构成组合式全桥电路，在输入电源允许偏差范围内，构成不同的组合状态。由控制电路控制可控硅实现不同的组合导通，进而决定了各线性变压器的升压、降压、直通等不同状态的组合，以满足稳压器的稳压精度。

②技术参数

输出功率 15 kVA；

稳压器输出电压精度：AC 380×(1±0.03)V；

稳压响应时间：≤0.1 s；

附加波形失真：≤1%；

两路电源的切换时间(包括手动或自动)：≤0.15 s。

输出回路基本参数见表2.24。

表2.24　输出回路基本参数

指标	名称	
	额定电压	额定电流
备用电源	AC 220 V	5 A
轨道输出电源	AC 220 V	8 A×6
不稳压备用电源	AC 220 V	5 A

输出电压波动范围：

当输入电压在380[1+(0.15/−0.20)]V范围内，各电路负载在额定值30%～100%范围内变化时，其输出电压允许波动范围：

a. 备用电源AC 220 V(±10 V)；

b. 不稳压备用电源电压波动范围随输入电压变化。

输入功率因数：$\cos\phi \geqslant 0.8$。

效率：$\eta \geqslant 80\%$。

整机噪声：≤65 dB(A)。

外形尺寸：800 mm×600 mm×2 000 mm。

重量：450 kg/台。

(2)信号电源屏B屏

本屏是交直流屏，为控制点灯、控制点灯闪光、信号点灯、信号点灯闪光、闭塞、继电器等设备供电。

①工作原理

输入电源经A屏稳压后由端子1D-1～1D-4引入本屏，为屏内各模块供电。各配电模块的输出工作灯(白色)通过输出断路器控制。若某个输出断路器断开，即使该配电模块正常输出，工作灯也不点亮，即可以通过工作指示灯来反映配电模块输出断路器的通断状态(闭塞电源除外，闭塞电源模块通过屏内声光报警来反映模块工作及输出断路器的通断状态)。

屏内电源模块均采用"1+1"备用方式，其中控制/闪光模块(M41)的备用模块为控制/闪光备用模块(M42)；信号/闪光模块(M51)的备用模块为信号/闪光备用模块(M52)；闭塞

Ⅰ～Ⅳ模块(M11)的备用模块为闭塞备用模块(M12);继电器模块(M13)的备用模块为继电器备用模块(M14)。

当模块切换时,先开启备用模块,各个主用模块通过断路器切换到备用模块供电。

各模块内部均设有状态监督继电器,分别为本屏的报警电路提供一组干接点监督输出电源的工作状态。输出电源正常时继电器吸起,提供的干接点为断开状态;故障时继电器落下,提供的干接点为闭合状态。

屏内故障报警电路的工作原理:所有故障报警端子通过屏间连线相接。两路电源转换及模块报警声光显示设于本屏,其工作电源分别从继电器模块输出端子1D-19(KZ)、1D-22(KF)引入。正常工作时,所有故障报警接点并联后报警电路为断开状态,故障恢复接点串联后报警电路为闭合状态。通过扳动报警模块(M21)上的旋钮开关1SA至“切除”位置,若蜂鸣器1HAU鸣响,表示电源屏各路输出电源工作状态正常。逆时针扳动开关1SA至“报警”预警位置,使报警电路处于预备状态。当任意一个模块故障时,该故障接点通过报警电路控制报警模块(M21)点亮故障报警指示灯1HL(红色)和鸣响蜂鸣器1HAU,通过扳动开关1SA至“切除”位置来清除1HAU的鸣响但1HL(红色)仍点亮,直至故障排除后1HL才熄灭,但此时1HAU又重新鸣响,扳动开关至“报警”预警位置,即恢复到预警状态。

两路电源转换报警电路的工作原理:当Ⅰ路故障或人工转到Ⅱ路工作时,A屏Ⅰ、Ⅱ路输入转换模块提供两路转换报警接点,报警模块(M21)蜂鸣器2HAU鸣响,通过操纵报警模块(M21)旋钮开关2SA至“切除”位置可解除鸣响。Ⅰ路恢复正常工作时故障接点还原,当故障恢复时2HAU又鸣响,将2SA扳回至“报警”位置,可清除2HAU的鸣响,两路转换报警电路又处于预备状态。

两路输入电源断相报警电源从继电器模块输出端子1D-19(KZ),1D-22(KF)引入。

②技术参数

输出回路基本参数见表2.25。

表2.25 输出回路基本参数

名称	指标	
	额定电压	额定电流
控制点灯/闪光电源	DC 24 V	10 A/4 A
信号/闪光电源	AC 220 V	5 A/2 A
闭塞电源	DC 24(30,36,42,48,54,60)V	1 A×4
继电器电源	DC 24 V	20 A

输出电压波动范围：

当输入电压在380 V(+15%/−20%范围内)，各电路负载在额定值30%～100%范围内变化时，其输出电压允许波动范围：

a. 控制点灯/闪光电源DC 24 V(±3.5 V)；

b. 信号/闪光电源AC 220 V(±10 V)；

c. 闭塞电源DC 24(30,36,42,48,54,60)V(±5 V)；

d. 继电器电源DC 24 V，上限27.5 V、下限23.5 V。

输入功率因数：$\cos\phi \geqslant 0.8$。

效率：$\eta \geqslant 80\%$。

整机噪声：≤65 dB(A)。

外形尺寸：800 mm×600 mm×2 000 mm。

质量：450 kg/台。

(3)信号电源屏C屏

本屏是交直流屏，为道岔表示、道岔系统、轨道电路、交直流转辙机等设备提供交直流稳压电源和备用稳压电源。

①工作原理

输入电源经A屏稳压后由端子1D-1～1D-4引入本屏，为屏内各模块供电。各配电模块的输出工作灯(白色)通过输出断路器控制。若某个输出断路器断开，即使该配电模块正常输出，工作灯也不点亮，即可以通过工作指示灯来反映配电模块输出断路器的通断状态。

屏内道岔表示模块(M11)、道岔系统模块(M12)，轨道电路电源模块(M13)均采用“3+1”备用方式，备用模块为AC 220 V备用模块(M14)；交直流转辙机电源模块(M41)采用“1+1”备用方式，备用模块为交直流转辙机电源备用模块(M42)。

当模块切换时，先开启备用模块，各个主用模块通过隔离开关切换到备用模块供电。

各模块内部均设有状态监督继电器，分别为本屏的报警电路提供一组干接点监督输出电源的工作状态。输出电源正常时继电器吸起，提供的干接点为断开状态；故障时继电器落下，提供的干接点为闭合状态。

屏内故障报警电路的工作原理：所有故障报警端子通过屏间连线相接。正常工作时，所有故障报警接点并联后报警电路为断开状态，故障恢复接点串联后报警电路为闭合状态。

控制台两路电源转换状态接点工作原理：为了让车务人员了解供电状态，道岔表示、道岔系统、轨道电路电源、交直流转辙机电源模块各提供一组控制台用状态接点，用于给控制台交流电流表、直流电流表送电。

②技术参数

输出回路基本参数见表 2.26。

表 2.26　输出回路基本参数

名称	指标	
	额定电压	额定电流
道岔表示电源	AC 220 V	4 A
道岔系统电源	AC 220 V	4 A
轨道电路电源	AC 220 V	4 A
交/直流转辙机电源.	AC 380 V/DC 220 V	15 A/20 A

输出电压波动范围：

当输入电压在 380 V(+15%/−20%)范围内，各电路负载在额定 30%～100%范围内变化时，其输出电压允许波动范围：

a. 道岔表示电源 AC 220 V±10 V；

b. 道岔系统电源 AC 220 V±10 V；

c. 轨道电路电源 AC 220 V±10 V；

d. 交/直流转辙机电源 AC 380 V±12 V，DC 220 V±10 V。

输入功率因数：$\cos\phi \geqslant 0.8$。

效率：$\eta \geqslant 80\%$。

整机噪声：≤65 dB(A)。

外形尺寸：800 mm×600 mm×2 000 mm。

质量：450 kg/台。

2. PDZ 智能型综合电源屏

北京鼎汉技术股份有限公司(以下简称：鼎汉公司)铁路信号智能电源屏集综合化、高频化、模块化、智能化、网络化、自然冷却等技术于一体，致力于为铁路客户提供高可靠、高稳定的信号电源系统。

按系统为不同负载提供电源，系统分为站内屏、区间屏、提速屏、驼峰屏、25 周屏等。站内屏又分为两大类：为微机联锁设备供电的 PZWJ 系列和为电气集中设备供电的 PZDQ 系列。电源屏的容量根据站场的实际需求进行配置，最终组成一系列型号智能电源屏。

整个电源系统分为主回路、防雷、智能监测三大功能板块：主回路又分为系统输入智能切换系统、模块及其配电、输出配电三部分；防雷系统分为系统输入防雷和输出防雷两部分，输入防雷分 C 级和 D 级，输出防雷由防雷保险熔芯开关、防雷板组成。

智能监控分为系统监控、模块监控两大块，最后通过监控单元进行文字显示。再结合模块面板指示灯和直流屏上的系统有电和故障告警灯及故障蜂鸣器，组成电源屏全套的声光报警和数字监控系统。

输入配电单元
模块单元
输出配电单元

图 2.71　鼎汉公司机柜结构框图

1)电源屏结构特征

从机柜前面板上看，鼎汉公司任何机柜的结构均由三部分组成：输入配电单元、模块单元及输出配电单元三部分组成，如图 2.71 所示。

对于每类电源屏中所包含的直流、交流机柜，一般结构图如图 2.72 所示。

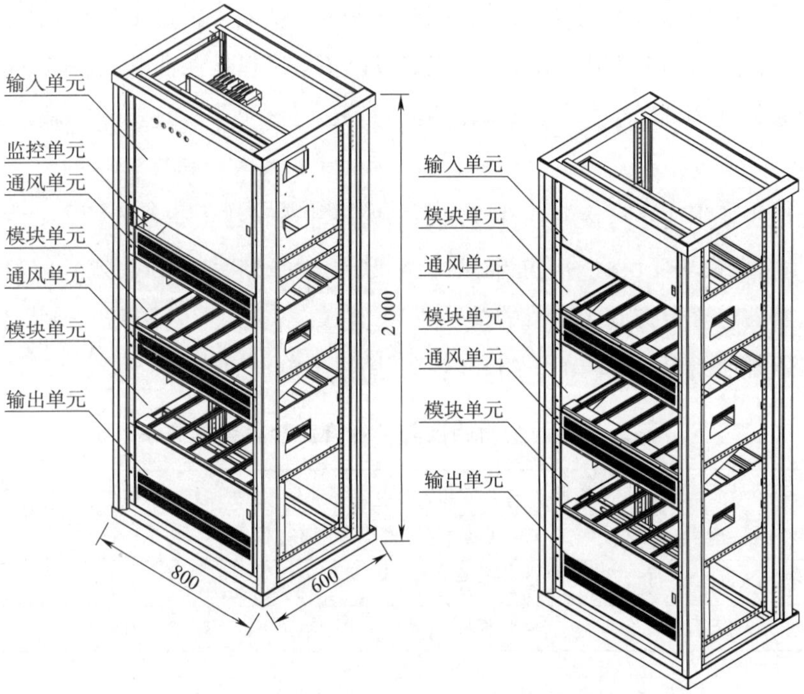

图 2.72　直流机柜(左)、交流机柜(右)结构图(单位：mm)

(1)智能切换系统

输入配电将外电网电能引入电源屏并进行监测和切换控制。典型的输入电路原理如图 2.73 所示。

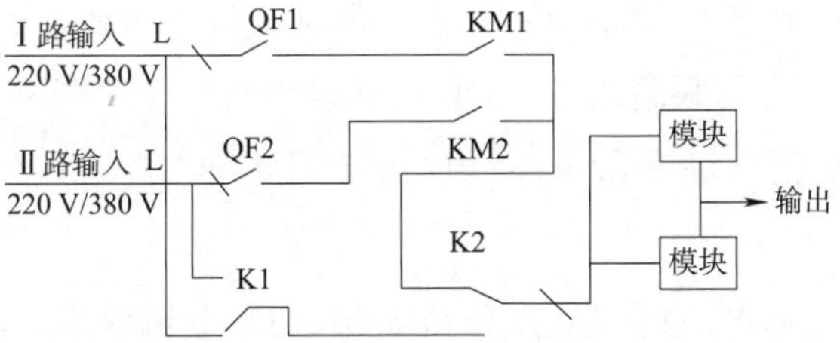

图 2.73　“Y”形输入切换配电原理图

QF1、QF2 为手动转换开关，KM1、KM2 为交流接触器，KM1、KM2 具有互锁特性。

正常供电的情况下，图 2.73 中的 KM1 吸合，KM2 断开，第一路输入给各个模块供电。在第一路输入不正常时，KM1 断开，KM2 吸合，由第二路输入给各个模块供电。在 KM1、KM2 切换的过程中，虽然输入端由于交流接触器的切换有短时间的断电，但因为电源模块都是高频开关电源模块，在设计中采用了 PFC 技术并且内部设计有大容量的电解电容储能器件，使得电源模块具有短时掉电维持功能，也就保证了在输入端切换时模块的对外输出不间断，等交流接触器的切换完成，电源模块改由第二路供电，系统照常工作，所以在整个过程了保证了系统的输出不间断。同样在第一路输入恢复正常时 KM2 断开、KM1 吸合，这样由第一路输入给两个模块供电，系统依旧可以正常工作且保证电源输出不间断。

在切换系统故障时，通过手动扳动直供开关 K1、K2 可以实现第一路输入或第二路输入直供供电。

输出配电主要用途是将接触器直接输送来的电能输送给下一级电源柜(通过转接端子来完成)或是将经模块变换后的电能输送给负载(通过负载接线端子完成)。

两个断路器与 4 台交流接触器的关系见表 2.27。表 2.21 中任何一种状态，吸合的两台交流接触器都能给电源屏内部Ⅰ路和内部Ⅱ路供上电。

表 2.27　两个断路器与 4 台交流接触器的关系

输入状态	KM2	KM1	KM4	KM3
只闭合一路输入断路器(QF2)	释放	吸合	吸合	释放
只闭合二路输入断路器(QF3)	吸合	释放	释放	吸合
一、二路输入断路器同时闭合	释放	吸合	释放	吸合

系统切换控制部分由电压采样板、切换逻辑板、切换驱动板、掉电检测板、切换转换控制板组成。电压采样板、切换逻辑板、切换驱动板由两套组成，一套控制两个接触器励磁线圈，两套控制四个接触器进行切换动作。

交流电压采样板采集外电网Ⅰ路、Ⅱ路电压，并将采集到的电压值送给切换逻辑板。切换逻辑板对电压值进行逻辑判断，如果外电网电压正常，则将逻辑判断信号送给切换驱动板。切换驱动板接收到逻辑判断信号后，直接驱动交流接触器吸合。

电压采样板相当于人的眼睛，实时监测外电网的电压波动情况；切换逻辑板相当于人的大脑，进行逻辑判断，送出动作命令；而切换驱动板相当于人的手臂，去执行切换逻辑板送来的命令。

当外电网电压不正常时，如欠压、过压或缺相，切换逻辑板给出断开信号，切换驱动板收到信号后，断掉驱动电压，交流接触器在内部弹簧的作用下自动释放，断开其所控制的电路通道。各板的详细工作原理说明如下。

①交流电压采样板：J1 口采集交流 220 V 电压，并将 AC 220 V 变压到 AC 5.6 V，然后由 J3 口送给切换逻辑板 2XS1 口。

②切换逻辑板：第一，对采样电压进行逻辑判断。当外电网相电压低于 AC 140 V 时系统欠压，高于 AC 280 V 时系统过压。系统欠压、过压、缺相、断相时切换逻辑板均由 2J1 口向切换驱动板 XS4 口发出逻辑判断信号，驱动交流接触器进行切换。第二，实现交流接触器间的逻辑互锁。4 台交流接触器分为两对。在同一时刻，当外电网Ⅰ路、Ⅱ路同时有电时，切换逻辑板控制第 1 对交流接触器中的 KM1 优先吸合，第 2 对交流接触器中的 KM3 优先吸合。每一对交流接触器是互斥关系，切换逻辑板实现这种逻辑互锁关系。

③切换驱动板：在接收到逻辑判断信号后，由 XS2 口向交流接触器 A1 和 A2 两端提供 190 V 交流高电压，使交流接触器吸合；等交流接触器吸合后，切换驱动板开始向交流接触器 A1 和 A2 两端提供 9 V 直流低电压，维持交流接触器吸合状态。即“高压吸合，低压维持”，有利于延长交流接触器寿命。

④掉电监测板：当外电网某一路发生断电时，掉电检测板从下方那块电压采样板的 J4 口得到采样信号后，经过切换逻辑板直接向切换驱动板送出掉电信号以驱使交流接触器动作。这样的好处是，当系统掉电时缩短切换逻辑板掉电的时间常数，直接向切换驱动板发送掉电信号，加快系统切换响应时间。

⑤切换转换控制板：为切换逻辑板和掉电检测板提供可靠的工作电源。

(2)模块及其配电

模块输入直接引自内部Ⅰ路、内部Ⅱ路总线(注：经过交流接触器之后的总线称为内部Ⅰ路和内部Ⅱ路)，经模块输入空开 QF5 和 QF8 后给到模块背板(B1J5T1OX1)。模块背板通过 DL37 连接器与模块相连，模块与模块背板通过 DL37 连接器相连，模块背板端为 DL37 连接器的母头(Z1、Z2)，模块后部为 DL37 连接器的公头(Z1、Z2)。模块获得 220 V 工作电压后，将输出电源经过输出配电，再经过液压空气开关，最后引到输出万科端子。

D1 模块输出 DC 220 V(直流转辙机电源)，两台模块并联、均流输出。直流模块如 D1 模块、E 模块、F2 模块和 2475 模块等均采用并联、均流的输出配线方式，且采用 N+1 模块冗余备份。

常见模块分类、用途说明如下：

①直流模块：D1 模块(直流转辙机电源)、E 模块(继电器电源、半自动闭塞电源)；

②F2 模块(站间联系电源)，2475 模块(主要用于区间轨道和电码化等 DC 24 V 电源)；

③50 Hz 交流稳压模块：H3 模块、H4 模块、F3 模块等，用于计算机联锁、道岔表示和信

号点灯等 AC 220 V 电源；

④三相相序检测模块：D2 模块、D3 模块等，用于交流转辙机 AC 380 V 电源；

⑤25 Hz 轨道电源模块：C 模块，用于轨道电源（AC 220 V）、局部电源（AC 110 V）；

⑥超前轨道 90°。

（3）输出配电

50 Hz 交流电源经模块稳压输出后还要经过 220 V 隔离变压器，然后在经输出液压空开给到万科端子。每台稳压模块容量为 6.5 A，当两台稳压模块输出同相位时，模块后端可以连接隔离变压器，再将两台 110 V 隔离变压器输出端串联，从而实现更大容量电源（220 V/13 A）。

25 Hz 轨道电源（AC 220 V）和局部电源（AC 110 V）是由 C 模块提供的。

2）防雷系统

防雷系统由输入防雷和输出防雷两部分组成，其中包括两级输入防雷和一级输出防雷。

（1）输入级防雷

系统输入级防雷可以承受 20 次时间为 8/20 μs、大小为 20 kA 的电流冲击或 1 次时间为 8/2 μs、大小为 40 kA 的电流冲击。

C 级防雷的位置在系统输入断路器之后，交流接触器之前。当 C 级防雷故障时会在监控单元中告警。FA1 和 FA2 为 C 级防雷，QF1 和 QF4 为 C 级防雷的输入开关。

D 级防雷位置在交流接触器之后，模块之前。D 级防雷正常工作时绿色指示灯发光显示，故障时绿色指示灯灭灯显示。

（2）输出级防雷

输出级防雷可以承受 10 次时间为 8/20 μs，大小为 5 kA 的电流冲击。其位置在隔离变压器之后，系统输出空开之前。输出防雷板工作正常时，板上的绿色指示灯亮；故障时，板上的绿色指示灯灭，如图 2.74 所示。

3）监控系统

系统内部的监控由模块监控、配电监控和监控单元（PSM-C）三部分组成。模块监控和配电监控是最底层监控，模块监控和配电监控通过 RS-485 接口与监控单元通信。监控单元对配电监控和各个电源模块的 CUP 板进行巡检，模块监控和配电监控将监控数据上传到监控单元。

（1）监控单元（PSM-C）与模块监控（CUP 板）

监控单元具有实时显示、系统设置、通信三大功能。液晶显示屏完成实时显示功能；键盘完成系统设置功能；监控模块通过串口 4 和串口 6 通信，获取配电监控数据和模块监控数据。

模块监控是通过每个模块内部的 CUP 板实现的，不同类型的电源模块都使用同一种模块监控 CUP 板。模块监控 CUP 板通过拨码开关地址区分模块的类型。模块监控 CUP 板的功能有：采集电源模块的输出电压、电流值；采集电源模块的工作状态，包括保护、故障、工作/备用。模块监控 CUP 板将监测数据通过 RS-485 接口上传给监控单元的串口 6。

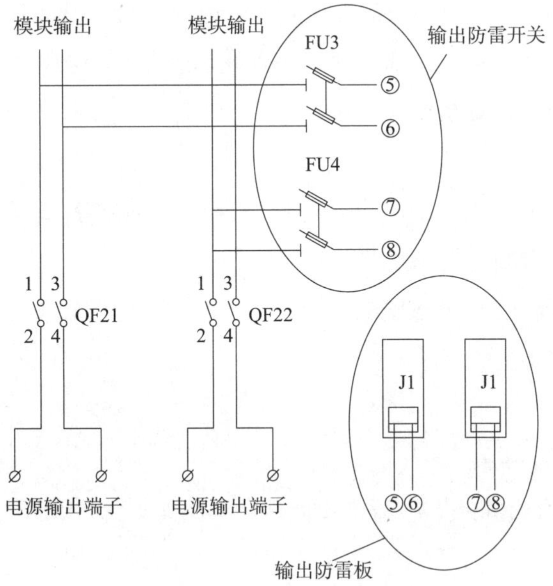

图 2.74　输出级防雷原理图

(2)配电监控

配电监控对整个系统的配电状态进行监测，完成输入、输出配电的数据采集、声光报警、通信等功能。

数据采集功能：配电监控采集量包括模拟量、开关量和报警量。模拟量包括输入电的电流、电压值，开关量包括 4 路输入交流接触器状态，报警量包括 C 级防雷器状态、交流输入空开跳、各路输出空开跳和交流输入停电等。

报警功能：当报警量出现时控制故障灯亮，蜂鸣器进行相应的声光故障告警。

通信功能：当接收到监控模块发来的命令，及时将监测到的各路模拟量、开关量及报警量通过 RS-485 通信给监控单元的串口 4。

系统输入相电压监测过程是：交流电压采样板采样后通过 J4 口给到配电监控转接板 AJ2 口。系统输入相电流监测过程：电流互感器(TA1 至 TA6)采集到相电压值后传送给交流电流采样板，该板通过 J7 口送到配电监控转接板 AJ1 口。

各路输出电源断的告警是通过空开检测板实现的。空开检测板 J3 和 J4 口为电压采集口，每口检测 3 路，每块最多检测 6 路电源输出。J2 口为空开检测板 DC 24 V 工作电源。

当J3或J4口采集到电源有输出时，J1口上1至6针将对8针有DC 0 V电压，否则将有DC 24 V电压。J3和J4上方的1S至6S与J1口上方的1至6相对应。J1口与配电监控转接板相连，将监测数据最终上传给监控单元。

3. PXD-15信号电源屏

PXD-15地铁信号电源屏由主、备用交流配电电路，电源BX220两路输入自动/手动换电路，LB24直流电源(DC 24 V/5 A)电路，错断相、过载保护电路，运行状况显示和故障告警电路，冷却风扇温控电路等组成。

1)功能介绍

(1)BX220两路交流输入电源均设有断相、错相检测保护。一旦检测出故障，输入电源自动切换至另一路供电，同时发出声光告警信号。

(2)LB24主、备电源两套热备供电，若其中一套出现故障无输出时，发出声光告警信号并由另一套电源供电。

2)工作原理

(1)主备用交流配电电路

两路三相五线交流电源分别由端子1D-1～5，3D-1～5引入电源屏，输入电源经过电流互感器TA1～TA3(Ⅰ路)、TA4～TA6(Ⅱ路)馈送到各相母线排MIL1～L3/MIN、MIIL1～L3/MIIN上，由断路器QF1～QF4(主用)、QF5～QF8(备用)作各分路过载保护兼控制开关，完成交流配电。

(2)BX220电源两路输入自动/手动转换电路

电源屏BX220交流电源由两路电源(交流Ⅰ路、交流Ⅱ路)自动/手动转换互备供电。两路电源分别从母线排组合MIL/MIN、MIIL/MIIN引出，通过转换控制接触器1KM、2KM主触点，输出保护断路器QF9，由端子5D-1(BX220-1)、5D-2(BX220-2)、5D3(BX220-3)、5D-4(N)输出。假如先Ⅰ路后Ⅱ路送电，输入电源相序正确，错断相保护器1XQ、2XQ绿灯先后亮，继电器1XJ、2XJ先后吸起，Ⅰ、Ⅱ路电源指示灯1BD、2BD先后点亮，此1KM吸起其辅助触点31,32断开2KM的控制回路构成互锁条件，交流Ⅰ路电源引入供电。交流Ⅱ路电源作备用。反之，若先Ⅱ路电源送电，则由Ⅱ路电源引入供电。后送电源即为备用电源。

当需要两路电源间进行手动转换时，可按下按钮(1TA或2TA)，按钮常闭触点断开相应的接触器控制回路，工作过程如下：按下1TA，1KM线圈失电主触点释放断开Ⅰ路电源1KM常闭辅助触点31,32闭合2KM线圈回路，2KM吸起，交流Ⅱ路电源引入供电，实现交流Ⅰ、Ⅱ路转换。Ⅱ路电源转至Ⅰ路电源工作原理同上。

当两路输入电源中某一路发生断电或错、断相时，错、断相继电器1XQ(或2XQ)上的红指示灯亮，错断相保护继电器 1XJ(或 2XJ)释放，继电器触点断开有故障电源的接触器控制回路，自动转到备用电源供电，同时发出声光告警。

(3)错断相及输入/输出过载保护电路

电源屏两路输入三相电源分别设置错、断相保护器 1XQ、1XJ、2XQ、2XJ 作保护。对于电源屏交直流各路输出均选用 CBI 磁—液式断路器作过载短路保护。

(4)运行状态显示和故障告警、风冷温控电

为了检测电源屏运行状况，分别设置了输入电压、电流表 PV1、PV2、PA1、PA2 及相应选择开关 1WHK、2WHK，可以选择检测两路输入电量参数。

故障告警采用声、光告警方式，电源屏故障时，告警灯亮，铃声或蜂鸣器鸣响。在排除故障中，可将止铃开关 K 扳到“止铃”位置消除鸣响，告警灯保持告警提示。故障排除，电源屏恢复正常后，铃声或蜂鸣器再次鸣响，告警灯告警提示消失，将止铃开关 K 扳回到“告警”位置。在正常工作时，止铃开关 K 应处在“告警”位。止铃开关 K 扳在“止铃”位置可对告警铃或蜂鸣器作校验。

为了保证电源屏可靠工作，屏中设有两台冷却风扇，风扇的开启和关闭由温控装置所设定温度值自动运行。

(5)LB24 直流电源

LB24 直流电源额定输出为 DC 24 V 5 A，双套热备工作。输入电源分别由断路器 QF4、QF5 控制和保护，通过变压器 1B、2B 降压(输出电压可根据现场情况在变压器次级抽头做调整)，低压交流经过整流桥堆 V1、V2，电阻 R1、R2，断路器 QF10、QF11，防倒流二极管 V3、V4 在端子 7D-1(＋). 7D-2(－)上输出。两套电源热备工作，一旦某一电源故障，由另一套电源维持供电。同时发出声光告警。为便于检测电源工作状况，主备用电源分别设置输出监督继电器 JDJ1、JDJ2，电压表 PV3、PV4，电流表 PA3、PA4，输出指示灯 3LD。

3)技术参数

输入电源：两路三相 AC 380×(1±0.05)V，50 Hz±1 Hz。

额定容量：15 kVA。

两路电源的切换时间(包括手动或自动)：≤0.15 s。

输出电源：

AC 220 V(CB12 输入电源) 25 A×2(主备)；

AC 220 V(MODEM 输入电源) 25 A×2(主备)；

AC 220 V(CB24 输入电源) 25 A×2(主备)；

AC 220 V(CBX220) 100 A(输入两路转换)；

DC 24 V(CLB24 电源) 5 A×2(主备)(当输入电压为 220 V，负载在额定值 10%～

30%范围内变化时，输出电压允许波动范围为DC 23.5 V～27.5 V)。

绝缘电阻：

当温度为150 ℃～300 ℃时，相对湿度为50%～80%的气候条件下，整机输入、输出端子对地的正常绝缘电阻值应不小于20 MΩ。

当温度为150 ℃～300 ℃时，相对湿度为95%～98%的气候条件下，整机输入、输出端子对地的正常绝缘电阻值应不小于1 MΩ。

绝缘耐压：在大气压力不低于84 kPa时，整机的输入、输出端子对地间的正常绝缘耐压。

200 V$<U\leqslant$380 V，50 Hz/1 200 V/1 min，无击穿或闪络现象。

外形尺寸(宽×厚×高)：800 mm×600 mm×2 000 mm。

质量：200 kg/屏。

2.7.2 UPS设备

1. 台达UPS-NT系列

1)概述

不间断供电系统又称不间断电源或不停电电源，英文缩写为UPS(uninterruptible power system)，是一种现代化电源设备。

两路电源转换过程中至少要中断供电几十毫秒，这对一般的继电设备没有严重影响。但对于计算机系统及计算机控制的负载，它们对供电的质量和可靠性有着更严格的要求，不允许有3～5 ms的中断供电，否则，计算机正在处理的信息便会丢失或发生错误。此外，供电电压、频率、波形的变动，也会使计算机造成错码、漏码而无法正常工作。

计算机已经越来越广泛地应用于轨道交通信号领域的各个方面，对于应用计算机的各信号系统，必须配备UPS，以保证不间断供电，使系统正常工作。

2)UPS的功能

(1)UPS的主要功能有两路电源无间断切换、隔离干扰、电压变换、频率变换和后备功能。

(2)两路电源无间断切换。两路电源可通过UPS实现无间断切换。

(3)隔离干扰。在UPS中，交流输入电源经整流后由逆变器对负载供电，可将电网电压的瞬时间断、谐波、电压波动、频率波动、噪声等各种干扰与负载隔离，使电网的干扰不影响负载，而且负载也不干扰电网。

(4)电压变换。通过UPS，可将输入电源的电压变换成所需要的电压。

(5)频率变换。通过UPS，可将输入电源的频率变换成所需要的频率。

(6)后备。UPS中的蓄电池储存一定有能量,市电间断时蓄电池将通过逆变器继续供电。

3)UPS分类及组成

UPS通常分为后备式和在线式两类。

(1)后备式UPS

市电正常时,市电经滤波后送给负载,同时给蓄电池充电;市电断电时,逆变器将蓄电池的直流电转换为交流电送给负载。转换时间由继电器动作时间和逆变器启动时间决定,一般要求在10 ms以内。后备式UPS的优点是电路简单、价格较低。但由于存在转换时间,输出电压易受电网波动的影响,供电质量不够高。

(2)在线式UPS

市电正常时,输入的交流电先经输入滤波器滤除电网中的污染,再经整流滤波,给蓄电池充电,也给逆变器供电,由逆变器输出稳压稳频的交流电供给负载;市电断电时,逆变器将蓄电池提供的直流电变换为交流电供给负载,实现不间断供电。

(3)UPS设备由UPS主机、蓄电池组、电池柜、稳压器等组成。主要含有整流器/充电器、逆变器、静态旁路、手动维修旁路、蓄电池组等,如图2.75所示。

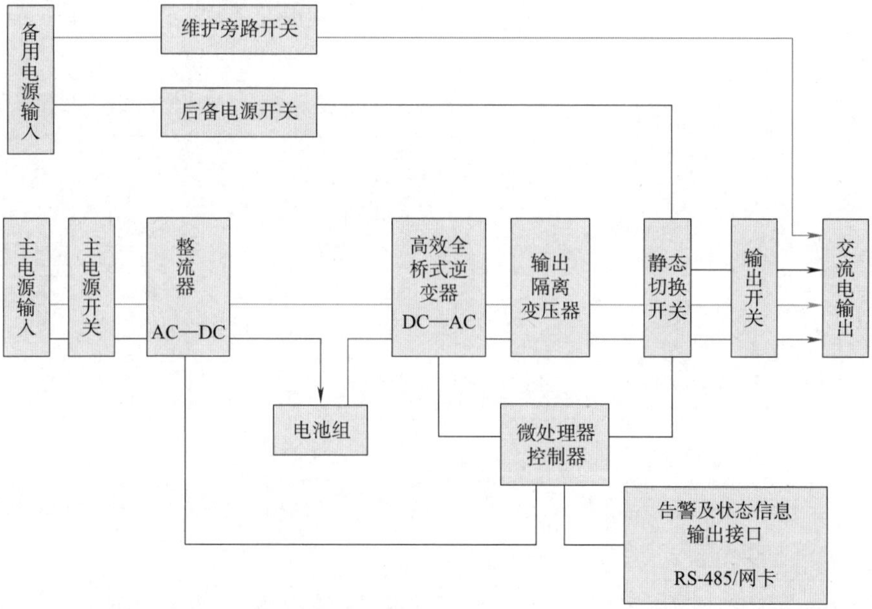

图2.75 UPS设备组成结构示意图

4)工作模式

(1)正常供电模式(单机)

在正常供电模式下,交流电是由输入端经开关送入整流器,整流器将交流电源整流为直流电源后输出，供给电池充电，并供给逆变器准备供应给负载，逆变器将直流电源转化为交流电源，并同时做滤波工作，使电源输入静态开关前变为稳定无噪声的交流电源，继而通过静态开关后直接供应给负载，如图 2.76 所示。

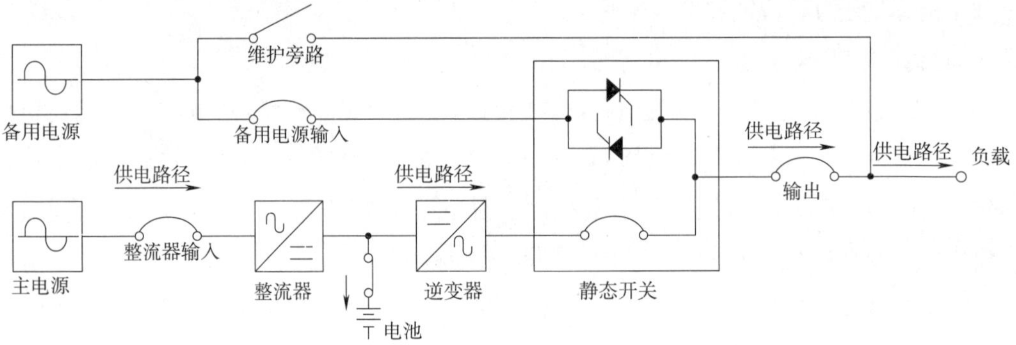

图 2.76　正常供电模式(单机)原理图

(2)电池供电模式(单机)

交流市电无法正常供应电力时，例如：电压不稳定、突波、跳电或电力中断等电力异常现象，UPS 会自动由正常供电模式转态到电池供电模式。此时直流电力由电池提供，经由逆变器转化为交流电源，再经由静态开关供给负载，在转态期间其输出电压无变化，如图 2.77 所示。

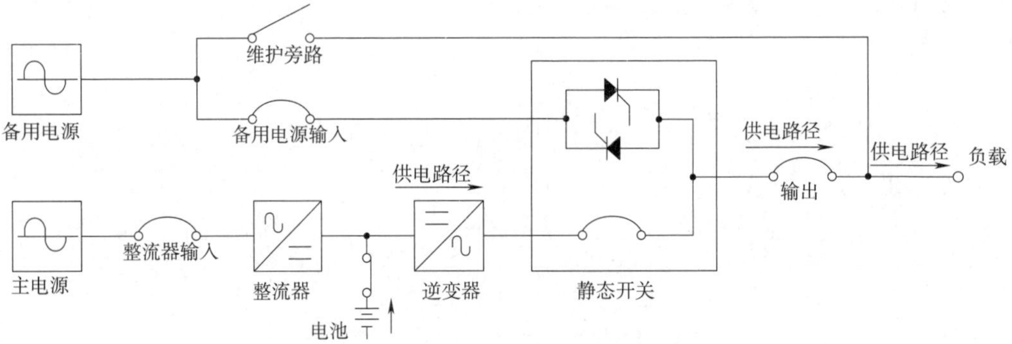

图 2.77　电池供电模式(单机)原理图

(3)备用电源供电模式(单机)

当逆变器遇到异常情况时，如温度过高、超载时间过长、输出短路、输出电压异常、电池放电终止等，逆变器会自动保护锁机，如果此时 UPS 侦测备用电源供应正常，则 UPS 会自动转态备用电源供电模式，使负载供电不会中断。当逆变器异常状况排除后，UPS 会自动从备用电源供电模式转态回正常供电模式，如图 2.78 所示。

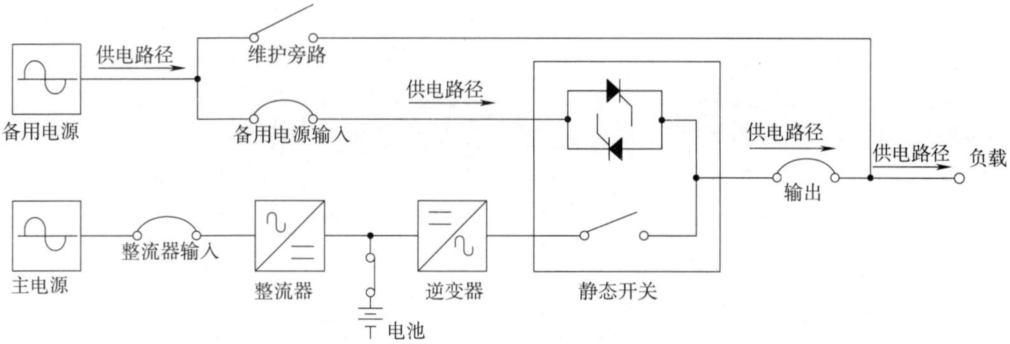

图 2.78 备用电源供电模式(单机)原理图

(4)维护旁路模式(单机)

在 UPS 需保养或维修时,此时在确定备用电源供电正常下,可用人工方式将其供电模式转态到维护旁路供电模式,在此供电状态下,可将 UPS 内部电源完全切除,此时 UPS 主机内并无电源,以保障维护人员安全,且对负载供电正常,如图 2.79 所示。

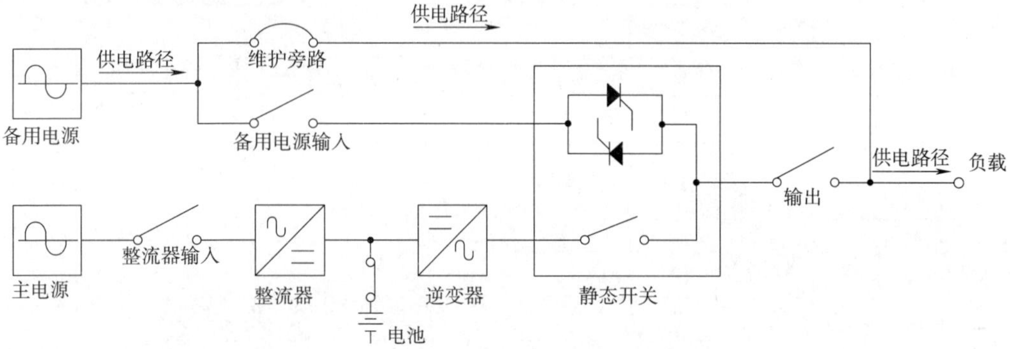

图 2.79 维护旁路模式(单机)原理图

(5)正常供电模式(并联机)

当 UPS 处于并联模式时(容量、电压及频率必须相同),输出负载由并联中的 UPS 平均分配。UPS 并联中有 UPS 发生故障,若负载容量小于其他并联中 UPS 的总容量,则此故障的 UPS 输出会关闭,且负载由其他并联中的 UPS 平均分配。若负载容量大于其他并联中 UPS 的总容量,则所有 UPS 的逆变器关闭,负载转由备用电源供电,如图 2.80 所示。

(6)电池供电模式(并联机)

UPS 处于并联模式时,当交流市电无法正常供应电力时,例如:电压不稳定、突波、跳电或电力中断等电力异常现象,UPS 会自动由正常供电模式转态至电池供电模式,在转态期间其输出电压无变化,如图 2.81 所示。

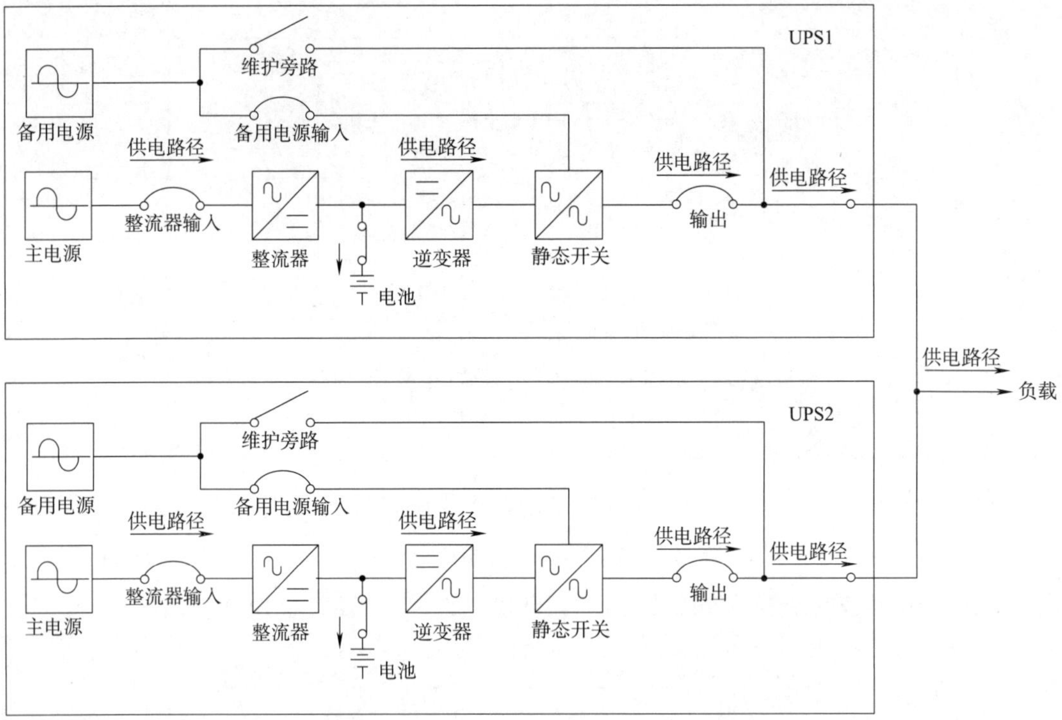

图 2.80　正常供电模式(并联机)原理图

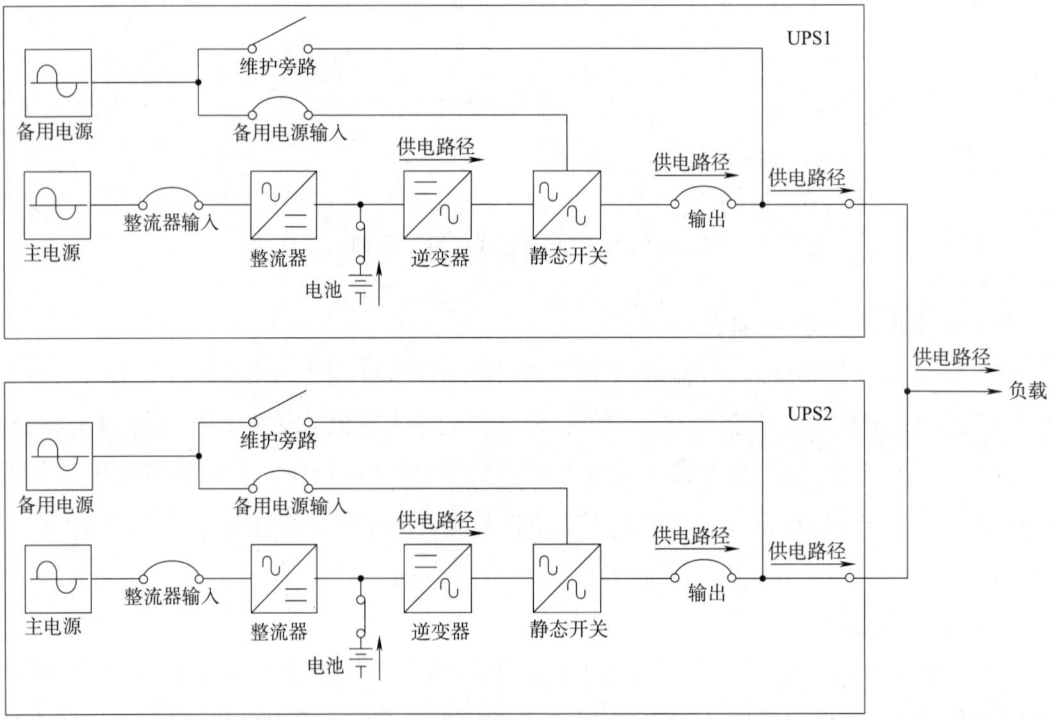

图 2.81　电池供电模式(并联机)原理图

(7)备用电源供电模式(并联机)

当逆变器遇到异常情况时,如温度过高、超载时间过长、输出短路、输出电压异常、电池放电终止等,逆变器会自动保护锁机,如此时备用电源供应正常,则所有UPS会自动转由备用电源供电,使负载供电不会中断。当逆变器异常状况排除后,UPS会自动由备用电源供电模式转态回正常供电模式,如图2.82所示。

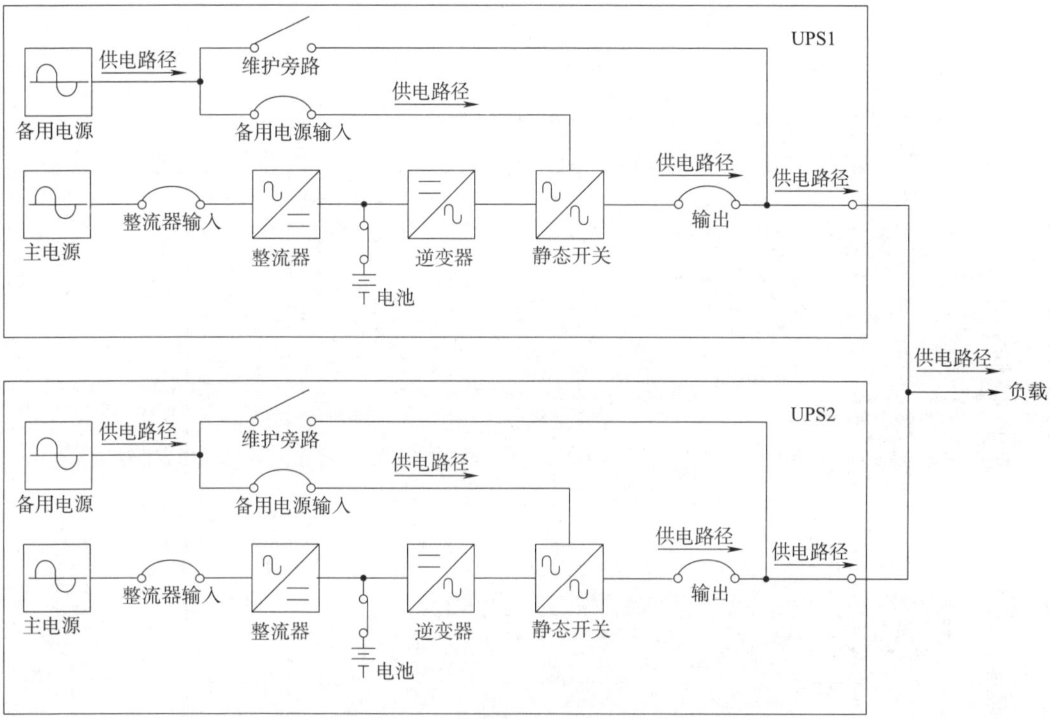

图2.82 备用电源供电模式(并联机)原理图

(8)维护旁路模式(并联机)

UPS需保养或维修时,此时在确定备用电源供电正常下,可用人工方式将其供电模式转态至维护旁路供电模式,在此供电状态下,可将UPS内部电源完全切除,除了端子座及"维护旁路"开关有高压以外,UPS内部没有高压,可进行UPS维护的动作,如图2.83所示。

5)主要技术参数

交流输入额定电压:380 V/220 V、400 V/230 V、415 V/240 V(3相4线+地线)。

输入电压范围:±20%。

输入电流(电压:400 V/230 V):35 A、52 A、69 A、86 A、103 A、137 A、172 A、205 A、275 A、344 A、447 A、550 A、687 A。

输入额定频率：50/60 Hz；输入频率范围：±5%。

输出电压：380 V/220 V、400 V/230 V、415 V/240 V(3相4线+地线)。

输出电流：30 A、44 A、58 A、72 A、87 A、116 A、145 A、174 A、232 A、290 A、377 A、646 A、580 A。

输出频率：50/60 Hz。

输出总谐波失真(线性负载下)：≤3%。

输出稳定度：静态：±1%；动态：±5%。

输出频率稳定度：内部振荡器工作：±0.01%；与市电同步工作：±1%。

输出逆变器超载：≤110%，60 min；≤125%，10 min；≤150%，1 min。

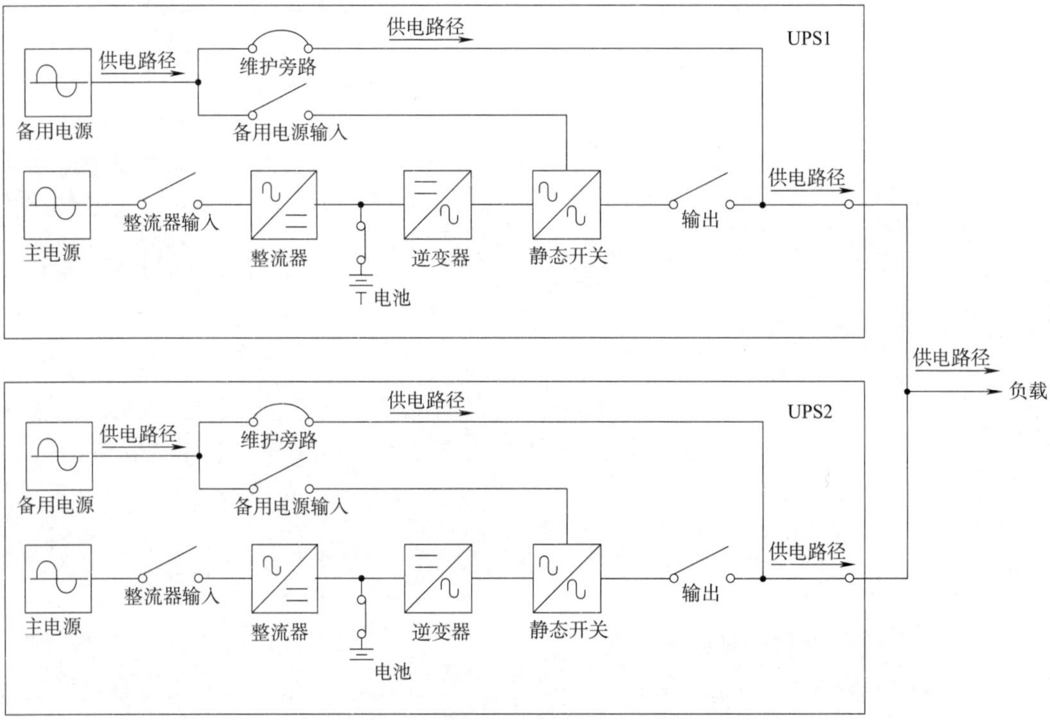

图 2.83　维护旁路模式(并联机)原理图

2.7.3　稳压柜

1. 设备概述

SBWDT-5B4(T)系列三相可控硅交流稳压器，是针对用户电网电压不稳定且不允许断电的特殊要求而研制生产的新一代交流稳压器，它集合了智能测控、可控硅无触点开关和变压器技术于一体，具有响应快、无噪声、高可靠、高效率等特点；采用最新技术完全撇除了限流电阻，可大幅提高整机的可靠性和效率；具有完善的自检测及保护功能。

2. 工作原理

稳压器由补偿变压器(主变)、补偿电压调节电路[调压变压器(副变)、可控硅模块及驱动电路]、智能控制电路、操作及显示电路等组成,其工作原理如图 2.84 所示。其中补偿变压器、补偿电压调节电路、智能测控电路组成了输出电压的自动稳压系统。

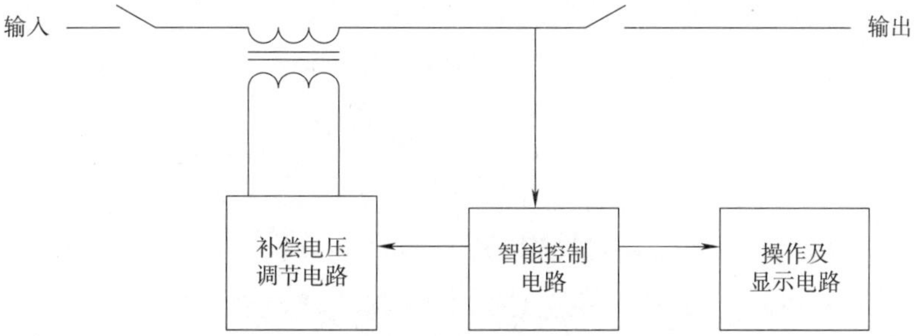

图 2.84　稳压器工作原理

自动稳压原理如图 2.85 所示,在不计补偿变压器 TB1(主变)的阻抗压降时有:$U_{out}=U_{in}+\Delta U$。

其中:U_{in}—稳压器输入相电压;U_{out}—稳压器输出相电压;ΔU—补偿变压器 TB1(主变)次级补偿电压。

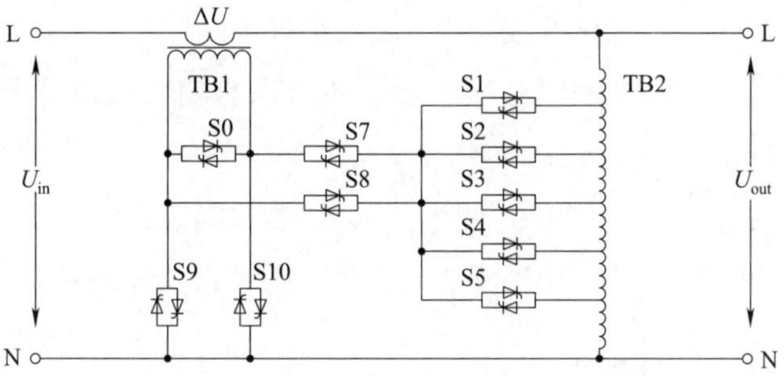

图 2.85　自动稳压原理图

SBWDT-5B4(T)系列三相可控硅交流稳压器的补偿电压调节电路是由调压变压器 TB2(副变)、可控硅模块及驱动电路组成。其中,调压变压器 TB2(副变)为多抽头自耦变压器,每路抽头由 1 组若干个可控硅开关控制。可控硅开关 S1～S5 为补偿电压大小切换开关,可控硅开关 S0、S7～S10 为零补偿、正补偿、负补偿切换开关,改变各可控硅开关的导通状态,即可改变补偿变压器 TB1 初级线圈上的电压大小和方向,从而 TB1 次级可产生大小和方向均可变的补偿电压 ΔU。当输入电压 U_{in} 改变或因负载变化而引起输出电压 U_{out} 变化时,智能控制电路对可控硅开关(S0～S10)进行调整切换,从而实现自动保持输出电压稳定的目的。

3. 基本功能介绍

稳压功能：当输入电压在 220 V×(1±20%)范围内时，输出电压满足 220 V×(1±3%)；当输入电压超出 220 V×(1±20%)范围内时，做最大补偿输出。

遥信功能：提供稳压器故障告警干接点信号。

保护及告警功能：

1)输出过欠压告警：当输出电压超出额定输出电压±10%(允许±3 V 的偏差)，稳压器延时 5 s 左右发出声光告警信号。当输出电压回到额定输出电压±10%范围之内时，告警信号自动消除。

2)短路保护：输入断路器提供短路保护。

3)过载保护：稳压器允许短时过载工作，输入断路器及补偿回路熔断器提供两种过载保护功能。

4. 主要组成部分

1)显示面板：包括电压电流显示表 N16S2-V/A 及 3 个状态指示灯。在稳压状态下，LED 显示表头可显示主回路输入三相相电压 U_A、U_B、U_C，稳压器输出三相相电压 U_a、U_b、U_c，稳压器输入电流 I_a、I_b、I_c。可通过表头右下角的按键→、←切换显示内容。

2)控制模块：控制模块安装于柜内前上方，每相包括一块主控制板、可控硅模块及驱动电路。主控制板实现电压实时采样，逻辑判断，发出可控硅控制信号等功能。

3)接线面板：安装在柜内前下方。接线面板上分布有输入接线端子、输出接线端子、干接点告警信号接线端子。

4)补偿变压器：补偿变压器 TB1(主变)，为标准盘式隔离变压。

5)自耦变压器：自耦变压器 TB2(副变)，为多抽头自耦变压器，构造上与普通单相干式变压器相同。

5. 基本性能指标

额定输出容量：10～60 kVA。

型号：SBWDT-5B4(T)-10、15、22、30、45、60。

稳压方式：三相可控硅控制交流稳压、分相调节。

输入方式、输入电压：三相五线制 AC 380/220 V±20%。

额定输出电压：AC 380/220 V。

频率：兼容 50/60 Hz(输入电压频率范围：47～63 Hz)。

稳压范围：输入相电压 176 V～264 V(L-N)。

稳压精度：输入相电压在 AC 220 V×(1±20%)范围内，输出相电压满足 AC 220 V×(1±3%)；输入相电压超出 AC 220 V×(1±20%)范围时，作最大补偿。

过载：120%负载≥60 min，140%负载≥15 min，160%负载≥5 min，输入空开不动作，后备保护熔丝无熔断。

输出过/欠压告警点：输出过压告警点：242 V±3 V；输出欠压告警点：198 V±3 V。

告警延时：5 s～7 s，告警接点 1—NO，2—COM，3—NC。

告警接点信息：输出过压、输出欠压、旁路工作。

抗过载冲击：能承受短时过载冲击。

整机满载效率：不小于 98%。

输出电压相对谐波增量≤1%。

绝缘电阻：直流 1 000 V 兆欧表，输入侧对地、输出侧对地≥25 MΩ。

绝缘强度输入侧对地、输出侧对地：AC 2 500 V 50 Hz 1 min，漏电流≤10 mA。

2.7.4 蓄电池

1. 蓄电池的重要作用

蓄电池是电力电源系统中直流供电系统的重要组成部分，它作为直流供电电源，主要担负着为电力系统中二次系统负载提供安全、稳定、可靠的电力保障。正常时直流系统中的蓄电池组处于浮充电备用状态，在交流电失电的事故状态下，蓄电池迅速向事故性和应急性负荷提供能量。因此，蓄电池的稳定性和在放电过程中提供给负载的实际容量，对确保电力设备的安全运行具有十分重要的意义。

2. 蓄电池运行指标要求

1)蓄电池的充电

(1)充电电压

充电电压要求见表 2.28。

表 2.28 充电电压的要求

初(补)充电电压	按厂家说明书的规定
浮充电压	按厂家说明书的规定(一般在 2.23～2.28 V/只范围内规定，温度为 25 ℃时)
均衡充电电压	2.30～2.35 V/只

(2)均匀性

电池经过充电，浮充一段时间(3 个月)以后，其每组电池中各单体电压的端电压应不超过以下范围：端电压：平均值±0.05 V。

2)蓄电池的放电

蓄电池容量是指电池在规定的时间内，以 10 h 率放电电流为 1 的倍数计算，放电到规定的终止电压为止所能放出的安时数。其放电率、放电电流、终止电压及应达到额定容量的百分数见表2.29。

表2.29 蓄电池的放电相关系数

放电率(h)	电池额定容量百分数(%)	放电电流倍数(A)	终止电压(V)
0.5	35	7 110	1.70
1	50	5 110	1.75
3	75	2.511 0	1.80
8	94	1.181 10	1.80(1.84)
10	100	1.011 0	1.80(1.85)
20	110	0.551 10	1.80(1.86)

电池间连接电压降 $\Delta U \leqslant 0.01$ V(1 h放电率条件下测试)。

3)蓄电池的寿命

阀控式铅蓄电池在全浮充状态下正常运行,2 V系列使用寿命不低于8年,6 V和12 V系列使用寿命不低于6年。

4)蓄电池容量测试

蓄电池组容量的测量视情况不同可用下列三种方式进行测量。

(1)离线式测量法

①将脱离供电系统的蓄电池充满电后静置1～24 h,在环境温度为25 ℃±5 ℃的条件下开始放电。

②放电开始前应测蓄电池的端电压,放电期间应测记蓄电池的放电电流、时间及环境温度,放电电流波动不得超过规定值的1%。

③放电期间应测蓄电池的端电压及室温,测量时间间隔为:10 h率放电1 h,3 h率放电0.5 h,1 h率放电10 min。在放电末期要随时测量,以便准确地确定达到放电终止电压的时间。

④放电电流乘以放电时间即为蓄电池组的容量。

⑤放电结束后,要对蓄电池组充电,充入电量应是放出电量的1.2倍。

(2)在线式测量法

①在供电系统中,关掉整流器由蓄电池组放电供给通行设备,在蓄电池组放电中找出蓄电池组中电压最低、容量最差的一只电池来作为容量试验的对象。

②打开整流器对蓄电池组进行充电,等蓄电池组充满电后稳定1 h以上。

③对放电时找出最差的那只电池进行10 h率放电试验。放电前后要测记该只电池的

端电压、温度、放电时间和室温。以后每隔 1 h 测记一次，放电快到终止电压时，应随时测记，以便准确记录放电时间。

④放电时间乘以放电电流即为该组电池的容量。当室温不是 25 ℃时，应换算成 25 ℃时的容量。

⑤放电试验结束后，用充电机对该只电池进行充电，恢复其容量。

⑥根据测记的数据绘制放电曲线。

(3)核对性容量试验法

为了能随时掌握蓄电池的大致容量，进行核对性放电试验是必要的，其方法如下：

①在直流供电系统中，关掉整流器，让蓄电池对通信设备供电，蓄电池组放电前后要测记每只电池的端压、温度、比重、室温和放电时间。放出额定容量的 30%～40%为止。

②放电结束后，要对蓄电池充电，充入电量应是放出电量的 1.2 倍。

③根据测记的数据作出放电曲线，留作以后再次测试时比较。

注意事项：上述 3 种蓄电池的容量试验方法，是日常维护中常用的方法，但无论哪种方法，在容量测试期间通信安全都会受到一定的威胁。因此在做容量试验时要防止市电停电，备用发电机组应处于良好状态。

5)连接条压降的测量

蓄电池按 1 h 率电流放电时，两只电池之间的连接电压降，用 0.5 级直流电压表在蓄电池的极性根部测量电压值应不大于 10 mV。

2.8　车载设备

2.8.1　车载信号系统

在城市轨道交通信号系统中，一般以车载信号作为“主体信号”，除正线道岔区域外，一般不设信号机。车载信号系统按其功能要求分为两个子系统，即车载 ATP 子系统和车载 ATO 子系统。车载信号系统可实现列车定位、位置/速度测定、信标检测、安全制动模式、列车追踪、速度监督、运动方向监控等功能。

1. 车载信号系统组成

1)车载 ATP 子系统

该子系统是车载信号系统的核心部分，其主要功能包括超速防护和制动保护。车载 ATP 系统从轨旁电路 ATP 系统接收限速命令，同时从车载速度传感器读取列车实际速度，并将其与限速命令比较，保证车辆在允许的速度范围内行驶。如果列车超速行驶，该子系统将自动实施制动，直到列车速度降到允许范围内。除此之外，车载ATP子系统还能够实现零速度检测和车门控制等功能。作为车载信号系统的核心设备，车载ATP系统采用冗余设置，有双机热备方式和三取二两种冗余方式，双机热备设有主、副ATP两个模块，互为备用，保证系统正常运行，三取二冗余为三套ATP模块，只要两套完好，就能保证系统正常运行。

一般情况下，ATC系统列车两端的车载ATP设备采用三取二结构，列车头尾冗余配置，完成列车头尾两端的自动换向功能。每列列车的一端包括：车载控制器机架、查询应答器天线、速度传感器、加速度计、车载通信网络以及实现信号功能的其他按钮等设备，这些设备一部分放置于驾驶室，一部分放置在车底。

(1)车载控制器(CC)

每列车有两套车载控制器，分别设置在列车车头和车尾，该设施安装在开放的支架内与框架相配。车载控制器机架包括一个ATP/ATO机箱，两个外围设备机箱，再加上一个与安全继电器和连接器接口的面板。CC机柜内装有查询应答器。

(2)应答器读取器

列车上安装应答器读取器天线，用于接收应答器传送过来的信息，并负责把信息提供给车载控制器，然后车载控制器将对读取的信息进行对比，并能通过应答器磁场强度和应答器正在读取的信息来判断应答器读取器是否正常工作。

(3)速度传感器

速度传感器安装在列车车轮上，传感器通过车轮轮齿的转动计数输出数字脉冲，轮齿转过的角度不同，输出数字脉冲的数量就不一样。这些数字脉冲由硬件计数器来计数，从而实现在给定周期内测试列车速度的功能。传感器和设备配置的数量针对不同的应用会有所不同，车轮每转一圈能够输出的脉冲数量与速度传感器的通道数量和输出通道之间的相移均有关系。

(4)车载通信网络

车载数据通信系统(DCS)由移动通信系统(MR)和MR天线构成。在列车两端各安装有一个移动通信系统和两个天线，移动通信系统是车载无线设备，用来在车载设备和轨旁设备间传输数据。车载子系统ATP和ATO通过两个独立的以太网连接到移动通信系统，ATP和ATO的以太网扩展模块利用双绞线彼此连接，实现车厢之间的网络通信。

(5)TOD列车操作人员操作设备

TOD列车操作人员操作设备即列车司机控制台显示器，其报警器在超速时发出报警，其显示信息包括车载设备状态、当前驾驶模式、超速、速度表停车点等信息，具体显示信息根据不同用户需求及供货商特点有所区别。

(6)加速度计

加速度计用于检测列车运行过程中可能出现打滑或空转情况，安装于CC机柜底部，每个CC机柜内有4个加速度计，其中两个是数字型的，两个是模拟型的。模拟设备和数字设备消除共模错误，通过交叉检测保证系统的安全。不同厂家生产的加速度传感器配置有所不同，但加速度传感器与车辆系统不会有直接接口。

(7)实现信号功能的其他按钮设备

除以上车载信号设备外，还有很多车载按钮用以实现其他的车载信号功能，如用来选择列车驾驶模式的按钮或功能开关。

2)车载ATO子系统

该子系统相当于列车自动运行时的“大脑”，能够根据接收到的相关指令信号实现车辆的自动驾驶，包括车辆的加速、减速、平稳行车和进站后的定点停车等。

车载ATO子系统包括车载ATO模块、ATO车载天线和人机界面。列车司机通过人机界面可以将列车运行的模式选择为ATO，启动列车在ATO模式下运行。ATO车载天线可以实现列车自动驾驶系统的车载模块与地面设备之间的信息交换。车载ATO模块是列车自动驾驶系统的核心组成部分，每列车上设置两套车载设备：一套在头车，另一套在尾车。每一套车载设备又包括两个独立的ATO模块，一个主用，另一个备用。

2. 车载信号系统作用

城市轨道交通信号系统是保障运营安全，实现行车指挥和列车运行自动化，提高城市交通运输效率的重要机电设备。而车载信号系统作为轨道交通信号系统的关键组成部分，直接负责列车的运行控制，因此车载信号系统的作用巨大。

在特定情况下，车载信号系统利用专用无线通信系统传输通道进行车辆位置信息传输和信息共享，辅助调度人员指挥，满足运营需要。

1)车载信号系统作用概述

(1)车载信号系统保证列车的运行安全

车载信号系统通过与车辆系统间接口与列车进行通信，向列车传递指令，并由车辆执行命令完成对列车的运行控制。比如，在ATO模式下的运行列车对旅客的报站广播等控制指令，来源于车载信号系统与车辆系统的接口通信，而所有命令的执行全部由车辆来完成。

车载信号设备与车辆的接口可分为机械接口与电气接口，接口本身又分输入接口与输出接口。机械接口安装是严格按照供货商对信号系统设备机械尺寸及安装位置要求在车辆上进行的。车载信号与车辆之间的接口主要是一些控制命令的输入、输出。列车两端驾驶室ATC设备的通信，均采用硬线连接传输的方式，通过直接检测分线盘端子是否有24 V

输入电压，即可判断出是信号设备本身的故障，还是按钮本身或是按钮至ATC设备的接线故障，即车辆故障。

(2)实现车地之间的信息传输与控制

车辆位置信息的信源是车载信号设备，信宿是控制中心专用无线系统CAD调度服务器和调度台，通信车载台在接收、解析该类信息之后将进一步转发给CAD调度服务器，由后者在系统内部实现信息共享，分发给相应的调度台等设备。

(3)实现系统短数据传输服务共享

本系统中主要有以下两种数据传输需求使用到系统提供的短数据传输服务。

①通信车载台、固定台与CAD调度系统之间定制数据传输需求：包括对时信息、呼叫请求、列车位置更新等，其中出现最多的数据是车辆位置更新。

②控制中心设备到通信车载台之间的数据传输需求：车载信号车辆位置信息。

根据总体的设计思路，第一种数据传输主要是下行数据传输，第二种数据传输主要是上行数据传输，这两种数据传输相互之间影响较小。

(4)采用专用无线通信系统短数据传输通道，车载信号传输性能得到提高

从通信车载台到无线系统控制中心设备之间采用系统提供的短数据传输服务实现数据传输，使用无线系统的短数据传输服务直接提高了车载信号列车位置信息传输性能。

(5)实现信号系统资源共享

基于计算机及数字信号处理技术的原理，通用信号车载设备利用一套硬件平台识别处理多种制式的地面信号，从而使得列车在多制式地面信号的条件下实现安全运行。例如，干线铁路通用式机车信号采用数字信号处理(DSP)技术解决了干线铁路信号多制式问题，保证了提速列车长交路、跨线的安全运行。

2)车载信号系统作用及原理

(1)列车定位功能

列车定位功能可从以下几方面描述列车位置信息、列车定位过程、列车运行方向。

①列车位置信息

列车有两种位置类型：安全位置和非安全位置。

a. 安全位置

列车的安全位置包括最大安全前端位置及最小安全后端位置。最小安全后端位置及最大安全前端位置包含整个列车的长度，列车的前进方向决定了列车长度将向哪个方向延伸及列车的首尾端位置。ZC根据CBTC列车汇报的位置计算列车的安全位置，需要考虑测距误差、位置汇报的生存周期、列车的最大速度、列车的加速度、退行距离等系统参数。

b. 非安全位置

列车的非安全位置即根据车载运行为列车计算的列车位置。

造成列车位置测量误差的原因有:信标检测误差;数据收集时间的不确定性;轮径校准误差;空转/打滑时加速度计的校准误差。

②列车定位过程

对每列列车来说,列车定位包括初始定位和持续定位两种过程。在持续定位过程中,通过不断地进行位置校正以消除里程计的累计误差。列车必须检测到两个相邻的应答器处于初始化阶段才能完成列车定位过程,系统可以测定计算走行距离,并通过里程计进行累积,在列车初始位置的基础上通过速度传感器和电子地图实现列车的持续定位,并利用线路上的应答器对列车位置进行校准以实现列车的精确定位。列车位置信息包括列车头尾两端的位置和方向。

③列车运行方向

该参数描述常规方向的列车移动方向。当列车自起点向终点移动时,移动方向是正向的,而向相反方向移动时,移动方向是反向的。

(2)列车位置/速度测定功能

列车位置测定功能是系统自动实现的,不需要手动输入列车位置,系统可自动检测并确定配有车载设备且驶入 CBTC 区域的列车位置。

列车速度测定功能的测量精度可以满足列车运行和安全要求,系统速度测量精度参数为±0.5 km/h(测速范围为 0～100 km/h)。

对于不精确的列车位置/速度测定结果,信号系统可对其进行补充修正。车轮转动可以作为列车位置/速度测定功能的依据,如果由于车轮打滑、空转或车轮尺寸发生变化(磨损、调校、更换)而产生位置误差,该功能可对误差做出修正。

(3)安全制动模式功能

安全制动模式是在列车减速停车的过程中,对列车运行情况进行分析。配有车载信号设备的列车,停车距离小于或等于安全制动模式确保的距离。

(4)列车追踪功能

列车追踪功能涉及区域控制器(ZC)和车载控制器(CC)两个子系统,其中 ZC 通过对比法来确定列车的位置。列车追踪的主要功能是提供数据,以保证列车的安全运行间隔,这些数据可被看作是上报列车或者非上报列车所处位置的网络地图。每个 CC 提交一份位置报告,包含列车识别号、前后车头位置,加上安全的估计位置的不确定值。列车识别号实际上是“CC 识别号”,在每个 CC 上安全地编码硬件,防止两个 CC 有相同的识别号。

(5)移动授权下的移动闭塞列车间隔

信号系统把移动授权限制在前方列车尾部的安全距离外方停车点。

信号系统安全列车间隔功能包括：

①根据 ATP 曲线计算 ATP 固定数据和 ATP 可变数据；

②ATP 曲线受安全制动模式管理，可确保在任何情况下，配有车载设备的列车都不会超出移动授权限制；

③旁路信号车载设备安全列车间隔功能，列车可超出其移动授权限制(如以一定速度限制)。但此情况下，列车运行安全由司机保证。

(6)速度监督功能

CC 能对速度传感器和加速计输入的数据是否一致进行监控。如果监测到速度传感器和加速计数据的非正常变化，则会对异常情况进行记录。非常规变化表明列车出现了打滑或空转现象，或者可能出现速度传感器信号丢失的情况。一旦检测到空转或打滑现象时，CC 会根据加速计的实际加速或减速情况计算速度值，如果这种情况超过了规定时间，CC 将会警报。

CC 将利用速度传感器上的安全速度和位置及加速计测量出来的加速度来更新列车速度和位置，且位置误差通过信标来消除。

(7)轮径确认及磨损补偿功能

为测速精度系统提供自动轮径校正功能，用于列车车轮磨损或其他原因变化后获得列车最新的实际轮径值。

自动轮径校正功能通过精确布置在转换轨附近的两个连续应答器之间实现，距离大于 20 m，轮径补偿范围为 770～840 mm。列车在进入正线前，或者退出运营回库时，可完成对列车轮径的自动校正。

(8)停车保证功能

停车保证功能指的是当发生人工取消进路的情况时，能保证 CBTC 列车在信号机前方停下来。

如果列车在 CBTC 系统控制下，且没有超速，或者保证列车已经停止，CC 将连同位置信息一起，发出一个“停车保证”的表示。

如果列车在 CBTC 系统控制下，且已超速，CC 将记录这个请求，直至列车停止，或直至 CC 能够发出一个“停车保证”，或直至列车超出了停车保证请求信息中所提供的范围。

(9)运动方向监控功能

CBTC 区域内的运行方向管理对于合理为 CBTC 列车建立移动授权非常重要，包括下列因素：

①司机可以通过驾驶室激活请求运行方向；

②车载 CBTC 设备从 ZC 处获取 MAL(移动授权)确定列车运行方向；

③由某一区段的 ZC 设定列车运行方向。

如果某一区段的列车运行方向已确立，系统就不会为该区段的列车再指派相反方向的移动授权。

(10)超出停车标范围的后退防护功能

当停车误差在 0.5～5 m 时，允许以人工驾驶模式倒车使列车位于停车有效范围内，且列车退行速度不应超过 5 km/h，并且倒车操作不能超过 2 次，倒车移动距离不能超过 5 m。在倒车过程中 ATP 将对其实施监控，并在下列情况发生时实施紧急制动：

①列车反向移动速度超过 5 km/h；

②全部反向移动距离超过 5 m；

③进行了两次以上的反向移动。

在 ATO 模式超出停车标范围后，司机需将驾驶模式切换到 ATP 模式后倒车。

(11)进路联锁功能

信号系统提供的进路联锁功能与传统的联锁功能相同，即防止列车追尾及脱轨。此功能在 MicroLok Ⅱ内实施，包括在列车进入联锁区之前及列车进入联锁区后对进路进行锁闭。在进路开通并锁闭后，道岔区段才会获得移动授权，只有当列车驶过道岔区段且被证实后，或移动授权已被取消并且生效后，相关进路才能解锁，进路才能开放。

(12)超速防护功能

在安全制动模式下确立、监督及执行 ATP 曲线时，CC 会确保在任何条件下(包括故障)，列车的实际运行速度都不会超过安全行驶速度。安全速度的确定有以下因素：

①ATP 曲线规定的区段永久限速；

②ATP 曲线规定的区段临时限速；

③适用于特定等级或配置的列车永久限速；

④列车在移动授权范围内安全停车的最大速度；

⑤列车减速至移动授权范围内永久或临时限速的最大速度。

(13)门控功能

在 AM(自动运行)和 ATB(自动折返)模式下，ADO/ADC(自动开门/自动关门)、ADO/MDC(自动开门/手动关门)和 MDO/MDC(手动开门/手动关门)功能都可用。在 ATP 人工驾驶模式和 IATP 下，MDO/MDC 可用。

①车门开启授权

列车到站并停在允许的误差范围内，列车门与滑动门对准，车门开启。车门可依据运行模式的不同，人工或自动打开，CC 会提供开启哪一侧车门的提示。

②站台屏蔽门开启授权

MicroLok Ⅱ可安全地提供正确一侧的站台屏蔽门的门使能和取消，也能向它们发送开门和关门指令。列车到站并停在允许的误差范围内，列车门与滑动门对准，信号系统向屏蔽门中央控制盘发出开门命令，中央控制盘向门控器发出开门命令，门控器控制门机系统打开滑动门。在开门过程中，每道滑动门门头上安装的门状态指示灯闪烁；滑动门完全开启后，门状态指示灯稳定点亮。

③车门状态监控

如果在列车移动时 CC—ATP 未检测到“所有门关闭”的信息，就将实施完全常用制动。

④站台屏蔽门状态监测

站台屏蔽门的状态信息由 MicroLok Ⅱ负责接收。

如果在列车未进站前屏蔽门已经打开，那么 ZC 将检测到此情况并且禁止列车接近车站站台。

⑤车门关闭顺序

列车启动前，司机可以选择人工关车门模式。如果在 ATO 模式下，且关车门模式选择开关位于“自动”位置，车门则会自动关闭。门控制开关有三档：自动开门/自动关门（ADO/ADC），自动开门/手动关门（ADO/MDC）和手动开门/手动关门（MDO/MDC）。

(14)列车完整性监督功能

①CC 能显示列车完整性信息，当 CC 检测到列车完整性丢失时，将实施紧急制动（EB）。一旦列车完整性丢失，除非完整性恢复，否则只能切除运行或者等待救援。

②信号系统能够根据车辆提供的输入信息分别对列车进行检测和防护。

(15)站台/车站综合后备盘紧急关闭按钮功能

车站的站台和控制室都设有紧急关闭按钮，一旦这些按钮被按下，本按钮管辖站台区域内的信号将立刻被关闭，且这些区域内的移动授权也被取消。

如果在 CBTC 列车已经进入站台区域时紧急停车按钮被按下，则列车将立即紧急制动并停车；如果 CBTC 列车正在接近站台，则 ZC 会将 MAL 更新到站台附近，为了防止列车接近站台区域，列车将会根据与站台的距离来决定施加全常用制动还是紧急制动。

(16)ATS 扣车和站台扣车

在 CBTC 模式下，当中央调度员通过 ATS 工作站设置了扣车后，车站发车指示器（DTI）将停止倒计时，显示扣车状态，MLK 关闭出站信号机。当 CC 收到该信息后，禁止列车离开站台，但 ZC 不会撤销其安全 MAL（移动授权）。

在 CBTC 模式下，当车站值班人员通过 IBP 盘设置了站台扣车后，MLK 将首先关闭相应的信号显示，当CC收到该信息后，CC将禁止列车离开站台，MAL不会随着扣车或站台扣车而改变。

3. 车载信号系统原理

1)车载ATP子系统原理

为了确保线路列车安全、高速、高效地运行，ATP子系统成为必要设备。它的主要功能是监督及控制列车在安全状态下运行，满足“故障—安全”原则。按闭塞制式分类，目前用于城市轨道交通系统的闭塞方式有三种：固定闭塞、准移动闭塞和移动闭塞。

(1)基于传统音频轨道电路的固定闭塞ATP系统原理

固定闭塞又称分级速度控制方式或台阶式速度控制模式。这种控制模式通过固定划分区段的轨道电路提供的速度信息来完成列车超速防护，实施台阶式的速度监督，使列车由最高速度逐步降至零。列车超速时由设备自动实施最大制动或紧急制动，使列车安全停车，列车速度监控采用的是闭塞分区入口/出口检查方式。出口检查方式的ATP，控制列车在出口的速度不超过下一闭塞分区的限制速度。入口检查方式的ATP，在自动闭塞分区入口处给出列车限制速度值，控制列车到出口时不超过限制速度。

(2)基于报文式轨道电路的准移动闭塞ATP系统原理

一般采用数字式音频无绝缘轨道电路或计轴来检测列车对轨道线路的占用与出清情况，以判别列车在区间的运行位置；采用感应电缆环线方式作为列车的ATP信息传输媒介。准移动闭塞ATP系统，通过音频轨道电路的发送设备向车载设备提供目标距离、目标速度、线路状态信息，结合固定的车辆性能信息，ATP车载设备计算出适合本列车运行的速度—距离曲线。

(3)基于通信的移动闭塞ATP系统原理

基于通信的移动闭塞ATP系统依靠交叉感应电缆环线、漏缆、裂缝波导管以及无线电台等方式实现车地间双向数据传输，监测列车位置并据此计算出每一列车实时的运行权限，列车根据接收到的运行权限和自身的运行状态计算出列车运行的速度曲线，车载设备保证列车在该速度下运行，ATO子系统在ATP保护下，控制列车的牵引、巡航、惰行及制动。

2)车载ATO子系统原理

(1)列车运行控制原理

①自动运行

ATO使用三种传感器，分别是位置传感器、速度传感器和加速度传感器，以适应不同的坡道，来实现精确停车及最小追踪间隔。列车定位和速度控制均有自己的算法，除了采用传统的比例积分微分处理器，提高旅客的乘坐舒适度，ATO的定位和速度控制算法中考虑了对急加速冲击的控制，其中使用加速度计来检查和修正空转和打滑。

②牵引/制动控制

ATO 使用经由冗余 RS485 连接 ATO 与 TMS 的接口，将牵引/制动命令发送给车辆。发送的信息包括：牵引指令、制动指令、牵引制动效力指令、保持制动请求、CC 状态、CC 故障信息、PIDS 信息、时间和日期等。

③土建节能坡控制

在目前的系统设计中，惰行可由 ATS 指定 CC 执行。通过 ATS 发送的性能参数来决定 ATO 速度曲线，每级运行等级对应一条速度—距离曲线。ATO 通过轨道数据库来查询当前和下段等级信息，根据轨道土建条件的实时数据来调整牵引/制动所施加的力度，以实现最优速度调整和站停。

(2)站停控制原理

站停功能采用闭环控制算法，使列车停靠在站台上。在算法当中，制动率是调整实际制动率的一个重要参数，其中，实现站台精确停车是通过使用传感器和站台信标的位置输入数据来实现的。位置数据输入通常用来确定停车曲线的起始点，站台信标可提供距离分界，精确停站，基于列车位置的精确测量可以满足位置精度要求。

(3)跳停控制原理

通过 DCS 子系统，CC 中的 ATO 可从 ATS 处接收跳停下一站的指令，并且该指令需要在前一个站列车停稳前进行设置。然后，车辆继续运行并通过下一站而不停车。

如果列车在站停曲线内收到跳停本站指令，CC 中的 ATO 通过点亮 TOD 上的跳停指示来通知操作员列车不停留在本站台。如果列车在站停曲线以外，可取消跳停本站指令。

(4)扣车控制原理

扣车是指列车到站停车后保持制动的状态。无论列车处于 AM 还是 ATP 模式下，ATS 都将发送扣车指令到 DTI，实现设置扣车和取消扣车的功能。

①设置扣车

ATS 会在列车停站或者即将进站时，发出一个扣车指令。

如果发出此指令时列车正在运行，则 CC 将继续执行列车运行到下一站，然后在停车位置扣车。一旦扣车指令激活，列车将停留在站台，并且保持车门打开状态。

②取消扣车

ATS 可对扣车进行取消。

(5)未到达站台和越过站台控制原理

正常条件下，车站停车曲线会使列车在站台停车点停车。若发生未到站停车，可通过 CC 调节速度进行牵引控制，完成移动。CC 完成移动后，若列车还未与站台对齐，采取激活开门允许指令来打开车门；若发生越过停车，ATP 发出报警并保持警报状态，CC 仅允许列车在 ATP 模式下向后移动或建议列车行驶到下一车站。

2.8.2 车载信号设备

1. 车载信号设备组成

列车两端的车载信号设备大多采用三取二结构，能够完成列车头尾两端的自动换向功能，换向切换时不影响系统的正常运行，保证系统安全。所有列车两端均装有车载设备，车头车尾冗余配置，两端车载设备可实现自动切换功能。对于车载信号系统，其主要车载信号设备包括司机操作台人机交互显示屏 MMI、无线天线、信标天线、应答器、测速测距单元、车载核心计算机、车载以太网交换机及中继器、驾驶模式选择开关和按钮等部件。车载信号设备布置图如图 2.86 所示。

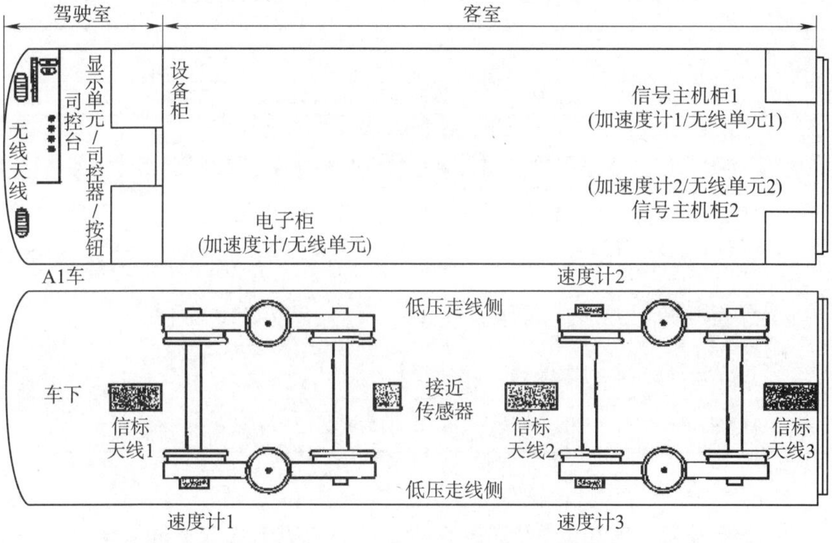

图 2.86 车载信号设备布置图

1）车载人机交互显示屏 MMI

MMI 是车载信号设备的显示和操作界面，安装在列车司机操作台中心位置，一般为 10 英寸或 12 英寸的液晶显示屏幕。车载信号设备正常工作时，MMI 能够显示列车驾驶模式、运营模式、限制速度、车门状态、列车定位等关键信息，直接为司机操纵列车提供信息。MMI 显示信息主要内容见表 2.30。信号显示屏中显示的 ATP 系统主要内容见表 2.31。常用的 MMI 接收和处理的司机输入或选择命令见表 2.32。常见指示灯见表 2.33。

表 2.30　MMI 显示屏界面显示主要信息

序号	界面模块	主 要 内 容
1	距离监控信息	制动预警时间；目标距离；预留区域
2	速度信息	数字方式显示的列车速度；环形速度光带；命令图标；开口速度（预留）；控制模式
3	补充驾驶信息	下一控制模式信息；设备运行等级；列控车载设备制动状态
4	运行计划信息	距离标尺；预告信息；速度变化信息；坡度信息
5	监控信息	备用系统状态；监督司机动作信息；紧急信号；机控/人控表示；车站名称；车次号；日期和时间；文本信息；公里标

表 2.31　信号显示屏中显示的 ATP 系统主要内容

序号	显示内容	备 注
1	驾驶模式	一般情况下包括 ATO 模式、SM 模式、RM 模式、自动折返模式
2	双指针速度表	用于显示 ATP 系统推荐速度（红色三角）和实际速度（黄色指针）
3	目标速度	用数字形式显示到达目标距离时的速度
4	目标距离	以不同颜色的条形图显示到达下一个速度限制区或停车点的距离
5	允许开门或车门切除	按照 ATP 系统的操作，显示开门或车门切除符号
6	驾驶状态	显示牵引、制动状态等
7	折返图标	用于列车进入折返站台时折返图标的显示

表 2.32　常用的 MMI 接收和处理的司机输入或选择命令

命令名称	备 注	
上下行选择	√	用于载频选择
模式切换	√	用于运行模式切换
数据输入	√	切换到数据输入界面
数据查看	√	查看文本信息
司机响应	√	提示司机保持“警惕”
制动缓解	√	设备提示允许缓解后，人工缓解制动
启动	√	启动车载设备转入正常工作状态

表 2.33　MMI 常见指示灯

名　称	备　注
“ATO 发车”按钮/指示灯	仅适用于 ATO 自动驾驶模式。当列车首次建立 ATO 模式准备启动或列车在站台停车时，关门程序已结束并又重新收到 ATP 指令后，按下此按钮，指示灯转为稳定绿光，列车便可自动启动
“ATO 停车”按钮/指示灯	仅适用于 ATO 自动驾驶模式。如果列车以 ATO 模式行驶时，按压此按钮，“ATO 停车”指示灯亮白光且“ATO 发车”指示灯熄灭，由 ATO 系统控制列车以全常用制动方式停车。之后，若再按下此按钮，“ATO 停车”白灯熄灭，列车将重新自动启动并恢复到 ATO 自动驾驶模式
“慢速前行”指示灯	只限于 ATP 人工驾驶模式。当无 ATP 限速命令、列车停下且主控制器手柄在全常用制动位时，指示灯亮黄灯，司机可以不超过 20 km/h 的速度驾驶列车，一旦 ATP 限速命令出现，此灯即刻熄灭，司机则可按收到的 ATP 限速命令驾驶列车
“超速”指示灯	在 ATO 自动驾驶模式或 ATP 人工驾驶模式时，列车一旦超速，该指示灯立即亮红灯，当车速低于 ATP 限速命令后，红灯才随之熄灭
“ATS 手动”按钮/指示灯	当司机手动输入车次号、目的地和运行等级等 ATS/TWC 参数时，按下此按钮，指示灯亮黄灯，设置好的参数便在对应的 LED 上显示，只要此灯亮，表明司机优先中央设置 ATS/TWC 参数
“列车停站”指示灯	仅限于 ATP 人工驾驶模式。列车进站停稳后，该指示灯亮绿灯，则表明列车停站精度达到规定要求
“列车车次号”显示器(LED)	列车车次号为三位数显示，供中央跟踪列车使用，它由中央或司机设置
“目的地”显示器(LED)	“目的地”多为两位数显示，是由中央或司机设置给列车作为系统自动出发和列车跟踪使用
“运行等级”显示器(LED)	“运行等级”为一位数显示，仅限于 ATO 自动驾驶模式，不同的运行等级有不同的加速度和 ATP 限速
“ATS 速度”显示器(LED)	“ATS 速度”为两位数显示，仅限于 ATO 自动驾驶模式，由它来显示 ATO 子系统应该执行的速度控制命令，单位为 km/h

2)无线天线(DCS)

无线天线安装在列车运行头部第一轮对前，左右轨道的上方，其周围一定范围内应保证无金属或磁性材料。基于移动通信的列车控制系统需要高速状态下实时地进行车地信息交换，DCS 天线是列车与地面波导设备实现无线通信的设备。在 CBTC 模式下，DCS 天线冗余配置，最大限度地保证车地通信连接完好，并通过车载冗余以太网提供列车数据信息传递通道。

3)信标天线

信标天线安装在距离车头一定范围内的车体底部横向中心线上，其周围一定范围内无金属或磁性材料。其主要作用是提供列车定位信息，向地面信标提供无线微波信号，以激活地面信标，地面信标将自身存储的信息发送给列车车载设备处理，列车由此获取定位信息，为实现高精度列车定位提供基础条件。

4)应答器

应答器是一种可以发送数据报文的高速数据传输设备，分为固定数据(无源)应答器和可变数据(有源)应答器两种。一般车载查询天线是一个双工的收发天线，既可以向地面发送激活地面应答器的功率载波，还可以接收地面应答器发送的数据报文。车载查询器对地面应答器的数据进行分析处理，然后传送给车载 ATC 系统，完成相应的控制。车载接收设备包括滤波、解调、微处理器等模块。

车载设备通常允许在其数据库中描述的一个应答器丢失(或未读到)，对运行的影响取决于丢失应答器的类型。当一个固定数据应答器丢失时，对列车的运行没有直接的影响。在降级控制级别下，任一填充应答器的丢失将导致列车司机或 ATO 采用常用制动，直到列车在相应的主信号应答器前速度达到要求速度值。

在降级控制级别下主信号应答器的丢失将导致紧急制动。

在降级控制等级下多个定位应答器的丢失将使列车因失去定位而导致紧急制动。

5)测速测距单元

测速测距单元对速度传感器信号进行处理，计算列车实际运行速度和走行距离。测速测距单元可独立设置，也可集成在安全计算机中，常用的测速测距设备包括多普勒雷达、速度传感器等。

(1)多普勒雷达

多普勒雷达是一种基于距离提供速度数据的专业雷达，它向着期望的参照物发射一组微波信号并接收它的反射，然后通过参照物的移动分析反射信号频率的偏差。

为了最大限度地减少车轮打滑或滑动的影响，列车配备多普勒雷达来监视车辆行驶速度。如果只有速度传感器用于测量速度，打滑或滑动会导致错误速度和错误距离确认。多普勒雷达是利用发射频率和收到的反射频率的差值来确定速度，进行距离测量，通过 RS-485 将产生的速度信号传输到车载 ATC 系统，显示速度和距离。由于速度处理是用来计算列车的位移，两种不同的速度传感器(测速电机和多普勒雷达)必须准确地确定列车位置。多普勒雷达用于精确测量 5 km/h 以上的速度，为了准确测量对地速度，雷达安装在车体下方。

每一列车都有两个多普勒雷达单元，一个多普勒雷达故障后，控制将传递于另一个有多普勒雷达单元且正在工作的车载 ATC 系统。车载 ATC 不断地比较测速电机的输入和多普勒雷达的输入，如果这两个组件之间的差异超过允许的差异范围，则车载 ATC 假设车辆处于滑动或空转状态，车载 ATC 默认多普勒雷达输入正确。

(2)速度传感器

速度传感器是车载信号设备获取列车运行速度的关键设备,与列车轮对主轴同轴安装,通过内部高速旋转编码盘,获取列车实时速度信息。一般应在车辆的第二和第三轴端,按冗余方式设置,分别装于第二、第三车轴的轴箱上。

6)车载计算机和网络交换机

车载信号设备的核心单元是列车车载信号机柜内安装的车载中心处理器设备。车载计算机是车载信号设备的核心,提供数据通道、安全校验、冗余备份等功能,对保证系统安全可靠运行有重要作用。

车载主机采用二乘二取二结构时,工作机故障自动切换到备用机,切换时间不大于0.5 s,主用机和备用机都应有工作正常或故障表示;主机采用三取二表决冗余结构时,若比较结果不一致,主机应有相应表示。

主机应具有如下特点:主机对外应具有并行和串行接口;列车运行监控记录装置采用并行接口时,并行输出信息定义应符合规定;串行接口可采用RS-485或CAN总线;主机应具有良好的可测试性,在检修时可自动测试各项功能及指标。

记录单元应能记录列控车载设备的输入输出及运行状态,并应能通过记录读取装置读取数据并再现列车车载设备的工作状态。一般设备状态记录不少于30 d,详细数据记录不少于24 h,一般设备状态主要记录设备故障及发生故障的时间。

记录器主要记录以下信息:

(1)从接收线圈接收到的车载信号波形;

(2)列车信号输出信息;

(3)主机工作状态;

(4)电源工作电压状态;

(5)线路公里标、车站编号、信号机编号等定位信息。

记录器应以独立插板的形式嵌入主机箱,记录器故障后不影响主机正常工作。存储容量应满足记录长短交路所需信息的要求,开关量采集接口输入阻抗应大于等于30 kΩ,接入接收线圈的输入阻抗应大于等于200 kΩ。

列车接口单元(TIU)主要包括继电器接口和开关量接口。其中继电器接口主要由继电器组成,将来自外部的输入分配给车载设备的各个部分,并将来自车载设备各部分的输出集中对外输出,开关量接口主要用于数字量的输入输出。

7)ATC设备机架

ATC设备机架主要含有:主、副ATC电源,主用和备用ATP模块,ATO模块,主、副制动保证装置及车辆接口继电器。该机架设在驾驶室非控制侧,机架中主要设备功能见表2.34。

表 2.34 机架中主要设备功能

名称		功能
主、副 ATC 电源		主、副 ATC 电源是一个 DC/DC 转换器，装在 ATC 机架的背面，用以将 110 V 直流低电压转换为 28 V 和 10 V 直流电压供车载信号系统的电子设备使用，其输入电压范围为 132～54 V，每个电源的最大功耗为 230 W
ATP 模块	ATP1 模块	每个模块有 10 块印刷电路板，它们是：放大/滤波板；DC/DC 转换器；中央处理单元；安全输入板(2 块)；非安全输入/输出板；制动输出板(2 块)；超速中央处理单元；安全电源控制器
	ATP2 模块	内含 7 块印刷电路板，分别是：DC/DC 转换器；ATO 接口板；ATO 接口控制器；日检测试板；TWC 调制解调器；ATO/ATS 中央处理器；功率放大器
主、副制动保证装置		主、副制动保证装置和主、副 ATP 配套，其功能是当 ATP 检出超速状态 3～4 s 内，列车至少以最小的减速率 0.715 m/s^2 减速，若在规定时间未达到最小制动率，制动保证装置将输出指令，即施加不可逆转的紧急制动，一旦采取紧急制动后，一直要到列车停下，该制动才能缓解
车辆接口继电器	安全型继电器	5 只，用于将信号指令送给安全电路，它们是：紧急制动继电器、全常用制动继电器、允许开左门继电器、允许开右门继电器、测试继电器
	非安全型继电器	3 只，用于将信号指令送给非安全电路，分别是：故障继电器、牵引继电器、制动继电器

2. 车载信号设备相关要求

车载信号设备是列车的重要组成部分，是保证列车安全稳定运行的关键，所以对车载信号设备的外观、技术、可靠性等方面均具有一定的要求。

1)外观要求

(1)机箱的所有金属表面应有防护层。

(2)电镀零件的外观光滑均匀，没有斑点、凸起和起泡现象，边缘和棱角不得有烧痕。

(3)涂层外观应光滑，色彩均匀一致，不得有皱纹、流痕和起泡现象。

(4)设备的螺钉连接和铆、焊处不得松动或脱落。

(5)印制电路板焊点应平整、光滑，无假焊、虚焊、短路、堆焊等现象。

2)技术要求

(1)大气压力 74.8～106 kPa(海拔不超过 2 500 m)。

(2)机车内部空气温度为－25～45 ℃，应考虑设备直接邻近电子元件处的空气温度可能在－25～70 ℃之间变化，车外温度为－40～70 ℃，设备允许在不低于－40 ℃的环境中存放。

(3)最湿月的月平均最大相对湿度不大于 90%(假设该月的月平均最低温度为 25 ℃)。

(4)设备应能承受使用时的振动和冲击而无损坏或故障。

(5)除接收线圈外，设备应安装在能防止风、沙、雨、雪直接侵入的车体内。

3)可靠性要求

(1)在设备制造、元器件采购、元器件老化筛选和成品的高温老化等环节都应采取有效措施，以保证设备的可靠性。

(2)设备使用的接线端子应采用可靠、防振性能好的接线端子。

(3)设备线缆连接应采用压接工艺，设备及连接电缆应安装牢固，应有防振、防松动、防磨的措施。

(4)机箱应可靠接地，连接电缆应采用屏蔽电缆，屏蔽层应单点接地。

(5)记录器开关量采集接口输入阻抗应不小于 30 kΩ，接收线圈信号采集输入阻抗应不小于 200 kΩ。

4)接线工艺要求

(1)接线基本原则

按接线图或电气图的要求确定布线方案。

导线以横平竖直为原则，折弯部分的圆角半径应不小于 R10 mm。

导线的落料要按照图样规定选择线径截面，剥头时不应损害和折断铜芯线。

多股铜芯线与铜接头压接时，铜接头的孔径截面应和导线截面相配合，铜接头的安装孔应和电器元件接点螺钉直径相一致，铜接头压接后不应有松动现象。

导线束捆扎力求间隔均匀，线束排列层次分明，尽量减少弯曲与交叉，导线或导线束与电器元件接点连接除爪形垫圈外，螺钉上均有平垫圈和弹簧垫圈，旋紧程度以弹簧垫圈压平为准，然后用扭矩扳手校验。

导线应远离发热元件，最小距离应大于 15 mm，应避免将导线敷设于发热元件上方。

电器元件一个接点只能接一根导线，当需要连接两根及两根以上导线时，导线的中间应加放铜垫圈，羊眼圈应弯成顺时针方向连接。

导线端头与电器元件接点连接的螺钉应旋紧，不得松动，接线后各导线应整形，以达到美观、线路挺直、接点牢固的效果。

(2)导线截面要求

配电板绝缘导线的最小截面积应为 1.0 mm^2，对于低电平的电子电路允许采用截面积小于 1.0 mm^2 的导线(但不得小于电子设备制造厂对安装导线截面的要求)。截面积不大于 8 mm^2 时，其弯曲半径应大于外径的 3 倍。配电板面板等活动部分的过渡导线，应有足够的可绕性。

连接电源指示灯导线线径为 1.5 mm。

进入断路器和漏电开关的单回路线径最小为 1.5 mm。

单主电路线径最小为 1.5 mm。

开关跨接线路最小线径为 2.5 mm。

进入变压器初级绕组最小线径为 1.5 mm。

控制线路电源跨接线最小线径为 1.5 mm。

控制线路最小线径为 1.0 mm。

面板控制回路至底板接线最小线径为 1 mm。

电压表导线连接导线为 1.5 mm。

电流互感器导线连接线为 1.5 mm。

面板备用线为 1.0 mm 黄色导线。

柜内照明用线为 1.0 mm。

特殊情况下，PLC、X41、Y41 等接插件可用 0.3 mm 导线。

传感器信号线及模拟信号线用白色导线连接，且最小截面积为 1.0 mm^2。

如进入断路器的导线截面积小于 6 mm^2，当接线端子为压板式时，先将导线作压接铜接头处理，以防止导线散乱；如导线截面积大于 6 mm^2，要将露铜部分用细铜丝环绕绑紧后再接入压板。

截面积为 10 mm^2 及以下的单股铜芯线和单股铝芯线可直接与设备、器具的端子连接。

截面积为 2.5 mm^2 及以下的多股铜芯线的线芯应先拧紧搪锡，或压接端子后再与设备、器具的端子连接。

多股铝芯线和截面积大于 2.5 mm^2 的多股铜芯线的终端，除设备自带插接式端子外，应焊接或压接端子后再与设备、器具的端子连接。

5）导线颜色要求

主电路导线头、尾端部及中间一律用彩色塑套管进行标识（黄、绿、红）。

工作电压为 380 V 及以上的电源线用黑色导线连接。

导线工作电压为 AC 220 V 的电源线用红色导线连接。

导线工作电压为 AC 110 V 的电源线用橙色导线连接。

导线工作电压为 DC 36 V 的电源线用紫色导线连接。

导线工作电压为 DC 24 V 的电源线用蓝色导线连接。

导线工作电压为 DC 12 V 的电源线用绿色导线连接。

导线工作电压为 DC 5 V 的电源线用白色导线连接。

电源指示灯连接导线颜色与电源电压等级相符。

电压表连接导线颜色与其指示的电压等级相符。

电流互感器线用黑色。

3. 车载信号设备的应用

1)车载信号系统的主要功能

(1)车载ATO系统

ATO设备的主要功能是控制列车的运行,实施牵引/制动命令;当列车停车时,负责车门的开启和关闭;列车离开车站时,为顾客提供有效信息。主要功能见表2.35。

表2.35 车载ATO系统主要功能

任务	功能	
	功能名称	功能描述
系统和服务软件	车载单元提供必要的系统服务	恒定扫描时间保证、任务管理、数据和时间管理等
	输入/输出管理	管理外设模块的驱动器、总线驱动器、接口驱动器、模块驱动器等
	诊断功能	—
通信	ATP/ATO数据	ATO车载单元从ATP车载单元接收相关信息,包括实际位置、速度、运行方向、列车长度、制动减速度等
	ATP/显示器	ATP传输给显示器的数据包括控制器状态、错误信息及附加信息,如实际速度、故障原因、故障号等
	显示器/ATO数据	在显示单元中显示车组号、车次号和目的地号
	诊断PC/ATO车载单元数据	诊断报文头、报文识别码、参数、长度等
	ATO/PTI数据	主要数据包括乘务组号、车组、车次、目的地、列车状态、车站停车和里程等
车门控制	原则上检查相关条件后,ATP释放打开命令,ATO启动车门	
折返运行下接通钥匙开关	在无人驾驶模式下,ATO车载单元的任务包括通过ATO车载单元接通钥匙开关	

(2)车载ATP系统

①确定停车点和保护区段。停车点分为安全停车点和非安全停车点。

②距离测量。ATP车载单元任何时候都必须知道车辆的当前位置,车载设备通过距离测量系统以及列车运行方向确定列车的当前位置。

③实际速度测量。主要是借助于距离测量来计算实际速度,速度等于走过的距离除以时间。

④速度监督。主要根据动态数据(包括前行列车、进路)以及静态数据(如停车点、最高列车速度等)确定列车的速度限制。

⑤列车追踪间隔。主要是保证列车不发生碰撞,取决于保护区段、危险点和安全停车点的确定。

⑥紧急停车。当站台或车控室按压紧急停车按钮,ATP车载单元收到紧急停车报文后,启动紧急制动,直到列车停稳。

⑦运行方向监督。在正线和试车线上,根据轨旁设备发送的报文,车载ATP单元对列车的运行方向进行监督,不允许列车倒行,当列车倒行超过预设的距离时,产生紧急制动。

⑧车门监控。ATP车载单元从轨旁单元接收报文,防止在站外开门和站内开错门。在列车车门未全部关闭时,列车如果运行,ATP会产生紧急制动。

⑨列车自动折返监控。ATP车载单元通过速度曲线连续对列车的运行进行监督。

⑩列车故障信息和紧急制动的记录。ATP车载单元有存储模块和诊断接口,对故障信息进行记录,如果需要,可通过电脑诊断并读取、处理和显示存储的数据;服务数据的输入。主要数据包括轮径值、车辆最高允许速度等。

2)车载信号设备的应用

根据车载系统的主要功能,可以看出车载信号设备主要应用在以下几个方面。

(1)信息的内部传输

车辆控制主要是以车载控制主机为核心,依托车载信号设备的各种信息,通过接口建立车辆各系统间信息通信从而实现对列车的控制。例如,列车选择ATO模式下运行,对列车的控制完全是通过车辆自身的控制主机来实现的,而控制主机发出的所有控制指令,包括自动停车、车门开关、信息广播等,都是根据车载信号设备与车辆系统的接口通信来实现的。常见的接口主要分为机械接口和电气接口,接口主要用于一些控制命令的输入和输出。

一般车载信号设备的通信均采用硬线连接,常用的故障检测方法是直接检测分线端子电压是否为24 V,由此即可判断出是信号设备本身的故障,还是按钮或者接线故障。

(2)车辆信息的传输通信

车辆位置信息是一种高精度、周期性、实时更新的信息流,其来源是车载信号设备,车载信号设备将信息通过车地无线系统与地面信息设备通信,地面设备将信息提供给通信车载台,通信车载台在接收、解析该类信息之后转发给调度服务器。由调度服务器在系统内部实现信息共享,分发给相应的调度台等设备。地面PIS车载设备给通信车载台设备提供车载信号。

(3)信息共享系统数据传输

信息共享系统主要存在以下短数据传输服务:一是调度系统与车载台、固定台之间的数据传输,属于下行数据传输,包括列车位置更新、对时信息、呼叫请求等,其中最频繁的数据是列车位置更新数据;二是车载台到控制中心设备之间的数据传输,属于上行数据,主要是车载信号车辆位置信息。

(4)专用无线系统数据传输

无线系统的短数据传输服务直接影响车载信号车辆位置信息传输性能。

(5)信号系统资源共享

车载信号设备通过一套平台系统，利用相关的数字信号处理技术来识别、处理多种制式的地面信号，实现列车多制式地面信号下的安全运行。虽然多制式运行模式优势明显，但由于地面设备的生产厂商不同，需要对不同厂商的设备进行协调配合。

2.9　信号电缆

2.9.1　对信号传输线路的要求

信号电缆的导电芯线应采用标称直径为1.0 mm的软铜线，其允许工作电压不得低于工频500 V或直流1 000 V。联锁系统的信号电缆，应采用综合护套、铝护套和数字信号电缆。

有特殊要求的设备，如计轴设备、应答器等，应采用专用数字信号电缆。

音频轨道电路的传输通道应采用信号电缆中的星绞组或对绞组芯线。用于音频数据传输时，必须采用通信电缆或信号电缆中特设的低频通信四芯组电缆芯线。

2.9.2　信号电缆

1. 信号电缆分类

信号电缆从芯线扭绞方式分为普通型和综合扭绞型两种，从护套类型分为塑料护套、综合护套和铝护套三种，其中又分为带铠装和不带铠装两类，从绝缘上分为聚氯乙烯绝缘和聚乙烯绝缘两种。

1)普通信号电缆

普通信号为层绞结构，电缆成缆时，用成缆机将芯线分层顺一个方向扭绞制成。普通信号电缆的导电芯线采用标称直径1.0 mm的软铜线，为绝缘单线，适用于一般信号传输和作为分支电缆线路。普通型电缆仅用于非音频制设备，现已较少使用。

2)综合扭绞信号电缆

综合扭绞信号电缆为星绞结构，把芯线分成若干四芯星绞组、二芯对绞组，再分层按一定要求扭绞制成。每一星绞组内有四芯导线，另外有对绞二芯导线和层绞单芯导线。综合扭绞减少了芯线间电磁场干扰，优化了电气参数，适用于有一定要求的信号传输和作为主干电缆线路。

综合扭绞型电缆既适用于非音频制也适用于音频制设备，如音频轨道电路信号的接收或发送。

塑料护套电缆用于楼内，聚氯乙烯透湿率高于聚乙烯。综合护套由聚乙烯薄膜和铝箔黏结制成，为半密闭型护套，带铠装的用于室外可直埋；不带铠装的用于室外需有电缆槽、管的有效防护。铝护套为密闭型护套，无论是否带铠装，均可用于室外直埋。目前，室外电缆一律使用铝护套和综合护套电缆。

2. 信号电缆型号

信号电缆型号由汉语拼音字母和阿拉伯数字组成，见表 2.36。

表 2.36　信号电缆型号

代　　号	含　　义	代　　号	含　　义
P	信号电缆	A	综合护套
T	铁路	L	铝护套
Y	聚乙烯绝缘(护套)	22	钢带铠装聚氯乙烯外护套
V	聚氯乙烯护套	23	钢带铠装聚乙烯外护套

信号电缆类型见表 2.37。

表 2.37　信号电缆类型

护套类型	电缆型号	含　　义
塑料护套	PTYV	聚乙烯绝缘聚氯乙烯护套
	PTYY	聚乙烯绝缘聚乙烯护套
	PTY22	聚乙烯绝缘钢带铠装聚氯乙烯外护套
	PTY23	聚乙烯绝缘钢带铠装聚乙烯外护套
综合护套	PTYA22	聚乙烯绝缘综合护套钢带铠装聚氯乙烯外护套
	PTYA23	聚乙烯绝缘综合护套钢带铠装聚乙烯外护套
铝护套	PTYL22	聚乙烯绝缘铝护套钢带铠装聚氯乙烯外护套
	PTYL23	聚乙烯绝缘铝护套钢带铠装聚乙烯外护套

3. 信号电缆规格

信号电缆规格用电缆芯数表示为:4、6、8、9、12、14、16、19、21、24、28、30、33、37、42、44、48、52、56、61，电缆芯数组成见表 2.38。

表 2.38　信号电缆规格

电缆芯数	扭绞形式		备用芯数
4	1×4	星绞组	1 对
6	3×2	对绞组	1 对
8	4×2	对绞组	1 对
9	4×2+1	对绞组+单芯线	1 对
12	3×4	星绞组	1 对
14	3×4+2	星绞组+单芯线	1 对
16	4×4	星绞组	1 对
19	4×4+3	星绞组+单芯线	2 对
21	4×4+5	星绞组+单芯线	2 对
24	5×4+1×2+2	星绞组+对绞组+单芯线	2 对
28	7×4	星绞组	2 对
30	7×4+2	星绞组+单芯线	2 对
33	7×4+5	星绞组+单芯线	2 对
37	7×4+3×2+3	星绞组+对绞组+单芯线	2 对
42	7×4+4×2+6	星绞组+对绞组+单芯线	2 对
44	7×4+4×2+8	星绞组+对绞组+单芯线	3 对
48	12×4	星绞组	3 对
52	12×4+4	星绞组+单芯线	3 对
56	14×4	星绞组	3 对
61	14×4+5	星绞组+单芯线	3 对+2 芯

注：以备用星绞组的线对为原则，如无星绞线组时再备用对绞线组的线对。

4. 电缆芯线编号

综合扭绞信号电缆的芯线编号，是先外层后内层，每层要按红、绿、白、蓝、白、蓝……的玻璃丝颜色顺序绕行编星绞组序，每一星绞组内则按红、白、蓝、绿的绝缘颜色顺序编芯线号；对绞组序先从星绞红组旁的对绞组开始，按顺时针方向编，每一对绞组内先编排红色绝缘芯线，后编白色绝缘芯线；层绞单芯电缆从星绞红组旁红色绝缘芯线开始编，顺时针顺序编绿、白、蓝、白……绝缘芯线，先编外层后编内层。

以上表述以 A 端为例。B 端芯线编号以 A 端编号为准，B 端绕行方向为逆时针方向。

5. 信号电缆主要电气指标

信号电缆主要电气指标见表 2.39。

表 2.39 信号电缆主要电气指标

<table>
<tr><th>序号</th><th colspan="2">项　目</th><th>单位</th><th>指标</th></tr>
<tr><td>1</td><td colspan="2">导线线径</td><td>mm</td><td>ϕ1.0</td></tr>
<tr><td rowspan="2">2</td><td rowspan="2">直流电阻 20 ℃</td><td>每根导体直流电阻</td><td>Ω/km</td><td>不大于 23.5</td></tr>
<tr><td>工作线对导体电阻不平衡</td><td>—</td><td>不大于 2%</td></tr>
<tr><td>3</td><td colspan="2">绝缘电阻 DC 500 V 20 ℃每根绝缘线芯对其他绝缘线芯接屏蔽及金属套</td><td>MΩ·km</td><td>不小于 3 000</td></tr>
<tr><td rowspan="2">4</td><td rowspan="2">绝缘耐压
50 Hz 2 min</td><td>线芯间</td><td rowspan="2">V</td><td>1 000</td></tr>
<tr><td>所有线芯连在一起(或每穗线芯)对屏蔽与金属套</td><td>1 800</td></tr>
<tr><td rowspan="3">5</td><td rowspan="3">电容</td><td>四线组工作电容</td><td rowspan="3">nF/km</td><td>不大于 50</td></tr>
<tr><td>对线组工作电容</td><td>不大于 70</td></tr>
<tr><td>每根绝缘线芯对连接到地的其他绝缘线芯间电容</td><td>不大于 100</td></tr>
<tr><td rowspan="2">6</td><td rowspan="2">屏蔽系数 9 芯及以下电缆护套上的感应电压为 50～200 V/km；
12 芯及以上电缆护套上的感应电压为 35～200 V/km</td><td>综合护套</td><td rowspan="2">—</td><td>不大于 0.8</td></tr>
<tr><td>铝护套</td><td>不大于 0.3</td></tr>
</table>

2.9.3 数字信号电缆

数字信号电缆可实现 1 MHz(模拟信号)、2 Mbit/s(数字信号)及额定电压交流 750 V 或直流 1 100 V 及以下系统的传输，具有屏蔽性能和高抗干扰能力。数字信号电缆分为塑料护套、综合护套、铝护套、内屏蔽数字信号电缆。根据用途不同还有应答器数字信号电缆和计轴数字信号电缆。

1. 数字信号电缆的研制

我国普通信号电缆，经多年使用，基本满足继电集中联锁的要求。但是随着信号技术的进步与发展，对信号电缆传输性能和可靠性提出了新的要求，普通信号电缆不能满足这些要求，不能适应轨道交通信号技术进步和发展的需求，存在以下问题。

1)信号系统中，计算机联锁、微机监测、ATC 系统正在广泛应用微机和通信技术，而普通信号电缆没有规定通信技术指标，不能满足传输要求。

2)近年来，我国自行研制和引进的部分轨道电路，系统载频范围已达 2 000 Hz 以上。现行信号电缆因电容指标偏大，无法与其配套使用。

3)大功率交流电动转辙机已普遍使用，其工作电压从以往的直流 220 V 变为交流 380 V；电流由单相直流 2 A 变为三相交流 5 A；转换时间由 2 s 变为 5～7 s。当电动转辙机远离信号楼时往往还将电压再调高，如此已接近现行信号电缆最高允许使用电压 AC 500 V，需进一步提高电缆传输强电的安全性能。

4)信号机点灯、电动转辙机控制、轨道电路、计轴信息、工作电话等使用信号电缆同缆传输,现行信号电缆因没有串音防护指标,故现场使用时存在相互间的干扰影响。综上所述,研制新型信号电缆已势在必行,目标为在替代现有信号电缆的基础上,应达到通信电缆的指标,可同缆传输微机监测数据、ATS系统底层信息,实现信号通信兼容,强电、弱电共缆传输,各种信息的共缆传输。

2. 数字信号电缆主要特征

1)绝缘单线

绝缘单线采用3层共挤结构,即将内皮层、中间发泡层、外皮层,一次共挤包在铜导体上,其主要优点如下。

(1)皮层塑料能与导体良好地黏结在一起,保证绝缘层的防潮性和牢固性。

(2)中间发泡层为氮气物理发泡塑料,与传统化学发泡相比泡孔小而密,且互不连通,因而获得了很高的发泡度,绝缘层的高发泡度意味着四线组工作电容下降,线路传输衰减常数降低。

(3)外皮层使用高密度聚乙烯绝缘,耐磨性好,强度优良,耐环境老化性能是普通低密度聚乙烯的10倍以上,从根本上解决了现有信号电缆中存在的绝缘层老化龟裂问题。

由于单线颜色母粒仅存在于外皮层中,绝缘电阻和耐电压击穿强度明显提高,是现有信号电缆的3倍以上。由于单线生产过程实现了计算机在线检测与调控,结构尺寸一致性好,工作线对直流电阻差降低了50%。

2)四线组绞合

四线组采用高速精密星绞绞合工艺,每根单线均为主动恒张力放线,特有的绞合预扭装置使四线组节距精度与对称性高度稳定,电容耦合系数达到最小值。

3)内屏蔽通信四线组单元

电缆中通信四线组单元用复合铜带纵包实现电磁屏蔽,并沿铜带外表加添了一根铜导线作为泄流线,以确保屏蔽层在电缆敷设施工和长期使用中具备稳定可靠的屏蔽性能。

4)成缆

为了改善电缆的串音指标,在成缆工序中合理设计各四线组绞合节距的匹配,四线组绞合节距由原来的4种增加到6种,通过线组不同绞合节距的配合,降低组间直接系统性耦合,达到了减小串音的目的。

3. 数字信号电缆主要性能

与非数字信号电缆相比,数字信号电缆通过以上结构设计和工艺措施,工作电容指标由50 nF/km降低到29 nF/km,电容耦合系数平均值由141 pF/km降低到81 pF/km,等同于长途对称通信电缆指标,其他指标也基本达到通信电缆指标。

数字信号电缆的主要电气指标见表2.40。

表 2.40　数字信号电缆的主要电气指标

序号	项　目			单位	标准
1	导线线径			m	ϕ1.0
2	直流电阻 20 ℃	每根导体直流电阻		Ω/km	不大于 23.5
		工作线对导体电阻不平衡		—	不大于 1%
3	绝缘电阻 DC 100～500 V 20 ℃每根绝缘线芯对其他绝缘线芯接屏蔽及金属套			MΩ · km	不小于 10 000
4	绝缘耐压 50 Hz 2 min	线芯间		V	不小于 1 000
		线芯对金属套			不小于 2 000
5	工作电容 0.8～1.0 kHz	四线组		nF/km	28±3(28±2)
		对绞线			35±4
		单根绝缘线芯对连到地的其他绝缘线芯间电容			不大于 70
6	回路间近端串音衰减	150 kHz	组内	dB/km	不小于 51(51)
			组间		不小于 55(65)
		1 000 kHz	组内		不小于 37(37)
			组间		不小于 42(54)
7	回路间远端串音防卫度	150 kHz	组内	dB/km	不小于 52(51)
			组间		不小于 55(65)
		1 000 kHz	组内		不小于 39(39)
			组间		不小于 49(59)
8	特性阻抗 20 ℃	0.55 kHz		Ω	675±68(54)
		0.85 kHz			550±33(22)
		1.7 kHz			396±24(16)
		2.0 kHz			367±22(15)
		2.3 kHz			343±21(14)
		2.6 kHz			325±20(13)
		150 kHz			163+17(17)
		1 000 kHz			155±16(16)
9	线对衰减 20 ℃	0.55 kHz		dB/km	≤0.45
		0.85 kHz			≤0.55
		1.7 kHz			≤0.70
		2.0 kHz			≤0.75
		2.3 kHz			≤0.80
		2.6 kHz			≤0.83
		150 kHz		dB/km	≤3.5
		1 000 kHz			≤9.0

续上表

序号	项　　目	单位	标准
10	屏蔽组间线芯接地近端串音衰减 2.6 kHz 最小 300 m； 两屏蔽四线组内各有一线对的一线芯接地，此两线对间的近端串音衰减； 近端阻抗 55 Ω，远端阻抗 325 Ω	dB	≥(89)
11	屏蔽铜带与泄流线间直流电阻 20 Ω	Ω	≤(0.01)

计轴专用电缆的主要电气指标见表 2.41。

表 2.41　计轴专用电缆的主要电气指标

屏蔽、铠装绝缘护套电缆		
芯线直径(mm)	ϕ0.9	ϕ1.4
环路电阻(Ω/km)	≤56.6	23.4
绝缘电阻(MΩ·km)	≥5 000	≥5 000
工作电容(800 Hz)(nF/km)	45	≤50
线间耐压(50 Hz)(V)	>2 500	>2 500
线与屏蔽间耐压(50 Hz)(V)	>2 500	>2 500
电容不平衡		
一星绞内之间(pF)	≤400	≤400
一星绞线间(pF)	≤300	≤300
一电缆对地间(pF)	≤800	≤800
800 Hz 时特性衰减(dB/km)	0.65	0.44
工作电压(V)	≤600	≤600

4. 数字信号电缆的结构

1)导体

电缆的导体结构应符合 GB/T 3956 的规定。

2)绝缘

电缆绝缘采用“皮—泡—皮”三层共挤物理发泡聚烯烃绝缘、聚烯烃绝缘或交联聚乙烯绝缘；绝缘线芯应使用阿拉伯数字、颜色或标志带来区分。

3)线组

内屏蔽数字信号电缆内有绝缘单线、四线组绞合、内屏蔽通信四线组单元组合。

对线组由两根不同颜色的绝缘线芯左向绞合而成。

星形四线组由 4 根不同颜色的绝缘线芯左向绞合而成，不同绞合节距的星形四线组应疏绕不同颜色的非吸湿性丝或带，绞合节距不应大于 300 mm。

4)缆芯

四芯电缆的缆芯,由 4 根不同颜色、标志带或阿拉伯数字的绝缘线芯左向绞合而成,缆芯多包覆非吸湿性绝缘材料带。

除四芯及以下电缆外,其他规格的缆芯外层绞合方向均为右向,相邻层绞向相反。缆芯外应包覆与工作温度相适应的非吸湿性绝缘材料或非吸湿性绝缘材料带。

5)屏蔽层

电缆的屏蔽结构有铝护套屏蔽、铜带屏蔽、铝塑综合护套屏蔽和金属丝编织屏 4 种。

6)外护层

电缆外护套可分为聚乙烯外护套、普通阻燃聚烯烇外护套、低烟无卤阻燃聚烯烃外护套、防白蚁外护套和聚氨酯外护套 5 类。

5. 数字信号电缆性能

单根导体应采用冷压焊接方式接续。

绞合导体不允许整股接续,参与绞合的单根导体同一层内相邻两个接头之间的距离不应小于 300 mm。

导体接续处的抗拉强度不应小于无接头导体抗拉强度的 90%。

绝缘应具有完整性。

6. 数字信号电缆规格

数字信号电缆规格号用电缆芯数表示为:4、6、8、9、12、14、16、19、21、24、28、30、33、37、42、44、48、52、56、61。

内屏蔽数字信号电缆的规格应为:8B、12A、12B、14A、14B、16A、16B、19A、19B、21A、21B、24A、24B、28A、28B、30A、30B、33A、37A、42A、44A、48A。电缆芯线组成见表 2.42。

表 2.42 电缆芯数及芯线组成

序号	芯数	实际规格	扭绞形式	备用芯线
1	8 B	2×4P	屏蔽星绞	1 对
2	12 A	2×4P+1×4	屏蔽星绞+星绞	2 对(一个屏蔽四芯组)
3	12 B	3×4P	屏蔽星绞	2 对(一个屏蔽四芯组)
4	14 A	2×4P+1×4+2	屏蔽星绞+星绞+普通	2 对(一个屏蔽四芯组)
5	14 B	3×4P+2	屏蔽星绞+普通	2 对(一个屏蔽四芯组)
6	16 A	2×4P+2×4	屏蔽星绞+星绞	2 对(一个屏蔽四芯组)
7	16 B	4×4P	屏蔽星绞	2 对(一个屏蔽四芯组)
8	19 A	3×4P+1×4+3	屏蔽星绞+星绞+普通	2 对(一个屏蔽四芯组)
9	19 B	4×4P+3	屏蔽星绞+普通	2 对(一个屏蔽四芯组)

续上表

序号	芯数	实际规格	扭绞形式	备用芯线
10	21 A	3×4P+2×4+1	屏蔽星绞+星绞+普通	2对(一个屏蔽四芯组)
11	21 B	5×4P+1	屏蔽星绞+普通	2对(一个屏蔽四芯组)
12	24 A	4×4P+2×4	屏蔽星绞+星绞	2对(一个屏蔽四芯组)
13	24 B	6×4P	屏蔽星绞	2对(一个屏蔽四芯组)
14	28 A	4×4P+3×4	屏蔽星绞+星绞	2对(一个屏蔽四芯组)
15	28 B	7×4P	屏蔽星绞	2对(一个屏蔽四芯组)
16	30 A	4×4P+3×4+2	屏蔽星绞+星绞+普通	2对(一个屏蔽四芯组)
17	30 B	7×4P+2	屏蔽星绞+普通	2对(一个屏蔽四芯组)
18	33 A	4×4P+4×4+1	屏蔽星绞+星绞+普通	2对(一个屏蔽四芯组)
19	37 A	4×4P+5×4+1	屏蔽星绞+星绞+普通	2对(一个屏蔽四芯组)
20	42 A	5×4P+5×4+2	屏蔽星绞+星绞+普通	2对(一个屏蔽四芯组)
21	44 A	6×4P+5×4	屏蔽星绞+星绞	2对(一个屏蔽四芯组)
22	48 A	6×4P+6×4	屏蔽星绞+星绞	3对(一个屏蔽四芯组)

7. 内屏蔽数字信号电缆使用原则

为避免干扰造成设备误动，内屏蔽数字电缆的使用原则如下。

1)两个频率相同的发送与接收不能合用同一根电缆。

2)两个频率相同的发送可以合用同一根电缆，但不能合用同一屏蔽四线组。

3)有两个及以上相同频率的发送或者有两个及以上相同频率的接收，需采用内屏蔽数字电缆。

4)发送或者接收的频率各不相同，可采用非内屏蔽数字信号电缆，但线对必须按四线组对角线成对使用。

上述原则可简述为：同频的发送与接收线对不同缆；同频的发送或接收线对不同组。

2.9.4 电缆连接设备

电缆连接设备包括变压器箱和电缆盒，合称箱盒，是连接电缆的设备，也是电缆网络不可或缺的重要部分。各种电缆盒、变压器箱的配线端子，应按规定确定起始端子，用红点或箭头标明，并安装端子号码。使用弹簧端子的各种电缆盒、变压器箱生产厂家应标明端子号码。

1. 变压器箱

变压器箱主要用于安装信号变压器、轨道变压器等，但它必须进行电缆连接，设有电缆接线端子，故成为电缆连接设备的一种。变压器箱有 XB1 和 XB2 两种规格，仅仅是容量有差别。变压器箱端子编号的方法是：站在变压器箱引线口一侧，自右向左依次编号，靠箱壁侧为奇数端子，靠设备侧为偶数端子。

当端子使用数量不十分紧张时，不要使用右侧第一个二柱端子（将其拆下），而从第二个二柱端子开始编号。因为第一个二柱端子离引接线螺栓太近，不便施工和维护。

变压器箱引入电缆，一般按电缆芯数多少排序，由右向左（站在引线口一侧看）依次从灌胶室底部电缆引入孔引入。

2. 电缆盒

电缆盒包括终端电缆盒和分向电缆盒，是专用的电缆连接设备。

1）终端电缆盒

终端电缆盒用于连接电缆和信号机、转辙机等设备，有 HZ6、HZ1-6、HZ12、HZ1-12、HZS2-12、HZ24、HZ1-24、HZS2-24、HZ1-36 等型号。H 表示电缆盒，Z 表示终端，S 表示 SMC，6、12、24 表示端子数，1、2 为设计序号。用得最多的是 HZ12 和 HZ24。这些终端电缆盒端子是从基础开始，顺时针方向依次编号。HZ12、HZ1-12、HZS2-12 型终端电缆盒有两块 6 柱端子板，其端子编号如图 2.87 所示。HZ24、HZ1-24、HZS2-24 型终端电缆盒有 4 块 6 柱端子板，其端子编号如图 2.88 所示。HZ6 和 HZ24 有两根电缆引入时，近信号楼侧、芯数较多的电缆需引入主管，远信号楼侧、芯数较少的引入副管。

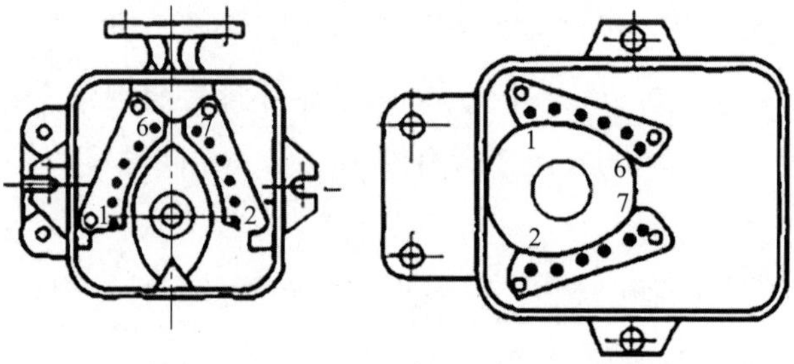

（a）HZ12
HZ1-12

（b）HZS2-12

图 2.87　HZ12 终端电缆盒

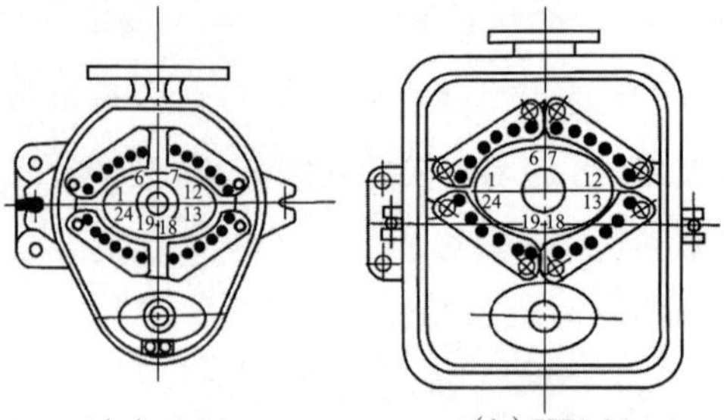

（a）HZ24

（b）HZ1-24
HZS2-24

图 2.88　HZ24 型终端电缆盒

2)分向电缆盒

分向电缆盒用于多根不同方向电缆的连接。有 HF-4、HFS2-4、HF-7、HF1-7、HFS2-7、HF3-7、HFS3-7、HF1-5、HFS2-5、HF3-5 等型号。F 表示分向,4、7、5 表示分向数,1、2、3 为设计序号。用得最多的是 HF4 和 HF-7。

HF-4、HFS2-4 型分向电缆盒有 4 块 6 柱端子板,1 个电缆引入孔,4 个电缆引出孔,其端子编号如图 2.89 所示。HF-7 型分向电缆盒有 7 块 6 柱端子板,1 个电缆引入孔,7 个电缆引出孔。HF1-7、HFS2-7、HF3-7、HFS3-7 型分向电缆盒外圈有 8 块 6 柱端子板,内圈有 3 块 6 柱端子板,1 个电缆引入孔,7 个电缆引出孔,其端子编号如图 2.90 所示。

HF-4 和 HF-7 电缆盒端子均是面向信号楼方向,从"1 点钟"位置开始顺时针编号的。HF1-7、HFS2-7、HF3-7、HFS3-7 电缆盒外圈的 8 个 6 柱端子编完后,再编内圈的 3 个 6 柱端子,顺序与外圈相同。埋设 HF-7 电缆盒时,要求胶室间隔正对盒座固定螺栓孔的一侧朝向信号楼。

图 2.89 HF-4 型分向电缆盒

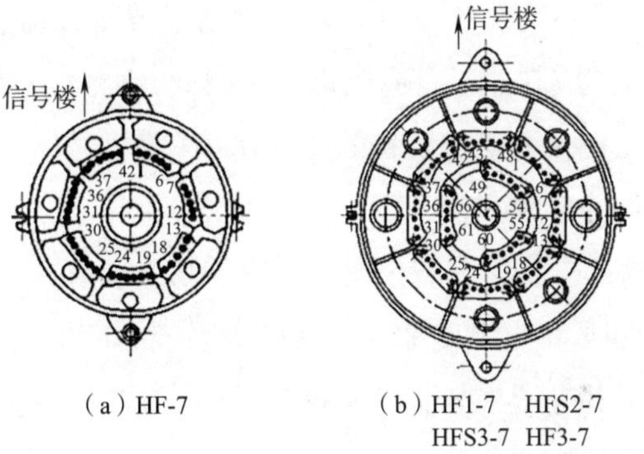

图 2.90 HF-7 型分向电缆盒

2.10 防雷和接地装置

2.10.1 信号防雷设备

信号设备往往是与电线路或钢轨连接在一起,雷电通过电线路、钢轨袭击信号设备,因此必须对雷电电磁脉冲进行防护,防止和减少雷害,进一步提高设备的可靠性。目前信号设备越来越普遍地采用电子器件,它们承受雷害的能力更小,必须有完善的防雷措施。

1. 雷害

雷电是指带电雷云放电这一自然现象。它从发生到结束作用时间极短,一般仅若干微秒,属于一种瞬态现象(浪涌),雷电又被称为雷浪涌。

雷击放电在空间产生的电磁场效应，以脉冲形式出现在导体、电子、电气设备上则为雷电电磁脉冲；出现在电子和电气设备上，超过设备本身正常工作电压和电流的外来电压和电流则为过电压、过电流。

雷电所造成的自然灾害即为雷害。导致铁路信号系统雷害有直击雷、感应雷两种。

直击雷是直接击在建筑物、构筑物、地面突出物或大地并产生电效应、热效应和机械力的雷电放电，又称雷电直击，其雷电压可高达几十万伏，但袭击信号设备的概率很小。

感应雷则是雷电放电的强大电磁场作用在邻近导线或电子、电气设备系统内产生的静电感应过电压和过电流，以及电磁感应过电压和过电流，又称雷电感应。

感应雷又分为纵向感应雷和横向感应雷两种。纵向感应雷是感应到设备两侧（如钢轨）上的极性相同、大小相等的感应电压；横向感应雷是感应到信号设备两侧的极性不同的感应电压。

感应雷概率高，一般雷电直击点周围半径 1 km 左右都会产生雷电电磁脉冲。由于现代铁路信号系统设备采用了大量微电子设备，耐过电压和过电流的能力很低，雷电感应引起的电磁感应脉冲可以造成雷害。因此，铁路信号设备主要是对感应雷进行防护。

2. 雷电侵入信号设备的主要途径

1）空间电磁感应

雷电直击装置有信号设备的建筑物及装置有信号设备的场所附近的构筑物、地面突出物或大地时，雷电电磁脉冲将在信号系统内产生过电压和过电流。此种雷电侵入方式对信号设备的影响 具有较大的不确定性，它与电磁感应的强弱、方向、持续时间及信号设备所处的位置等有关。

2）由供电电源侵入

向信号设备供电的电源系统上遭受直接雷击产生的电磁脉冲，或电源馈线附近遭受直接雷击时感应在电源线上的雷电电磁脉冲，经电源馈线传导，在信号系统电源设备上产生的过电压和过电流。

3）由信号传输线侵入

与信号系统设备相连的信号传输线路、钢轨等设施上遭受直接雷击时产生的电磁脉冲，或与信号系统设备相连的信号传输线路附近遭受直接雷击时，感应在信号传输线上的电磁脉冲，经线路传导侵入信号系统内的过电压和过电流。具体有：由轨道电路侵入、由信号点灯电路侵入、由道岔控制回路侵入等。

4）地电位反击

雷击信号设备场地建筑物的避雷针（或避雷带、避雷网）时，雷电流沿避雷针（或避雷带、避雷网）引下线进入接地装置引起地电位升高，这时，在信号系统接地导体和其他导体间产生的反击雷过电压。

无论经由哪种途径侵入的雷电，从一开始作用到信号设备上都是以过电压的形式出现，雷击造成两线间的过电压称为横向过电压，造成线对地的过电压称为纵向过电压。

3. 防雷元件

1)金属陶瓷放电管

金属陶瓷放电管是通过泄流，即将可能进入电气和电子设备的雷电流大部分泄放到大地中去，以减少雷过电流烧毁电气或电子设备。

金属陶瓷放电管具有通流容量大、残压较低、雷击后使回路处于断路状态等优点，但响应时间慢，因此一般用于信号设备的防雷电路粗保护环节，主要起导线间和导线对大地间的隔离作用。金属陶瓷放电管按电极数量分为二极放电管和三极放电管。

(1)金属陶瓷二极放电管

金属陶瓷二极放电管是一种充气管，以R-250TA为例，由管帽、瓷管、热屏、瓷座、钛钨电极等组成。

金属陶瓷二极放电管具有在正常情况下不导电，出现过电压时电极间很快被击穿，过电压消失后立即恢复的特性。将其安装在线路与大地之间，在线路上出现过电压时，放电管被击穿，大部分雷电流对地泄放，降低了线路地位，设备得到了保护。

当用两个二极管进行防雷时，如果它们的放电时间不一致，将在线路上产生横向冲击电压，并加到设备上。为了克服二极放电管的缺陷，用一个金属陶瓷三极放电管来代替两个二极放电管。

(2)金属陶瓷三极放电管

金属陶瓷三极放电管有两个线路电极和一个接地电极。在三极放电管中，如果有一个电极放电，在管子中就产生并充满了离子和电子，从而诱发其他电极也放电，减小了各电极间的放电时间差，最大限度地抑制了两线间冲击电压的产生，提高了防护效果。三极放电管除对称性能好外，还具有冲击放电电压低、通流容量大、遮光性能好、极间电容小、绝缘电阻高等优点。

2)氧化锌压敏电阻器

氧化锌压敏电阻器是通过限幅，即将可能进入电气和电子设备的雷电压幅值限制到被保护设备可以耐受的水平以下，防止雷过电压击穿电气和电子设备。氧化锌压敏电阻器包括一般的压敏电阻器和劣化指示压敏电阻器。

(1)氧化锌压敏电阻器

氧化锌压敏电阻器是以氧化锌为主，添加氧化铋、氧化钴、氧化锰和氧化锑等金属氧化物经过充分混合后造粒成型，再经烧结而成的，其微观结构如图2.91所示。

压敏电阻器的电阻值随所加电压而改变。在正常工作电压下，压敏电阻器呈高阻，只有微安级漏泄电流流过。侵入过电压时，压敏电阻变为低阻，过电压被抑制。

压敏电阻器具有通流容量大、非线性特性好、残压较低、响应时间快及抑制过电压能力强等特点，作为电子设备的防雷器件较为理想，也可作为电磁系统的防雷器件。

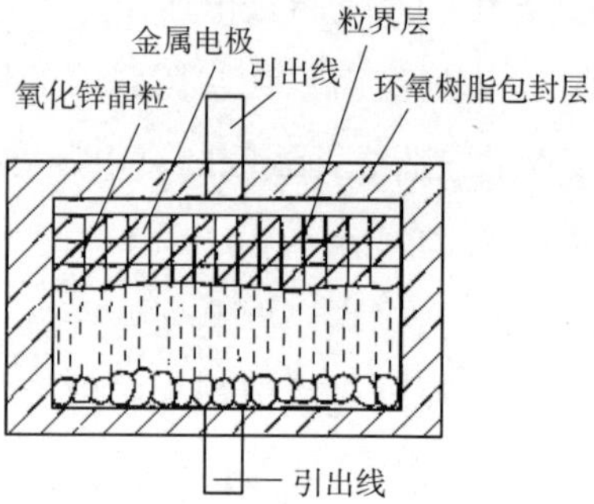

图 2.91　压敏电阻器的结构

(2)劣化指示压敏电阻器

劣化指示压敏电阻器，除具有压敏电阻器的性能外，它的通流容量更大(最大可达 40 kA)，并具有热熔断器、大电流熔断器和报警装置，使其在失效时能自动脱离使用线路，给出明显指示，进行报警告示。

劣化指示压敏电阻在正常工作电压下，始终处于高阻状态，其各项特性参数均未劣化。热熔断器及大电流熔断器均不会脱扣，机械装置不动作，保护模块窗口显示绿色，表示工作在正常状态。

劣化指示压敏电阻器在遭受过电压侵袭时，处于导通状态，限制过电压，保护所防护的设备。当它长期遭受过电压时，特性有所劣化，表现为漏电流增大。当漏电流继续增大时，压敏电阻器功耗不断增大，自身发热，当所发热量大于热熔断器熔化所需热量时，热熔断器因受热而脱开，使压敏电阻器脱离所使用线路，防止发生火灾。同时机械装置动作，防护模块显示窗口由绿色变为红色，表示发生故障。

劣化指示压敏电阻器在遭受超出其能承受的额定电流脉冲侵袭时，大电流熔断器断开，使压敏电阻器脱离所使用的线路。同时机械装置动作，防护模块显示窗口由绿色变为红色，表示出现故障。

3)瞬变电压抑制器

瞬变电压抑制器是一种齐纳二极管，又称瞬态电压抑制器。与普通稳压管相比，它的功率更大，响应速度快，保护性能好，但通流容量小。只能作为雷电细保护，适宜于电子设备的防雷。

当工作电压低于瞬变电压抑制器的击穿电压时，呈现高阻，对跨接的电路没有影响。当雷电侵入出现过电压时，瞬变电压抑制器立即导通，将过电压限制到一定水平，保护了被保护的设备。其中，瞬变电压抑制器的主要电气特性参数如下。

(1)额定稳态电压：在标准工作温度范围内的最大持续直流工作电压。

(2)击穿电压：管子在通过测试电流导通时的电压。

(3)维持电流：维持管子导通时的最小电流。

(4)防雷变压器

普通变压器在初、次级绕组间存在级间电容,其由级间电容初级和铁芯间的电容 C_1、次级和铁芯间的电容 C_2、初级与次级间的电容 C_{12} 三部分组成。普通变压器的 C_{12} 为几十皮法,电压转换系数在 1/5 左右。因此,初级绕组的纵向电压可通过电容耦合到次级。当雷电波侵入初级时,次级可感应出相当高的电压。

防雷变压器实际是一种特殊的隔离变压器,它可将大部分雷电堵塞在外线侧,只有少量雷电漏入电气或电子设备。它在设计、取材和工艺上均采用特殊结构,最重要的是静电屏蔽接地,即在初、次级间串入面积足够大的金属板作屏蔽体。

防雷变压器电路原理:防雷变压器采用静电屏蔽原理来防雷,屏蔽体自身必须接地良好。地线虽然不作为泄放雷电流的途径,但没有地线就无法实现静电屏蔽作用。

防雷变压器还必须能承受感应雷引起的冲击过电压对变压器的侵袭,即自身要有良好的耐压性能不被击穿。防雷变压器实际上是隔离变压器和高绝缘变压器的综合。

防雷变压器除满足普通变压器的技术指标外,还应满足防雷变压器的技术指标。

4. 铁路信号设备防雷保安器

浪涌是指沿线路传送的电流、电压或功率的瞬态波。浪涌保护器 SPD 是用来限制瞬态过电压及泄放相应的瞬态过电流的装置,它至少应含有一个非线性元件。

防雷保安器是防止感应雷过电压和过电流破坏电子或电气设备系统的保安装置,简称防雷器,是浪涌保护器 SPD 的一种。它可分为电源线防雷保安器(简称电源防雷保安器)和信号传输线防雷保安器(简称通道防雷保安器)两大类。

1)防雷保安器的结构

防雷保安器采用密封结构,由防雷元件组成,轨道电路所用 FL-GD-1 型防雷保安器的原理如图 2.92 所示,由压敏电阻和金属陶瓷二极放电管串联而成,可以应付频繁的动作,寿命长。防雷保安器 L1-L2 端子,连接在被保护设备输入线路两端,CS 是测试端子。防雷保安器具有劣化指示和报警功能,可安装在室外变压器箱内。

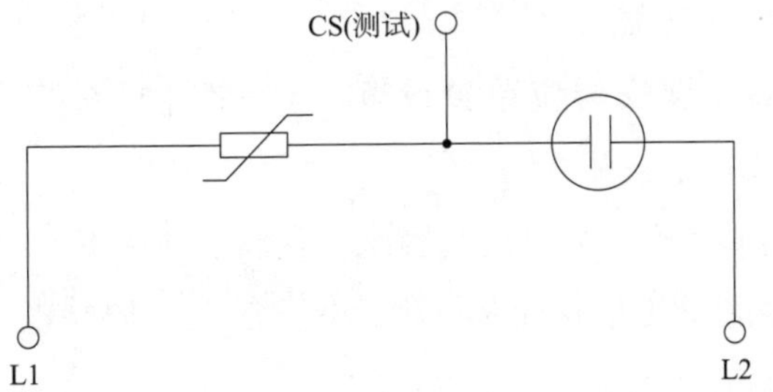

图 2.92 FL-GD-1 型防雷保安器原理图

2)对信号设备防雷保安器的一般要求

(1)防雷保安器应集中设置。

(2)防雷保安器并联应用时,在任何情况下不得成为短路状态,应能实现热插拔;串联应用时,在任何情况下不得成为开路状态。

(3)防雷保安器对地有连接的,除了放电状态,其他时间不得构成导通状态,否则必须辅以接地检测报警装置。

(4)当防雷保安器处于劣化或损坏状态时,须立即自动脱离电路且不得影响设备正常工作。

(5)防雷保安器和被防护设备间的绝缘应匹配,将雷电感应电磁脉冲过电压限制到被防护设备的冲击耐压水平以下。

(6)正常情况下,防雷保安器不应影响被防护设备的工作,受到雷电感应电磁脉冲干扰时,应保证信号设备不得造成进路错误解锁、道岔错误转换、信号错误开放或显示允许信号。

(7)防雷保安器的外壳、引线均须采用阻燃材料。

(8)防雷保安器的安装应牢固,标识清晰,便于检查和更换。

(9)检查各类防雷保安器有无故障指示、接触不良、漏电流过大、发热、绝缘不良、积尘等。有劣化指示和报警功能的防雷保安器,当劣化指示由正常色转为失效色或报警后应及时更换。其他防雷保安器等防雷设施应在每年的雷雨季节前进行一次检测。

(10)测试电缆芯线绝缘时,应拔除防雷保安器,以免影响测试结果。

3)电源防雷保安器

电源防雷保安器用于限制由电源馈线侵入电源设备的雷电过电压及过电流的防雷保安器。外电网引入机房建筑物应采用多级雷电防护。第Ⅰ级设在电力开关箱后,第Ⅱ级设在电源屏电源引入侧,第Ⅲ级设在微电子设备(指计算机终端电源稳压器或UPS前)和室外设备电源引入侧。第Ⅰ级电源防雷应有故障声光报警、雷电计数和状态显示(三相电源每一相线均应有状态显示)等功能。

用于电源电路的防雷保安器应单独设置,必须具有阻断续流的性能。工作电压在110 V以上的,应有劣化指示。

信号设备机房的防雷保安器冲击通流容量和限制电压见表2.43。

室外交流电源防雷保安器冲击通流容量不小于20 kA,限制电压不大于700 V,在中雷区以上的地区,限制电压可不大于1 000 V。

表 2.43 信号设备机房的防雷保安器冲击通流容量和限制电压

交流电源防雷保安器						直流电源防雷保安器	
信号防雷箱(Ⅰ)		电源屏前(Ⅱ)		微电子设备电源前(Ⅲ)			
冲击通流容量	限制电压	冲击通流容量	限制电压	冲击通流容量	限制电压	冲击通流容量	限制电压
≥10 kA	≤1 500 V	≥20 kA	≤1 000 V	≥10 kA	≤500 V	≥10 kA	注 3

注:1. 微电子设备电源引入前安装的并联型交流电源防雷箱限制电压达不到要求时,应采用带滤波器的串联型电源泵防雷箱。

2. 电源防雷箱的功率应大于被保护设备总用电量的 1.2 倍。

3. 直接电源防雷保安器的选取:工作电压 24 V 时,限制电压 75 V;工作电压 48 V 时,限制电压 110 V;工作电压 110 V 时,限制电压 220 V;工作电压 220 V 时,限制电压 500 V。

电源防雷应采用信号电源防雷箱方式,电源防雷箱一般固定在室内低压配电箱旁。信号防雷箱设置地点应符合防火要求。

信号设备机房的电源应采用 TN-S 系统。三相电源供电的机房,应采用 L(相线)—L、L—PE(保护地线)和 N(中性线)—PE 全模防护的并联三相电源防雷箱;单相电源供电的机房,应采用 L—N、L—PE 和 N—PE 的单相电源防雷箱。

信号电源防雷箱一般由防雷保安器、空气开关、雷电计数器、等电位接地端子、防雷地线引接线等组成。

4)通道防雷保安器

通道防雷保安器是用于限制由数据线、通信线、信号线侵入信息技术设备的雷击过电压及过电流的防雷保安器。信号传输线的防雷保安器应实现即插即用。

(1)室内信号传输线防雷保安器

室内信号传输线长度为 50～100 m 时,可在一端设备接口处设置防雷保安器;大于 100 m 时,宜在两端设备接口处设置防雷保安器。按照分区、分级的原则,信号传输线的防雷保安器应集中设置在防雷分线柜处。

室内信号传输线防雷保安器的选用应符合以下要求。

①室内采集、驱动信号传输线防雷保安器冲击通流容量不小于 1.5 kA,限制电压不大于 60 V,信号衰耗不大于 0.5 dB。

②室内视频信号传输线防雷保安器冲击通流容量不小于 1.5 kA,限制电压不大于 10 V, 信号衰耗不大于 0.5 dB。

③室内 RS-232、RS-422、RJ-45 等通信接口信号传输线防雷保安器冲击通流容量不小于 1.5 kA,限制电压不大于 40 V,信号衰耗不大于 0.5 dB。

④其他室内信号传输线防雷保安器冲击通流容量不小于 5(10)kA,信号传输线防雷保安器限制电压见表 2.44。

表 2.44　信号传输线防雷保安器限制电压表

序号	信号设备名称(工作电压)	限制电压(V)
1	轨道电路发送和接收端	≤190、330、500、700(注)
2	电码化轨道区段(≥220 V)	≤1 000
3	信号点灯、道岔表示、道岔启动(220 V时)	≤1 000
4	道岔启动(380 V时)	≤1 000
5	220 V交/直流回路	≤700/500
6	110 V交/直流回路	≤500/220
7	48 V交/直流回路	≤330/110
8	24 V以下交/直流回路	≤190/75

注:1. 交流轨道电路:工作电压小于 36 V 时,限制电压应≤190 V;工作电压 36～60 V 时,限制电压应≤330 V;工作电压 60～110 V 时,限制电压应≤500 V;工作电压 110～220 V 时,限制电压应≤700 V。

2. 直流轨道电路:工作电压小于 24 V 时,限制电压应≤75 V。

(2)室外信号传输线防雷保安器

室外信号传输线宜在两端设置防雷保安器。安装于室外的电子设备宜在电缆线入口处设置防雷保安器或防雷变压器。与室外传输线相连的各种信号变压器应采用防雷型变压器。

防雷保安器可安装在室外变压器箱内。

室外信号传输线及与室外信号传输线连接信号设备防雷保安器冲击通流容量不小于10 kA,限制电压按表 2.39 选取。

5. 铁路信号设备综合防雷

信号设备雷电电磁脉冲防护应根据防护需要,采取等电位连接、屏蔽、接地、合理布线,安装防雷元器件(浪涌保护器、防雷变压器等)等措施进行综合防护(简称综合防雷)。

1)信号设备综合防雷的原则

(1)按照区分、分级、分设备防护原则,采用纵向、横向或纵横向防护方式。

(2)采取屏蔽、等电位连接、良好的接地及合理布线等措施,改善信号设备电磁兼容环境。

(3)信号设备、器材须具有符合规定的耐受过电压、过电流的能力,满足电磁脉冲抗扰度的要求。

(4)防雷元器件应与被防护设备匹配设置,保证雷电感应电磁脉冲过电压限制到被防护设备的冲压耐压水平以下。

(5)防雷装置的设置、动作和故障状态,不得改变被保护系统的电气性能,不得影响被保护设备的正常工作,并应满足“故障—安全”原则。

(6)雷电活动地区与外线连接的信号设备应安装防雷元器件进行防护。

(7)对安装电子系统设备(计算机联锁、微机监测、TDCS/CTC、CTCS、ZPW-2000 等)的机房应进行有效的室内电磁屏蔽(法拉第笼电磁屏蔽)。

2)信号设备综合防雷的要求

(1)浪涌保护器的连接线应尽可能短,防雷电路的配线与其他配线应分开,不允许其他设备借用并联型防雷设备的端子。

(2)防雷元器件的安装应牢固,标识清晰,并便于检查。

(3)避雷带、避雷网、引下线、避雷针无腐蚀及机械损伤,锈蚀部位不得超过截面的 1/3。

(4)进出信号机械室的信号传输线路不得与电力线路靠近和并排敷设。不得已时电力线路和信号传输线路的间距:电力电缆与信号缆线平行敷设时不小于 600 mm,采用接地的金属线槽或钢管防护的,不小于 300 mm。条件受限时应采用屏蔽电缆布放,电缆金属护套和电缆屏蔽层应做接地处理。

6. 机房电磁环境防护

机房建筑物直击雷防护和屏蔽,为抗御直击雷和降低雷电电磁干扰,信号机房的建筑物应采用法拉第笼进行电磁屏蔽。信号机房建筑物屋顶不允许设置避雷针。

1)法拉第笼

法拉第笼由屋顶避雷网、避雷带和引下线、机房屏蔽和接地系统构成。

(1)避雷网

避雷网由不大于 3 m×3 m 的方形网格构成,每隔 3 m 与避雷带焊接连通。网格由 40 mm×4 mm 的热镀锌扁钢交叉焊接构成。热镀锌钢材的镀层厚度为 20～60 μm。

(2)避雷带

避雷带应采用不小于 ϕ8 mm 的热镀锌圆钢沿屋顶周边设置一圈,距墙体高度 0.15 m,并用热镀锌圆钢均匀设置避雷带支撑柱,支撑柱间距不大于 1 m。

(3)引下线

引下线是避雷带与接地装置的连接线,沿机房建筑物外墙均匀垂直敷设 4～6 根,安装应平直,并与其他电气线路距离大于 1 m。引下线的固定卡钉布置应均匀牢固,间距宜小于 2 m。引下线宜采用 40 mm×4 mm 的热镀锌扁钢或不小于 10 mm 的热镀锌圆钢,上端与避雷带焊接连通,焊接处不得出现急弯(弯角不小于 90°),下端与地网焊接;引下线与分线盘(柜)间距应不小于 5 m。

为了节省投资和合理利用资源,法拉第笼也可利用建筑物的钢筋混凝土结构或框架结构建筑物,实现引下线和大空间屏蔽网的作用。引下线利用建筑物内主钢筋时,主钢筋应与接地装置(地网)、避雷带焊接。

2)安装电子设备的机房的法拉第笼屏蔽

安装电子设备的机房宜采用更完善的室内法拉第笼屏蔽,应符合以下标准。

(1)屏蔽层应选用铁板或铝板等电磁屏蔽材料,板材厚度不应小于 0.6 mm。

(2)门窗屏蔽应采用截面积不小于 3 mm^2、网孔小于 80 mm×80 mm 的铝合金网,并用不小于 16 mm^2 的软铜线与地网或屏蔽层可靠连接。

(3)金属板间每间隔 500 mm 必须焊接或用不小于 2 mm^2 的软铜线可靠连接。

(4)屏蔽层必须在引下线与地网连接处用不小于 25 mm^2 的软铜线可靠连接。

(5)机房已经预留钢筋接地端子板的,屏蔽层还应与钢筋接地端子板拴接。

(6)机房地面宜采用防静电地板,其金属支架间应互相可靠连接,或在金属支架底部采用 0.1 mm×20 mm 铜箔带构成与支架一致的网格,铜箔带交叉处用锡焊接。

(7)互相连接的金属支架或网格铜箔带应采用 10 mm^2 的铜带(扁平铜网编织带),应与地网或屏蔽层连接,至少 4 处,铜带一端加线鼻后与地网或屏蔽层拴接,另一端用锡焊接。

7. 室外信号设备直接雷防护和屏蔽

室外电子设备集中的区域,可在距电子设备和机房建筑物 30 m 以外的地点安装多支独立避雷针。

室外信号设备的金属箱、盒壳体必须接地。进出金属箱、盒的电源线、信号线宜采用屏蔽电缆或非屏蔽电缆穿钢管埋地敷设,屏蔽电缆的金属屏蔽层或钢管应接地。

严禁用钢轨代替地线。

高柱信号机点灯线缆应采用屏蔽线缆。

2.10.2 信号设备接地装置

1. 地线

信号设备应设防雷地线、安全地线和屏蔽地线。信号设备的防雷装置应设防雷地线。信号机械室内的组合架(柜)、计算机联锁机柜、电源屏,以及信号机梯子等应设安全地线,电缆金属护套应设屏蔽地线。

安装防静电地板的机房应设防静电地线,微电子设备需要时可设置逻辑地线。上述地线均由共用接地系统的地网引出。

室内外信号设备设置的综合接地装置、安全地线、屏蔽地线(包括信号计算机和微电子系统保护地线)和防雷地线的接地电阻值应符合以下要求:

综合接地装置(建筑物接地体、贯通地线、地网、其他共用接地体等),其接地电阻值应小于 1 Ω。

未设贯通地线的区段,室内、室外信号设备可采用分散接地的方式,接地电阻值见

表 2.45。任意两种地线间隔距离应在 20 m 以上，两个接地系统之间不得互相连通。因条件限制，以上两组接地不能满足条件时可共用一组接地体，接地电阻应小于 1 Ω。

表 2.45　信号设备地线接地电阻值

序号	接地装置使用处所	土壤分类	黑土、泥炭土	黄土、砂质黏土	土加砂	砂土	土加石
		土壤电阻率(Ω·m)	50 以下	50～100	101～300	301～500	501 以上
		设备引入回线数	接地装置接地电阻值小于(Ω)				
1	防雷地线	—	10	10	10	20	20
2	安全地线	—	10	10	10	20	20
3	屏蔽地线	—	10	10	10	20	20
4	微电子计算机保护地线	—	4	4	4	4	4

室内信号设备的接地装置应构成网状(地网)。接地导线上严禁设置开关、熔断器或断路器。

2. 地网

地网应由建筑物四周的环形接地装置、建筑物基础钢筋构成的接地体相互连接构成。对既有建筑物进行地网改造时，应了解建筑物结构、原有防直击雷装置、原有接地和接地体的分布等。接地体应设置永久性明显标志。

1)基础接地网

新建建筑物混凝土基础的钢筋必须焊接成基础接地网，网格宽度不大于 3 m；既有建筑物为钢筋混凝土基础的，可利用混凝土基础钢筋作为基础接地网。

2)环形接地装置

环形接地装置由水平接地体和垂直接地体组成，应环绕建筑物外墙闭合成环，受条件限制时可不完全环周敷设，但应尽可能沿建筑物周围设置，以便与地网连接的各种引线就近连接。水平接地体距建筑物外墙间距不小于 1 m，埋深不小于 0.7 m。垂直接地体应采用石墨接地体。

环形接地装置必须与建筑物四角的主钢筋焊接，并应在地下每隔 5～10 m 就近与机房建筑物基础接地网钢筋连接。

环形接地装置的标志应清晰明了，应在地面上竖立标桩或在墙面上设置铭牌。

3)接地体

接地体分为水平接地体和垂直接地体。

(1)水平接地体

水平接地体距建筑物外墙间距不小于 1 m，埋深不小于 0.7 m。水平接地体可采用以下材料：

①40 mm×4 mm 热镀锌扁钢；

②镀层厚度大于 250 μm、直径大于 14 mm 的镀铜圆钢;

③不小于 50 mm^2 铜带或缠绕的电缆;

④与贯通地线材质相同。

难以避开污水排放和土壤腐蚀性强的地点时,水平接地体应选用耐腐蚀性材料,采用热镀锌扁钢时,镀层不宜小于 60 μm。

(2)垂直接地体

在避雷带引下线处应设垂直接地体,垂直接地体必须与水平接地体可靠焊接。接地电阻不满足要求时,可增设垂直接地体,其间距不宜小于其长度的 2 倍并均匀布置。垂直接地体宜采用石墨电极。

4)降低接地电阻的措施

要求接地电阻不得大于 1 Ω。当接地电阻难以达到要求时,可采取深埋接地体、设置外延接地体、换土、在接地体周围添加经环保部门认可的降阻剂或其他新技术、新材料等措施。

3. 贯通地线

1)贯通地线的作用

城市轨道交通正线、车辆段(停车场)、强雷区和埋设地线困难地区及微电子设备集中的区段,应设置贯通地线。设置贯通地线的区段,沿线及站内的各种室外信号设备的各种地线均应就近与贯通地线连接。贯通地线任一点的接地电阻不得大于 1 Ω,以便各种信号设备的各种地线可靠接地。

2)贯通地线的材料

贯通地线应采用截面积不小于铜当量 35 mm^2、耐腐蚀并符合环保要求的材料。引接线(贯通地线与设备接地端子的连接线)采用 25 mm^2 的多股裸铜缆焊接或压接,焊接时焊接长度不小于 100 mm,并套 150 mm 长热熔热缩带防护。

3)贯通地线的设置

贯通地线与信号电缆同沟埋于电缆(槽)下方土壤中,距电缆(槽)底少于 300 mm。隧道、桥梁应两侧敷设贯通地线;与桥梁墩台接地装置的接地连接线应设置成无维修方式。上下行线路分线时,应分别敷设贯通地线。

贯通地线在信号机房建筑物一侧,采用 50 mm^2 裸铜线与环形接地装置连接,信号楼两端各连接两次。

4. 接地汇集线

1)接地汇集线的设置

控制台室、继电器室、防雷分线室(或分线盘)、计算机室和电源室(电源引入处)应设置接地汇集线。

电源室电源防雷箱处、防雷分线室(或分线盘)处的接地汇集线应单独设置,与环形接地装置单点冗余连接。

信号机房面积较大时,可设置与环形接地装置单点冗余连接的总接地汇集线。信号机房分布在几个楼层时,各楼层可分别设置总接地汇集线。

2)接地汇集线的材质和连接

(1)控制台室等处的接地汇集线应采用宽 30 mm、厚 3 mm 以上的紫铜排,环形设置时不得构成闭合回路。铜排相互连接应采用双螺杆进行固定,接触部分长度不少于 60 mm。接地汇集线之间的连接线应与墙体及屏蔽层绝缘。引入信号机械室的各种线缆的屏蔽护套应与接地汇集线可靠连接。

(2)电源室等处的接地汇集线应单独设置,与环形接地装置单点冗余连接。其余接地汇集线可采用两根截面积不小于 25 mm^2 有绝缘外护套的多股铜线或紫铜排相互连接后,再与环形接地装置单点冗余连接。

(3)室内走线架、组合架、电源屏、控制台、机架、机柜等所有室内设备必须与墙体绝缘,其安全地线、防雷地线、屏蔽地线等必须以最短距离就近分别与接地汇集线连接。

(4)走线架应连接良好,不得构成环形闭合回路,已构成闭合回路应加装绝缘。室内同一排的金属机架、柜之间采用截面积大于 10 mm^2 多股铜线连接后,再用两根不小于 25 mm^2 有绝缘外护套的多股铜线或紫铜排与接地汇集线连接。

(5)信号机房面积较大时,控制台室、继电器室、计算机房等安装电子系统设备的机房接地汇集线可分别与总接地汇集线连接,也可相互连接后,用两根不小于 25 mm^2 有绝缘外护套的多股铜线或紫铜排与总接地汇集线连接。

(6)各楼层可分别设置总接地汇集线时,总接地汇集线间应采用两根不小于 25 mm^2 的有绝缘外护套的多股铜线或紫铜排进行连接。

(7)接地汇集线与环形接地装置的连景线,应采用两根不小于 25 mm^2 的有绝缘护套多股铜线单点冗余连接。电源室电源簋箱处(电源引入处)、分线盘处等其余接地汇集线在环形接地装置上的连接点相互间距不应小于 5 m。引下线在环形接地装置上的连接点,与以上 3 种接地汇集线在环形接地装置的连接点的相互间距也不应小于 5 m。受信号楼周长太小限制的特殊情况下,其相互间距最近处不得小于 3 m。

(8)无线天线的接地装置应单独设置,并距环形接地装置 15 m 以上,特殊情况下不应小于 5 m;确因条件限制,间距达不到要求时,与接地汇集线在环形接地装置上的连接点之间的间距不小于 5 m;无线天线设在屋顶的,其接地线可与避雷网焊接。

(9)建筑物内所有不带电的自来水管、暖气管道等金属物体,都必须与环形接地装置(或与建筑物钢筋、计算机室屏蔽层)作等电位连接。

第3章 信号维修与故障处理

3.1 处理故障的常用方法

无论信号设备发生何种性质的故障，信号维修人员均须先停用设备然后再进行设备故障的处理。6502 电气集中联锁和计算机联锁本身具有一定的设备故障自诊能力，电路的故障绝大多数属于非潜伏性故障，设备故障后，一般都能通过控制台（计算机联锁的操作表示系统）的各种表示灯状态，直接或间接地显示出来，通过不同的操纵试验方法，根据控制台的显示，可确定故障电路的层次故障的模块和大致范围，这给处理设备故障提供了便利条件。通常，可以采用的故障处理方法有以下几种。

3.1.1 步进电压法

1. 依据盘面压缩分析出来的结果，找到应励磁而未励磁或应落下而未落下的继电器。

2. 在组合侧面端子上借用电源，使用万用表 25 V 挡（直流），判断故障的继电器是缺 KZ 或 KF 电源。

3. 借用电源。若缺 KZ 电源，则借 KF 电源查 KZ 电源，若缺 KF 电源，则借 KZ 电源查 KF 电源。

4. 依电路接线图逐步查找、测量。

5. 若在电路中的某两点之间的电压发生变化，则需要用万用表进行确认，如图 3.1 所示。

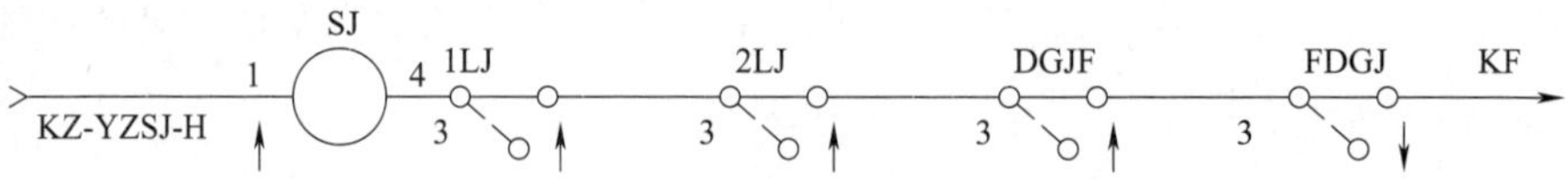

图 3.1 SJ 电路

经判断 SJ 不励磁，是因为缺 KF 电源。处理时，则可以借 KZ 查 KF。经测量，$FDGJ_{31}$、$DGJF_{31}$、$2LJ_{31}$ 均有 KF，而 $1LJ_{32}$ 无 KF，则确认 $2LJ_{31}$ 与 $1LJ_{32}$ 之间有 24 V 开路电压，说明两点之间连线断线造成 SJ 落下。

3.1.2　盘面压缩法

6502电气集中电路是依据站场信号平面图，运用道岔、信号、区段三种基本组合拼贴而成的站场型网络电路，由15条网路线组成。这15条网路线的结构具有与站场结构相同的特点。建立不同的进路，其具体电路的区别仅仅在于几个区分条件上。如：两条完全重叠的进路是用进路始端的KJ和终端ZJ接点区分的；两条部分重叠的进路是以道岔为分界点用道岔表示继电器接点区分的；共用始端的不同性质的进路是用LKJ接点区分的。因此，只要两条以上的进路有部分重叠，它们的电路就存在公共部分。公共电路故障，就会影响几条相重叠进路不能排列，因而几条相重叠进路不能排，必定是它们的公共部分电路故障。反之，几条相重叠的进路有一条进路排，说明公共电路是好的，故障不出在公共的电路上。正是利用这一特点进行逻辑推理，即运用改排不同进路的方法和其他试验手段逐步缩小故障的范围。

1. 几种不同的办理方式

设备发生故障，进行盘面压缩时，应根据故障现象，在控制台上进行不同方式的办理，通过电路的动作及反映到控制台上的现象，将故障压缩到最小的范围。当某条进路因故不能办理时，可以尝试以下几种方式的办理。

1)可排同方向不同性质的进路。

2)可排反方向相同性质的进路。

3)可排反方向不同性质的进路。

4)可排以道岔为分界点的部分重叠进路。

5)可排以调车信号机为分界点的部分重叠进路。

6)可排另一方向的发车进路。

7)可排引导进路锁闭方式的进路。

2. 运用盘面压缩法的主要步骤

1)操纵试验，观察确认故障现象。

2)根据控制台显示，初步确定电路动作的大致层次。

3)依据故障现象，确定不同的盘面压缩方式，通过不同的办理和试验，缩小故障范围。

4)初步判断故障的大致范围(如某个继电器的错误吸起或错误落下等)。

要得心应手地运用盘面压缩法，要求维修人员不但要熟悉站场平面图、电路原理图及电路接线图，还要对设备的动作层次具有清晰的认识和较强的逻辑思维能力。

3.1.3　优选法

优选法又称为平分法。如6502电气集中联锁检查的条件很多，网路线较长，当设备故障时，若逐点测量，势必延长故障处理时间。这就要求应该根据不同情况，灵活地利用优选法，合理选择优选点，用电压法测试。一般来说，优选点就是从故障网路的中间选点测量。每次选择故障网路的二分之一，即从中间选点测量。

1. 经盘面压缩，确定故障是 LAJ 不自闭，电路如图 3.2 所示。

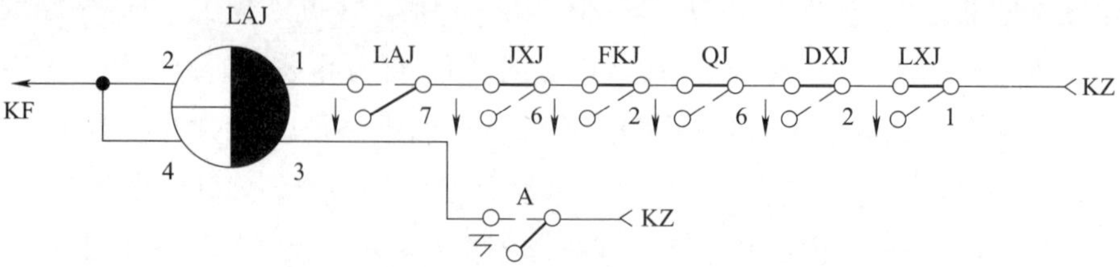

图 3.2　LAJ 电路

经过判断，LAJ 不自闭是因为 KZ 电源至 LAJ 线圈之间断线。若用步进电压法进行逐点测试，则需要测量近 10 次才可以确定具体故障点。但是若利用优选法，在 LAJ 自闭电路上选择优选点进行测量，可以缩短查找时间。测量选点如下：

1)先测 QJ_{61}。

有电压：说明 QJ_{61} 至 LAJ_{1} 之间故障；

无电压：说明 QJ_{6} 至 KF 之间故障。

现在假设测试点无电压。

2)再测 DXJ_{21}。

有电压：说明 DXJ_{21} 至 QJ_{61} 之间故障；

无电压：说明 KF 至 LXJ_{11} 之间故障。

现在假设测试点无电压。

3)测 LXJ_{11}。

有电压：说明 LXJ_{11} 至 DXJ_{21} 之间故障；

无电压：说明 KF 至 LXJ1 之间故障。

可见，仅三次就测出了故障点。但选用此法时，要求故障处理人员需对电路环节清楚，并能正确选用优选点。当在优选点测出有电压或无电压时，要清楚故障在优选点的左侧或右侧。

2. 计算机联锁车站，某一道岔定位到反位不能操作，用优选法分析故障范围。

计算机联锁系统故障常表现为单一设备故障、局部设备故障和全站设备故障等形式，用优选法确定单一故障范围。该故障道岔的操作流程如下：

①联锁机 CPU 板→②联锁机 I/O 板→③执表机驱动板→④微机接口架→⑤动态驱动单元→⑥室内继电器组合→⑦室内分线盘→⑧室外方向盒→⑨室外电缆盒→⑩室外转辙机。

通过在控制台(操作表示系统)操纵试验,再经过对⑤、⑥的二次观察(观察动态继电器FCJ是否励磁吸起):若没有吸起,则可能是驱动单元故障;若驱动电源未送到动态驱动单元,则进行第③步。

综上所述,经过优选观察,已基本将故障范围缩得很小。单一道岔失去表示、信号不能开放等也可以运用这个方法。

3.1.4　逻辑推理法

信号联锁电路一般都有很强的规律性,总是按一定的逻辑程序传递动作的,而且控制台又装有各种表示灯、电压、电流表和故障报警装置等,因此,很适宜运用逻辑推理法判断信号故障。

运用逻辑推理法判断信号故障,就是要求通过故障现象,根据事物的逻辑关系进行推理,从而抓住事物的本质,判断出信号故障的大致范围和原因,以便能很快地找出故障点。

运用逻辑推理法,不仅要熟悉电路,还要熟悉设备性能,并且有较广泛的理性和感性知识。运用这种方法,往往在未动用工具、仪表前,根据故障现象,就能对故障范围和原因作出大致判断,可收到事半功倍的效果。

1. 建立一条进路,若出现始端按钮表示灯亮稳定灯光,终端按钮表示灯闪光后灭灯,进路部分无白光带,逻辑推理过程如下:

1)进路中某区段无白光带,说明该区段QJJ应励磁不能励磁或1LJ、2LJ错误保留吸起。

2)始端方向部分区段有白光带,而终端方向有部分区段无白光带,说明线路故障。故障点在有白光带和无自光带区段之间。

3)进路内方的第一无岔区段无白光带,说明LKJF没有能励磁吸起。

4)股道无白光带,说明股道检查继电器GJJ未能励磁或ZCJ错误保留吸起。

2. 计算机联锁车站,某一道岔定位到反位不能操作,用逻辑推理法查找故障。

根据前面优选法第二部分的道岔动作流程,通过电流表的动作可以区分室内、室外故障。在电流表未动的前提下,比较道岔是否曾失去定位表示信息,就可以判断出故障的大致范围。依据判断出的大致故障范围,进步分析出故障点:

1)该道岔已符合单操条件,但主备机驱动板均无输出,则可能是计算机内部联锁程序保护出错。

2)主机相应驱动板对应位置表示灯无输出而备机有输出,可能是驱动板或I/O板故障。

3)主备机均有输出,就要查看相应的动态驱动单元,动态驱动单元若有输入电压但相应的 FCJ(DCJ)未吸起，则很可能是动态驱动单元故障；若动态驱动单元无输入电压，则要检查驱动板、接口架、动态驱动单元及整个接口通道。

通过上述逻辑推理，则可以判断出故障的基本范围。

综上所述，要运用逻辑推理法处理故障，必须要对电路的动作层次有较深的理解，方能熟练地从控制台(操作表示系统)体现出的现象分析出电路在工作过程中所发生的变化，同时要有丰富的工作经验。

3.1.5 试验分析法

运用试验分析法处理故障，一是通过试验把故障现象搞清楚，便于分析出故障原因；二是通过试验分析缩小故障范围；三是将已掌握的故障资料先进行分析，初步判断出故障的范围或原因，进行针对性试验，以验证判断的正确性。试验分为实地试验和模拟试验，最好进行实地试验，当故障不能进行实地试验时，要设法进行模拟试验，通过试验分析缩小故障范围，找出故障原因。

1. 计算机联锁系统控制的局部道岔不能操纵，扳动试验其中一些道岔。若扳动后这些道岔失去原位置表示，则说明计算机输出正常，故障的原因可能是这些道岔在同一组合而该组合 DZ 熔断器熔断；若扳动试验这些道岔原位置表示都不失去，则有可能控制这些道岔操作的同一块驱动板故障，建议立即倒机，然后更换相应的驱动板。

2. 全计算机联锁系统控制的咽喉道岔失去表示、区段出现红光带、信号机闪红灯，很有可能是管辖该咽喉的执表机和联锁机之间的通信出现问题(或相关 SGJ 落下)，建议立即倒机或进行相关处理。

3.1.6 校核法

在信号设备日常施工、维修中，更换电缆、配线及其他电气设备货更改电路后出现故障，除常见的断线、混线外，还应考虑到是否配线、改线错误。如果是配线、改线错误，这类故障就复杂了，有时是以断线故障的现象出现，有时是以混线故障的现象出现，也有时是潜伏性的。处理这类故障就可以用校核法。

通过联锁关系试验、对线法、对相法，校核图纸与实物是否一致，校核轨道电路室内表示与车辆占用是否一致，校核继电器鉴别销与继电器类型、轨道电路的极性交叉、电动转辙机的安装类型、道岔的室内表示与室外实际位置是否一致等，以便及时发现故障，防止联锁失效，确保安全。

1. 极性交叉是保证轨道电路安全工作的一个重要技术措施，它要求一旦轨道电路绝缘破损，在轨道电路空闲的情况下，能正确地反映出轨道绝缘破损，以便能及时处理；在轨道电路被列车占用的情况下，能保证相邻两轨道区段的轨道继电器均落下，从而保证行车安全。

2. 当主、副两路电源转换时，若出现升、降压表示灯与电压指示值正好相反(即升压时反而降压，降压时反而升压)，其原因是电源的相位顺序错了，造成调压电机的转向发生了变化。所以，平时就应该校核电源的相位。

3. 四线制道岔控制电路，在更换配线后，就应该校核道岔的室内外的位置是否一致。因启动和表示共用线 X_1、X_2 颠倒之后，将会造成道岔的室外实际位置与值班员的操纵意图相反，若再将整流二极管接反，室内将会给出与室外实际位置相反的表示，造成严重的后果。所以，校核法无论是在处理设备故障时，还是进行设备维修时，都显得尤为重要。

3.1.7 观察检查法

即利用人的感觉器官对故障部位进行检查。眼看，就是查看设备有无破损、松动、烧结、断线及明显的外界干扰等故障因素；手摸，就是用手触摸某个元器件的温度是否正常，如变压器是否过载等；耳听，就是听设备所发出的声音是否正常等。

用观察检查法分析计算机联锁系统控制的全站道岔不能操作、进路不能办理、信号不能开放故障。

1. 首先观察显示器上的时钟是否停止，列车运行图像是否停滞，以区别监控机是否正常工作。若出现此类现象，则先切换监控机临时恢复后再查找故障。

2. 若监控机时钟运行正常，则观察控制台显示器是否有错误显示，若无错误显示但鼠标无法移动或数字化仪操作无反应，可以判断为鼠标或数字化仪故障。更换后仍然不正常，则需要检查监控机与输入设备间的通信插口、切换板、通信线等是否正常。

3. 若监控机时钟运行正常，而控制台显示器提示“联锁机通信中断”，则应进一步观察联锁机的各个运行指示灯。若联锁机工作运行灯正常，而与监控机的通信灯熄灭，则可以切换联锁机，然后再查找原联锁机通信故障，依据判断再具体分析故障点。

4. 若监控机时钟运行正常，全站道岔失去表示、轨道电路出现红光带、信号机闪红灯，而又没有提示“联锁机通信中断”，则应首先怀疑联锁机死机，此时需要进一步观察联锁机运行状态。若运行指示灯停滞，则应切换备机，然后再处理故障。

另外，计算机联锁设备故障后，要注意在看电务维修机的各类记录，特别对各类错误信息要加以认真分析，不能正确判断故障时，应将重要信息存入硬盘，以便研制单位进行进一步分析。

3.1.8 比较法

无论如何复杂的信号设备，在工作过程中都只具有两种状态：正常工作状态和发生异常或故障。在设备故障后，与正常状态相比较，就可以发现设备存在的异常现象，依据比较的结果去分析判断故障。比如建立信号设备正常时的电气特性测试记录，积累各种测试数据，其目的就是为了在设备发生故障时进行数据比较。所以比较法是一种既方便又很有效果的处理信号设备故障的方法。

计算机联锁系统都由计算机设备组成，现场缺少相关的测试手段，一般只能对电源部分和接口部分做些简单的测试。而现场处理故障时间、外部环境的限制也不允许进行大规模的测试，利用计算机联锁系统具有的双机热备特点，采用比较法处理计算机联锁设备故障是行之有效的。例如判断计算机联锁系统主、备机不能同步的现象，就可以查看对比两机的采集信息，若主机比备机多出一个或多个驱动信息，则会造成主、备机之间校核不一致而无法同步等，通过比较，只要将相应的驱动命令清除后即可同步。

利用比较法分析故障，首先要重视数据，当本设备故障时，可以用同类设备测试到的数据作为比较的参考值，其次在进行相关数据测试时，最好使用同型号的仪表等。

3.1.9 代换法

代换就是用一个好的元器件更换认为有故障的元器件。此法对查找电路中继电器两个同名端接反、电容器失效、二极管、三极管性能不良等故障尤其适用，须注意的是，所代换的元器件要与原来的规格、型号、性能相同。

3.2 CBI系统设备的维修与故障处理

3.2.1 LED信号机检修作业流程及故障处理

1. 信号机检修流程及技术标准

1)检修准备

(1)提前查看问题库，对要检修的信号机及所需要克缺的问题，提前准备好材料。

(2)安全预想会。施工负责人对作业人员做好人员分工，明确作业内容、作业时间、作业区域、检修要求，结合天气、作业环境做针对性的安全预想。

(3)作业台账、作业工器具、联络工具及仪表准备好且试验良好。

2)LED信号机检修内容(半年检)

(1)外部检查

外观良好无损，安装牢固、完好，无裂纹锈蚀，机顶封堵良好；立柱稳固，无破损，无过度弯曲，无锈蚀；箱盒完好，无破损。机构加锁良好，无锈蚀。基础或支持物无影响强度的裂纹，安设稳固，其倾斜度不得超过10 mm，设备的周围硬化，保持平整，无积水、无杂草。地线无绝缘破损、裂纹、老化、脱落、断痕、断股及磨损现象；接头无锈蚀、打火痕迹。检查各螺丝、螺母是否紧固；检查连接销螺丝是否紧固、不旷动；检查各部螺丝、部件有无锈蚀、污物堆积。锁具无生锈，开、关锁流畅，油润；透镜玻璃干净，无影响信号显示的斑痕；透镜无裂纹和影响显示的剥落。机柱正直不晃动。地面站：机柱倾斜不大于8 mm（在地面以上1 m处测得）；机柱地面周围硬化，保持平整，不积水。地面破裂要及时修补、整治；油漆油层应完整，无剥落现象并保持鲜明；防锈漆干透后才能涂上外漆，漆膜不能太厚。

（2）箱盒及机柱内部检查

机构、箱盒内部清洁，无尘；端子号码牌固定良好，清晰。配线图清楚完整；门、盖严密，无裂纹、无缺损，盘根良好，不进水、不进尘土，无动物寄生；机构安装牢固、平直，各部螺栓紧固完整，开口销齐全，开口为60°～90°，机构各部无裂纹，门搭完好，遮檐不松动，油漆良好。透镜组严密，玻璃清洁无裂纹，透镜外玻璃干净，无影响信号显示的斑痕，各活动处注油适当。机构门严密，盘根作用良好，内部配线整齐，不破皮，无老伤，螺母垫片齐全紧固，线头不松动。灯室、灯座整洁，内玻璃清洁无破裂；配线整齐，不磨卡，不破皮，不老化，断股不超过五分之一，引入线固定良好；线圈引出线各部连接线应不影响接点动作，接点清洁平整，无严重的烧损，插片与插座插接牢固、平稳，防松装置良好。

（3）电气检查

发光二极管矩阵无灭灯，灯丝报警功能正常；工作电压、工作电流符合标准范围。（Ⅰ次侧电压范围AC 185～230 V，工作电流范围113～137 mA）；接地电阻不大于10 Ω，机构的正常绝缘电阻不小于100 MΩ。信号灯光显示距离符合标准，行车信号及道岔防护信号不小于400 m，调车信号不小于200 m。

3）复查

（1）检修作业完毕，对各部进行全面复查（可边做边查）且设备试验良好。

（2）填写并保存好相关参数的记录，填写检修卡。

（3）合上箱盒盖，并加锁，活动部分适当注油。

（4）清点工具、材料、周围杂物等，做到现场工完料清。

4）收工总结会

作业人员对本次作业进行总结，汇报作业完成情况和设备质量情况，并记录相应问题。

2. LED信号机故障处理流程

信号机出现故障，主要反映在HMI、MMI界面提示某架信号机灯丝断丝报警故障。温州S1线采用点式ATC运行模式，主要以地面信号为主，若因信号机故障列车无法正常接收移动授权，会产生紧急制动，影响正常列车运行。为防止故障影响扩大化，应立即请点进行处理。具体处理流程如图 3.3 所示。

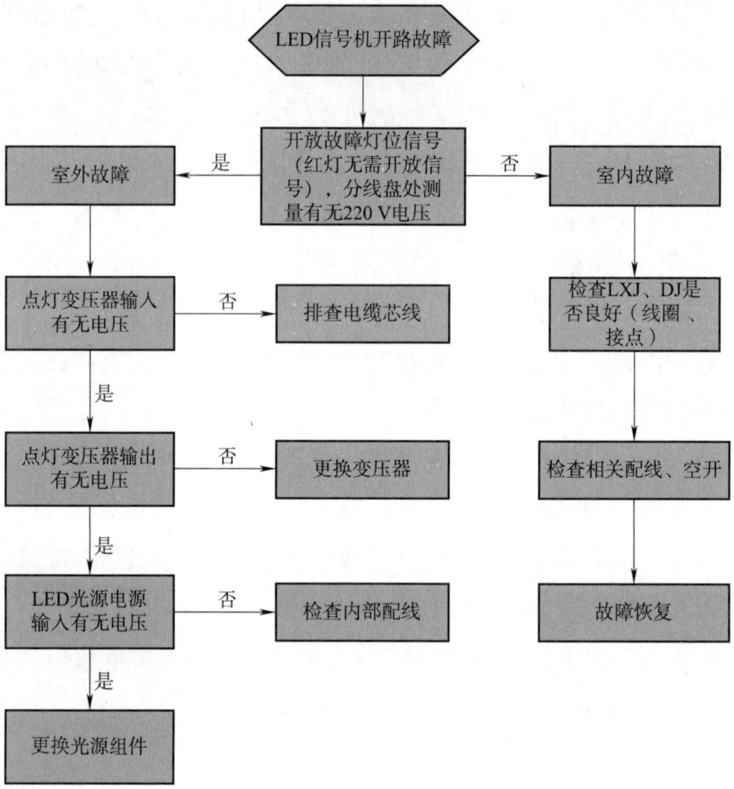

图 3.3　LED 信号机故障处理流程

1)故障处理指导

接到故障通知后,查看微机监测和 HMI 上信号机状态和故障报警信息,并询问车站值班人员故障发生时的情况和相关操作,确认故障现象。

分线盘处测量 LED 点灯电压是否送出,如果未送出,故障点在室内。若已经送出,则故障点在室外。

测量室外 LED 信号机方向盒一次电压是否正常,如正常,继续测量二次侧;如果不正常,在接线端子处查找故障点。

测量室外 LED 信号机的变压器一次电压是否正常,如正常,继续测量二次侧;如果不正常,在 LEU 箱内查找故障点。

如果变压器二次侧电压不正常,则是变压器故障,更换故障变压器,如果二次侧电压正常,则是 LED 灯头故障,更换 LED 灯头。

2)LED 信号机常见故障及排除故障方法

具体内容见表 3.1。

表 3.1 LED信号机常见故障及排除故障方法

序号	故障状态	可能故障原因	排除故障方法	备注
1	整个LED光源不能点亮	点灯变压器有输入电压、无输出电压	更换变压器	
		点灯变压器输入、输出电压正常	更换光源	
		检查光源上的电源输入线是否接触良好	将光源的电源输入线取下重新接到输入端子上	
2	变压器烧坏	检查光源背面PCB板上的TVS是否击穿，造成短路	更换光源和变压器	
3	光源上有整束LED发光管不能点亮	光源板与电阻板的每束连接线接触不良	将电阻板万可端子上的每束连接线取下再重新接到端子上	
		一束LED中有一个或几个LED损坏	更换光源	
4	信号机构内部漏水	检查灯箱盖上的密封圈损坏，箱盖锁紧螺母没有拧紧，前置镜的固定螺丝松动	紧固前置镜上的固定螺丝；更换箱盖密封圈，重新拧紧箱盖锁紧螺母	
5	信号机工作电流偏低	信号机光源的LED发光管有损坏	更换光源	
		信号机的端电压偏低	调整变压器二次侧输出端子	
6	信号机工作电流偏高或过高	变压器输入端子上的压敏电阻击穿	更换压敏电阻或整个变压器组件	
		光源上的TVS击穿造成变压器二次侧短路	更换TVS或整个光源	

3)故障处理工器具清单

具体内容见表3.2。

表 3.2 故障处理工器具清单

序号	名称	型号	用途
1	万用表	MF14/217	进行电压测试
2	十字起	250 mm	拆卸螺丝
3	信号机钥匙	—	打开信号机机盒
4	双头五角套筒扳手	—	开方向盒
5	斜嘴钳	7号	—
6	钢丝钳	6号	—
7	剥线钳	7号	—
8	毛刷	—	清理灰尘杂物

3.2.2 计轴设备检修作业流程及故障处理

1. 计轴设备检修作业流程及技术标准

1)检修准备

(1)提前查看问题库,对要检修的计轴设备及所需要克缺的问题,提前准备好材料。

(2)安全预想会。施工负责人对作业人员做好人员分工,明确作业内容、作业时间、作业区域、检修要求,结合天气、作业环境做针对性的安全预想。

(3)作业台账、作业工器具、联络工具及仪表准备好且试验良好。

2)计轴设备检修内容

(1)日巡视:各模块的指示灯显示正常,空闲状态只有计轴板两个通道的 CL 绿灯亮,输出板的 CL、Oc3 绿灯亮。电源板绿灯亮。监视板绿灯亮(分别对应相应放大板,指示工作电压正常)。放大板所有灯熄灭。

(2)月检:

①同日巡视。

②计轴机柜检修:用吸尘器、防静电刷、无纺布等对机柜进行卫生清洁;检查计轴机柜安装背板各端子排接线端子的接线情况,是否出现松动、脱落、断裂等。

③监测时钟校准:用专用电脑校准监测时钟。

(3)半年检:

①同月检

②室内板卡检修

计出 1 轴:计轴板和计轴区段转为占用状态。计轴数为-1(二进制),显示所有轴数显示 LED 灯闪烁负轴-Axle 指示灯持续亮(负轴数检测);计入 1 轴,计轴数为 0,-Axle 指示灯保持亮起状态(计数器溢出检测);计入 2 轴,计轴数为 2 轴数显示 LED 灯闪烁计数期间-Axle 指示灯一直亮(计数器溢出检测),通过复零板对计轴板预复位或者计轴板的 RESET 按钮。

复位:a. “-Axle”指示灯立即熄灭(计轴溢出占用消除),且在复位中不应闪亮,计出 2 轴:计数值为-2;b. 在计数过程中,“-Axle”指示灯重新亮起;c. 由于进行负轴检测,计轴板及计轴系统保持在占用状态;在完成所有测试后,必须通过复位使计轴系统输出空闲状态。

③复零板检查:切换钥匙开关默认位于 PRE。

A. 当切换开关位于 PRE 位置时,测试检验要求如下:

按下 ACR1. 1 或者 ACR1. 2 按钮,继电器 ACR1. 1 或 ACR 1. 2 吸起和相应指示灯亮,计轴系统输出占用,计轴板不会因此测试而复位,其指示灯也不会改变。ACR1. 1 或者

ACR 1.2 按下时，输出板 CLH 指示灯亮，OUT 灯熄灭。

同时按下复零板 ACR1.1 与 ACR1.2 按钮大于 2 s(复零功能)：

a. 复零板继电器 ACR1.1 和 ACR1.2 应吸起，对应的指示灯红灯亮；计轴板应变为占用状态；输出板 CL、Oc3、OUT 指示灯熄灭，CLH、Oc1 和 Oc2 指示灯亮。释放 ACR1.1 与 ACR1.2 按钮后，系统保持输占用状态。

b. 需通过外部模拟行车输入输出计轴序列(给计轴板计入 2 轴，然后计出 2 轴)使计轴板输出空闲状态，计轴区段将输出空闲状态。

B. 当切换开关位于 ABS1 位置时，测试检验要求如下：

将切换开关由 PRE 位置拨到 ABS1，计轴系统输出占用状态；

按下 ACR1.1 或者 ACR 1.2 按钮，继电器 ACR1.1 或者 ACR1.2 吸起和指示灯亮，计轴系统输出占用，计轴板不会因此测试而复位，其指示灯也不会改变。ACR1.1 或者 ACR1.2 按下时，输出板 CLH 指示灯亮，OUT 灯熄灭。

同时按下复零板 ACR1.1 与 ACR1.2 按钮大于 2 s(复零功能)：

a. 复零板继电器 ACR1.2 和 ACR1.2 应吸起，对应的指示灯红灯亮；计轴板应变为占用状态；输出板 CL、Oc3、OUT 指示灯熄灭，CLH、Oc1 和 Oc2 指示灯亮。释放 ACR1.1 与 ACR1.2 按钮后，系统保持输出占用状态。

b. 将切换开关由 ABS1 位置拨到 PRE，计轴系统输出空闲状态。

根据上述方法测试另一组 ACR2.1 与 ACR2.2 按钮功能：

若功能检查不正常，将检查的复零板进行维修或者更换。

④室外计轴部分检查：a. 磁头安装支架及基础检查，要求磁头紧固件无损坏、生锈和腐蚀情况。b. 磁头电压测量空闲电压 4.79 V$\leqslant V \leqslant$8.31 V；占用电压 8.39 V$\leqslant V \leqslant$9.96 V。c. 磁头安装检查，车轮传感器表面中心到钢轨轨顶面的距离 $X>37$ mm；用扭力扳手校紧磁头，要求扭力为 55 N·m，磁头紧固，螺丝、螺帽无松动。d. 磁头感应高度检查，要求 $S=$ 43.5 mm(±0.5 mm)，$|S_{\mathrm{I}}-S_{\mathrm{II}}|<1$ mm(若不满足，需要重新调整)。e. 半年没有车通过的磁头，需实行划轴测试。f. 半年内无车双向通过的磁头需使用放大板进行模拟测试。g. 电缆终端盒配线及地线检查，电缆终端盒配线无松脱、虚接、老化情况，终端盒密封良好，防尘帽完好，螺丝无生锈现象。h. 磁头连接电缆检查，电缆必须无破损，安全且保持松弛。i. 设备区域清洁，设备区域内无明显垃圾，磁头表面无钢轨脱落锈迹。j. 检查接地线，接地线阻值不大于 2 Ω。接地装置使用专用的信号发射器，用示波器观察信号经过装置后的波形。

(4)年检

①同半年检

②新增室内部分

使用万用表测量室内机柜内的工作电压,电源屏输入计轴机柜电源端子排—XK00 断路器电压为 AC 220 V×(1±5%);计轴机柜电源板输出(测试点电源机箱背后端子排×1):SV25/1 414=DC 24 V±0.5 V;SV26/1 414=DC 12 V±0.5 V。

输出板检查,按下 SET 按钮 2、BRKDN 继电器应该落下,BRKDN LED 灯应该亮起 3、按下 RESET 按钮 4、BRKDN 继电器励磁,BRKDN LED 转为熄灭状态。当复零按钮按下时 CLH 继电器励磁。

监视板检查,测试 SPU 继电器的有效性,测试前计轴系统必须为空闲状态。

按下监视板上相应的 ST 按钮:在按钮按下时,如果功能正确,则关联的红色指示灯也亮起,相关的输出板 CL 继电器落下(指示灯熄灭);

取下与放大板关联的熔丝管:关联的 SPU 板继电器落下,对应绿灯熄灭;计轴系统由于受到关联放大板失电的影响,必然输出占用状态,如输出板 CL 继电器落下;

将熔丝管安装回去:由于放大板上电的影响,计轴板"-Axle""BRKDN"红色指示灯亮。

③新增室外部分

a. 车轮传感器的松动检测,传感器的对应 $OUT_{Ⅰ}$ 和 $OUT_{Ⅱ}$ 的 LED 指示灯都应该打开(黄灯亮),输出板 CL 继电器应该熄灭(CL 绿灯熄灭)。

b. 对锈蚀的设备、装置进行除锈,整机油漆,除去锈点,油饰光滑、平整。

3)复查

(1)检修作业完毕,对各部进行全面复查(可边做边查)且设备试验良好。

(2)填写并保存好相关参数的记录,填写检修卡。

(3)合上箱盒盖,并加锁,活动部分适当注油。

(4)清点工具、材料、周围杂物等,做到现场工完料清。

4)收工总结会

作业人员对本次作业进行总结,汇报作业完成情况和设备质量情况,并记录相应问题。

2. 计轴设备故障处理流程

1)在 HMI 界面上发现正线区段异常占用的区段出现了红光带。处理流程如图 3.4 所示。

(1)放大板的灯位显示信息见表 3.3。

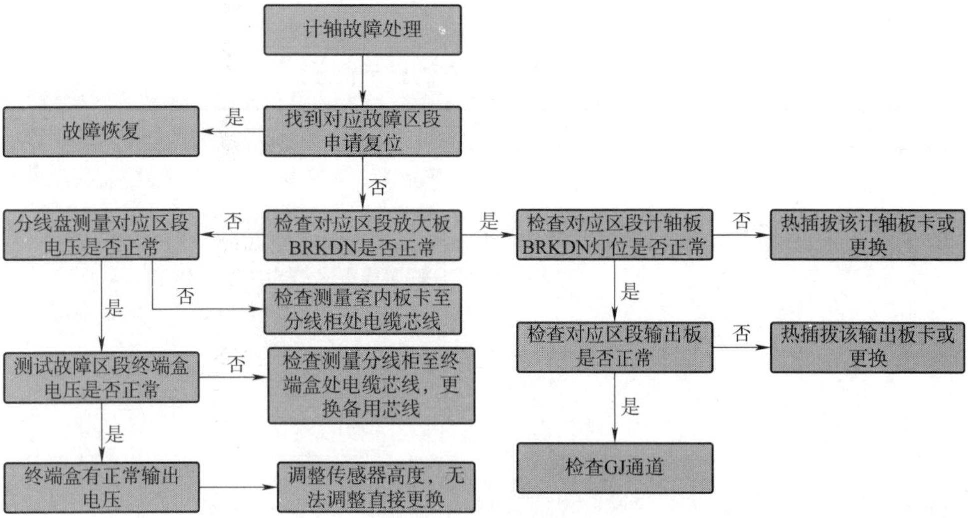

图 3.4　计轴故障处理流程

表 3.3　放大板的灯位显示信息

	指示灯/按钮	含　　义	异常排查
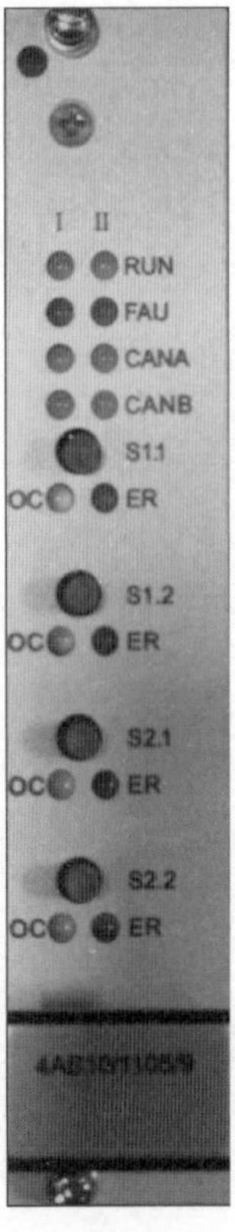	RUN	正常工作时点亮	SⅠ(SⅡ)状态电压指标： 空闲：4.79 V≤V≤8.31 V； 占用：8.39 V≤V≤9.96 V； 开路：9.75 V≤V≤10.25 V； 离轨：0 V≤V≤5.29 V； 短路：0 V。 测量线间电压，根据以上指标判断故障类型； 检查配线情况； 放大板是否异常； 传感器自身故障
	FAU	存在故障时点亮	
	CANA/CANB	CAN 总线工作状态	
	ER	故障时点亮，可能检测到： 连接电缆开路； 连接电缆短路； 车轮传感器安装松动	
	S＊.1(S＊.2)	按下模拟车轮传感器系统中 S＊.1(S＊.2)占用； 释放车轮传感器系统 S＊.1(S＊.2)恢复空闲	
	OC	车轮传感器系统中的 SⅠ或 SⅡ占用时点亮，可能检测到： 连接电缆开路； 连接电缆短路。 以下导致 SⅠ(SⅡ)占用的条件之一： 探测到车轮； 探测到金属阻尼物(如传感器测试板)； 按下 SIM. Ⅰ(Ⅱ)模拟按钮； 车轮传感器安装松动	

(2)计轴板的灯位显示信息见表 3.4。

表 3.4　计轴板的灯位显示信息

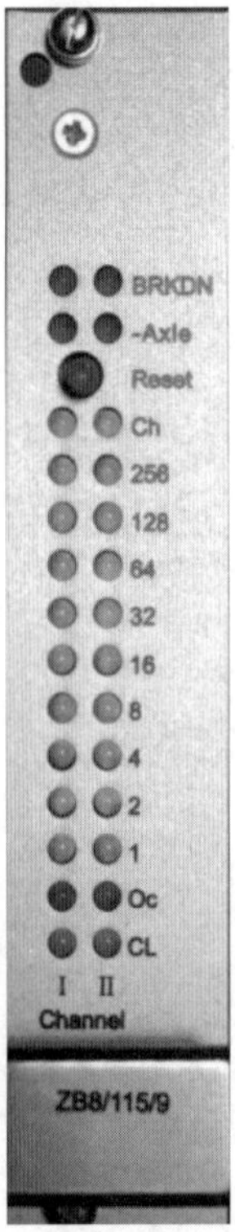

指示灯/按钮	含　义
BRKDN (指示灯)	红色 LED 亮的原因： (1)初始启动，上电； (2)工作电压降低。 该信息被存储下来，只能通过 RESET 按钮取消
-Axle (指示灯)	红色 LED 灯亮： (1)负轴(计出大于计入轴数)发生； (2)该信息被存储下来，只能通过 RESET 按钮取消
RESET (按钮)	按下 RESET 按钮可以： (1)将负轴信息消除； (2)轴数清为零； (3)故障恢复后 BRKDN 指示消除
Ch (指示灯)	(1)计入第一轴时点亮，计入第二轴熄灭，计入第三轴开始及计出过程中车轮作用时点亮； (2)负轴告警/脉冲时序错误/轴数溢出/车轮传感器松动时点亮
1～256 (指示灯)	(1)采用二进制(1～256)显示计轴轴数；亮灯数字叠加即为所记轴数，计入为加计数，计出为减计数； (2)当产生负轴时(1～256)黄灯一直闪亮，在随后的计入轴数仍然被记录。 按下 RESET 按钮可以将轴数清除，但系统仍然占用
Oc (指示灯)	红色 LED 灯亮，由于： (1)轴数不等于零； (2)按下 RESET 设置； (3)发生故障
CL (指示灯)	绿色 LED 灯亮，由于： (1)计轴板计数通过计出最后一轴设置为零； (2)没有任何引起占用的情况发生时
ZB8/115/9 计轴板预复位状态下：CL 指示灯交替闪亮	

(3)输出板的灯位显示信息见表 3.5。

表 3.5 输出板的灯位显示信息

	指示灯/按钮	含 义
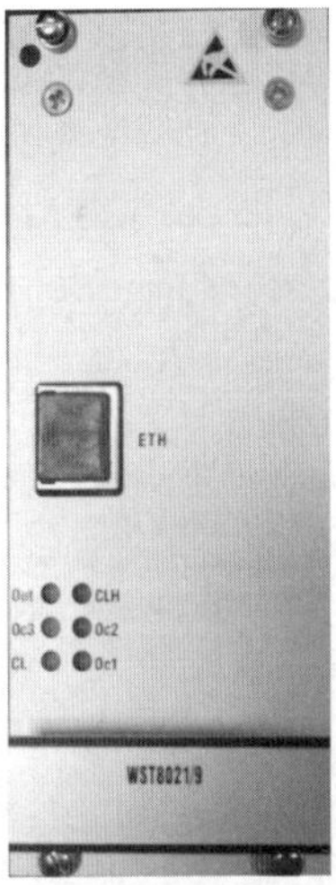	OUT (指示灯)	占用/空闲回采灯,由双 CPU 驱动: (1)空闲/两路控制输出状态一致时点亮; (2)占用/两路控制状态不一致/告警时熄灭; (3)两路控制输出状态不一致时半亮
	CLH (指示灯)	CL 辅助灯: (1)车轮传感器 SⅠ、SⅡ同时占用时点亮; (2)复零板 ACR 继电器吸起时,也使其点亮; (3)区段空闲时由 CL 吸起控制其熄灭
	Oc1/Oc2 (指示灯)	计轴板轴数表示灯: 运算单元 1 或 2 有轴点亮 Oc1 或 Oc2,无轴熄灭
	Oc3 (指示灯)	无轴表示继电器: (1)无轴(Oc1、Oc2 熄灭)时吸起,有轴(Oc1、Oc2 任一点亮)时落下; (2)指示灯闪烁为检测到继电器空闲却不吸起; (3)检测到任一继电器空闲不吸起时闪烁
	CL (指示灯)	计轴系统区段空闲继电器:区段空闲吸起,区段占用落下。 (1)区段空闲时,吸起; (2)记上 1 轴时,保持落下; (3)一路输出占用时继电器没有落下,闪烁

(4)监视板的灯位显示信息见表 3.6。

表 3.6 监视板的灯位显示信息

	LED 按钮	含 义	异常排查点
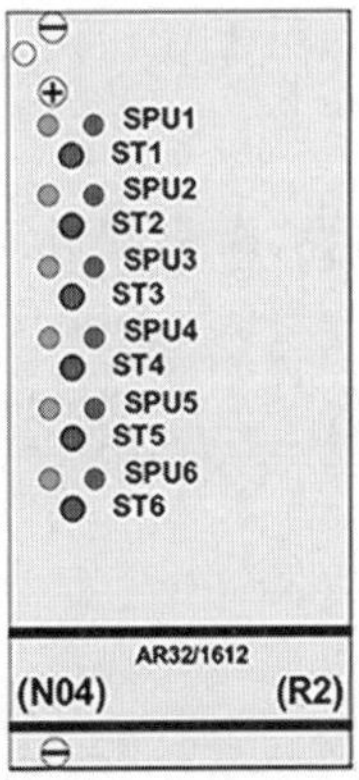	SPU1-6 (LED)	当 SPU 继电器闭合,绿色 LED 灯亮,放大板的电源有效	电源板 SV26/1414 是否工作正常; 熔丝板 6SK2/1204 相应的保险管是否熔断; 放大板输入电压是否异常; 监视板继电器是否异常
	ST1-6 (按钮)	按压 ST 按钮,进行相应 SPU 继电器的故障检查。红色 LED SPU 灯显示 SPU 继电器的故障。同时,相应的计轴电路被置占用。释放 ST 按钮,SPU 继电器重新吸起。完成 SPU 继电器的故障检查后,计轴电路必须通过复位操作重新回到初始状态	

2)故障处理指导

首先确认故障现象,检查故障区段板卡灯位状态。

分线柜电压状态:

空闲:DC 4.79～8.31 V;

占用:DC 8.39～9.96 V;

开路:DC 9.75～10.25 V;

松动:DC 0～5.29 V。

3)故障处理工器具清单见表 3.7。

表 3.7　故障处理工器具清单

序　号	名　称	用　途
1	万用表	测量线路电压
2	对讲机	室内外联系
3	终端箱盒套筒	开箱盒
4	锉刀	打磨钢轨
5	计轴调整工具三件套	调整传感器
6	一字螺丝刀	更换板卡

3.2.3　25 Hz 轨道电路检修作业流程及故障处理

1. 25 Hz 轨道电路检修作业流程及技术标准

1)检修准备

(1)提前查看问题库,对要检修的 25 Hz 轨道电路设备及所需要克缺的问题,提前准备好材料。

(2)安全预想会。施工负责人对作业人员做好人员分工,明确作业内容、作业时间、作业区域、检修要求,结合天气、作业环境做针对性的安全预想。

(3)作业台账、作业工器具、联络工具及仪表准备好且试验良好。

2)25 Hz 轨道电路检修内容

(1)日巡视

室内设备状态检查,利用微机监测设备检查设备运行状态并记录。

(2)月检

①外部检查:连接线、跳线、接续线、绝缘、编号检查,连接线、跳线焊点不脱落,断股不超过五分之一。应固定在枕木或其他专用装置上,不得埋入土中;送受端引接线完好,卡钉

要牢固无锈、包扎良好，穿越钢轨处距轨底不应小于 30 mm；塞钉的打入深度最小与轨腰平，露出不超过 5 mm；钢轨接续线达到平、紧、直，装有钢轨绝缘处的轨缝应保持在 6～10 mm，两轨头部应在同一平面，高低相差不大于 2 mm；编号字迹清楚。钢丝绳除锈，涂油整修。各部件螺丝紧固且保持油润，无生锈现象。小枕木无破损，放置高度不高于轨枕面。

②检修轨旁设备箱盒内、外部：检查箱体、熔断器、变压器、限流电阻、端子配线、铭牌标识。XB 箱安装牢固，无裂纹，倾斜限度不超过 10 mm，箱体无积灰。锁鼻及加锁设备良好；熔断器安装牢固，螺丝紧固，接触良好，不变形拉丝，符合设计容量（1.5～2 倍）；变压器安装牢固，螺丝紧固，无严重锈蚀，端子板无裂纹，线圈不过热。输入额定电压，变压器空载时，其二次端电压的误差不大于端子额定电压值的±5%；限流电阻安装稳固，螺丝紧固，可调接点接触良好，不松动，弹力适当，电阻值在规定值范围内；配线整齐，不磨卡，不破皮，线头连接牢固，无伤痕，螺丝扣不滑扣，螺母须拧固，螺杆应伸出螺母外，最少与螺母平，弹簧垫圈等防松配件能起到应有的作用；每个端子柱的上部，应用两个螺母紧固；端子号码牌固定良好，清晰。配线图清楚完整。清扫内部；清扫外部；检修防尘措施内部干净，无尘土；外部保持清洁平整，不积水、无杂草；门、盖严密，盘根良好，不进雨水与尘土，防动物寄生。电缆、电线引入孔封闭。

③测试、调整：a. 测电源电压；b. 测送电、受电变压器Ⅰ、Ⅱ次电压；c. 测限流器电压；d. 测送、受电端轨面电压；e. 测送电、受电扼流变压器信号圈、轨道圈电压；f. 测分路残压（入口电流）；g. 测极性交叉；h. 测防雷元件；i. 测各类绝缘。

(3)年检

①同月检。

②电气特性测验：测试（防雷元件）地线；分路试验。地线应小于 10 Ω，接地体埋深应不小于 700 mm ，引接线可采用铜或铁导线，其截面积不应小于 20 mm^2。用 0.06 Ω 的分路线在送端、受端以及分支线上分路，继电器落下，残压低于 7 V。设备除锈、油漆：除去锈点及漆斑，使箱盒无锈蚀、平顺；油饰光滑、平整；标记清楚，字符符合标准。

③设备整治：基础地面硬化良好；更换不良配件后设备良好。

3)复查

(1)检修作业完毕，对各部进行全面复查（可边做边查）且设备试验良好。

(2)填写并保存好相关参数的记录，填写检修卡。

(3)合上箱盒盖，并加锁，活动部分适当注油。

(4)清点工具、材料、周围杂物等，做到现场工完料清。

4)收工总结会

作业人员对本次作业进行总结,汇报作业完成情况和设备质量情况,并记录相应问题。

2. 25 Hz 轨道电路故障处理

1)故障描述:在 HMI 界面上发现无列车占用的区段出现了红光带。

(1)室内故障处理流程

具体流程见图 3.5。

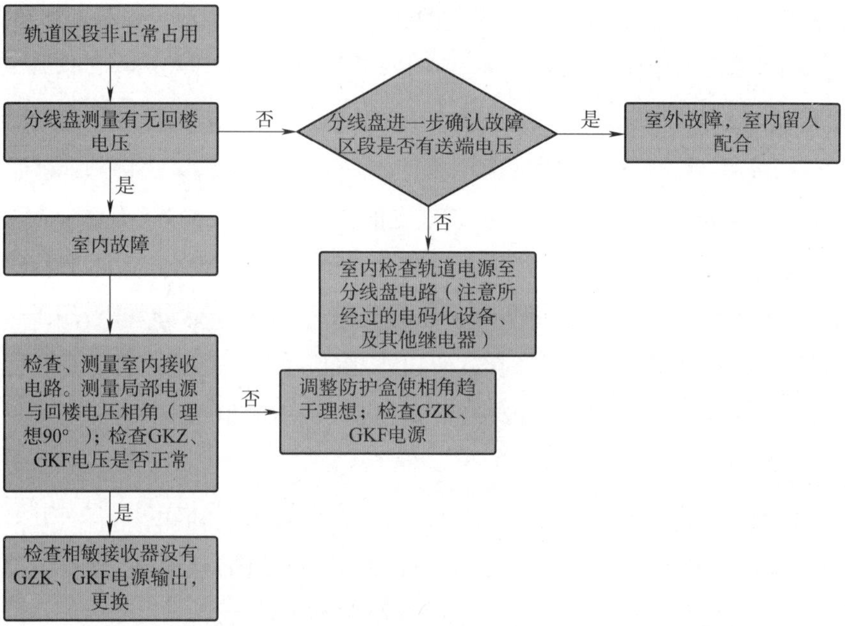

图 3.5　25 Hz 轨道电路室内故障处理流程

(2)室外故障处理流程

具体流程见图 3.6。

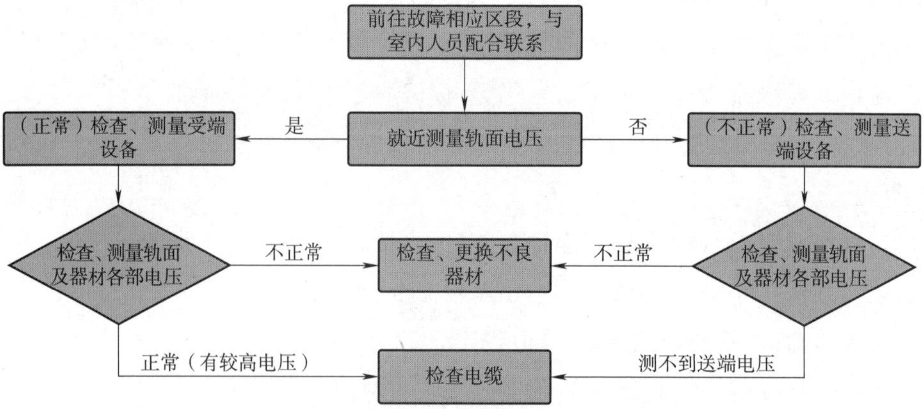

图 3.6　25 Hz 轨道电路室外故障处理流程

2)故障处理指导

(1)首先确认故障现象多受端区段应测全,只有一个受端没有回楼电压应排除送端故障可能,若各受端都没有回楼电压,故障在送端的可能性较大。大面轨道区段故障考虑局部电源或轨道电源问题(室外应考虑电缆问题)。

(2)当有车占用时控制台无红光带显示的故障是非常危险的,当发生这类故障后应首先通知车站值班员停用设备,然后进行处理。这类故障一般发生的原因在室外设备,可先检查控制台光带表示灯是否有故障,以及轨道继电器是否落下或接点卡阻或粘连等。这类故障发生在室外设备的主要原因有:在道岔区段轨道电路,设有轨端绝缘但没有设在受电端的双动道岔渡线或侧线上,因轨端接续线或岔后跳线断开、脱落,而造成死区段;轨面电压调整过高或送电端可调电阻调整的阻值过小造成不能分路;一送多受轨道区段,因各受电端距离较远,轨面电压调整不平衡,有个别受电端轨面电压过高而造成分路不良;因钢轨轨面生锈,车辆自重较轻或轮对电阻过大等,使车辆轮对分路不良。

(3)室外发生混线,有其他电源混入,或牵引电流干扰等。

(4)若相邻两个轨道区段同时出现红光带,一般是相邻两轨道电路轨端绝破损。

(5)5 Hz 轨道电路室内故障外判断方法见表 3.8。

表 3.8　5 Hz 轨道电路室内故障外判断方法

分线盘测试				故障判断	
送端		受端		室内故障	室外故障
电压(220 V)	电流(15 mA)	电压(18 V)	电流(20 mA)		
有	增大	无	增大	受端短路	—
有	增大	无	减小	—	室外短路
有	减小	有	减小	受端开路	—
有	减小	无	减小	—	室外开路
无	增大	无	减小	—	送端短路
无	减小	无	增大	送端室外开路、室内短路、室内开路,可甩开送端电缆芯线,测试软线电压判断	

(6)故障处理工器具清单见表 3.9。

表 3.9　故障处理工器具清单

序　　号	名　　称	用　　途
1	万用表	测量线路电压

续上表

序　号	名　称	用　途
2	对讲机	室内外联系
3	轨道箱盒套筒	开轨道箱盒
4	锉刀	打磨钢轨
5	内径 8 mm 套筒	调整轨道变压器
6	内径 10 mm 套筒	调整变阻器

3.2.4　ZDJ9 转辙机检修作业流程及故障处理

1. ZDJ9 转辙机检修作业流程及技术标准

1)检修准备

(1)提前查看问题库,对要检修的 ZDJ9 转辙机设备及所需要克缺的问题,提前准备好材料。

(2)安全预想会。施工负责人对作业人员做好人员分工,明确作业内容、作业时间、作业区域、检修要求,结合天气、作业环境做针对性的安全预想。

(3)作业台账、作业工器具、联络工具及仪表准备好且试验良好。

2)ZDJ9 转辙机检修内容

(1)日巡视

利用微机监测、缺口检测设备检查设备运行状态并记录。

(2)月检(双周检)

一看:看五项内容。确认室内外道岔一致性后查看:①转辙机是否方正。②各类杆件是否平直、是否与工务枕木平行。③各类螺丝紧固、防松扎线、开口销齐全。④各类箱盒、机壳标识齐全、无损伤裂纹,引线无脱落;机内配线整齐,不磨卡,不破皮,不老化,断股不超过五分之一,引入线固定良好,线头无断股损伤,无混线可能,各配线端子螺丝紧固。⑤外部是否有影响设备正常使用的杂物(如石砟、辐轮、工务防跳器、顶铁是否脱落、废弃物等)。

二扳:观察扳动过程。打开转辙机、密检器外壳,观察道岔扳动过程中两项内容:一是解锁、转换和锁闭过程是否动作顺畅;二是检查有无杆件别卡、销孔旷量过大和密检器动作。

三测量:测量三项标准。一是道岔各牵引点开程是否符合标准;二是各部位锁闭量、空动距离(游间)是否符合标准;三是不同厚度的试验棒(铁)检查道岔密贴是否良好。

四检修:检修 9 个步骤(检查项目可同时进行,无顺序要求)。①箱盒、转辙机、密检器内部检查。②申请摇动道岔检查摇动过程的状态。③道岔开程、密贴、表示缺口、锁闭量、锁闭框、锁轴等按需调整。④安装装置、杆件、轨距杆绝缘检查。⑤各部螺丝紧固，弹垫作用良好，销孔旷量不超标。⑥自动开闭器、密检器动静接点表面擦拭。⑦自动开闭器、密检器内部弹簧，动静接点动作及插入深度检查。⑧工务状态检查：尖轨、基本轨状态；防跳器、辊轮；滑床板；顶铁；基本轨工务轨距铁；尖轨根部轨距铁等。⑨在检修的同时，对各杆件、活动部位和滑床板等清扫，检查老伤裂纹并进行注油。开口销、防松扎线不缺少；各部螺丝紧固，道岔转换无异样，表示缺口符合标准。

(3)年检

①同月检(双周检)。

②自动开闭器动静接点及杆件间动作距离检查。接点座安装牢固、无裂纹，接点座不松动、不破损，接点片和接点环无严重磨损，辅助片作用良好；动接点在静接点片内的接触深度不小于 4 mm，手扳动接点其摆动量不大于 3.5 mm，动接点与静接点座间隙不小于 3 mm，接点接触压力不小于 4.0 N。滚轮落下前，动接点在静接点内有窜动时，应保证接点接触深度不小于 2 mm；滚轮在动作板上应滚动灵活，当滚轮在动作板上滚动时，启动片尖端离开速动片上平面间隙应为 0.3～0.8 mm。转辙机转换结束，启动片尖端离开速动片时，应快速切断动作接点；当锁闭杆从终端位往回移动，锁闭杆斜面与检查柱斜面接触后，锁闭杆再移动 12 mm 时，表示接点组应可靠断开开关的常闭接点。转辙机的检查(锁闭)柱与表示杆之间距离要求：检查(锁闭)柱的下平面在接点组动作位时，距离表示杆上平面不应小于 1 mm，在检查(锁闭)位时进入表示杆检查块缺口不应小于 6 mm，并且与底面不接触，当检查(锁闭)柱因故落在表示杆上平面时，动接点环的断电距离应大于 2.5 mm。

③转辙机固定和安装装置绝缘检查。配线端子对地绝缘检查，在环境条件最差情况下其绝缘电阻不能小于 0.5 MΩ，对其不合格电缆找出原因，克服处理好，符合要求。安装装置绝缘检查：绝缘良好，正常干燥情况下不小于 25 MΩ。转辙机、杆件、安装托盘清洁、无积尘；油漆油层完整，无剥落现象并保持鲜明。

3)复查

(1)检修作业完毕，对各部进行全面复查(可边做边查)且设备试验良好。

(2)填写并保存好相关参数的记录，填写检修卡。

(3)合上箱盒盖，并加锁，活动部分适当注油。

(4)清点工具、材料、周围杂物等，做到现场工完料清。

4)收工总结会

作业人员对本次作业进行总结，汇报作业完成情况和设备质量情况，并记录相应问题。

5)说明

(1)开程调整。①12 号道岔：双机牵引尖一开程(160±3)mm，尖二开程(75±3)mm；

四机牵引尖一开程(160±3)mm,尖二开程(91±3)mm,心轨两牵引点均衡定反位锁闭量。②9 号道岔:双机牵引尖一开程(160±3)mm,尖二开程(70±3)mm。

(2)密贴调整。①12 号道岔:在尖轨第一牵引点处动作杆中心处的尖轨与基本轨之间插入 4 mm 厚、20 mm 宽的试验锤,在心轨第一牵引点动作杆中心处的心轨与翼轨之间插入 4 mm 厚、20 mm 宽的试验锤,在尖轨第二牵引点动作杆中心处的尖轨与基本轨直股间插入 6 mm 厚、20 mm 宽的试验锤,转辙机不锁闭且不得接通机内表示接点。尖轨第一牵引点至尖轨尖端基本轨与尖轨缝隙不大于 0.2 mm,尖轨其余密贴部分缝隙不大于 1 mm。心轨第一牵引点至心轨尖端心轨与翼轨缝隙不大于 0.2 mm,心轨其余密贴部分缝隙不大于 1 mm。②9 号道岔:在尖轨第一牵引点动作杆中心处的尖轨与基本轨之间插入 4 mm 厚、20 mm 宽的试验锤,在尖轨第二牵引点动作杆中心处的尖轨与基本轨之间插入 6 mm 厚、20 mm 宽的试验锤,转辙机不锁闭且不得接通机内表示接点。尖轨第一牵引点至尖轨尖端基本轨与尖轨缝隙不大于 0.2 mm,尖轨其余密贴部分基本轨与尖轨缝隙不大于 1 mm。

(3)缺口间隙调整。尖轨第一牵引点、心轨第一牵引点锁闭杆锁闭表示缺口与锁闭柱的间隙为每侧(2±0.5)mm,尖轨第二牵引点表示杆内检查块与检查柱的间隙为每侧(4±0.5)mm。

2. ZDJ9 转辙机故障处理

1)故障描述:在 HMI/MSS/LCW 界面上看到某道岔红闪,报警内容为“道岔失表”,其故障直接影响列车运营,故障影响比较大,应该立即请点处理。

2)故障处理流程

故障处理参照表见表 3.10 和表 3.11。

表 3.10 表示电路故障数据参照表

测试项目	X1～X2(X1～X3)		X1～X4(X1～X5)		X2～X4(X3～X5)		室内外	说明
	交流(V)	直流(V)	交流(V)	直流(V)	交流(V)	直流(V)		
正常情况	60	20.5	1.8	0	57	20.5	—	—
断表示电源	0	0	0	0	0	0	室内	检查断路器变压器
单纯二极管短路(击穿)	40	0	40	0	40	0	室外	无交流,需带二极管电阻去处理
二极管支路开路	110	指针抖动	0	0	110	指针抖动	室外	MF14 测试
继电器支路开路	70	36	56	36	0	0	室内	交直流电压偏高

续上表

测试项目	X1～X2(X1～X3)		X1～X4(X1～X5)		X2～X4(X3～X5)		室内外	说明
	交流(V)	直流(V)	交流(V)	直流(V)	交流(V)	直流(V)		
继电器支路短路	0	0	0	0	0	0	室内	—
道岔四开（挤岔）	0	0	0	0	0	0	室外	根据所在区段有无红光带初步判断挤岔
备　注	二极管支路电压		电机线圈压降		继电器端电压		—	—

表 3.11　启动电路故障数据参照表

道岔动作情况	道岔正常操动情况		道岔操动不正常		道岔操动不正常	
室内测量端子	定—反：X1、X3、X4	反—定：X1、X2、X5	定—反：X1、X3、X4	反—定：X1、X2、X5	定—反：X1、X3、X4	反—定：X1、X2、X5
端子电压正常	各端子间有 AC 380 V，断相保护器吸起		—		各端子间有 AC 380 V	
端子电压不正常	—		无电压或各端子间个别无电压		—	
检查范围	—		对应组合断路器、断相保护器、继电器接点及至电源屏		—	
室外检查接点	—		—		电缆盒、机内各端子，重点检查接点定位接点组 11～12、13～14，反位接点组 41～42、43～44	
备注	启动回路电阻：在断开表示电源后，一个回路为两相线圈绕组再加上电缆回路电阻，一般为 50 Ω 左右		—		电缆盒内对应的，定—反：X1、X3、X4	反—定：X1、X2、X5 的电压不正常则应往相应方向盒查找

表示故障室内外区分流程如图 3.7、图 3.8 所示。

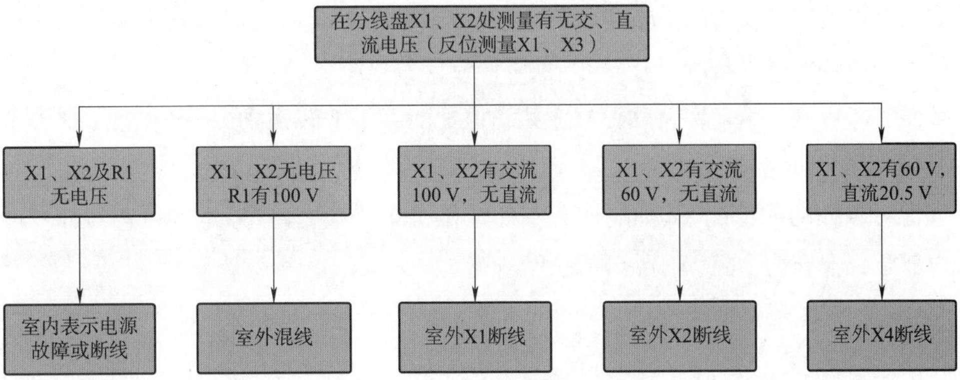

图 3.7　表示故障室外流程

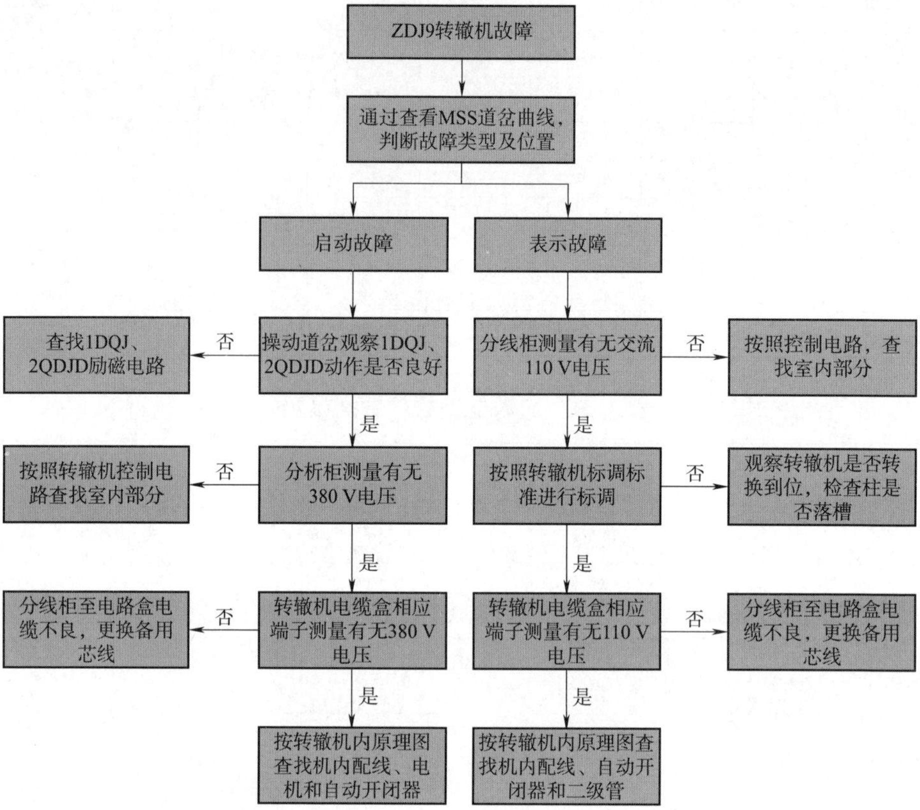

图 3.8　表示故障室内流程

3)故障处理指导

接到故障通知后，优先查看微机监测道岔曲线状态，通过利用微机监测设备查看故障设备的曲线电压、电流来判断设备故障点位置，减少故障影响行车时间，有效判断故障位置。主要运用在故障发生时，抢修小组在赶往故障现场的途中，值班员通过监测设备，查看故障设备的电流曲线、电压模拟量、开关量等信息反馈给抢修负责人。抢修负责人通过监测数据能有效地判断设备故障发生位置，可有效帮助缩短故障抢修时间。日常工区可利用监测设备查看各信号设备的工作状态，预防信号设备故障突发。

必要时向行调申请来回调动道岔。如果道岔能够正常转换到另一个位置，则为室外机械故障，如不能则先检查室内。

道岔可以操动的情况下，则应该对室外转辙机重点检查，室外重点检查外部杆件和转辙机内部是否卡异物卡阻、表示密贴是否良好。

4)故障处理工器具清单

具体内容见表 3.12。

表 3.12　故障处理工器具清单

序　号	名　称	型　号	数　量	用　途
1	手锤	—	1	备用
2	转辙机钥匙	—	1	开转辙机机盖
3	双头五角套筒扳手	—	1	开方向盒盖
4	活动扳手	450 mm	1	紧固螺丝
5	活动扳手	300 mm	1	紧固螺丝
6	固定扳手	30/32 mm	2	紧固螺丝
7	开程片	—	5	备用
8	2/4 mm 密贴片	—	5	备用
9	润滑油	—	1	润滑杆件
10	对讲机 800 M	—	2	保持通话
11	手电筒	—	2	照明

3.2.5　ZD6 转辙机检修作业流程及故障处理

1. ZD6 转辙机检修作业流程及技术标准

1)检修准备

(1)提前查看问题库，对要检修的 ZD 转辙机设备及所需要克缺的问题，提前准备好材料。

(2)安全预想会。施工负责人对作业人员做好人员分工，明确作业内容、作业时间、作业区域、检修要求，结合天气、作业环境做针对性的安全预想。

(3)作业台账、作业工器具、联络工具及仪表准备好且试验良好。

2)ZD6 转辙机检修内容

(1)日巡视

利用微机监测、缺口检测设备检查设备运行状态并记录。

(2)月检(双周检)

一看:看五项内容。确认室内外道岔一致性后查看:①转辙机是否方正;②各类杆件是否平直、是否与工务枕木平行;③各类螺丝紧固、防松扎线、开口销齐全;④各类箱盒、机壳标识齐全，无损伤裂纹，引线无脱落;⑤外部是否有影响设备正常使用的杂物(如石砟、顶铁是否脱落、废弃物等)。

二扳:观察扳动过程。打开转辙机外壳，观察道岔扳动过程中三项内容:一是解锁、转换和锁闭过程是否动作顺畅;二是电机碳刷间有无过大火花;三是检查有无杆件别卡和销孔旷量过大。

三测量：测量四项标准。一是道岔各牵引点开程是否符合标准；二是空动距离（游间）是否符合标准〔空动距离（游间）测量方法：卷尺头部顶在嘴唇铁边缘，与密贴调整螺帽边缘的距离即为游间〕；三是不同厚度的试验棒（铁）检查道岔密贴是否良好；四是完成相关电特性测试。

四检修：检修9个步骤（检查项目可同时进行，无顺序要求）。①箱盒、转辙机内部检查。②申请摇动道岔检查摇动过程的状态。③道岔开程、密贴、表示缺口、故障电流等按需调整。④安装装置、杆件、轨距杆绝缘检查。⑤各部螺丝紧固，弹垫作用良好，销孔旷量不超标。⑥自动开闭器动静接点表面擦拭。⑦摩擦连接器弹簧，自动开闭器动静接点动作及插入深度检查。⑧工务状态检查：尖轨、基本轨状态；滑床板；顶铁；基本轨工务轨距铁；尖轨根部间隔铁等。⑨在检修的同时，对各杆件、活动部位和滑床板等清扫，检查老伤裂纹并进行注油。开口销、防松扎线不缺少，各部螺丝紧固，道岔转换无异样，表示缺口符合标准。

(3)年检

①同月检（双周检）。

②设备整治。拔出主销试验：接点可靠断开，切断道岔表示；顶杆与触头之间放置1.5 mm试验片接点不应断开；顶杆与触头之间放置2.5 mm试验片，接点应可靠断开；ZD6-D型转辙机半年主副销对调，一年更换；电机转换正常，无异响。

③自动开闭器或速动开关组检查。安装螺丝、弹簧的垫片齐全、紧固。自动开闭器座无裂纹，接点罩清洁明亮，无裂纹；动、静接点不松动，静接点长短一致，相互对称，接点片不弯曲，不扭斜，辅助接点片不失效；接点深度不小于4 mm，用手摇动动接点其摆动量不大于3.5 mm。动接点与静接点座间隙不得小于3 mm。接点压力不小于4.0 N。速动爪落下前，动接点在静接点内有变动时，接触深度大于2 mm。速动爪与速动片的间隙在解锁时不小于0.2 mm，锁闭时为1～3 mm。

④检查安装装置绝缘、配线端子对地绝缘。绝缘无破裂及炭化变形等现象。用摇表测试，正常干燥情况下绝缘不小于25 MΩ，各种电缆在环境条件最差情况下，其绝缘电阻不小于0.5 MΩ。

⑤设备的除锈、油漆处理。对转辙机、杆件、安装托盘等进行清扫。如出现锈蚀，铲除锈蚀部分，整机涂上防锈油及外漆。

⑥说明。

a. 电气特性检查：摩擦电流值2.3～2.9 A，正反向偏差小于0.3 A；正常电流不大于2 A；动作电压不小于160 V；单定子线圈阻值为(2.85±0.14)×2 Ω；转子线圈阻值为(4.9±0.245)Ω。

b. 道岔开口检查：开口量在152 mm±3 mm内，左右偏差小于2 mm。

c. 密贴调整：在牵引点处动作杆中心处的尖轨与基本轨之间插入 4 mm 厚、20 mm 宽的试验锤，转辙机不锁闭且不得接通机内表示接点；插入 2 mm 厚、20 mm 宽的试验锤，转辙机实现锁闭功能；尖轨牵引点至尖轨尖端基本轨与尖轨缝隙不大于 0.2 mm，尖轨其余密贴部分缝隙不大于 1 mm。

d. 表示杆缺口检查：表示杆缺口间隙为(1.5±0.5)mm。

3)复查

(1)检修作业完毕，对各部进行全面复查(可边做边查)且设备试验良好。

(2)填写并保存好相关参数的记录，填写检修卡。

(3)合上箱盒盖，并加锁，活动部分适当注油。

(4)清点工具、材料、周围杂物等，做到现场工完料清。

4)收工总结会

作业人员对本次作业进行总结，汇报作业完成情况和设备质量情况，并记录相应问题。

2. ZD6 转辙机故障

1)故障描述：在 HMI/MSS/LCW 界面上看到某道岔红闪，报警内容为“道岔失表”。

表示故障处理见表 3.13。

表 3.13　表示电路故障数据参照表

<table>
<tr><th colspan="2">测试项目</th><th>正常情况</th><th>断表示电源</th><th>电容、二极管击穿</th><th>室外开路</th><th>表示继电器支路开路</th><th>道岔四开(挤岔)</th></tr>
<tr><td rowspan="4">分线盘处测试交直流表示电压定位 X1～X3(反位 X2～X3)</td><td>交流(V)</td><td>70</td><td>接近 0</td><td>55</td><td>110</td><td>160</td><td>0</td></tr>
<tr><td>直流(V)</td><td>60</td><td>0</td><td>45</td><td>0</td><td>150</td><td>0</td></tr>
<tr><td>室内外</td><td>—</td><td>室内</td><td>室内外</td><td>室外</td><td>室内</td><td>—</td></tr>
<tr><td>说明</td><td>—</td><td>检查断路器变压器</td><td>检查更换室内电容或室外二极管</td><td>—</td><td>交直流电明显变高</td><td>根据所在区段有无红光带初步判断挤岔</td></tr>
<tr><td colspan="8">注：交直流均为 0 V 甩开分线盘内侧交流电压，有交流 100 V，室外短路；交流 0 V，室内短路。</td></tr>
</table>

2)表示故障处理流程

具体流程如图 3.9 所示。

3)故障处理指导

接到故障通知后，首先确认故障现象。室外表示电路故障的查找需要掌握的数据：定位表示 X1、X3，反位表示 X2、X3。开路故障的查找(以定位为例)用万用表交流挡，测 X1、X3 间电压，有 110 V，说明从电缆盒至电转机内部有开路点。查找方法：一表笔固定在 X3 上，另一表笔顺 X1 顺序查找，电压从有到无为故障点。短路故障的查找测 X1～X3 间电压为 0 V，拔下插接件，X1～X3 间电压有 110 V，说明有短路故障。查找方法：把表笔固定在

X1～X3 上，断二极管两端的接点，从 X1 向 11 断，从 X3 向 12 断，有电压则说明故障点在断点以后，无电压则说明故障点在断点之前，电压从有到无为短路点。

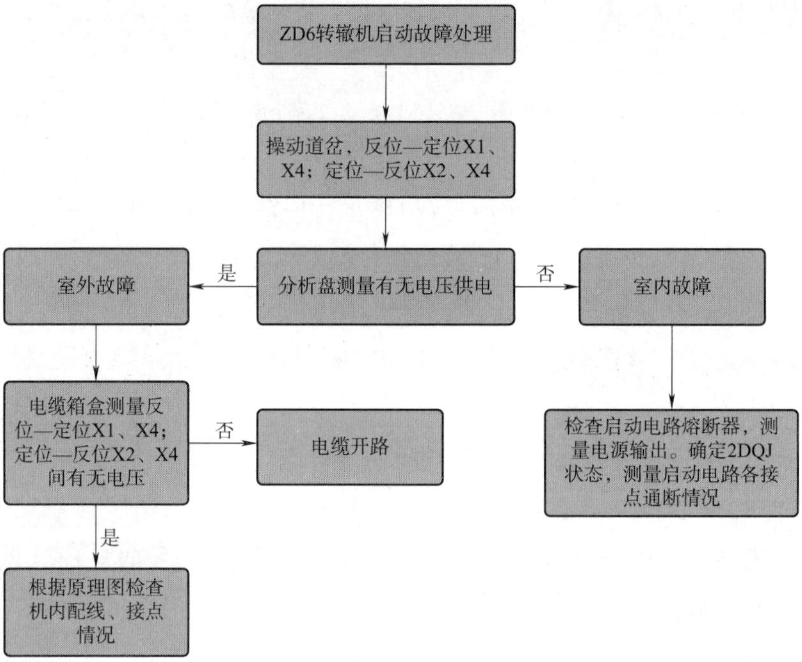

图 3.9　表示故障处理流程

4)故障处理工器具清单

具体内容见表 3.14。

表 3.14　故障处理工器具清单

序号	名称	型号规格	数量	用途
1	万用表	MF-14	1	测量继电器控制电源及道岔电压
2	转辙机钥匙	—	1	开转辙机机盖
3	对讲机 800 M	—	2	保持通话
4	活动扳手	450 mm	1	紧固螺丝
5	活动扳手	300 mm	1	紧固螺丝
6	固定扳手	30/32 mm	2	紧固螺丝
7	双头五角套筒扳手	—	1	开方向盒盖

3.2.6　S700K 转辙机检修作业流程及故障处理

1. 巡检作业流程

巡检作业流程包括：作业前准备、登记联系、巡检、复查试验、销记及小结。其中，巡检的内容及技术标准如下。

1)箱盒外部检查:电缆箱盒无裂纹,油饰、加锁良好,蛇管完好不脱落;箱盒基础无影响强度的裂纹,无明显倾斜;信号电缆不外露;各部螺栓紧固、油润,地线端子连接牢固;设备周围的硬面化清洁、无杂草。

2)转辙机、密贴检查器及下拉装置外部检查:防护罩完好,固定良好;道岔号码及定位标记清晰;转辙机机壳无裂损、油饰完好,蛇管、油管完好不脱落,加锁良好;固定螺丝紧固、油润;转辙机及密贴检查器表示缺口指示标对中;转辙机上、下两检测杆无张开和左右偏移现象,检测杆头部的叉形连接头销、孔的磨耗旷量小于等于1 mm。

3)外锁闭及安装装置、杆件检查:

外锁闭及安装装置应安装方正、平顺。转辙机的动作杆与锁闭杆、连接杆成一条直线,并与岔枕保持平行;锁闭杆、表示杆与直股基本轨垂直,杆件的远端与直基本轨垂直,偏差小于等于10 mm;各种道岔拉杆水平方向的两端高低偏差小于等于5 mm(以两基本轨工作面为基准)。

外锁闭及安装装置的紧固件、连接销、表示杆和锁闭杆的螺母齐全、不松动,防松措施良好;开口销齐全,劈开角度大于60°,两臂劈开角度应基本一致。

各种杆件距轨底的距离应大于10 mm。

各类杆件、销孔处的绝缘件应完整,绝缘性能良好。

螺栓、螺纹的调整余量应大于等于10 mm;表示杆的销、孔旷量应小于等于1 mm,导管连接销、孔的旷量应小于等于1 mm。

锁闭铁、锁钩与锁闭杆接触的摩擦面及运动范围内应保持清洁、油润、无锈蚀、无沙尘、无异物,运动灵活,无卡阻。

表示拉杆的接头与尖端铁的连接应牢固、不松动,锁钩轴销不弯曲、轴向滑动效果良好。

外锁闭装置锁闭框两侧的限位块(螺钉)应有效插入锁闭杆两侧导向槽内,不得松脱、别卡。

限位块和锁闭框的距离在锁闭位置时调整在1～3 mm。

设备无异状,尖轨和基本轨间无异物,杆件处无杂物,长短表示杆接头铁与滑床板间的间距大于等于10 mm;心轨表示拉杆接头与钢轨有10 mm以上间隙。

结合部无病害。尖轨、基本轨、心轨、翼轨的竖切部分无肥边;尖轨、心轨爬行不超过标准范围;滑床板和尖轨间隙适当,尖轨无翘头、吊空;滑床板无断裂;辊轮滑作用良好。

道岔密贴状态良好。道岔锁闭时,尖轨(心轨)尖端至第一牵引点处,尖轨(心轨)与基本轨(翼轨)的间隙小于等于0.5 mm,其余密贴部位间隙小于等于1.0 mm。各部清扫、注油。

必要时应进行转换试验，转换过程中，尖轨、心轨动作平稳、灵活、密贴，无别卡、异声，缺口良好。

作业人员发现设备缺陷立即克服，若当时不能解决的应逐级汇报，及时组织处理。安全控制措施，按照“高铁现场作业人身安全防护”的相关要求执行。

2. S700K 型电动转辙机的集中检修作业

集中检修作业流程：作业前准备、登记联系、集中检修、复查试验、销记及小结。其中，集中检修内容及技术标准如下。

1)箱盒外部检查：按巡检规定执行。

2)转辙机内部检修。

机盖灵活性的检查：机盖开闭自如，防水、防尘性能良好，暗锁灵活有效。

检查转辙机的密封状态：镶嵌于底壳边缘的密封圈应保持弹性，无破损断裂。排水塞、动作杆罩桶塞无脱落，电缆密封装置与外部电缆保护管连接、密封状态良好。

检查摇把齿轮的状态：摇把齿轮应转动灵活，前后拨动时无卡阻、滞涩现象。手摇结束后，摇把齿轮应顺利退出啮合位置。

检查摇把、挡板及遮断开关的功能：当接通遮断开关时，手摇把插入孔的挡板必须能阻止手摇把啮入摇把齿轮。在摇把齿轮与摇把挡板之间必须有一条侧隙(一般为 1～3 mm)，切断遮断开关后，手摇把能顺利地插入摇把孔，此时电源被切断，不经人工确认，不得恢复接通；遮断开关功能良好。

正常转换道岔时，滚珠丝杠动作平稳无噪声，摩擦连接器作用良好。

速动开关通、断电作用良好。

检查锁闭块及锁舌的状态：在终端位置，当检测杆指示缺口与指示标对中时，将锁舌/锁闭块顶入能够自动弹出，使用 20 号以上干净润滑油为接点下注油孔及锁舌处注油。锁舌的伸出量大于等于 10 mm，锁闭块要伸出半个销子孔，伸出距离大于等于 3 mm。

滚珠丝杠、动作杆、检测杆、齿轮组、锁闭块、操纵板等均应保持润滑，润滑材料应采用规定类型的油脂；滚珠丝杠沿轴向的串动量小于等于 1 mm。

各部螺丝紧固良好。

机内配线无破损、固定良好。

道岔缺口标志检查，确保机内外一致。

3)密贴检查器应安装牢固、方正并满足下列要求。

外观良好，机内清洁，防水、防尘性能良好，锁灵活有效，配线无破损、固定良好，各部绝缘不破损且绝缘良好。

运动部件和表示杆应动作灵活，运动部件及螺纹部分应清洁、润滑。

各开关组通、断良好。

4)调整、测试。

密贴调整：道岔尖轨密贴良好、无反弹，各牵引点密贴力调整适度，扳动平顺。

道岔尖轨、心轨牵引点外锁闭中心线处，密贴尖轨与基本轨、心轨与翼轨间有4 mm及以上水平间隙时，不得锁闭道岔和接通道岔表示；牵引点之间的密贴检查器处有5 mm及以上水平间隙时，不应接通道岔表示。

缺口调整：第一牵引点检测杆的缺口标准应为指示标对准检测杆缺口标记两侧各(1.5+0.5)mm；第二牵引点及其后牵引点检测杆的缺口标准应为指示标对准检测杆缺口标记两侧各(2.0+0.5)mm；检查密贴检查器表示缺口符合标准。

检查各牵引点的开程是否符合标准。各牵引点的尖轨斥离位置与基本轨间动程和外锁闭装置的锁闭量定、反位两侧应均等，其偏差应小于等于2 mm。

5)进行转换试验，转换过程中，尖轨、心轨动作平稳、灵活、密贴，无别卡、异声，缺口良好。

6)作业人员发现设备缺陷立即克服，若当时不能解决的应逐级汇报，及时组织处理。

3.2.7　ZYJ7型电液转辙机检修作业流程及故障处理

1. 巡检流程

ZYJ7型电液转辙机的巡检流程为：作业前准备、登记联系、巡检、复查试验、销记及小结。其中，巡检内容及技术标准如下。

1)外观检查

电缆箱盒无裂纹，油饰、加锁良好，蛇管完好、不脱落。

箱盒基础无影响强度的裂纹，无明显倾斜。

信号电缆不外露。

各部螺栓紧固、油润，地线端子连接牢固。

设备周围的硬面化清洁、无杂草。

道岔密贴状态良好，与滑床板接触良好，无吊板现象。

滑床板固定良好、保持清洁、无锈蚀、油润光滑，动作灵活无卡阻。

尖轨爬行不超限，固定转辙机轨枕横移量不影响外锁闭装置正常转换。

油管槽钢安装良好，油管两端露出部位防护良好，不与钢铁件棱角或硬面相磨，油管弯曲半径大于150 mm，弯曲处圆滑，无伤痕、压扁现象。

2)安装装置、杆件检查

安装装置的紧固件、开口销、连接销、表示杆和锁闭杆螺母,齐全、不松动,防松措施良好,开口销角度 60°~90°,两臂劈开角度应基本一致。

转换设备中的各种传动拉杆、表示连接杆等螺纹部分的内、外调整余量应大于等于 10 mm;道岔各杆件安装正确,偏移量小于等于 10 mm。

外锁闭装置摩擦滑动部位清洁油润,运动范围内无砂石、异物等,锁钩与锁钩连接轴横向轴窜良好,能自动调节角度。外锁闭装置限位块安装齐全,间隙合适作用良好。锁闭框两侧导向销作用良好,无脱落。

动作杆、表示杆及安装装置的各连接销、摩擦面应油润。

检查安装装置绝缘完好,无破损。

3)必要时应进行转换试验,转换过程中,尖轨、心轨动作平稳、灵活、密贴,无别卡、异声,缺口良好。

4)作业人员发现设备缺陷立即克服,若当时不能解决的应逐级汇报,及时组织处理。

2. ZYJ7 型电液转辙机的集中检修

ZYJ7 型电液转辙机的集中检修作业流程为:作业前准备、登记联系、巡检、复查试验、销记及小结。其中,集中检修内容及技术标准如下。

1)外部检查:

除按巡检规定执行外,需检查以下内容。

道岔安装水平方正。锁闭杆、表示杆与直股基本轨相垂直,各杆的两端间与直股基本轨垂直线的偏差均小于等于 10 mm;电液转辙机机壳纵侧面的两端与直股基本轨垂直距离的偏差小于等于 5 mm;各种道岔拉杆,其水平方向的两端高低偏差小于等于 5 mm(以两基本轨工作面为基准)。

表示杆的销孔旷量应小于等于 0.5 mm,其余部位的销孔旷量应小于等于 1 mm,摩擦面应油润、干净。

外锁闭及安装装置应方正、平顺。可动部分在道岔转换过程中动作平稳、灵活,无别劲、卡阻现象。

各牵引点和密贴检查部位的尖轨斥离位置与基本轨间动程和外锁闭装置的锁闭量定、反位两侧应均等,其不均等偏差应小于等于 2 mm。

2)转辙机内部检修:

机件安装牢固、完整,无异状、裂纹,机内防水、防尘良好,无锈蚀,铭牌齐全、正确,字迹清楚。图纸、资料保存良好,与实物相符,无涂改;挤脱器外观良好,开口销、铅封齐全良好。

内部螺丝紧固,配线良好、整洁,无破皮及混线。

各衬套及机械滑动部位润滑作用良好，所有油路密封件完整无损，密封部位无渗漏。

遮断器通断灵活，打入深度适当，接触良好。

溢流阀动作灵活，油箱内油面位于油标上、下限间。

自动开闭器动、静接点安装牢固，接点片不歪斜，无伤痕；动接点在静接点片内接触深度大于等于 4 mm，用手扳动动接点，其摆动量小于等于 2 mm；动接点打入静接点时，与静接点座应保持 3 mm 以上的间隙。

动接点环清洁光亮，接触良好；遮断器断接良好，无异状。

扳动试验无异常，转换过程无卡阻，电机惯性轮作用良好。

锁闭柱与锁闭杆、检查柱与表示杆动作正常，无卡磨。

各接点组接触、断开良好，开关滚轮灵活无卡阻，可靠接通常开、常闭接点。接通常闭接点后，开关滚轮离开动接点架斜面的间隙大于 0. 5 mm。

转辙机正常扳动转换时间小于等于 8. 5 s。

正常转换压力小于等于 9. 5 MPa，溢流压力小于等于 12. 5 MPa，在 10～11 MPa 之间。

3)道岔电缆盒(箱)内部检查：

配线整齐，无断股、损伤，插接端子牢固，弹簧压力适度。

道岔整流盒安装牢固，无过热现象。

图纸清晰正确，端子及电缆走向铭牌标记清晰齐全。

盒(箱)内整洁，无杂物。封堵绝缘胶无龟裂、废孔。

盘根作用良好，盒(箱)防尘、防潮良好。

4)机械调整、测试：

密贴调整。道岔尖轨密贴良好、无反弹，各牵引点密贴调整适度，扳动平顺。

道岔尖轨、心轨牵引点外锁闭中心线处，密贴尖轨与基本轨、心轨与翼轨间有 4 mm 及以上水平间隙时，不得锁闭道岔和接通道岔表示；尖轨的密贴段，在牵引点间设密贴检查器，有 5 mm 及以上水平间隙时，不应接通道岔表示。

缺口调整。液压转辙机检测杆的缺口标准应为指示标对准检测杆缺口标记两侧各(2. 0＋0. 5)mm；转换锁闭器检测杆的缺口标准应为指示标对准检测杆缺口标记两侧各(4. 0＋1. 5)mm；检查密贴检查器表示缺口符合标准。

检查各牵引点的开程符合标准，各牵引点的尖轨斥离位置与基本轨间动程和外锁闭装置的锁闭量定、反位两侧应均等，其偏差应小于等于 2 mm。完成规定的电特性测试工作。填写检修卡。

5)进行转换试验，转换过程中，尖轨、心轨动作平稳、灵活、密贴，无别卡、异声，缺口良好。

6)作业人员发现设备缺陷立即克服,若当时不能解决的应逐级汇报,及时组织处理。

3.2.8 BiLOCK 联锁系统检修作业流程及故障处理

1. BiLOCK 联锁系统检修作业流程及技术标准

1)检修准备

(1)提前查看问题库,对要检修的设备及所需要克缺的问题,提前准备好材料。

(2)安全预想会。施工负责人对作业人员做好人员分工,明确作业内容、作业时间、作业区域、检修要求,结合天气、作业环境做针对性的安全预想。

(3)作业台账、作业工器具、联络工具及仪表准备好且试验良好。

2)BiLOCK 联锁系统检修内容

(1)日巡视

①风扇检查:风扇转动时没有噪声,保持一定风量以起到散热作用,且没有积尘。

②模块指示灯状态检查:各模块的指示灯应和“BiLOCK 型计算机联锁系统用户操作手册”所描述的各模块指示灯的正常显示一致。

③设备外表检查:检查设备外表有无裂纹、刮花或破损等现象。

④查看 SDM 设备连接状态:网络连接状态有无红、黄色告警。

(2)月检

①同日巡视。

②电缆入口密封性检查:电缆入口密封性良好。

③机柜检查:各插卡板插接状态检查,各插卡板插接牢固且密贴性良好。

④各接口接头(包括屏蔽线、地线、接线端子)紧固性检查。

⑤设备清洁,散热风扇模块清洁。

⑥冗余试验:排列跨联锁区进路后,主备机切换。

⑦HMI、SDM 检查:a. HMI 主备机切换;b. HMI(正线需退出 ATS 软件)、SDM 软件退出后进行设备重启,重启后功能正常。

⑧防尘网检查:防尘网无破损,否则进行更换,保持清洁。

(3)年检

①同月检。

②彻底清除内部积尘。

③全面检查各板卡、模块,电路板外观无变形,无烧黑等不良现象。

④机柜接地检查:机柜接地线固定螺母紧固,室内机柜至接地箱铜排电阻不大于 1 Ω。

3)复查

(1)检修作业完毕,对各部进行全面复查(可边做边查)且设备试验良好。

(2)填写并保存好相关参数的记录,填写检修卡。

(3)清点工具、材料、周围杂物等,做到现场工完料清。

4)收工总结会

作业人员对本次作业进行总结,汇报作业完成情况和设备质量情况,并记录相应问题。

2. BiLOCK 联锁系统故障处理

1)维护台常见故障处理(表 3.15)

表 3.15　维护台常见故障处理

序号	故障现象	分析原因	处理办法
1	输出端口未驱动 1	输出板故障;从输出板到驱动继电器之间的回路中有断线,造成输出板已输出而继电器不能驱动,这种故障可以通过检查继电器至平台机柜之间的配线查出	关闭平台系统;拔出该输出板,更换新的输出板;开机,系统同步后办理操作试验原来报故障的码位是否还是有问题,若更换板后仍有问题,检查插头上电源,或是检查相应码位的针是否有问题,或者在驱动该码位时测量继电器线圈两端的电压是否满足要求
2	输出端口未驱动 2	这种故障是由于外界混电造成输出板输出端口有正电,可以通过检查平台机柜该输出板至继电器之间的配线来查找混电的位置	根据报警信息找出相应码位的 96 芯插头及相应位置;拔出插头后测量该插头相应码位是否还有电;若没有电,则说明混电的位置在母板和机箱处,再提供观察和测量找出真正的位置;若仍旧有电,则说明混电的位置是从 96 芯插头至组合架,可按供线的走向一级一级判断查找
3	VOB 板输出错误	输出板本身故障时该板报错系统出错	更换该报错输出板即可恢复。通过 SDM 查看故障,排查原因
4	A/B 机标志采集不到	平台启动后采集不到系统的标志位,主要有以下情况:系统采集板上采集标志位的码位故障;系统采集电缆故障;电源机箱系统采集的空气开关跳开	更换系统采集板,更换系统采集电缆闭合空气开关
5	通道出错	输入板故障,输出板故障	更换板卡

2)机柜面板灯常见故障处理(表 3.16)

A、B 系主机指示灯在系统正常工作状态时只有一个点亮,两个都亮或都不亮为故障。

表 3.16　机柜面板灯常见故障处理

序号	故障现象	分析原因	处理办法
1	同步指示灯灭	指示灯 LED 故障、指示灯线故障、两系不同步对应的 VOB 输出故障	更换指示灯、更换指示灯线，结合 SDM 故障码定位故障点维护更换 VOB 单板
2	A、B 系健康指示灯灭	指示灯 LED 故障、指示灯线故障、A、B 系故障对应的 VOB 输出故障	更换指示灯、更换指示灯线，结合板卡 ERR、SDM 故障码定位故障更换 VOB 单板
3	A、B 系主系指示灯全灭	指示灯 LED 故障、指示灯线故障、对应的 VOB 输出故障，系统没有输出	更换指示灯、更换指示灯线、更换 VOB 单板需要结合 SDM 软件查看，定位解决系统 BUG

3)采集及驱动类常见故障处理(表 3.17)

表 3.17　采集及驱动类常见故障处理

序号	故障现象	分析原因及处理
1	在 HMI 上显示道岔断表示、灯丝断丝、轨道电路红光带或其他报警信息等问题	检查相应继电器是否吸起，若没有吸起，则找继电接口原因；若相应继电器已吸起，通过 SDM 看是否有采集板故障，若有可更换主机该采集板。若主备机都没亮灯则说明采集信息都未送来，则故障在采集插头至该继电器接点之间，可通过接口架来区分故障在哪侧，然后逐点查找。若出现一块采集板上同一组的 8 个码位(甚至更多)都采集不到的情况，则肯定是该组采集码位的负电的线有问题，可从接口架相应位置查。若出现某些码位时好时坏，更换板后也是如此，则可在接口架量一下该采集的电压是否达到标准，若不达标，一般情况是继电器节点接触不良所致
2	在 HMI 上发现有信号开不了、道岔操不动等问题	检查相应继电器是否吸起，若能吸起，则找继电接口原因；若相应继电器没有吸起，HMI 界面上会出现回采报警。先查相应输出板该码位是否亮灯，若亮灯则说明故障点在输出板至继电器励磁线圈之间，此时先量接口架相应位置是否有 24 V 电送出，有电则故障在接口架至继电器励磁线圈之间，没有电则故障点在接口架至输出板之间，可查相应输出插头和该信号电缆有无问题

4)网口指示灯故障处理(表 3.18)

表 3.18　网口指示灯故障处理

BILOCKSTAR 配置		正常现象	异常	故障建议处理
VC1，VC2	网口 1	常亮，快闪	常灭	表示网口错误，板卡错误，建议更换板卡
	网口 2	常亮，快闪	常灭	更换 VC 板卡
	网口 3	常亮，快闪	常灭	主备网口，检查另一系是否正常，检查主备连接线，或者更换板卡
	网口 4	常亮，快闪	常灭	主备网口，检查另一系是否正常，检查主备连接线，或者更换板卡
COM	网口 1	常灭	无	保留
	网口 3	常亮，快闪	常灭	COM 对外 A 网口，检查交换机连线，或者更换 VC 板卡
	网口 4	常亮，快闪	常灭	COM 对外 A 网口，检查交换机连线，或者更换 VC 板卡

5)常见电源故障处理(表3.19)

表3.19　常见电源故障处理

序号	故障现象	影响范围	处理办法
1	总电源断电	联锁机及HMI、SDM电源是由电源屏供电,当某种原因导致电源屏输出电源中断时,还不能恢复总电源的情况下,联锁系统必须停用	检查联锁机柜空开是否在闭合状态
2	联锁机断电	影响联锁A、B机的供电	检查联锁配电箱分配到联锁A、B机的电源空气开关状态,如果是设备故障导致开关断开,应先关闭、更换故障设备后再开启空气开关
3	工控机、显示器断电	影响HMI、SDM的供电	检查联锁机柜内部到工控机、显示器的空气开关状态,如果是设备故障导致开关断开,应先关闭、更换故障设备后再开启机柜内部的空开

6)显示器故障处理(表3.20)

表3.20　显示器故障处理

常见现象	问题描述	可能的解决办法
显示器屏幕中间出现锁头	显示器屏幕中间出现锁头	需按压菜单按键30 s左右,待屏幕上锁头解锁或是等待一段时间后,屏幕锁自动消失
没有视频/电源指示灯不亮	没有画面	确保显示器和计算机之间的视频线连接正确和牢固。使用其他电器检查一下电源插座是否正常。确保完全按下电源按钮
没有视频/电源指示灯亮起	没有画面或没有亮度	通过显示菜单调整提高亮度和对比度。执行显示器自检功能检查。检查视频线端头的针脚是否有弯曲或折断
亮度问题	画面太暗或太亮	将显示器重置为出厂设置。通过显示菜单调整Auto Adjust。通过显示菜单调整亮度和对比度
画面扭曲、缺色灯乱显示问题	—	通过显示菜单调整Auto Adjust,关闭显示器电源后重开将显示器重置为出厂设置。通过显示菜单调整亮度和对比度
与安全相关的问题	看到冒烟或火花	不要执行任何故障排除步骤。断电立即联系厂家

7)板卡故障灯位显示

(1)VC 单板(表 3.21)

表 3.21　VC 单板指示灯含义

面板主视图	指示灯	颜色	正常状态	故障状态	故障描述
	RUN	绿	1 Hz 频率闪烁	灭	进入了宕机模式
	ERR	红	灭	亮/闪烁	需要结合日志的故障信息才能定位故障点
	ETH1～ETH2	绿	亮/闪烁	灭	链路故障或没有连接
	ETH3～ETH4	绿	亮/闪烁	灭	链路故障或没有连接；IO 机笼的 VC 板不用这两个指示灯
	说明：RUN 指示灯在上电时亮一下后常灭，启动完成后亮或闪烁；ERR 指示灯在上电时亮一下后常灭。VC 板出现故障时 ERR 指示灯亮或闪烁。VC 板插在 VC 槽位用在 IO 机笼时，ETH1 指示灯表示和 VC 板 ETH1 的通信状态；ETH2 指示灯表示和外部交换机的通信状态；ETH3 和 ETH4 不用				

(2)CPSU 单板(表 3.22)

表 3.22　CPSU 单板指示灯含义

面板主视图	指示灯	颜色	正常状态	故障状态	故障描述
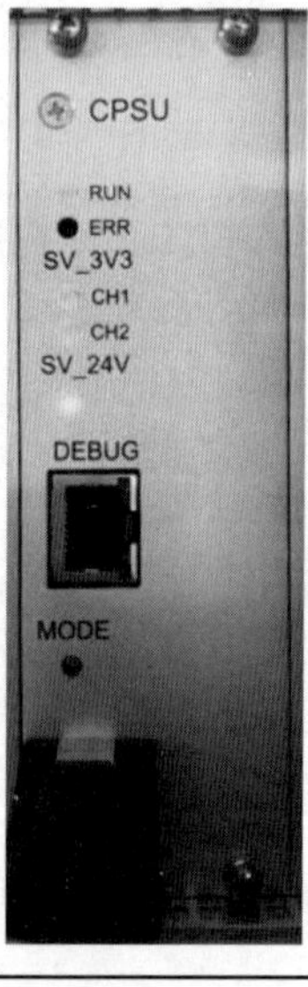	RUN	绿	1 Hz 频率闪烁	灭	代表 DI 指示灯显示功能故障或无输入
	ERR	红	灭	亮	需要结合日志的故障信息定位故障点
	SV_3V3	绿	亮(正常启动后)	灭(正常启动后)	表示安全 3.3 V 输出异常或 LED 损坏
	SV_24 V	绿	亮(正常启动后)	灭(正常启动后)	表示安全 24 V 输出异常或 LED 损坏
	说明：RUN 指示灯在上电启动过程中常亮，启动完成后以 1 Hz 的频率进行闪烁；ERR 指示灯在上电时亮一下，启动完成后常灭；SV_3V3/SV_24 V 指示灯在上电启动过程中常灭，正常启动后亮				

(3)VOB单板(表3.23)

表3.23 VOB单板指示灯含义

面板主视图	指示灯	颜色	正常状态	故障状态	故障描述
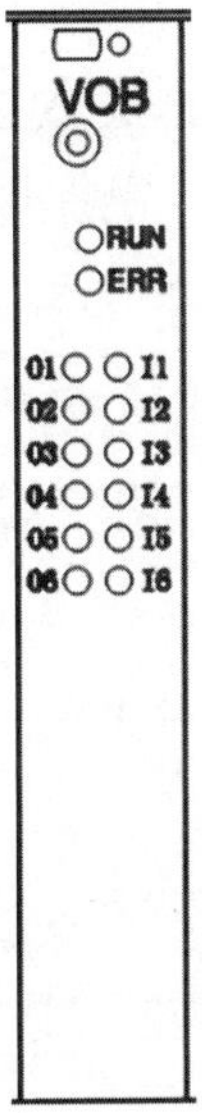	RUN	绿	亮	灭	代表DI指示灯显示功能故障或无输入
	ERR	红	灭	亮	需要结合日志的故障信息定位故障点
	O1～O6	绿	—	—	灯亮:表示输出高(励磁);灯灭:表示输出低(无输出)
	I1～I6	绿	亮/慢闪	灭/快闪	灭:代表DI指示灯无输入;快闪:表示前后接点短路
	说明:I亮表示前接点接通;慢闪表示后接点接通拨码开关正确时,VOB上电时会先RUN灯亮起,然后RUN灯灭掉,ERR灯亮起,后续一直等到VC启动正常,ERR灯灭掉,RUN灯亮起				

(4)VIB单板(表3.24)

表3.24 VIB单板指示灯含义

面板主视图	指示灯	颜色	正常状态	故障状态	故障描述
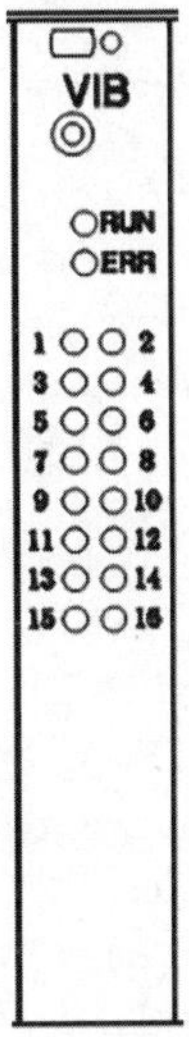	RUN	绿	亮	灭	代表DI指示灯显示功能故障或无输入
	ERR	红	灭	亮	需要结合日志的故障信息定位故障点
	DI1～DI16	绿	亮/慢闪	灭/快闪	灭:代表DI指示灯无输入;快闪:表示前后接点短路
	说明:DI亮表示前接点接通;慢闪表示后接点接通拨码开关正确时,VIB上电时会先RUN灯亮起,然后RUN灯灭掉,ERR灯亮起,后续一直等到VC启动正常,ERR灯灭掉,RUN灯亮起				

(5)PAB 单板(表 3.25)

表 3.25　PAB 单板指示灯含义

<table>
<tr><th>面板主视图</th><th>指示灯</th><th>颜色</th><th>正常状态</th><th>故障状态</th><th>故障描述</th></tr>
<tr><td rowspan="4"></td><td>RUN</td><td>绿</td><td>亮/闪烁</td><td>灭</td><td>显示故障或者信号错误</td></tr>
<tr><td>PHI1/PHI2</td><td>绿</td><td>闪烁</td><td>灭/常亮</td><td>断路或者短路</td></tr>
<tr><td>PHI1R/PHI2R</td><td>绿</td><td>闪烁</td><td>灭/常亮</td><td>断路或者短路</td></tr>
<tr><td colspan="5">说明:正常时,RUN 灯常亮或者闪烁;RUN 灯出现闪烁,代表单板在做自检,PHI1/PHI2/PHI1R/PHI2R 闪烁</td></tr>
</table>

(6)PABH 单板(表 3.26)

表 3.26　PABH 单板指示灯含义

<table>
<tr><th>面板主视图</th><th>指示灯</th><th>颜色</th><th>正常状态</th><th>故障状态</th><th>故障描述</th></tr>
<tr><td rowspan="2"></td><td>PHIR1/PHIR2</td><td>绿</td><td>闪烁</td><td>灭</td><td>断路或者短路</td></tr>
<tr><td colspan="5">说明:正常时,PHIR1/PHIR2 闪烁</td></tr>
</table>

(7)电源模块指示灯(表 3.27)

表 3.27　电源模块指示灯含义

面板主视图	指示灯	颜色	正常状态	故障状态	故障描述
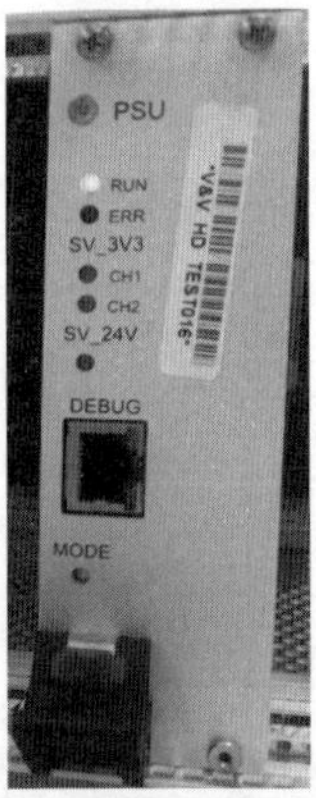	24 V	绿	亮	灭	电源输出异常
	AC 220 V	绿	亮	灭	电源输入异常

(8)故障处理指导

出现故障首先检查各部位指示灯位是否正常。

3.2.9　组合柜、分线柜、接口柜检修作业流程及技术标准

1. 检修准备

1)提前查看问题库,对要检修的设备及所需要克缺的问题,提前准备好材料。

2)安全预想会。施工负责人对作业人员做好人员分工,明确作业内容、作业时间、作业区域、检修要求,结合天气、作业环境做针对性的安全预想。

3)作业台账、作业工器具、联络工具及仪表准备好且试验良好。

2. 组合柜、分线柜、接口柜检修内容

1)日巡视

(1)组合柜、分线柜外部检查:柜架保持稳固不歪倾,表面平整、不脱漆,各门密封良好,表面无积尘。

(2)单元设备检查:检查机柜内部单元安装稳固,铭牌整齐清楚安装稳固,不倾斜,各种铭牌固定良好,文字标识齐全、正确、字迹清楚。标识无脱落。

(3)检查空气开关:空气开关安装牢固,空开不跳闸。

2)月检

(1)同日巡视。

(2)继电器插接状态检查(组合柜):继电器插接无松动,安装稳固,防松卡方正、有效。

(3)端子螺丝的紧固情况检查:端子螺丝紧固,螺丝扣不滑扣,螺母须拧固,螺杆应伸出

螺母外，最少与螺母平，弹簧垫圈等防松配件能起到应有的作用；每个端子柱的上部应用两个螺母紧固。

（4）检查防雷单元：防雷单元状态正常，防雷元件无异常；检查阻容元件：阻容元件安装稳固，工作状态良好。

（5）配线检查：各配线整齐，无灰尘；走线架、电缆槽检查：走线架、电缆槽整洁、完好、无灰尘；防鼠、防虫检查：室内各种电缆芯线无伤痕、无破皮、无虫鼠咬伤等情况，各孔洞封堵良好，并有防鼠措施。

（6）机房电缆引入口检查：室内电缆引入口密封良好；设备表面卫生清扫：设备表面无积尘；接头接点防锈处理：各接头接点、端子螺丝无锈蚀。

3）年检

（1）同月检。

（2）电缆全程对地绝缘测试。测试电缆全程对地绝缘是否符合要求，摇表一端接某条电缆芯线，另一端接机架测试，其绝缘电阻不小于 1 MΩ（车辆段全部测试，正线抽样不少于 10%）。

（3）测量国产继电器电源（组合柜）：国产继电器的电源应确保在安全工作电压以内。

3. 复查

1）检修作业完毕，对各部进行全面复查（可边做边查）且设备试验良好。

2）填写并保存好相关参数的记录，填写检修卡。

3）清点工具、材料、周围杂物等，做到现场工完料清。

4. 收工总结会

作业人员对本次作业进行总结，汇报作业完成情况和设备质量情况，并记录相应问题。

3.2.10　缺口监测设备检修作业流程及故障处理

1. 缺口检测设备检修作业及技术标准

1）检修准备

（1）提前查看问题库，对要检修的设备及所需要克缺的问题，提前准备好材料。

（2）安全预想会。施工负责人对作业人员做好人员分工，明确作业内容、作业时间、作业区域、检修要求，结合天气、作业环境做针对性的安全预想。

（3）作业台账、作业工器具、联络工具及仪表准备好且试验良好。

（4）准备生产性物资：①作业工器具：吸尘器；②易耗材料：防静电毛刷、防静电抹布。

2）缺口监测设备检修内容

（1）日巡视

道岔缺口查看：在监测系统上查看道岔缺口偏移量。

(2)月检

①同日巡视。

②缺口采集模块清洁:用吸尘器、毛刷、白棉布等对缺口模块进行卫生清扫;模块表面清洁,无灰尘、水汽,摄像头清晰。

③缺口采集模块紧固检查:对缺口采集模块进行紧固,模块、摄像头紧固。

④机柜安装检查:门开关锁闭灵活、机柜密封性良好。

⑤机柜清洁检查:机柜内部清洁、无灰尘。

3)复查

(1)检修作业完毕,对各部进行全面复查(可边做边查)且设备试验良好。

(2)填写并保存好相关参数的记录,填写检修卡。

(3)合上箱盒盖,并加锁,活动部分适当注油。

(4)清点工具、材料、周围杂物等,做到现场工完料清。

4)收工总结会

作业人员对本次作业进行总结,汇报作业完成情况和设备质量情况,并记录相应问题。

2. 缺口检测设备故障处理(表 3.28)

表 3.28　缺口检测设备故障处理

序号	常见故障	原因分析	解决方案
1	同组道岔的某一监测点断开	线路干扰。转辙机内缺口监测的线束接触不良、硬件损坏	检查线路是否有干扰源存在,并将干扰源清除。断开控制该组道岔缺口处理模块的通信分机断路器,检查转辙机内 15～18 号端子的导线是否接触良好,重新上电,等待 30 s 后查看该监测点的缺口处理模块的数码管显示区是否显示信息,如果无显示,则更换缺口处理模块,如果有显示,则询问室内该监测点是否重新连接成功,未连接成功则更换缺口处理模块。对损坏的设备进行更换
2	同组道岔的全部监测点断开	线路干扰;供电问题;硬件故障	检查线路是否有干扰源存在,并将干扰源清除。使用交流电压表检测通信分机 1D-1、1D-2 两端和 2D-1、2D-2 两端电压是否为 85～265 V。如果通信分机的 1D-1、1D-2 两端无电压,则检查室内到通信分机的线路。如果 2D-1、2D-2 无电压,则查看断路器是否闭合;如果 2D-1、2D-2 有电压,则查看 ADSL-PLC 模块的 POWER 灯、ADSLACT 灯、PLCACT 绿灯是否全部常亮,未常亮则更换模块
3	全部通信中断	电源供电中断;DSL 局端设备故障;软件问题	检查缺口主机 2D-1、2D-2 和 2D-3、2D-4 是否有电源输出。检查缺口主机上的 DSL 局端设备电源是否开启,如果开启检查网线是否插接可靠,如果电源开关开启且网线插接可靠仍然未亮,则更换 DSL 局端设备。重新启动工控机,运行软件后观察设备通信情况,主界面状态灯是否正常显示

续上表

序号	常见故障	原因分析	解决方案
4	某一监测点无温湿度值	温湿度传感器连接松动或损坏	重新连接温湿度传感器或更换温湿度传感器
5	图像不清晰	摄像头上有油污;镜头焦距错误	用棉纱沾酒精擦拭镜头去油污,更换摄像头
6	缺口图像清晰,但缺口值无法识别或识别不对	表示杆表面有污垢;图像采集组件松动导致缺口识别位置变化	清理表示杆表面污垢;重新紧固或更换图像采集组件,并进行缺口标定操作

3. 故障处理指导

先观察故障现象,通过测电、ping 通道初步判断是供电问题、通信问题还是硬件问题,再根据实际情况进行处理。

3.2.11 IBP 盘及站台按钮、同意接车按钮检修作业流程及技术标准

1. 检修准备

1)提前查看问题库,对要检修的设备及所需要克缺的问题,提前准备好材料。

2)安全预想会。施工负责人对作业人员做好人员分工,明确作业内容、作业时间、作业区域、检修要求,结合天气、作业环境做针对性的安全预想。

3)作业台账、作业工器具、联络工具及仪表准备好且试验良好。

2. IBP 盘及站台按钮、同意接车按钮检修内容

1)日巡视

按钮加封/玻璃盖检查:按钮加封良好,铅封丝无断裂,铅封粒按压牢固;站台紧停玻璃盖完好无损。

2)季检

(1)同日巡视。

(2)机械特性检查:按下按钮,按键动作顺畅。

(3)功能检查:按压按钮检查车站(DCC)IBP 盘、操作员工作站表示,按下按钮后操作员工作站上出现对应符号或 IBP 盘上蜂鸣器报警、亮指示灯。

3. 复查

1)检修作业完毕,对各部进行全面复查(可边做边查)且设备试验良好。

2)填写并保存好相关参数的记录,填写检修卡。

3)清点工具、材料、周围杂物等,做到现场工完料清。

4. 收工总结会

作业人员对本次作业进行总结,汇报作业完成情况和设备质量情况,并记录相应问题。

3.3　ATS/DCS 系统设备的维修与故障处理

3.3.1　服务器检修作业流程及故障处理

1. 服务器检修作业流程及技术标准

1)检修准备

(1)提前查看问题库,对要检修的设备及所需要克缺的问题,提前准备好材料。

(2)安全预想会。施工负责人对作业人员做好人员分工,明确作业内容、作业时间、作业区域、检修要求,结合天气、作业环境做针对性的安全预想。

(3)作业台账、作业工器具、联络工具及仪表准备好且试验良好。

2)服务器检修内容

(1)日巡视

①指示灯状态检查:各模块的指示灯应和"维护手册"所描述的各模块指示灯的正常显示一致,应特别注意闪烁状态的指示灯的显示。

②散热风扇检查:散热风扇是否有噪声,风量是否正常。

③性能检查:KVM 显示及切换性能正常,显示器能够正常显示,KVM 能够在不同服务器间正确切换。

④进程运行情况检查:设备状态运行正常,无报警和故障。

⑤网络连通情况检查:A 网和 B 网连接正常。

⑥查看存储占有率:当回放日志占有率达到 80%以上时,等运营结束后将回放日志里的日志内容保存。

(2)月检

①同日巡视。

②服务器重启:服务器能够正常重启,重启完成后系统各进程完全启动、各节点状态正常,ATS 系统功能正常。

③设备表面清洁,紧固接口和螺丝,检查电源及线缆。

(3)年检

①同月检。

②服务器重启:机箱内清洁无尘,设备清洁完后能正常启动,鼠标键盘等能正常操作,防尘网干净无灰尘。

③电缆老化、接地线紧固情况检查:线缆接头无损坏及松脱,线缆无老化。各地线螺丝

固定，无生锈现象。

3）复查

（1）检修作业完毕，对各部进行全面复查（可边做边查）且设备试验良好。

（2）填写并保存好相关参数的记录，填写检修卡。

（3）清点工具、材料、周围杂物等，做到现场工完料清。

4）收工总结会

作业人员对本次作业进行总结，汇报作业完成情况和设备质量情况，并记录相应问题。

2. 服务器故障处理

服务器共分为三类：车站服务器、主机服务器、通信服务器。其中运行的 ATS 软件类型一致为一类；接口服务器 ifs 其中运行的软件为与外部接口的数据互传功能，为第二类；数据库服务器 rdb 中无软件运行，只起到存储功能，为第三类。

ATS 主机服务器、通信服务器、车站服务器单系发生异常或者宕机，则保驾至运营结束，若发生双系均异常的情况则通过图 3.10 所示流程进行故障处理，接口服务器在发生单系异常或者宕机时也适用该流程。

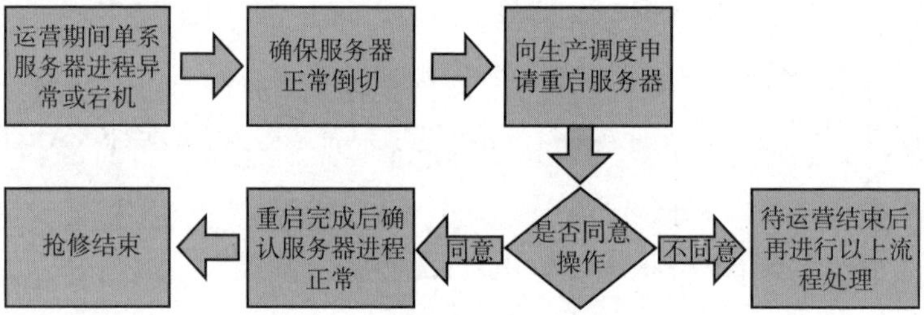

图 3.10　服务器故障处理流程

3.3.2　磁盘阵列检修作业流程及技术标准

1. 磁盘阵列检修作业流程及技术标准

1）检修准备

（1）提前查看问题库，对要检修的设备及所需要克缺的问题，提前准备好材料。

（2）安全预想会。施工负责人对作业人员做好人员分工，明确作业内容、作业时间、作业区域、检修要求，结合天气、作业环境做针对性的安全预想。

（3）作业台账、作业工器具、联络工具及仪表准备好且试验良好。

2）服务器检修内容

（1）日巡视

①指示灯状态检查：各模块的指示灯应和“维护手册”所描述的各模块指示灯的正常显示一致，应特别注意闪烁状态的指示灯的显示。

②散热风扇检查:散热风扇是否有噪声,风量是否正常。

③SAN 网络连通情况检查。

(2)月检

①同日巡视。

②服务器重启:服务器能够正常重启,重启完成后系统各进程完全启动、各节点状态正常,ATS 系统功能正常。

③设备表面清洁,紧固接口和螺丝,检查电源及线缆,检查各硬盘读写功能正常。

3)复查

(1)检修作业完毕,对各部进行全面复查(可边做边查)且设备试验良好。

(2)填写并保存好相关参数的记录,填写检修卡。

(3)清点工具、材料、周围杂物等,做到现场工完料清。

4)收工总结会

作业人员对本次作业进行总结,汇报作业完成情况和设备质量情况,并记录相应问题。

3.3.3 工作站检修作业流程及故障处理

1. 工作站检修作业流程及技术标准

1)检修准备

(1)提前查看问题库,对要检修的设备及所需要克缺的问题,提前准备好材料。

(2)安全预想会。施工负责人对作业人员做好人员分工,明确作业内容、作业时间、作业区域、检修要求,结合天气、作业环境做针对性的安全预想。

(3)作业台账、作业工器具、联络工具及仪表准备好且试验良好。

(4)准备生产性物资。

①作业工器具:十字螺丝批、一字型微型螺丝批、万用表、250 mm 扳手、斜口钳、老虎钳、尖嘴钳、防静电臂带、吹风机。

②易耗材料:吹气球、无纺清洁布、扎带、标签纸、绝缘胶带。

2)工作站检修内容

(1)日巡视

①性能检查:显示器显示正常,键盘鼠标能正常使用。

②进程运行情况检查:设备状态运行正常,无报警和故障。

③网络连通情况检查。

(2)月检

①同日巡视。

②按照相应维护手册规定步骤工作站能够正常重启，重启完成后系统各进程完全启动，各节点状态正常，ATS 系统功能正常。

③散热风扇检查，设备表面清洁，紧固接口和螺丝，检查电源及线缆。

(3)年检

①同月检。

②设备内部清洁。

③电缆老化、接地线紧固情况检查。

3)复查

(1)检修作业完毕，对各部进行全面复查(可边做边查)且设备试验良好。

(2)填写并保存好相关参数的记录，填写检修卡。

(3)清点工具、材料、周围杂物等，做到现场工完料清。

4)收工总结会

作业人员对本次作业进行总结，汇报作业完成情况和设备质量情况，并记录相应问题。

2. 工作站故障处理

安装操作步骤依次进行相应操作，输出指令后，确认命令正确后进行下一步操作。如操作错误，重新按照第一步进行相应操作，如图 3.11 所示。

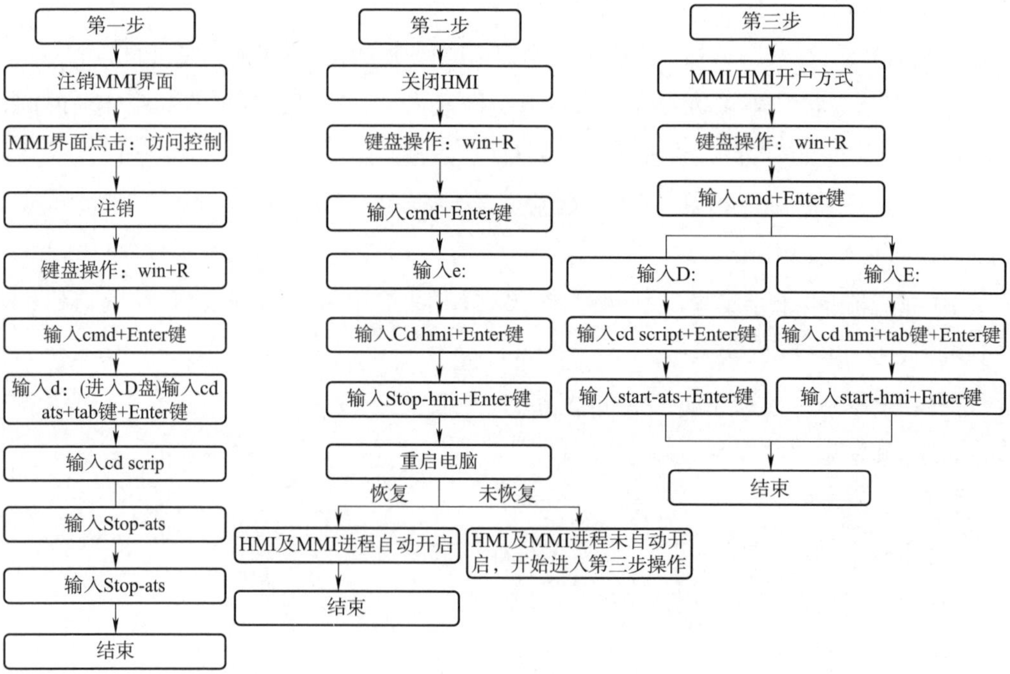

图 3.11　工作站故障处理流程

3.3.4　KVM切换器、机架显示器检修作业流程及技术标准

1. 检修准备

1)提前查看问题库，对要检修的设备及所需要克缺的问题，提前准备好材料。

2)安全预想会。施工负责人对作业人员做好人员分工，明确作业内容、作业时间、作业区域、检修要求，结合天气、作业环境做针对性的安全预想。

3)作业台账、作业工器具、联络工具及仪表准备好且试验良好。

4)准备生产性物资。

(1)作业工器具：十字螺丝批、一字型微型螺丝批、万用表、250 mm 扳手、斜口钳、老虎钳、尖嘴钳、防静电臂带、吹风机。

(2)易耗材料：吹气球、无纺清洁布、扎带、标签纸、绝缘胶带。

2. KVM切换器、机架显示器检修内容

设备表面清洁，紧固接口和螺丝，检查电源及线缆。

3. 复查

1)检修作业完毕，对各部进行全面复查(可边做边查)且设备试验良好。

2)填写并保存好相关参数的记录，填写检修卡。

3)清点工具、材料、周围杂物等，做到现场工完料清。

4. 收工总结会

作业人员对本次作业进行总结，汇报作业完成情况和设备质量情况，并记录相应问题。

5. 切换器、机架显示器故障处理

1)确定故障是切换器、机架显示器、服务器。

2)确定是机器还是连接线故障。

3)切换器故障更换后重新配置切换器。

3.3.5　ATS机柜检修作业流程及技术标准

1. 检修准备

1)提前查看问题库，对要检修的设备及所需要克缺的问题，提前准备好材料。

2)安全预想会。施工负责人对作业人员做好人员分工，明确作业内容、作业时间、作业区域、检修要求，结合天气、作业环境做针对性的安全预想。

3)作业台账、作业工器具、联络工具及仪表准备好且试验良好。

2. ATS机柜检修内容

1)日巡视

检查柜门的完好,散热风扇检查。

2)月检

(1)同日巡视。

(2)机柜表面和内部清洁,机柜配线标签、配线插接部件检查、整理,配线标签正确、字迹清晰,配线插接部件紧固。

3)年检

(1)同月检。

(2)设备表面清洁,紧固接口和螺丝,检查电源及线缆。

3. 复查

1)检修作业完毕,对各部进行全面复查(可边做边查)且设备试验良好。

2)填写并保存好相关参数的记录,填写检修卡。

3)清点工具、材料、周围杂物等,做到现场工完料清。

4. 收工总结会

作业人员对本次作业进行总结,汇报作业完成情况和设备质量情况,并记录相应问题。

3.3.6 DTI检修作业流程及技术标准

1. DTI检修作业流程及技术标准

1)检修准备

(1)提前查看问题库,对要检修的设备及所需要克缺的问题,提前准备好材料。

(2)安全预想会。施工负责人对作业人员做好人员分工,明确作业内容、作业时间、作业区域、检修要求,结合天气、作业环境做针对性的安全预想。

(3)作业台账、作业工器具、联络工具及仪表准备好且试验良好。

2)DTI检修内容

年检:

(1)在工作站上设置扣车、调停等操作,查看DTI显示,要求显示一致、清晰。

(2)设备表面清洁,紧固模块结构接口和螺丝,检查电源及线缆。

3)复查

(1)检修作业完毕,对各部进行全面复查(可边做边查)且设备试验良好。

(2)填写并保存好相关参数的记录,填写检修卡。

(3)清点工具、材料、周围杂物等,做到现场工完料清。

4)收工总结会

作业人员对本次作业进行总结,汇报作业完成情况和设备质量情况,并记录相应问题。

2. DTI 故障处理

1)发车计时器不显示、黑屏

(1)查看 5 V 开关电源问题。①查看有无 220 V。②查看 5 V 开关电源有无 5 V 电压输出,如无,需更换 5 V 开关电源。③查看 5 V 开关电源的输出电压,保证输出电压为 5.1~5.2 V 之间。如果低于 5.1 V 可用十字螺丝刀通过开关电源“VADJ”下的白色端子调节输出电压。

(2)发车计时器控制板问题。①按下发车计时器控制板的“TEST”按钮,如果显示屏不亮,更换发车计时器控制板。②查看发车计时器控制板的“SYS”蓝灯,如果不闪烁,则更换发车计时器控制板。

(3)通信问题。①查看控制板的“COM1”绿灯,如果不闪烁,将控制板上“COM1”白色 5 芯接口的 5 芯线拔下,接到旁边的“COM2”白色 5 芯端口上,再看 COM2 黄色灯是否闪烁,如果不闪烁,更换发车计时器控制板。②如果更换了发车计时器控制板,COM 灯仍不闪烁,有如下可能:a. ATS 系统是否有数据发送给 DTI。如果 ATS 系统与 DTI 之间有光纤收发器,请先查看光纤收发器是否工作正常,具体故障判断可参看第 5.5 节光纤收发器。b. ATS 与 DTI 之间的通信线是否损坏。如果还无法解决,请联系厂家。

2)发车计时器部分不显示或花屏

(1)显示屏中整个一行不亮或花屏,检查如下:①这一行的连接松动或线断,检查接口是否松动及连接线缆。②查看 5 V 开关电源的输出电压,保证输出电压为 5.1~5.2 V 之间。③这一行发车计时器显示板损坏,更换本行发车计时器显示板。④如果上述都没问题,则发车计时器控制板损坏,更换发车计时器控制板。

(2)显示屏一行中的某一块或某个点不亮或花屏:本行发车计时器显示板损坏,更换本行的发车计时器显示板。

3.3.7 无线控制器检修作业流程及技术标准

1. 检修准备

1)提前查看问题库,对要检修的设备及所需要克缺的问题,提前准备好材料。

2)安全预想会。施工负责人对作业人员做好人员分工,明确作业内容、作业时间、作业区域、检修要求,结合天气、作业环境做针对性的安全预想。

3)作业台账、作业工器具、联络工具及仪表准备好且试验良好。

2. 无线控制器检修内容

1)日巡视

检查设备运行指示灯是否正常;查看设备外观。

2)月检

(1)同日巡视。

(2)紧固各紧固件,检查各接头、各尾纤紧固情况,检查地线连接是否牢固。

3)年检

(1)同月检。

(2)彻底清除内部积尘。

3. 复查

1)检修作业完毕,对各部进行全面复查(可边做边查)且设备试验良好。

2)填写并保存好相关参数的记录,填写检修卡。

3)清点工具、材料、周围杂物等,做到现场工完料清。

4. 收工总结会

作业人员对本次作业进行总结,汇报作业完成情况和设备质量情况,并记录相应问题。

3.3.8 轨旁交换机检修作业流程及故障处理

1. 轨旁交换机检修作业流程及技术标准

1)检修准备

(1)提前查看问题库,对要检修的设备及所需要克缺的问题,提前准备好材料。

(2)安全预想会。施工负责人对作业人员做好人员分工,明确作业内容、作业时间、作业区域、检修要求,结合天气、作业环境做针对性的安全预想。

(3)作业台账、作业工器具、联络工具及仪表准备好且试验良好。

2)轨旁交换机检修内容

(1)日巡视

检查设备运行指示灯是否正常;查看设备外观。

(2)月检

①同日巡视。

②紧固各紧固件,检查各接头、各尾纤紧固情况,检查机柜线缆、尾纤是否完好无破损,外部清洁,检查地线连接是否牢固。

3)复查

(1)检修作业完毕,对各部进行全面复查(可边做边查)且设备试验良好。

(2)填写并保存好相关参数的记录,填写检修卡。

(3)清点工具、材料、周围杂物等,做到现场工完料清。

4)收工总结会

作业人员对本次作业进行总结,汇报作业完成情况和设备质量情况,并记录相应问题。

2. DCS 系统网络故障流程

1)故障现象

控制中心网管设备界面告警信息提示,某站 SDM 网络通信故障。或其他系统网络中断(举例某站联锁 B 系网络中断等)。

2)故障处理流程

具体流程如图 3.12 所示。

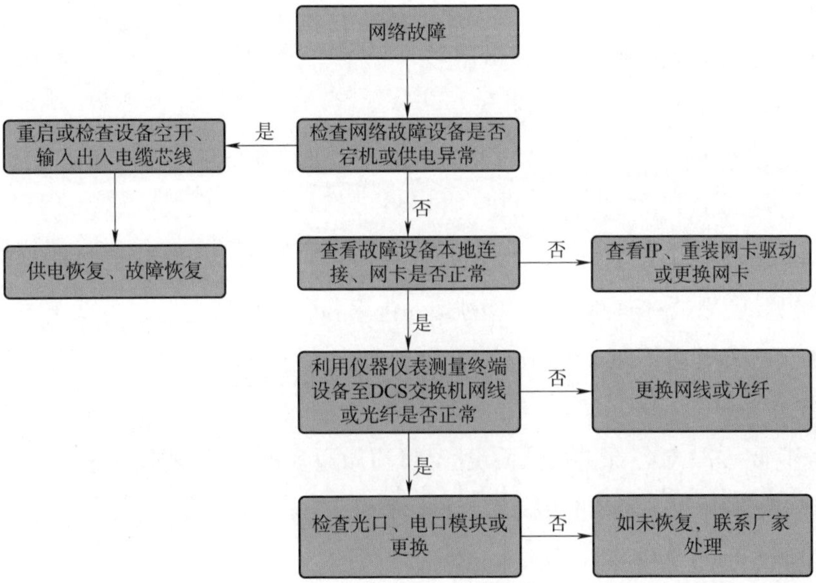

图 3.12　DCS 系统网络故障流程

3)故障处理指导

出现故障首先检查各部位指示灯位是否正常。

如需重启设备,需判断是否影响行车安全。涉及冗余设备时,确定重启设备为主用还是备用,以免误操作,造成故障升级。

3.3.9　无线 AP 检修作业流程及技术标准

1. 检修准备

1)提前查看问题库,对要检修的设备及所需要克缺的问题,提前准备好材料。

2)安全预想会。施工负责人对作业人员做好人员分工,明确作业内容、作业时间、作业区域、检修要求,结合天气、作业环境做针对性的安全预想。

3)作业台账、作业工器具、联络工具及仪表准备好且试验良好。

2. 无线 AP 检修内容

1)日巡视

在网管上对全线 AP 工作状态进行检查。

2)半年检

(1)同日巡视。

(2)紧固各紧固件,检查各接头、各尾纤紧固情况,AP 箱密封性,机柜线缆、尾纤是否完好无破损,外部清洁情况,地线连接是否牢固。用软毛刷子和白毛巾清除所有天线线缆接口的凝结物或灰尘。

(3)电气特性检查:测量 AP 工作电压 220 V。

(4)AP 箱内部模块工作状态检查。

(5)重启 AP 主机。

3)年检

(1)同半年检。

(2)无线测试:测试时速 60 km 的场强、丢包率和延时指标。场强不低于−85 dB,单网丢包率不高于 1%,延时不高于 50 ms。

3. 复查

1)检修作业完毕,对各部进行全面复查(可边做边查)且设备试验良好。

2)填写并保存好相关参数的记录,填写检修卡。

3)合上箱盒盖,并加锁,活动部分适当注油。

4)清点工具、材料、周围杂物等,做到现场工完料清。

4. 收工总结会

作业人员对本次作业进行总结,汇报作业完成情况和设备质量情况,并记录相应问题。

3.3.10 车载 MR 检修作业流程及技术标准

1. 检修准备

1)提前查看问题库,对要检修的设备及所需要克缺的问题,提前准备好材料。

2)安全预想会。施工负责人对作业人员做好人员分工,明确作业内容、作业时间、作业区域、检修要求,结合天气、作业环境做针对性的安全预想。

3)作业台账、作业工器具、联络工具及仪表准备好且试验良好。

2. 车载 MR 检修内容

1)周巡视

(1)MR 主机工作状态检查:状态显示正常,无故障报警。

(2)检查安装是否稳固;检查外观是否完好;检查 MR 主机接线是否良好;清洁设备。

(3)天馈线连接及天馈线固定状态检查;检查 MR 连接器是否固定良好。

2)年检

(1)同周巡视。

(2)MR 天线驻波测试:驻波比正常。

3. 复查

1)检修作业完毕,对各部进行全面复查(可边做边查)且设备试验良好。

2)填写并保存好相关参数的记录,填写检修卡。

3)清点工具、材料、周围杂物等,做到现场工完料清。

4. 收工总结会

作业人员对本次作业进行总结,汇报作业完成情况和设备质量情况,并记录相应问题。

3.3.11 车载交换机检修作业流程及技术标准

1. 检修准备

1)提前查看问题库,对要检修的设备及所需要克缺的问题,提前准备好材料。

2)安全预想会。施工负责人对作业人员做好人员分工,明确作业内容、作业时间、作业区域、检修要求,结合天气、作业环境做针对性的安全预想。

3)作业台账、作业工器具、联络工具及仪表准备好且试验良好。

2. 车载交换机检修内容

周巡视:

(1)检查工作状态显示是否正常。

(2)检查安装是否稳固;检查外观是否完好;清洁设备。

(3)交换机连接线固定检查。

3. 复查

1)检修作业完毕,对各部进行全面复查(可边做边查)且设备试验良好。

2)填写并保存好相关参数的记录,填写检修卡。

3)清点工具、材料、周围杂物等,做到现场工完料清。

4. 收工总结会

作业人员对本次作业进行总结,汇报作业完成情况和设备质量情况,并记录相应问题。

3.3.12 车载中继器检修作业流程及技术标准

1. 检修准备

1)提前查看问题库,对要检修的设备及所需要克缺的问题,提前准备好材料。

2)安全预想会。施工负责人对作业人员做好人员分工,明确作业内容、作业时间、作业区域、检修要求,结合天气、作业环境做针对性的安全预想。

3)作业台账、作业工器具、联络工具及仪表准备好且试验良好。

2. 车载中继器检修内容

周巡视:

1)检查工作状态显示是否正常。

2)检查安装是否稳固;检查外观是否完好;清洁设备。

3)中继器连接线固定检查。

3. 复查

1)检修作业完毕,对各部进行全面复查(可边做边查)且设备试验良好。

2)填写并保存好相关参数的记录,填写检修卡。

3)清点工具、材料、周围杂物等,做到现场工完料清。

4. 收工总结会

作业人员对本次作业进行总结,汇报作业完成情况和设备质量情况,并记录相应问题。

3.3.13 网管系统检修作业流程及技术标准

1. 检修准备

1)提前查看问题库,对要检修的设备及所需要克缺的问题,提前准备好材料。

2)安全预想会。施工负责人对作业人员做好人员分工,明确作业内容、作业时间、作业区域、检修要求,结合天气、作业环境做针对性的安全预想。

3)作业台账、作业工器具、联络工具及仪表准备好且试验良好。

2. 网管系统检修内容

1)日巡视

检查设备各指示灯状态是否正常;检查进程运行情况是否正常;检查网络连通是否正常;查看工作站报警信息。

2)月检

(1)同日巡视。

(2)设备表面清洁;检查主机外设插接件是否紧固,散热风扇是否正常,电源及线缆是否完好。

3)年检

(1)同月检。

(2)检查设备部件是否紧固,系统功能是否正常。

3. 复查

1)检修作业完毕,对各部进行全面复查(可边做边查)且设备试验良好。

2)填写并保存好相关参数的记录,填写检修卡。

3)清点工具、材料、周围杂物等,做到现场工完料清。

4. 收工总结会

作业人员对本次作业进行总结,汇报作业完成情况和设备质量情况,并记录相应问题。

3.3.14 DCS机柜检修作业流程及技术标准

1. 检修准备

1)提前查看问题库,对要检修的设备及所需要克缺的问题,提前准备好材料。

2)安全预想会。施工负责人对作业人员做好人员分工,明确作业内容、作业时间、作业区域、检修要求,结合天气、作业环境做针对性的安全预想。

3)作业台账、作业工器具、联络工具及仪表准备好且试验良好。

2. DCS机柜检修内容

1)日巡视

检查设备外表及散热风扇。

2)月检

(1)同日巡视。

(2)设备表面清洁;检查主机外设插接件是否紧固,电源、线缆及接地是否完好。

(3)机柜配线检查:配线标签正确、字迹清晰,配线插接部件紧固。

(4)终端服务器检查:各指示灯显示正常,设备运行正常。

3. 复查

1)检修作业完毕,对各部进行全面复查(可边做边查)且设备试验良好。

2)填写并保存好相关参数的记录,填写检修卡。

3)清点工具、材料、周围杂物等,做到现场工完料清。

4. 收工总结会

作业人员对本次作业进行总结,汇报作业完成情况和设备质量情况,并记录相应问题。

3.4 ATP系统设备的维修与故障处理

3.4.1 速度传感器检修作业流程及故障处理

1. 检修准备

1)提前查看问题库,对要检修的设备及所需要克缺的问题,提前准备好材料。

2)安全预想会。施工负责人对作业人员做好人员分工,明确作业内容、作业时间、作业区域、检修要求,结合天气、作业环境做针对性的安全预想。

3)作业台账、作业工器具、联络工具及仪表准备好且试验良好。

2. 速度传感器检修内容

1)周巡视

(1)设备固定良好,连接线缆固定良好,连接电缆无明显破损,螺丝紧固。

(2)连接插头检查:插头无破损,固定良好,防松标识清晰。固定检查:M12 扳手拧紧(要求安装螺栓扭矩为 60 N·m)。

2)年检

(1)同周巡视。

(2)对锈蚀的设备、装置进行除锈,整机油漆,测量电缆的弯曲半径:传感器直接引出电缆最小弯曲半径不得小于 165 mm,否则会引起电缆损坏。接线端子导通性检查,所有速度传感器接线端子与相对应的 CC 端子导通良好。

3. 复查

1)检修作业完毕,对各部进行全面复查(可边做边查)且设备试验良好。

2)填写并保存好相关参数的记录,填写检修卡。

3)清点工具、材料、周围杂物等,做到现场工完料清。

4. 收工总结会

作业人员对本次作业进行总结,汇报作业完成情况和设备质量情况,并记录相应问题。

5. 故障处理流程

每一个速度传感器包含六条独立通道,分为三组,每组中的两个通道存在 90°的相位,三组彼此独立(分别的电源、独立的机械结构)。这里的独立指电源独立并且相互之间电气隔离。速传以及测速系统供电原理如图 3.13 所示。

6. 故障处理指导

先进行外观检查,主要检查速度传感器外观以及机柜外观,线缆是否有破损、机柜是否有异常显示，在此步需要特别注意 SSRB 板卡接触有无异常，ACSDV 的对应电源灯位是否点亮，如有，则进行更换，如无影响则进行下一步。

根据 MCT 中各板卡对应的计数查找异常计数，不管有无异常计数，先进行 MNV 擦除。如以上问题还不能解决，则需要更换速度传感器硬件。

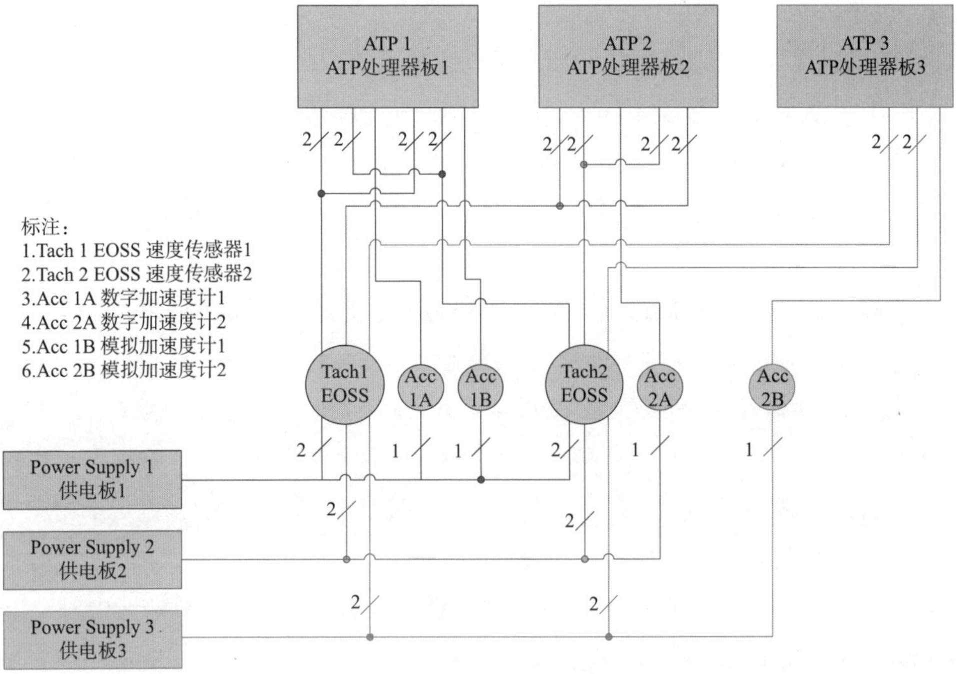

图 3.13　速传以及测速系统供电原理

3.4.2　BTM 检修作业流程及故障处理

1. BTM 检修作业流程及技术标准

1)检修准备

(1)提前查看问题库，对要检修的设备及所需要克缺的问题，提前准备好材料。

(2)安全预想会。施工负责人对作业人员做好人员分工，明确作业内容、作业时间、作业区域、检修要求，结合天气、作业环境做针对性的安全预想。

(3)作业台账、作业工器具、联络工具及仪表准备好且试验良好。

2)BTM 检修内容

(1)周巡视

①检查设备外表，检查安装是否稳固；清洁设备。

②对锈蚀的设备、装置进行除锈；BTM 天线固定检查：M8 扳手拧紧(要求安装螺栓扭

矩为 24 N·m);BTM 主机固定检查:M6 扳手拧紧(要求安装螺栓扭矩为 63 N·m)。

(2)年检

①同周巡视。

②接线端子导通性:接线端子导通性良好。BTM 应与车体构架进行电气连接,BTM 底座应与机车机体/转向架进行可靠连接。

③设备安装规范检查:BTM 天线中心距车钩距离 8 104 mm;BTM 天线安装在车辆纵向轴的中心处,边到边的误差范围为±5 mm;BTM 天线的安装高度距离轨面为(212±15)mm;设备水平程度符合要求。

④对锈蚀的设备、装置进行除锈:要求设备无锈蚀,油饰光滑、平整。

3)复查

(1)检修作业完毕,对各部进行全面复查(可边做边查)且设备试验良好。

(2)填写并保存好相关参数的记录,填写检修卡。

(3)清点工具、材料、周围杂物等,做到现场工完料清。

4)收工总结会

作业人员对本次作业进行总结,汇报作业完成情况和设备质量情况,并记录相应问题。

2. 故障处理流程

当现场定位系统出现信标读取不到现象时,现场人员应对定位系统链路中每个单位进行详细地排查,如图 3.14 所示。

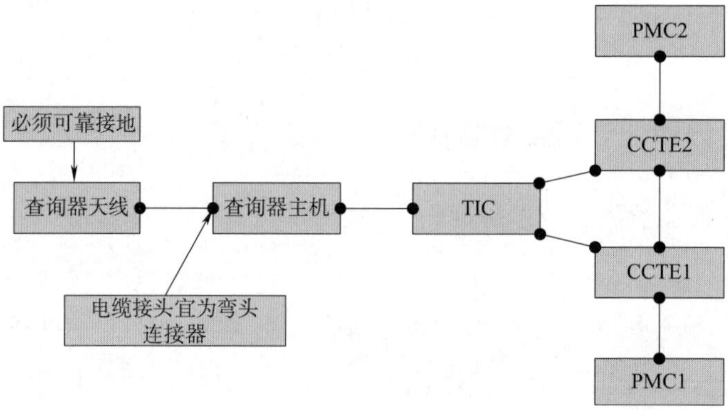

图 3.14　BTM 故障处理流程

3. 故障处理指导

分析 Event Log 数据和查看 MCT 状态,分析具体故障点。

更换 BTM 主机板卡或主机整体、天线。

重新制作相关线缆连接器。

4. 抗干扰排除法

(1)检查设备并测试指标:①检查BTM主机、连接电缆、BTM天线、电源线、信号线、地线等外观和BTM天线安装标准。②测试连接电缆导通、绝缘,天线驻波比、特性阻抗,电源电压和地线导通等指标。③外观不良、安装不达标或指标不达标的设备,应处理后再进行后续排查。

(2)测试BTM天线周围噪声信号在机柜内BTM主机与电缆连接处,使用频谱仪测试应答器上行链路信号,起止频率设置2~6 MHz,同时选择尽量小的分辨带宽和视频滤波器带宽。BTM天线周围噪声应小于标准值60 dBm,噪声超过该标准可能影响BTM设备工作。

(3)定位干扰源及传播途径:①动车组设备正常开启时,测试并记录BTM天线周围噪声;依次逐个关闭空调、充电机、辅变等大功率设备,断VCB、降弓、断蓄电池,测试并记录BTM天线周围噪声;再依次合蓄电池、升弓、合VCB,逐个开启空调、充电机、辅变等大功率设备,测试并记录BTM天线周围噪声。通过测试结果分析,找到干扰源。②单独敷设1套BTM连接电缆,经车体外部连接至BTM天线,测试并记录BTM天线周围噪声。如果噪声明显减少,则可确定BTM连接电缆线缆耦合是干扰的主要传播途径。③单独敷设1套BTM连接电缆和天线,依次将天线放置在远离车体处、靠近车体处和天线设计安装位置,测试并记录BTM天线周围噪声。如果噪声明显增强,则可确定BTM天线侧空间辐射是干扰的主要传播途径。④与正常车对调BTM主机及天线,测试并观察现象是否转移;恢复原BTM主机及天线,与正常车对调疑似干扰源设备,测试并观察现象是否转移。对比测试结果,确认干扰源和传播途径。

(4)静、动态复测根据干扰源和传播途径排查结果,制定措施并进行整治。整治后,安排静态、低速动态、高速动态验证复测。结合运行数据和测试结果,检查整治效果。

(5)解决措施:①动车组整车设计应充分考虑系统电磁兼容性。从噪声标准、设备选型、安装位置和接地系统等方面研究,消除或降低因设计不完善带来的源头问题。②采取必要的抗干扰措施。比如:动车组大功率设备输入输出口,应配置滤波器或降噪设备;车体电缆应加装屏蔽;列控车载BTM设备安装和布线,应尽量避开动车组大功率设备,BTM天线与车体间应加装屏蔽金属板;接地位置应远离干扰源,避免从接地线引入干扰。③新造动车组出厂前,应完成整车电磁兼容测试。在正式运用前发现解决问题,保证列控车载BTM设备电磁环境达标。④列控车载设备应从软件和硬件方面进行持续改进,不断提高自身抗干扰能力。⑤现场运用中的BTM电磁干扰故障应高度重视,联合车辆、设备供应商等部门共同排查,避免类似故障重复发生。

3.4.3 加速度计检修作业流程及技术标准

1. 检修准备

1)提前查看问题库,对要检修的设备及所需要克缺的问题,提前准备好材料。

2)安全预想会。施工负责人对作业人员做好人员分工,明确作业内容、作业时间、作业区域、检修要求,结合天气、作业环境做针对性的安全预想。

3)作业台账、作业工器具、联络工具及仪表准备好且试验良好。

2. 加速度计检修内容

1)周巡视

检查设备外表,检查安装是否稳固;清洁设备。

2)年检

(1)同周巡视。

(2)动车测试:使用专用工具观察动车情况下加速度计的工作状态。

(3)故障冗余测试,人工模拟1块加速度计故障:任一加速度计故障时CC仍能正常工作。

3. 复查

1)检修作业完毕,对各部进行全面复查(可边做边查)且设备试验良好。

2)填写并保存好相关参数的记录,填写检修卡。

3)清点工具、材料、周围杂物等,做到现场工完料清。

4. 收工总结会

作业人员对本次作业进行总结,汇报作业完成情况和设备质量情况,并记录相应问题。

3.4.4 CC机柜检修作业流程及故障处理

1. CC机柜检修作业流程及技术标准

1)检修准备

(1)提前查看问题库,对要检修的设备及所需要克缺的问题,提前准备好材料。

(2)安全预想会。施工负责人对作业人员做好人员分工,明确作业内容、作业时间、作业区域、检修要求,结合天气、作业环境做针对性的安全预想。

(3)作业台账、作业工器具、联络工具及仪表准备好且试验良好。

2)CC机柜检修内容

(1)周巡视

①检查设备外表;检查安装是否稳固;检查标示及设备铭牌并清洁设备;检查显示屏显

示，并根据检修内容检查柜内板卡各模块灯显示状态；检查地线及风扇。

②CC 机柜固定检查：扭力扳手拧紧（要求安装螺栓扭矩为 81 N·m）螺丝，防松标识清晰、正确。

③接地编码线固定检查：扭力扳手拧紧（要求安装螺栓扭矩为 2.8 N·m）螺丝，防松标识清晰、正确。

(2)年检

①同周巡视。

②柜内各机笼、机架、风扇（含各设备面板、印刷电路板、插槽、端口、接口、表示灯等）清洁、无灰尘。各部配线整齐、绑扎良好，外表完整，工艺标准美观。

③静态功能测试：静态测试中 CC 各个板卡采集及输出状态正常。

3)复查

(1)检修作业完毕，对各部进行全面复查（可边做边查）且设备试验良好。

(2)填写并保存好相关参数的记录，填写检修卡。

(3)清点工具、材料、周围杂物等，做到现场工完料清。

4)收工总结会

作业人员对本次作业进行总结，汇报作业完成情况和设备质量情况，并记录相应问题。

2. 故障处理流程

具体流程如图 3.15 所示。

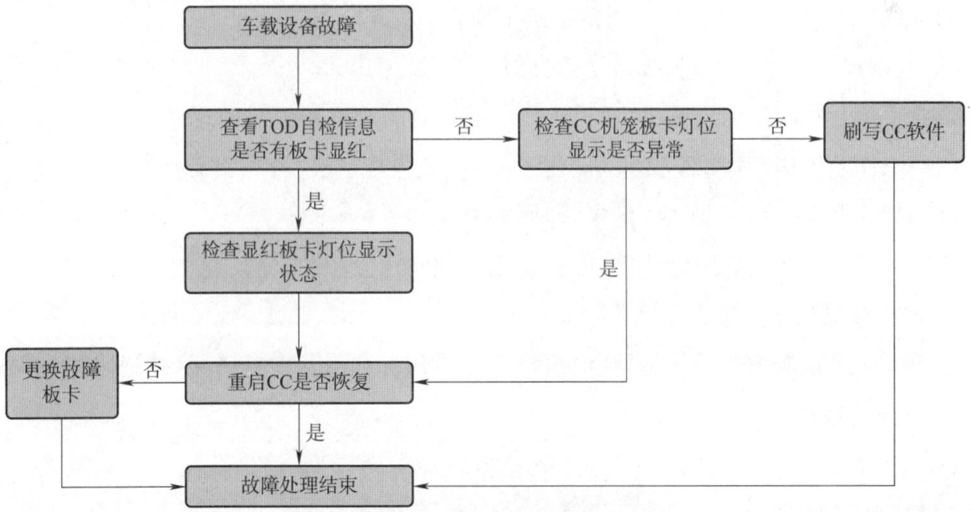

图 3.15　CC 机柜故障处理流程

3. 故障处理指导

查看 TOD 显示屏自检信息和 CC 机笼板卡灯位状态，查找故障点。

查看 MCT 工作状态，下载 CC 日志进行分析，分析故障原因。

当显红板卡重启能恢复，则跟踪观察，如重启不能恢复，则进行更换。

3.4.5 TOD 显示屏检修作业流程及故障处理流程

1. 检修准备

1)提前查看问题库，对要检修的设备及所需要克缺的问题，提前准备好材料。

2)安全预想会。施工负责人对作业人员做好人员分工，明确作业内容、作业时间、作业区域、检修要求，结合天气、作业环境做针对性的安全预想。

3)作业台账、作业工器具、联络工具及仪表准备好且试验良好。

2. TOD 显示屏检修内容

1)周巡视

检查设备外表；检查安装是否稳固；清洁设备；检查触摸屏定位精度；声音报警功能测试。

2)季检

(1)同周巡视。

(2)显示屏背面插头紧固检查，TOD 卫生清洁。

3)年检

(1)同季检。

(2)测量 TOD 输入电压处于正常范围 DC 110_{-33}^{+22} V。

(3)检查接插件是否牢固，接口是否良好。

3. 复查

1)检修作业完毕，对各部进行全面复查(可边做边查)且设备试验良好。

2)填写并保存好相关参数的记录，填写检修卡。

3)清点工具、材料、周围杂物等，做到现场工完料清。

4. 收工总结会

作业人员对本次作业进行总结，汇报作业完成情况和设备质量情况，并记录相应问题。

5. 故障处理流程

具体流程如图 3.16 所示。

6. 故障处理指导

查看 TOD 显示屏自检信息和 CC 机笼板卡灯位状态，查找故障点。

查看 MCT 工作状态，下载 CC 日志进行分析，分析故障原因。

当显红板卡重启能恢复，则跟踪观察，如重启不能恢复，则进行更换。

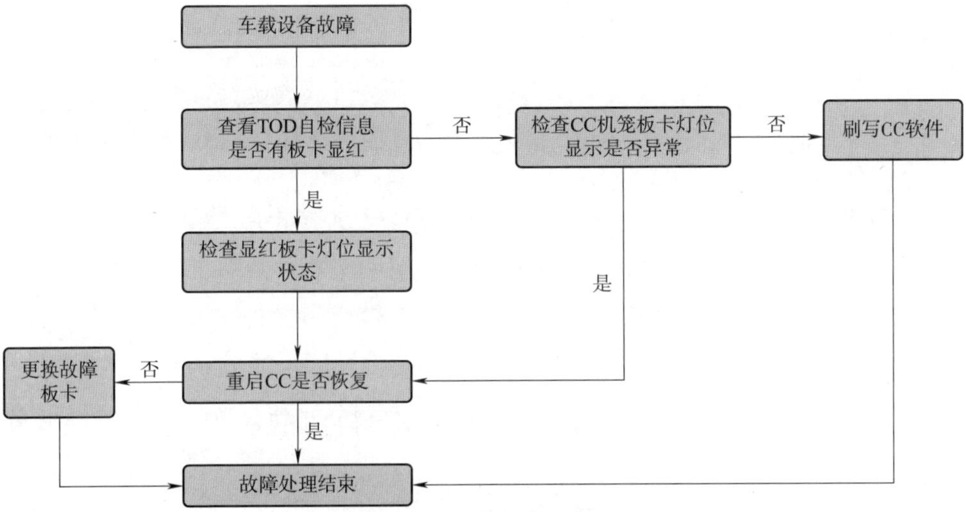

图3.16　TOD显示屏故障处理流程

3.4.6　区域控制器(ZC)、FRONTAM检修作业流程及故障处理流程

1. 检修准备

1)提前查看问题库,对要检修的设备及所需要克缺的问题,提前准备好材料。

2)安全预想会。施工负责人对作业人员做好人员分工,明确作业内容、作业时间、作业区域、检修要求,结合天气、作业环境做针对性的安全预想。

3)作业台账、作业工器具、联络工具及仪表准备好且试验良好。

2. 区域控制器(ZC)、FRONTAM检修内容

1)日巡视

检查设备外表;检查设备运行状态及指示灯;清洁设备;检查散热风扇。

2)半年检

(1)同日巡视。

(2)检查设备外表;检查清洁防尘网、过滤组件,防尘组件应无积尘,通气良好。

(3)各插卡板插接稳固性检查,各接口接头检查。

3)年检

(1)同半年检。

(2)地线、屏蔽线检查;彻底清除内部积尘。

3. 复查

1)检修作业完毕,对各部进行全面复查(可边做边查)且设备试验良好。

2)填写并保存好相关参数的记录,填写检修卡。

3)清点工具、材料、周围杂物等,做到现场工完料清。

4. 收工总结会

作业人员对本次作业进行总结,汇报作业完成情况和设备质量情况,并记录相应问题。

5. 故障处理流程

1)ZC故障处理方法:ZC离线(整机功能)故障若要在运营期间应急处理,建议现场重启故障ZC所有机笼板卡。若为ZC单系或单块板卡故障,不建议在运营期间进行故障抢修。

ZC重启条件判断及重启流程对于是否需要重启ZC判断条件如下:

(1)故障ZC管辖区域各站通信覆盖范围所有列车IATP+/IATO模式不可用;

(2)FTM工作站上查看对应ZC灰显[需结合条件(1),在确认条件(1)完全满足的前提下可执行ZC重启];

(3)发生故障时只有硬重启,即通过机笼背后按钮断电重启。

2)FTM服务器故障

(1)FTM重启流程(分软硬件重启)

①软重启:对于FTM发生故障时,强烈建议先通过软重启,即通过FTM电脑系统,按压"ctrl+alt+del"键,弹出任务管理器,点击"log off"之后,再登入frontam账户,FTM应用软件自动重新启动。

②硬重启:通过按压主机服务器上的开关按钮或断路器的开关进行重启。其中frontam账户登入密码为:ftm_10。

软重启服务器方法如图3.17所示。

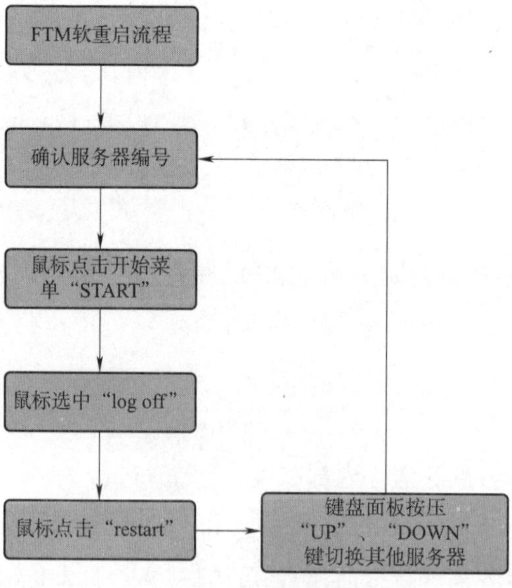

图3.17　FTM服务器软重启方法

(2)针对 FTM 所有服务器重启

服务器 000(DB 服务器)、001(应用服务器 1)、002(应用服务器 2)按照上述切换服务器方法及重启服务器方法分别切换并重启所有服务器,即可完成 FTM 所有服务器的重启,最后按照重启后判断正常标准,判断服务器是否正常,操作如图 3.18 所示。

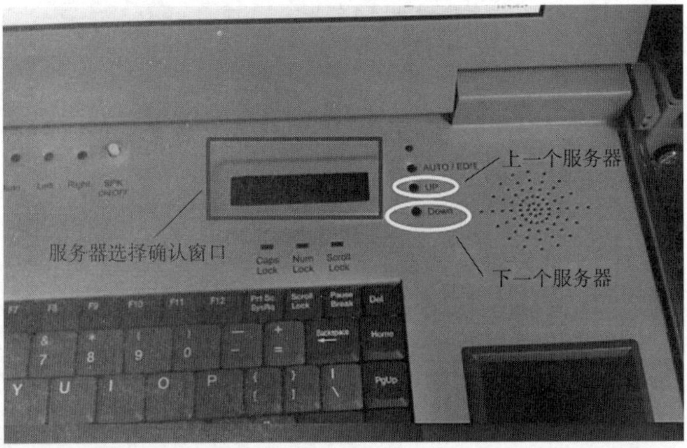

图 3.18　KVM 界面

(3)针对 FTM 单个服务器重启

针对单个服务器故障,按照上述切换服务器方法切换至故障服务器,然后按照重启流程重启即可,最后按照重启后判断正常标准,判断服务器是否正常。

(4)重启后判断正常标准

查看服务器主机的软件在显示器上是否正常工作。假如服务器 1 是主控机,KVM 上显示图 3.19 所示运行窗口表示服务器处于备机状态且正常。

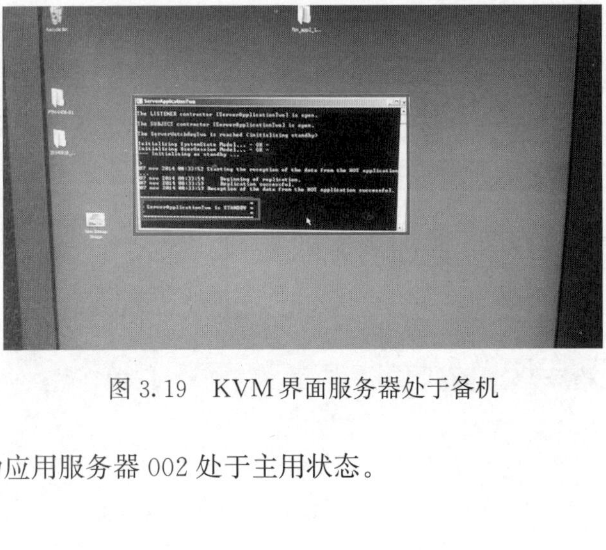

图 3.19　KVM 界面服务器处于备机

图 3.20 所示为应用服务器 002 处于主用状态。

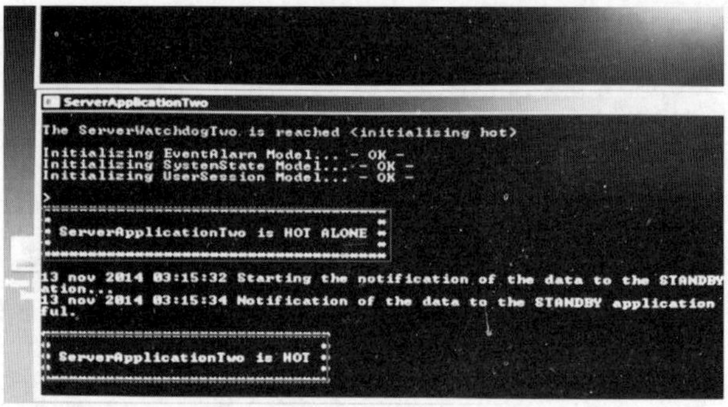

图 3.20　KVM 界面服务器处于主用状态

同时需要结合 FTM 工作站上查看服务器的工作状态来判断 FTM 工作是否正常。正常情况下工作站会显示与应用服务器及存档服务器之间的通信状态，如图 3.21 所示。

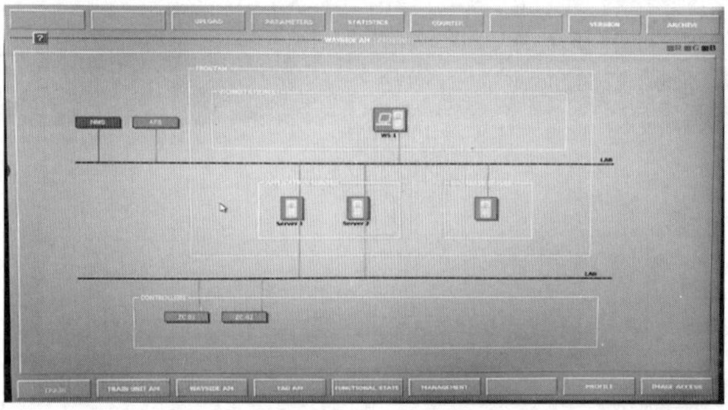

图 3.21　FTM 工作站界面

3.4.7　LEU 检修作业流程及故障处理流程

1. 检修准备

1)提前查看问题库，对要检修的设备及所需要克缺的问题，提前准备好材料。

2)安全预想会。施工负责人对作业人员做好人员分工，明确作业内容、作业时间、作业区域、检修要求，结合天气、作业环境做针对性的安全预想。

3)作业台账、作业工器具、联络工具及仪表准备好且试验良好。

2. LEU 检修内容

1)日巡视

检查设备外表；检查设备运行状态及指示灯；清洁设备；检查散热风扇。

2)月检

(1)同日巡视。

(2)设备外表清洁。

(3)S 接口板校时:电脑上运行“铁科院 S 接口板校时工具 V1.0.0.exe”软件,对 LEU 进行上电重启操作,校时软件会自动向 S 接口板发送校时命令,校准后拆除网线并重启 LEU。

3)年检

(1)同月检。

(2)开路测试:观察 LEU 机笼 C 接口板该应答器灯位显示为“开路”;测试完成后恢复配线。

(3)短路测试:观察 LEU 机笼 C 接口板该应答器灯位显示为“短路”;测试完成后恢复配线。

3. 复查

1)检修作业完毕,对各部进行全面复查(可边做边查)且设备试验良好。

2)填写并保存好相关参数的记录,填写检修卡。

3)清点工具、材料、周围杂物等,做到现场工完料清。

4. 收工总结会

作业人员对本次作业进行总结,汇报作业完成情况和设备质量情况,并记录相应问题。

5. 故障处理流程

具体流程如图 3.22 所示。

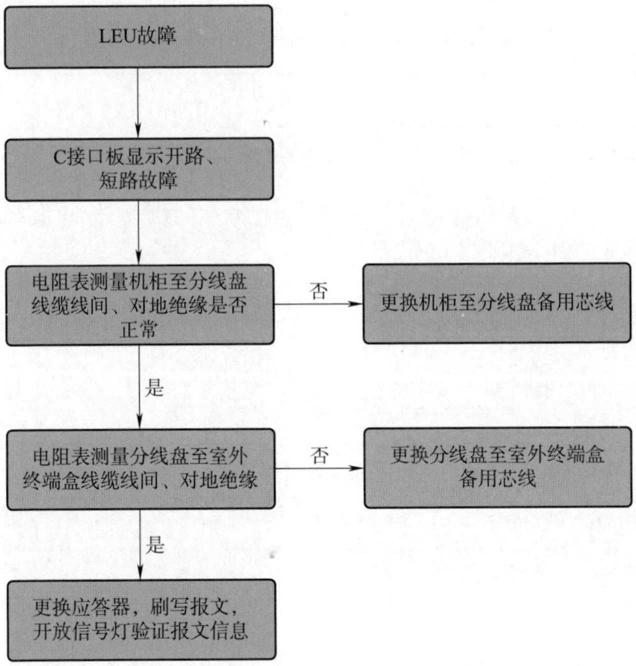

图 3.22　LEU 故障处理流程

6. 故障处理指导

出现故障首先检查各部位指示灯位是否正常。

C接口板面板和S接口板面板指示灯含义见表3.29、表3.30,故障现象和可能原因分析见表3.31。

表3.29　C接口板面板指示灯含义表

代码	功　能	备　注
电源	电源指示灯	C接口板电源模块工作正常时指示灯长亮
发送报文	C接口板向有源应答器发送应答器报文数据指示灯	当C接口板接收到S接口板的数据后,持续向有源应答器发送应答报文,指示灯长亮
火车通过	列车通过有源应答器指示灯	当列车通过有源应答器时,相应的指示灯会被点亮
线路断路	有源应答器电缆断路报警灯	当LEU和有源应答器的通信电缆断路时,指示灯长亮
线路短路	有源应答器电缆短路报警灯	当LEU和有源应答器的通信电缆短路时,指示灯长亮

表3.30　S接口板面板指示灯含义表

代码	功　能	备　注
5 V	电源指示灯	正确时红灯长亮
A1、A2	LEU和TCC或者CBI通信链路通信状态指示灯	当LEU接收到正确TCC或者CBI数据时,指示灯绿灯闪烁,否则红灯闪烁
B1	S接口板内部通信状态灯	正常时绿灯闪烁,否则红灯闪烁
B2	S接口板工作状态灯	绿灯闪烁表示S接口板处于主控状态;熄灭时表示S接口板处于备用状态
C1	C接口板1通信状态灯	与C接口板1通信正常时绿灯闪烁,否则红灯闪烁
C2	C接口板2通信状态灯	与C接口板2通信正常时绿灯闪烁,否则红灯闪烁
D1、D2	内部双CPU比对状态灯	绿闪表示正常,红闪表示错误

表 3.31 故障现象和可能原因分析表

处理板	故障现象	可能原因
S接口板	所有指示灯熄灭	S接口与背板接触不良
		S接口板故障
	A1、A2熄灭或红灯闪烁	S接口板故障
		TCC或者CBI故障
		S接口板和TCC的通信线和接口之间的连接不牢固
	C1熄灭或红灯闪烁	C接口板1故障
		S接口板故障
	C2熄灭或红灯闪烁	C接口板2故障
		S接口板故障
C接口板	所有指示灯熄灭	C接口板与背板接触不良
		C接口板故障
	线路断路指示灯长亮	LEU与有源应答器的通信电缆断路
		C接口板故障
	线路短路指示灯长亮	LEU与有源应答器的通信电缆短路
		C接口板故障

3.4.8 有源应答器、无源应答器检修作业流程及故障处理

1. 检修准备

1)提前查看问题库,对要检修的设备及所需要克缺的问题,提前准备好材料。

2)安全预想会。施工负责人对作业人员做好人员分工,明确作业内容、作业时间、作业区域、检修要求,结合天气、作业环境做针对性的安全预想。

3)作业台账、作业工器具、联络工具及仪表准备好且试验良好。

2. 有源应答器、无源应答器检修内容

1)有源应答器半年检。检查设备外表检查;检查应答器安装;检查应答器的电缆及接头;侧向偏差测试:侧向偏差±15 mm;高度测试:地面应答器的安装高度为应答器上顶面至铁轨上顶面之间的距离,为93～150 mm。

2)无源应答器年检。检查设备外表检查;检查应答器安装;检查应答器的电缆及接头;侧向偏差测试:侧向偏差±15 mm;高度测试:地面应答器的安装高度为应答器上顶面至铁轨上顶面之间的距离,为93～150 mm。

3. 复查

1)检修作业完毕,对各部进行全面复查(可边做边查)且设备试验良好。

2)填写并保存好相关参数的记录,填写检修卡。

3)合上箱盒盖,并加锁,活动部分适当注油。

4)清点工具、材料、周围杂物等,做到现场工完料清。

4. 收工总结会

作业人员对本次作业进行总结,汇报作业完成情况和设备质量情况,并记录相应问题。

5. 故障处理流程

应答器子系统是否出现故障只能通过列控车载设备分析,当列控车载设备显示"应答器(组)信息不完整"、"应答器(组)设置位置错误"或"应答器(组)丢失"时,表明应答器出现故障,此时应下载列控车载数据进行分析。分析如下:

若提示"应答器(组)信息不完整",则表明应答器(组)出现故障,应进行更换;

若提示"应答器(组)设置位置错误",则表明应答器(组)设置错误,应拆除并安装到正确位置;

若提示"应答器(组)丢失",则表明应答器(组)出现故障,应进行更换。

3.4.9 列车动态功能测试检修作业流程及技术标准

1. 检修准备

1)提前查看问题库,对要检修的设备及所需要克缺的问题,提前准备好材料。

2)安全预想会。施工负责人对作业人员做好人员分工,明确作业内容、作业时间、作业区域、检修要求,结合天气、作业环境做针对性的安全预想。

3)作业台账、作业工器具、联络工具及仪表准备好且试验良好。

2. 列车动态功能测试检修内容

年检:

1)完成静态功能测试。

2)模式转换检查。列车运行过程中检查各模式是否能正常建立。

3)列车车门防护检查。低速运行时手动紧急解锁车门,查看列车是否施加 FSB(RM 模式除外)。

4)DCS 冗余功能测试:列车运行过程中中断车载单网,查看列车是否紧急制动(IATP+或 ATO 模式)。

3. 复查

1)检修作业完毕,对各部进行全面复查(可边做边查)且设备试验良好。

2)填写并保存好相关参数的记录,填写检修卡。

3)清点工具、材料、周围杂物等,做到现场工完料清。

4. 收工总结会

作业人员对本次作业进行总结，汇报作业完成情况和设备质量情况，并记录相应问题。

3.4.10 车载干扰抑制器检修作业流程及技术标准

1. 检修准备

1)提前查看问题库，对要检修的设备及所需要克缺的问题，提前准备好材料。

2)安全预想会。施工负责人对作业人员做好人员分工，明确作业内容、作业时间、作业区域、检修要求，结合天气、作业环境做针对性的安全预想。

3)作业台账、作业工器具、联络工具及仪表准备好且试验良好。

2. 车载干扰抑制器检修内容

周巡视：

1)检查安装装置。设备固定良好，设备电缆连接牢固。

2)检查设备外观。外观无破损、脱漆，标识清晰正确。

3)清洁设备；固定检查。

3. 复查

1)检修作业完毕，对各部进行全面复查(可边做边查)且设备试验良好。

2)填写并保存好相关参数的记录，填写检修卡。

3)清点工具、材料、周围杂物等，做到现场工完料清。

4. 收工总结会

作业人员对本次作业进行总结，汇报作业完成情况和设备质量情况，并记录相应问题。

3.5 MMS的维修与故障处理

3.5.1 微机监测检修作业流程及技术标准

1. 检修准备

1)提前查看问题库，对要检修的设备及所需要克缺的问题，提前准备好材料。

2)安全预想会。施工负责人对作业人员做好人员分工，明确作业内容、作业时间、作业区域、检修要求，结合天气、作业环境做针对性的安全预想。

3)作业台账、作业工器具、联络工具及仪表准备好且试验良好。

2. 微机监测检修内容

1)日巡视

设备各指示灯状态;查询各类日报表;鼠标、键盘、显示器工作状态检查;设备机柜外观检查。

2)月检

(1)同日巡视。

(2)检查风扇是否工作正常,安装牢固;检查各接线端子是否牢固;检查各类按钮位置是否正确;检查各类板卡是否稳固,接触良好;检查各类配线是否整齐、完好;检查各类标签是否齐全、清晰、稳固;清洁柜体;清洁显示屏、键盘、鼠标、机壳;清洗防尘网,检查风扇。

(3)查询、测试:断开防雷模块及分线柜接地刀闸后,利用微机监测检查转辙机、信号机、轨道电路绝缘性能;断开防雷模块及分线柜接地刀闸后,利用微机监测检查各设备电源漏流。

3)年检

(1)同月检。

(2)服务器内部清洁。

(3)检查内部各元件外观是否良好;地线与防雷元件检测:机柜接地线固定螺母紧固,室内机柜至接地箱铜排电阻不大于 1 Ω。

3. 复查

1)检修作业完毕,对各部进行全面复查(可边做边查)且设备试验良好。

2)填写并保存好相关参数的记录,填写检修卡。

3)清点工具、材料、周围杂物等,做到现场工完料清。

4. 收工总结会

作业人员对本次作业进行总结,汇报作业完成情况和设备质量情况,并记录相应问题。

5. 故障处理流程

1)打开微机后,显示器黑屏无显示,原因可能有以下几个方面:

(1)显示器电源开关未打开,电源线松动致使显示器没加上电;

(2)显示器信号输入线与主机接口接触不良;

(3)主机刷新频率不匹配;

(4)主板与工控机底槽接触不良、松动;

(5)工控机键盘被锁定;

(6)找不到操作系统或硬盘损坏;

(7)内存条损坏;

(8)工控机电源某一路输出故障。

2)终端机不能正常启动,原因可能有以下几个方面:

(1)操作系统崩溃或安装不正确;

(2)未能够正确安装终端程序;

(3)终端机安装了与监测程序有冲突的软件;

(4)由于环境的原因或风扇原因导致CPU温度过高。

3)终端机不能正常调看各站点记录的数据,原因可能有以下几个方面:

(1)端机使用的监测程序版本较早,不支持该项功能;

(2)服务器静态数据文件与站机的静态数据文件不一致;

(3)网络通道质量不好,影响数据的正确传输。

3.6 电源设备的维修与故障处理

3.6.1 UPS检修作业流程及技术标准

1. 检修准备

1)提前查看问题库,对要检修的设备及所需要克缺的问题,提前准备好材料。

2)安全预想会。施工负责人对作业人员做好人员分工,明确作业内容、作业时间、作业区域、检修要求,结合天气、作业环境做针对性的安全预想。

3)作业台账、作业工器具、联络工具及仪表准备好且试验良好。

2. UPS检修内容

1)日巡视

检查设备外表及散热系统;查看显示屏中供电状态及报警日志;清洁设备。

2)季检

(1)同日巡视。

(2)内部部件检查,测量输入输出电压是否在正常范围:集中站输入输出电压为交流380 V×(1±20%),非集中站为交流220 V×(1±20%);检查UPS各种工作模式是否正常切换且不影响输出;检查断电后电池供电状态。

3)年检

(1)同季检。

(2)用接地电阻测试仪测试接地电阻,机柜接地线固定螺母紧固,机柜至接地箱铜排电阻不大于1 Ω,UPS机柜内除尘。

3. 复查

1)检修作业完毕,对各部进行全面复查(可边做边查)且设备试验良好。

2)填写并保存好相关参数的记录,填写检修卡。

3)清点工具、材料、周围杂物等,做到现场工完料清。

4. 收工总结会

作业人员对本次作业进行总结,汇报作业完成情况和设备质量情况,并记录相应问题。

3.6.2 蓄电池检修作业流程及技术标准

1. 检修准备

1)提前查看问题库,对要检修的设备及所需要克缺的问题,提前准备好材料。

2)安全预想会。施工负责人对作业人员做好人员分工,明确作业内容、作业时间、作业区域、检修要求,结合天气、作业环境做针对性的安全预想。

3)作业台账、作业工器具、联络工具及仪表准备好且试验良好。

2. 蓄电池检修内容

1)日巡视

检查设备外表;清洁设备。

2)季检

(1)同日巡视。

(2)内部部件检查。对电池进行放电测试(不小于 30 min),并在放电测试过程中测量电池电压。

3)年检

(1)同季检。

(2)电气特性测试:测试电池内阻;测试放电前单节电池电压;比较电池间内阻及放电电压;每个电池内阻不高于上次测试值 120%;内阻值不高于标准值或验收测试值的 200%;各电池间内阻值偏差应小于 20%;放电前单节电池电压大于 12 V;各电池间放电电压偏差应小于 10%。

3. 复查

1)检修作业完毕,对各部进行全面复查(可边做边查)且设备试验良好。

2)填写并保存好相关参数的记录,填写检修卡。

3)合上箱盒盖,并加锁,活动部分适当注油。

4)清点工具、材料、周围杂物等,做到现场工完料清。

4. 收工总结会

作业人员对本次作业进行总结，汇报作业完成情况和设备质量情况，并记录相应问题。

3.6.3　电源屏检修作业流程及技术标准

1. 检修准备

1)提前查看问题库，对要检修的设备及所需要克缺的问题，提前准备好材料。

2)安全预想会。施工负责人对作业人员做好人员分工，明确作业内容、作业时间、作业区域、检修要求，结合天气、作业环境做针对性的安全预想。

3)作业台账、作业工器具、联络工具及仪表准备好且试验良好。

2. 电源屏检修内容

1)日巡视：检查设备外表，各灯位指示灯运行情况，告警蜂鸣器检查，防雷模块状态检查，检查电源屏系统(包括UPS内部)各个开关(包括输入，输出，防雷等)状态，查看电源屏监控告警数据，清洁设备。

2)季检

(1)同日巡视。

(2)电源屏输入切换功能测试，检查监控器里的历史警告数据，监控器告警性能检查，机柜接地线固定螺母紧固，检查系统安全地线：机柜至接地箱铜排电阻不大于1 Ω。

3)年检

(1)同季检。

(2)各个开关及端子上的连线状态检查，手动对各个模块进行准备切换，电源屏输入、各路输出电压、电流测试，更换电源屏、UPS、电源模块等所用防尘网，清洁电源屏。

3. 复查

1)检修作业完毕，对各部进行全面复查(可边做边查)且设备试验良好。

2)填写并保存好相关参数的记录，填写检修卡。

3)合上箱盒盖，并加锁，活动部分适当注油。

4)清点工具、材料、周围杂物等，做到现场工完料清。

4. 收工总结会

作业人员对本次作业进行总结，汇报作业完成情况和设备质量情况，并记录相应问题。

3.6.4　稳压柜检修作业流程及技术标准

1. 检修准备

1)提前查看问题库，对要检修的设备，所需要克缺的问题，提前准备好材料。

2)安全预想会。施工负责人对作业人员做好人员分工,明确作业内容、作业时间、作业区域、检修要求,结合天气、作业环境做针对性的安全预想。

3)作业台账、作业工器具、联络工具及仪表准备好且试验良好。

2. 稳压柜检修内容

1)日巡视:检查设备外表,指示灯检查,清洁设备。

2)季检

(1)同日巡视。

(2)机柜内部清洁。

3)年检

(1)同季检。

(2)测量接地电阻:机柜接地线固定螺母紧固,机柜至接地箱铜排电阻不大于1 Ω。

3. 复查

1)检修作业完毕,对各部进行全面复查(可边做边查)且设备试验良好。

2)填写并保存好相关参数的记录,填写检修卡。

3)合上箱盒盖,并加锁,活动部分适当注油。

4)清点工具、材料、周围杂物等,做到现场工完料清。

4. 收工总结会

作业人员对本次作业进行总结,汇报作业完成情况和设备质量情况,并记录相应问题。

3.6.5 电源设备故障处理流程

1. 故障处理流程

具体流程如图3.23所示。

2. 故障处理指导

信号接报:信号正线班组接故障报修电话,需要问清故障时间、地点、故障现象,做好记录工作。

班组接到故障信息后,查看电源屏监控单元告警内容,区分电源屏故障、UPS故障、蓄电池故障,确定故障范围,初步判断故障原因。

电源屏故障分为配电故障、电源模块故障、监控系统故障等。其中配电故障一般有交流输入过压、交流输入欠压、交流输入缺相、交流输入停电、空开跳闸、防雷器故障等。电源模块故障主要有模块通信中断、输出空开跳等。监控系统故障主要误报警为主。

如果是电源屏配电故障,首先区分是输入故障还是输出故障。如果是输入故障,首先测量交流输入端三相电压是否正常,如不正常,待外电网供电稳定后即可恢复。如果是交流停电，则检查外电网是否送电，如果外电网有电，则检查输入防雷单元是否故障，更换故障单元即可恢复。

当防雷单元出现故障时，会有红色警示标识出现。

测量电源屏输出电压的时候，如果不正常，则相应的单元模块出现故障，更换后即可恢复，如果数值正常，则先检查检测计算机与电源屏的通信连接是否正常，检测接口连接正常后，则可以判断电源屏自身检测系统出现故障。

如果是UPS系统故障，维护人员确认设备已自动转换为旁路模式，联系厂家人员赶赴现场检查测试，更换故障单元。

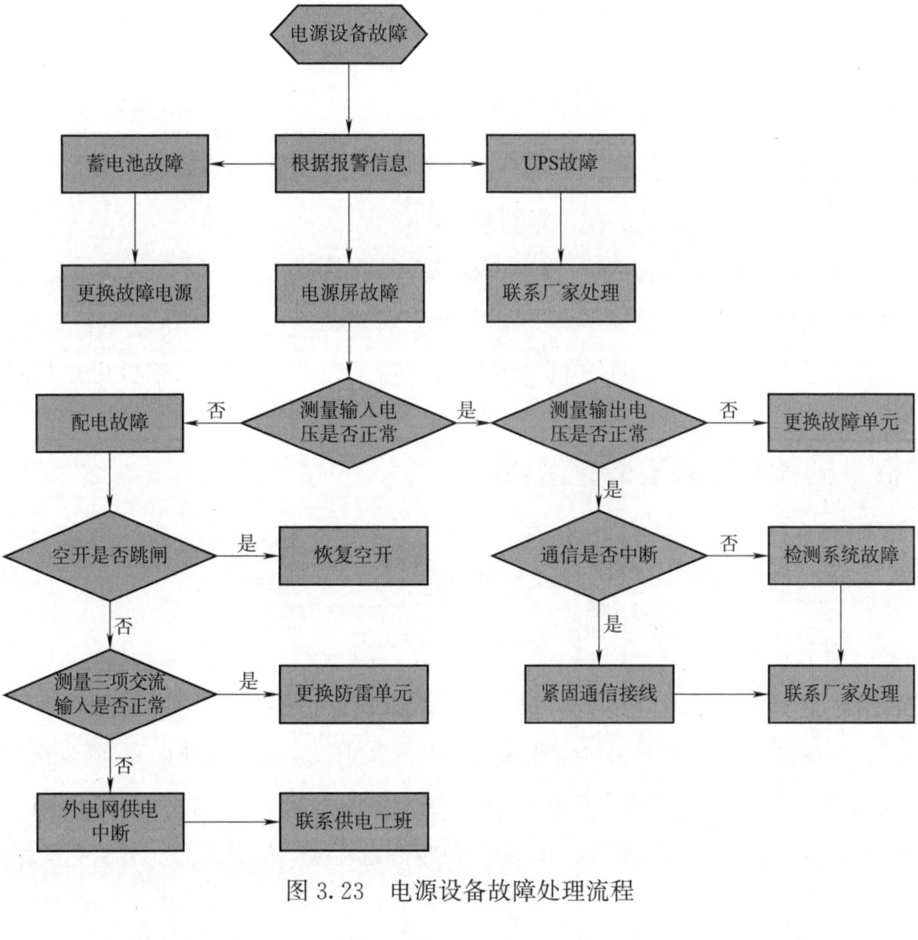

图 3.23　电源设备故障处理流程

3.6.6　防雷电源箱检修作业流程及技术标准

1. 检修准备

1）提前查看问题库，对要检修的设备，所需要克缺的问题，提前准备好材料。

2）安全预想会。施工负责人对作业人员做好人员分工，明确作业内容、作业时间、作业区域、检修要求，结合天气、作业环境做针对性的安全预想。

3)作业台账、作业工器具、联络工具及仪表准备好且试验良好。

2. 防雷电源箱检修内容

1)日巡视：检查设备外表，指示灯检查。

2)季检

(1)同日巡视。

(2)机柜内部清洁。

3)年检

(1)同季检。

(2)配线固定检查。

3. 复查

1)检修作业完毕，对各部进行全面复查(可边做边查)且设备试验良好。

2)填写并保存好相关参数的记录，填写检修卡。

3)合上箱盒盖，清点工具、材料、周围杂物等，做到现场工完料清。

4. 收工总结会

作业人员对本次作业进行总结，汇报作业完成情况和设备质量情况，并记录相应问题。

3.7 信号设备室及防雷装置维修

3.7.1 信号设备房检修作业流程及技术标准

1. 检修准备

1)提前查看问题库，对要检修的设备，所需要克缺的问题，提前准备好材料。

2)安全预想会。施工负责人对作业人员做好人员分工，明确作业内容、作业时间、作业区域、检修要求，结合天气、作业环境做针对性的安全预想。

3)作业台账、作业工器具、联络工具及仪表准备好且试验良好。

2. 信号设备房检修内容

1)日巡视

(1)测量设备房内温湿度：全年室内温度 18～28 ℃，相对湿度 40%～70%。

(2)地板积水，天花板漏水检查，设备房墙壁检查，防静电地板检查，工器具及备品备件检查。

2)月检

(1)同上日巡视。

(2)电缆入口密封性检查:电缆入口密封性良好。

(3)设备房防鼠状况检查。

(4)清洁各系统机柜卫生,设备房清洁,检查设备房内各项设施用品。

3. 复查

1)检修作业完毕,对各部进行全面复查(可边做边查)且设备试验良好。

2)填写并保存好相关参数的记录,填写检修卡。

3)清点工具、材料、周围杂物等,做到现场工完料清。

4. 收工总结会

作业人员对本次作业进行总结,汇报作业完成情况和设备质量情况,并记录相应问题。

3.7.2　信号楼设备接地装置维护

1. 避雷网、避雷带、引下线、地网检查

使用材料检查:安装、连接和防腐检查;地网埋设、标志及隐蔽工程记录检查。

2. 接地汇集线及机房屏蔽的检查

使用材料检查;安装、连接和防腐检查,其中,金属门窗与地网、防静电地板支柱与地网、机房屏蔽与地网、机房屏蔽的任意两点之间用毫欧表测试,电阻应小于1 Ω。

3. 接地装置接地电阻测试

接地体的接地电阻等于在泄放电流时,其接地体上的电位与泄放电流的比值。

3.8　道岔工电结合部病害整治标准、分析及整治

3.8.1　转辙部维修标准

工电结合部维修标准,工务专业主要有现行《普速铁路线路修理规则》《高速铁路无砟轨道线路维修规则(试行)》《高速铁路有砟轨道线路维修规则(试行)》及其他关于线路修理的文件,电务专业主要有现行《普速铁路信号维护规则》《高速铁路信号维护规则》等信号设备维护文件,工务与电务应该相互了解对方的设备维护标准要求,以便在日常工作中进一步提高双方的配合,减少设备发生的次数,缩短故障处理时间。

1. 工务转辙部位标准

1)动程

(1)尖轨在第一拉杆中心处的最小动程:直尖轨为142 mm,曲尖轨为152 mm;AT型弹性可弯尖轨12号普通道岔为180 mm,12号提速道岔为160 mm;18号道岔允许速度大

于 16 km/h 时为 160 mm，允许速度不大于 160 km/h 时为 160 mm 或是 180 mm（具体按标准图或设计图规定办理）；其他型号道岔按标准图或设计图办理。

(2)可动心轨第一拉杆中心处的动程按标准图或设计图办理。

2)尖轨、基本轨、可动心轨、翼轨状态

(1)尖轨、可动心轨无测弯，尖轨与基本轨、可动心轨与翼轨两牵引点之间间隙不超过 2 mm。

(2)尖轨、可动心轨无拱腰，与滑床台间隙不超过 2 mm。

(3)尖轨、心轨肥边不大于 1 mm。

(4)基本轨弯折点位置或弯折尺寸符合要求。

3)各部间隙

(1)尖轨尖端与基本轨或可动心轨尖端与翼轨间隙不大于 1 mm。

(2)斥离尖轨非工作边与基本轨工作边的最小距离不小于 63 mm。

(3)防跳限位装置与斥离尖轨（标准开口）间隙应为 3～5 mm。

(4)尖轨防跳顶铁与密贴尖轨间隙应为 2～4 mm。

(5)心轨防跳顶铁与心轨间隙应为 2～4 mm。

(6)心轨防跳卡铁与心轨间隙应为 2～4 mm。

(7)心轨防跳间隔铁与心轨间隙应为 2～4 mm。

4)辊轮系统

(1)辊轮安装与调整应符合铺设图要求，各零件应保持齐全，作用良好。

(2)闭合状态下，辊轮与尖轨轨底边缘间的空隙应为 1～2 mm；辊轮顶面应高于滑床台上表面 1～3 mm。

①双滚轮：滑床板表面与尖轨轨底理想空隙应该是 0 mm，调整好滚轮后，内侧滚轮与尖轨间的空隙是 1 mm，内侧滚轮的高度是 2 mm，外侧滚轮的高度是 3 mm。

②单滚轮：单滚轮的调整与双滚轮的调整遵循相似的原则。尖轨正确闭合位置，滑床板表面与尖轨间的理想空隙为 0 mm，闭合尖轨与滚轮不接触。调整好滚轮后，滚轮与岔轨间的空隙是 1 mm，滚轮的高度是 3 mm。

滚轮高度位置的调整：旋转滚轮轴，调整空间 0～6 mm。

滚轮前后位置的调整：松动滚轮支架上的定位螺钉，移动滚轮系统进行调整，支座螺栓扭矩 70 N·m。

(3)辊轮槽排水孔应保持畅通。

(4)辊轮上、下部分联结螺栓应齐全，作用良好，松动、折断、缺失或辊轮转动不灵活、破损时应立即修理或更换。

(5)辊轮调整方式：

①调整顺序：先高度、后水平。先调整辊轮最高点与滑床板顶面的高度，靠近尖轨侧辊轮最高点较滑床板顶面高2 mm，远离尖轨侧辊轮最高点较滑床板顶面高3 mm。辊轮高度调整完，顺滑床板方向移动辊轮系统，用塞尺控制调整辊轮与尖轨轨底边的距离。

②松动辊轮支架上的定位螺钉，可使辊轮系统沿滑床垫板方向移动，调整辊轮位置。

③通过扳手转动辊轮轴，可调节辊轮最高点与滑床台板上面的高度差。一般情况下，靠近尖轨轨底的辊轮（里侧辊轮）应高出滑床台板表面2～3 mm，外侧辊轮高出3～4 mm。里侧辊轮与尖轨轨底应留1 mm的间隔。

④预紧支架螺栓后，要重新测定辊轮高度和内侧辊轮与轨底间隔，确认后以70 N·m的扭矩紧定支架螺栓。

⑤单辊轮系统的调整方式与双辊轮系统类似，与尖轨轨底的间隔同样为1～2 mm，单辊轮高度应高出滑床台面3～4 mm。

⑥当轨底与滑床台面存有间隙时，应考虑此间隙对辊轮与尖轨轨底间隔的影响，总的原则是使尖轨在工作时，辊轮不与尖轨接触，在搬动尖轨时，辊轮及时把滑动摩擦转换为滚动摩擦。

⑦进行转辙器部位的轨距、密贴、高低、方向等各项调整，均需对辊轮系统的各项指标进行核实或调整。拆卸时按相反顺序重复⑤～①即可。

5）联结螺栓

（1）间隔铁、限位器的联结螺栓必须齐全，作用良好，折断时必须立即更换。

（2）长短心轨联结螺栓、接头铁螺栓必须齐全，作用良好，折断时必须立即更换。同一部位同时有两条螺栓或接头铁螺栓有一条缺少或折损时，道岔应停止使用。

（3）顶铁、心轨防跳铁、尖轨防跳限位装置等各部件的联结和固定螺栓必须齐全，作用良好，变形、损坏或作用不良时应进行修理或更换。

6）防跳限位装置、顶铁

尖轨防跳限位装置、心轨防跳顶铁和心轨防跳卡铁必须齐全，作用良好，损坏或作用不良时应进行修理或更换。

7）滑床板

滑床板无焊缝开裂、损坏、变形或滑床台磨耗不大于3 mm。不得对弹性垫板滑床台涂油，辙叉滑床台可涂固体润滑剂。

2. 电务转辙部分标准

1）道岔转换与锁闭装置技术要求

（1）联锁道岔转换与锁闭设备应保证道岔的正常转换、可靠锁闭和正确表示。

（2）转换设备的安装应方正，并符合下列要求：

①道岔转换设备应与单开道岔直股基本轨或直股延长线、双开对称道岔股道中心线相平行。各种类型转辙机及转换锁闭器外壳所属线路侧面的两端与基本轨或中心线垂直距离的偏差:内锁闭道岔不大于10 mm;外锁闭道岔不大于5 mm。

②各种类型的道岔杆件均应与单开道岔直股基本轨或直股延长线、双开对称道岔股中心线相垂直。各杆件的两端与基本轨或中心线的垂直偏差:内锁闭道岔的密贴调整杆、表示杆、尖端杆应不大于20 mm;分动外锁闭道岔各牵引点的锁闭杆、表示杆应不大于10 mm。

③道岔密贴调整杆、表示杆、尖端杆、拉杆及外锁闭装置的锁闭杆、表示杆,其水平方向的两端高低偏差不应大于5 mm(以两基本轨工作面为基准)。

④连接轨枕的托板与两基本轨轨顶面的延长线平行,托板两端及两托板的高低偏差不应大于5 mm。

⑤道岔转换设备的锁闭及安装装置必须有足够的强度和刚度,安装装置宜有减振措施并采用防松螺栓、螺母;60 kg/m及其以上钢轨的道岔采用角钢安装时,其转辙设备安装装置应采用125 mm×80 mm×12 mm角钢。

(3)密贴调整杆、各种动作拉杆及表示连接杆的螺纹牙形均应符合标准,且具有足够的强度。密贴调整杆的螺母应有放松措施。

(4)严禁采用焊接工艺接长各种道岔杆件和安装角钢等。带有弯度的杆件,其弯角不大于30°,弯高不大于100 mm。

(5)道岔转换设备的各杆件及导管等的螺纹部分内、外调整余量不小于10 mm。表示杆的销孔旷量应不大于0.5 mm;其余部分的销孔旷量应不大于1 mm。

(6)密贴调整杆动作时,其空动距离应在5 mm以上。

(7)穿轨底的各种物件,距轨底的净距离应大于10 mm。

(8)多点(两点及以上)牵引的道岔,应采用多机牵引方式。单开可动心轨道岔,应采用外锁闭转换装置。

(9)挤岔时,道岔转换设备(快速转辙机除外)应可靠断开道岔表示。

(10)多机牵引道岔使用的不同动程的转辙机,应满足道岔平稳动作、同步转换的要求。

(11)凡用于正线道岔尖轨、心轨第一牵引点的转辙机,表示杆必须具备锁闭功能。

(12)列车直向通过速度大于120 km/h线路上,道岔应采用外锁闭装置和三相交流转辙机。

(13)采用电动、电液转辙机牵引的道岔,道岔尖轨与基本轨、心轨与翼轨应密贴。牵引点(分动外锁闭锁闭杆处,联动尖轨牵引点尖轨连接杆处)及密贴检查位置处,尖轨与基本轨、心轨与翼轨在下列情况下应满足的要求:

①单点牵引道岔牵引点及多点牵引道岔第一牵引点中心线处密贴尖轨(心轨)与基本

轨(翼轨)间有 4 mm 及以上水平间隙时,其余密贴段牵引点中心线处有 6 mm 及以上水平间隙时,不应锁闭或接通道岔表示。

②直向通过速度大于 120 km/h 且小于或等于 160 km/h 的道岔,尖轨牵引点间有 10 mm 及以上水平间隙时,不应接通道岔表示。

③直向通过速度大于 160 km/h 的道岔。尖轨的密贴段,在牵引点间设密贴检查器,有 5 mm 及以上水平间隙时,不应接通道岔表示。

(14)道岔尖轨(心轨)与基本轨(翼轨)的密贴力应符合下列要求:

①内锁闭道岔第一牵引点尖轨与基本轨之间应有 1 000 N 密贴力。

②外锁闭道岔在密贴状态下,第一牵引点尖轨(心轨)与基本轨(翼轨)的缝隙应不大于 1 mm。

(15)用于道岔表示系统的密贴检查装置,第一牵引点处尖轨与基本轨、心轨与翼轨密贴有 4 mm 及以上间隙时,不得接通道岔表示。

(16)附有绝缘的密贴调整杆、尖端杆、角形铁、角钢、分动道岔中的锁闭杆和带绝缘的销孔等,绝缘应装设完整、性能良好。

(17)各种类型的转辙机、转换锁闭器或道岔表示及密贴检查装置应符合下列要求:

①能可靠地转换道岔。在尖轨与基本轨密贴后,将道岔锁闭在规定位置,并给出道岔位置的表示。

②正常转换道岔时,挤切销、挤脱器或保持连接装置应保证不发生挤切或挤脱。当道岔被挤时,同一组道岔上的转辙机(采用不可挤型转辙机时除外)或转换锁闭器、密贴检查装置的表示接点必须断开。

③安全接点应接触良好。在插入手摇把或钥匙时,安全接点应可靠断开,非经人工恢复不得接通电路。

④齿轮装置的各齿轮啮合良好,传动不磨卡,无过大噪声。

⑤各种类型电液转辙机的油路系统不得出现渗漏和堵塞现象。

⑥整机密封性能良好,能有效防水、防尘。手摇把孔和钥匙孔处不漏水,不进尘土,机内无积水、无粉尘及杂物。各种零部件无锈蚀。

⑦机内配线的接线片和接线端子的螺母无松脱、虚接和滑扣现象。配线的绝缘层无损伤。

2)道岔工电结合部要求

(1)道岔各部框架轨距、牵引点处开程、锁闭量应符合标准。

(2)尖轨、心轨和基本轨的爬行、窜动量不得超过 20 mm,限位铁两边应有间隙,尖轨、心轨和基本轨爬行、窜动不得影响道岔方正,造成杆件别劲、磨卡及外锁闭锁闭框调整孔无调整间隙。

(3)道岔的转换阻力不得大于电动(液)转辙机的牵引力，转辙机的牵引力应符合规定标准。

(4)尖轨、心轨无影响道岔转换、密贴的翘头、拱曲、侧弯、肥边和反弹，甩开转换道岔杆件，人工拨动尖轨、心轨，刨切部分应与基本轨、翼轨密贴。心轨、尖轨尖端至第一牵引点范围内其缝隙不应大于0.5 mm，其余部位不应大于1 mm。

(5)尖轨、心轨顶铁与轨腰的间隙均不应大于1 mm，且间隙均匀。

(6)道岔转辙部位的轨枕间距符合标准，窜动不得造成杆件别劲、磨卡，影响道岔方正和道岔的正常转换。

(7)道岔转换时基本轨横移不得导致道岔的4 mm锁闭。道岔尖轨防跳限位器、各部轨距调整块作用良好，不得影响道岔正常转换，斥离轨游离不得造成道岔静态失去表示。

(8)尖轨、心轨底部与滑床台、辊轮间隙符合要求。

(9)滑床板无影响道岔转换的脱焊、断裂、塌陷、凹槽、侧斜等。

3)外锁闭装置及安装装置技术要求

(1)外锁闭装置及安装装置的安装必须在道床水平、轨枕位置准确、轨距标准及尖轨、心轨宏观密贴等相关部位达到安装技术标准的条件下方可进行。

(2)外锁闭装置及安装装置应安装方正、平顺，可动部分在道岔转换过程中动作平稳、灵活，无别劲、卡阻现象。

(3)各牵引点和密贴检查部位的尖轨斥离位置与基本轨间动程和外锁闭装置的锁闭量定、反位两侧应均等，偏差应不大于2 mm。

(4)装有电动(液)转辙机的分动外锁闭装置，在道岔开口符合要求时限位块与锁闭框间隙不大于3 mm。

(5)钩型外锁闭装置除上述相关要求外，还应满足下列要求：

①两侧基本轨上锁闭框的安装孔前后偏差不得大于5 mm。

②尖轨外锁闭装置安装。锁闭杆连接应平直，与绝缘垫板、夹板配合良好。各牵引点两侧锁闭框中心及转辙机的动作杆应与锁闭杆成一直线，并与岔枕保持平行。在道岔转换过程中锁钩应动作平稳、灵活并与锁闭铁吻合良好，无别劲、卡阻现象。

③安装装置及转辙机的安装。基础托板应与道岔直股基本轨垂直，转辙机垫板与托板垂直，托板与岔枕连接牢固。

④锁闭框下部两侧的导向销(块)应有效地插入锁闭杆两侧导向槽内，不得松脱，不得接触锁闭杆。

⑤锁闭铁、锁钩与锁闭杆接触的摩擦面及运动范围内应保持清洁、油润、无锈蚀、无沙尘、无异物，运动灵活，无卡阻。

⑥锁钩头部孔内应注润滑油，保证道岔转换时，连接锁钩的销轴轴向窜动效果良好，能灵活调节锁钩转角。

⑦各处绝缘的安装应正确、不遗漏，并保持完整、绝缘良好。

⑧表示拉杆的接头与尖端铁连接应牢固、不松动。

⑨表示杆、动作杆连接应平顺，无别卡，各连接销应置入或退出顺畅，不得强行敲击。

⑩可动心钩型外锁闭装置及安装装置应按照道岔的开向，正确选择锁闭框进行安装。道岔的尖轨(心轨)与基本轨(翼轨)的密贴应保持良好状态。在道岔转换过程中，锁钩两侧以及锁钩与锁闭铁的滑动面不能有异常磨痕。

(6)外锁闭、安装装置零件在使用过程中产生的磨耗，不应导致转换阻力增大影响道岔转换或不能调整尖(心)轨和基本(翼)轨的密贴，各部位磨耗和腐蚀量不应超过表3.32的规定。

表3.32 各部位磨耗和腐蚀量限值

零件名称	使用处所	磨耗位置	磨耗限值(mm)
锁钩	尖轨	锁钩锁闭斜面	≤3.0
		锁钩锁闭平面	≤1.0
		锁钩槽外摩擦面	≤1.0
		锁钩槽内摩擦面	≤1.0
		锁钩衬套	≤2.0
	心轨	圆式锁钩和心轨摩擦面	≤3.0
		圆式锁钩锁闭面	≤2.0
		面式锁钩与心轨摩擦面	≤2.0
		锁钩下摩擦面	≤1.0
		锁钩槽外摩擦面	≤1.0
锁闭杆	尖轨、心轨	锁闭杆导向槽与导向销摩擦面	≤2.0
		锁闭杆导向槽与挡板摩擦面	≤1.0
		锁闭杆侧面与锁闭框摩擦面	≤1.0
	尖轨	锁闭杆下摩擦面	≤0.5
		锁闭杆斥离位置时与锁钩摩擦面	≤2.0
		锁闭杆凸台推摩擦面	≤1.0
		锁闭杆凸台摩擦面	≤1.0
		锁闭杆凸台拉摩擦面	≤1.0
	心轨	锁闭杆与挡板摩擦面	≤0.5
		锁闭杆凸台摩擦面	≤1.0
		锁闭杆支撑锁钩摩擦面	≤1.0

续上表

零件名称	使用处所	磨耗位置	磨耗限值(mm)
锁闭框	尖轨、心轨	锁闭框导向侧面	≤1.0
		锁闭框支撑面	≤2.0
锁闭铁	尖轨、心轨	锁闭铁锁闭面	≤3.0
锁闭框挡板	尖轨、心轨	挡板支撑面	≤1.0
销轴	尖轨、心轨	销轴与尖轨连接铁摩擦面	≤1.0
		销轴与锁钩衬套摩擦面	≤1.0
连接铁	尖轨、心轨	连接铁孔	≤2.0
表示杆、动作连接杆、弯板(角钢)	尖轨、心轨	表示杆销孔	旷量总和≤0.5
		动作连接杆销孔	旷量总和≤2.0
		杆件	锈蚀、磨耗量不大于杆件直径 1/10
		弯板	锈蚀、磨耗量不大于弯板厚度 1/10

3. 道岔联合整治项目及要求

1)内锁闭道岔

内锁闭道岔联合整治项目及要求见表 3.33。

表 3.33　内锁闭道岔联合整治项目及要求

类　别	项　目	整治要求
几何尺寸	轨道几何尺寸	不超过验收标准
	尖轨、心轨动程	符合标准
	斥离尖轨非工作边与基本轨工作边的最小距离	不小于 63 mm
钢轨	基本轨上角钢安装孔位	量基本轨角钢安装孔相错量不影响角钢安装状态
	尖轨、基本轨肥边	肥边≤1 mm
	尖轨与基本轨密贴	尖轨尖端至第一牵引点处离缝≤1 mm,其他离缝≤2 mm
	尖轨与滑床台密贴	尖轨轨底与滑床台密靠,不得有连续空吊
	尖轨反弹力	活接头尖轨跟部固定装置作用良好,不得使尖轨产生弹性
		手摇无过大反弹力、转辙机解锁时尖轨无明显反弹
配件	轨撑	轨撑齐全,作用良好,与钢轨离缝≤2 mm
	顶铁	顶铁齐全,作用良好,0<与尖轨间隙≤1 mm,且间隙均匀
	各类螺栓	螺栓齐全,作用良好,扭矩符合要求
	扣件	扣件齐全,扭矩达标,作用良好
	滑床台板	滑床台板作用良好、平直,无断裂、脱落,磨耗不大于 3 mm
	胶垫、垫板、弹条	胶垫窜动或歪斜≤10 mm,铁垫板、胶垫、弹条齐全良好
	连接销	销子与空旷动,合计磨耗≤1 mm

续上表

类 别	项 目	整治要求
岔枕	岔枕	防爬设备齐全，作用良好；木枕复式交分道岔采取联排锁定加固措施
		无失效，无吊空（≤2 mm）
绝缘接头	绝缘接头轨缝	6 mm＜绝缘接头轨缝≤18 mm，减少轨缝变化量
		绝缘接头采用高强度绝缘件和紧固件，螺栓紧固良好
		绝缘接头轨端肥边≤2 mm
	绝缘	绝缘无破损，绝缘电阻值≥50 Ω
转换装置	密贴调整	尖轨第一牵引点处2 mm锁闭、4 mm不锁闭
	开口销、销子	轨撑横穿螺栓、开口销齐全
		销子与孔径合计磨耗不大于1 mm，表示拉杆销孔间隙不大于0.5 mm
	各类连接杆	工务各连接安装应平直、撑紧
		电务各杆件安装应平直、无碰卡，活动部位无别劲，密贴调整杆空动距离＞5 mm，动作杆、密贴调整杆应成一条直线，偏差＜5 mm
		接头铁螺栓不缺少，不松动
		杆件调整丝扣余量不小于10 mm，调整活动部位油润
	安装装置	安装应方正，偏差＜10 mm
		角钢与轨底间隙＞5 mm，角钢长边距枕木不小于10 mm
		消除角形铁上端与基本轨轨头下颚、下端与基本轨轨底上表面、小垫板与基本轨下端的缝隙
		安装装置绝缘良好、无破损
		安装弯板变形＜10 mm，无锈蚀
其他	转辙机	动作电流：ZD6单开道岔不大于1.4 A，复交道岔不大于1.8 A
		故障电流、拉力、溢流压力符合标准
	作业平台	硬面化不影响线路排水

2）GW型外锁闭装置道岔

GW型外锁闭装置道岔联合整治项目及要求见表3.34。

表3.34 GW型外锁闭装置道岔联合整治项目及要求

类 别	项 目	整治要求
几何尺寸	轨道几何尺寸	不超过验收标准
	斥离尖轨非工作边与基本轨工作边的最小距离	不小于63 mm

续上表

类　别	项　目	整治要求
钢轨	基本轨上锁闭框安装孔位	两基本轨锁闭框安装孔相错量不大于 10 mm
	两尖轨相对位置	道岔两尖轨尖端相错量≤20 mm
	查照间隔	符合标准
	尖轨与基本轨、可动心轨与翼轨肥边	肥边≤1 mm
	尖轨(可动心轨)与基本轨(翼轨)密贴	尖轨第一牵引点前与基本轨、心轨第一牵引点前与翼轨的间隙<0.5 mm,其余部位间隙<1 mm
	尖(心)轨与滑床台	尖(心)轨轨底与滑床台间隙<1 mm
	绝缘接头	120 km/h 以上区段应采用胶接绝缘接头
		绝缘接头轨端肥边≤2 mm
		绝缘电阻值≥20 Ω
配件	轨撑	轨撑齐全,作用良好,与钢轨离缝≤2 mm
	顶铁	顶铁齐全,作用良好;正线道岔:0<与尖轨或心轨轨腰间隙≤0.5 mm,其他道岔:0<与尖轨或心轨轨腰间隙≤1 mm,且间隙均匀
	各类螺栓	螺栓齐全,作用良好,扭矩符合要求
	辊轮	灭贴状态下,1 mm≤尖轨轨底与辊轮间隙<2 mm;斥离状态下,1 mm≤尖轨轨底与滑床板间隙<3 mm;转换过程中辊轮与尖轨轨底接触
	扣件	扣件齐全,扭矩达标,作用良好,无碰绝缘夹板等造成短路现象
	轨距挡板	牵引点处轨距挡板与承轨槽挡肩密贴,钢轨与轨距挡板间隙不大于 1 mm
	滑床台板	滑床台板作用良好、平直,无断裂、脱落或磨耗超过 3 mm 现象;转辙器滑床台无油污,辙叉滑床台可涂固定润滑剂
	胶垫	胶垫窜动或歪斜≤10 mm
岔枕	有砟道岔岔枕	间距误差≤20 mm
		转辙设备前后岔枕设有防移位措施,无失效,空吊≤2 mm

续上表

类　别	项　目	整治要求
外锁闭和安装装置	安装装置	基础托板与混凝土枕垂直、平顺，道岔各部杆件安装偏移量≤10 mm
		转辙机外壳边缘与基本轨直线距离偏差<5 mm
	外锁闭装置	尖轨、心轨各本引点动程和锁闭量不超标，尖轨各牵引点处开口值符合标准，两侧偏差不大于3 mm；心轨第一牵引点开口值符合标准，偏差不大于2 mm
		尖轨心轨各牵引点定反位锁闭量偏差不超标，且偏差位于同侧
		尖轨牵引点间有10 mm及以上间隙时(直向通过速度大于160 km/h道岔，密贴检查器处有5 mm间隙时)不应接通表示
		设表示杆的牵引点处密贴尖轨与基本轨、心轨与翼轨间有4 mm及以上水平间隙时，不应锁闭或接通道岔表示
		转换过程中，锁块与锁闭杆或限位器无卡磨尖轨连接轴销与锁钩间灵活、无卡阻
		转换部件与钢岔枕或滑床台板的间隙>10 mm
杆件	杆件	各表示杆与混凝土枕平行偏差≤10 mm，长表示杆托架作用良好
		锁闭、连接、表示杆，其水平方向两端高低偏差<5 mm(以基本轨工作面为基准)，各连接杆连接平顺，无别卡现象
		各部绝缘良好、无单边短路
		各连接杆的连接销与销孔磨耗间隙<1 mm，表示杆销孔间隙<0.5 mm
其他设备	转辙机	各部转辙机表示缺口符合标准
		液压转辙机主、副机同步良好
		转辙机摩擦力(溢流压力)符合标准
		转辙机动作杆、连接杆、锁闭杆成一直线，偏差<5 mm
	作业平台	硬面化不影响线路排水

3)CN系列道岔

CN系列道岔联合整治项目及要求见表3.35。

表 3.35　CN 系列道岔联合整治项目及要求

类　别	项　目	整治要求
几何尺寸	轨道几何尺寸	不超过验收标准
	尖轨、心轨动程	符合标准
	斥离尖轨非工作边与基本轨工作边的最小距离	不小于 63 mm
钢轨	基本轨上锁闭框安装孔位	两基本轨锁闭框安装孔相错量不大 10 mm
	两尖轨相对位置	道岔两尖轨尖端相错量≤20 mm
	尖轨与基本轨、可动心轨与翼轨肥边	肥边≤1 mm
	尖轨(可动心轨)与基本轨(翼轨)密贴	尖轨第一牵引点前与基本轨、心轨第一牵引点前与翼轨的间隙<0.5 mm,其余间隙<1 mm
	尖(心)轨与滑床板(台)	尖(心)轨轨底与滑床板(台)间隙<1 mm
	绝缘接头	采用胶接绝缘接头
		绝缘接头轨端肥边≤2 mm
		绝缘电阻值≥20 Ω
配件	轨撑	轨撑齐全,作用良好,与钢轨离缝<1 mm
	顶铁	顶铁齐全,作用良好;正线道岔:0<与尖轨或心轨轨腰间隙≤0.5 mm,其他道岔:0<与尖轨或心轨轨腰间隙≤1 mm,且间隙均匀
	各类螺栓	螺栓齐全,作用良好,扭矩符合要求
	辊轮	斥离状态下,0.7 mm≤尖轨轨底与滑床板间隙<2 mm
	扣件	扣件齐全,扭矩达标,作用良好,无碰绝缘夹板等造成短路现象
	铁垫板	钢轨轨底与铁垫板挡肩的间隙不大于 1 mm
	滑床台板	滑床台板作用良好、平直,无断裂、脱落或磨耗超过 3 mm 现象;转辙器滑床台无油污,辙叉滑床台可涂固体润滑剂
	胶垫	转辙部位胶垫窜动或歪斜≤10 mm
岔枕	有砟道岔岔枕	尖轨牵引点岔枕间距为 620 mm+20 mm;心轨牵引点岔枕间距为 670 mm+20 mm
		转辙设备前后岔枕设有防移位措施,无失效,空吊≤2 mm
外锁闭和安装装置	安装装置	拉连杆成一条直线并垂直于直基本轨,各部件安装偏移量≤10 mm;辙叉区域拉连杆成一直线并垂直于辙叉角分线
		转辙机外壳边缘与基本轨直线距离偏差<5 mm

续上表

类 别	项 目	整治要求
外锁闭和安装装置	外锁闭装置	尖、心轨各牵引点定、反位锁闭量偏差不大于 2 mm
		尖轨、心轨的密贴段范围内，各牵引点中心线处尖轨与基本轨、心轨与翼轨间有 4 mm 及以上间隙时，锁闭机构不得锁闭及接通道岔表示
		密贴检查器拉杆处尖轨与基本轨间有 5 mm 及以上间隙时，不能接通表示
		转换过程中，辊轮与锁闭杆、锁闭杆与锁闭框无卡磨；尖轨销接支架灵活，无卡阻
		锁闭辊轮弹性良好，锁闭机构磨耗不超限
		转换部件与轨枕或滑床板间隙＞10 mm
杆件	杆件	各表示杆垂直于基本轨，偏差≤10 mm
		各部绝缘良好、无单边短路
		各连接杆的连接销与销孔磨耗间隙＜1 mm，表示杆销孔间隙＜0.5 mm
其他设备	转辙机	过车状态下，转辙机内表示缺口变化小于 2 mm，并不撞击缺口
		转辙机摩擦力(溢流压力)符合标准
		转辙机动作杆、连接杆、锁闭杆成直线，偏差＜5 mm
	作业平台	硬面化不影响线路排水

4)CZ 系列道岔

CZ 系列道岔联合整治项目及要求见表 3.36。

表 3.36 CZ 系列道岔联合整治项目及要求

类 别	项 目	整治要求
几何尺寸	轨道几何尺寸	不超过验收标准
	尖轨、心轨动程	符合标准
	斥离尖轨非工作边与基本轨工作边的最小距离	不小于 63 mm
钢轨	查照间隙	符合标准
	尖轨与基本轨、可动心轨与翼轨肥边	肥边≤1 mm
	尖轨(可动心轨)与基本轨(翼轨)密贴	尖轨第一牵引点前与基本轨、心轨第一牵引点前与翼轨的间隙＜0.5 mm，其余部位间隙＜1 mm
	尖(心)轨与滑床台	尖(心)轨轨底与滑床台间隙＜1 mm

续上表

类　别	项　目	整治要求
钢轨	绝缘接头	采用胶接绝缘接头
		绝缘接头轨端肥边≤2 mm
		绝缘电阻值≥20 Ω
配件	轨撑	轨撑齐全,作用良好,与钢轨缝隙≤2 mm
	顶铁	顶铁齐全,作用良好;正线道岔 0<与尖轨或心轨轨腰间隙≤0.5 mm,其他道岔 0<与尖轨或心轨轨腰间隙≤1 mm,且间隙均匀
	连接杆	各连接杆和连杆连接平顺,绝缘良好
		各连接销与销孔间的磨耗旷量≤0.5 mm
	各类螺栓	螺栓齐全、紧固、扭矩符合要求
	辊轮	密贴状态下,1 mm≤尖轨轨底与辊轮间隙<2 mm;斥离状态下,1 mm≤尖轨轨底与滑床板间隙<3 mm;转换过程中辊轮与尖轨轨底接触
	扣件	扣件齐全,扭矩达标,作用良好,无碰卡绝缘夹板等造成短路现象
	轨距挡板	牵引点处轨距挡板与承轨槽挡肩密贴,钢轨与轨距挡板间隙不大于 1 mm
	滑床台板	滑床台板作用良好,平直、无断裂,无脱落或磨耗超过 3 mm 现象;转辙器滑床台无油污,辙叉滑床台可涂固体润滑剂
	胶垫	转辙部位胶垫窜动或歪斜≤10 mm
岔枕	有砟道岔岔枕	间距误差≤20 mm
		无失效、无空吊(≤2 mm)
外锁闭和道岔安装装置	安装装置	基础托板安装与岔枕垂直平顺道岔各部件安装偏移量≤10 mm
		转辙机外壳边缘与基本轨垂直距离偏差<5 mm
		基础托板、导管装置、固定螺栓磨耗和锈蚀不超标
	外锁闭装置	尖轨、心轨锁闭检查器处、各连接杆中心处开口值符合标准,两侧偏差不大于 1 mm
		尖心轨锁闭检查器处定反位锁闭量偏差不超标(≤2 mm)
		锁闭检查器密贴检查器处尖轨与基本轨之间有 5 mm 间隙可接通道岔表示,6 mm 间隙不得接通道岔表示
		可动部分在道岔转换过程中动作平衡、灵活,无别劲、卡阻
		转换部件与岔枕滑床台板及道砟面的间隙>10 mm

续上表

类　别	项　目	整治要求
外锁闭和道岔安装装置	杆件	各连接杆和连杆连接平顺，绝缘良好，无单边短路，绝缘电阻值>20 Ω
		各部螺栓不松动；丝扣余量≥5 mm；开口销齐全，作用良好
		各连接销与销孔间的磨耗旷量≤1 mm
		尖轨处于中间动程位置(转辙机处于中间动程)时，各弯杆传力杆(拐肘长臂)和平衡梁(一字拐)与直基本轨垂直
其他设备	转辙机	正常转换道岔时，转辙机内部电机组无异常声音，操纵时动作平稳转辙机
		安装螺栓无锈蚀
	作业平台	硬面化不影响线路排水

5)CTS2 型道岔

CTS2 型道岔联合整治项目及要求见表 3.37。

表 3.37　CTS2 型道岔联合整治项目及要求

类　别	项　目	整治要求
几何尺寸	轨道几何尺寸	不超过验收标准
	尖轨、心轨动程	符合标准
	斥离尖轨非工作边与基本轨工作边的最小距离	不小于 63 mm
钢轨	爬行	尖轨爬行≤20 mm
	查照间隔	符合要求
	尖轨、基本轨肥边	肥边≤1 mm
	尖轨与基本轨密贴	尖轨尖端至第一牵引点处离缝≤0.5 mm，其他离缝≤1 mm
	尖轨与滑床台	各牵引点处四块滑床板离缝≤1 mm，其他处≤2 mm，且无连续空
	基本轨横移	吊基本轨横移≤1 mm
	接头无错牙	轨面或作用边错牙≤1 mm
	绝缘接头	绝缘接头轨端肥边≤2 mm
		绝缘无破损，绝缘电阻值≥20 Ω
配件	轨撑	轨撑齐全，作用良好，与钢轨轨头下颚或垫板挡肩离缝≤2 mm
	顶铁	顶铁齐全，作用良好，0<与尖轨间隙≤1.0 mm，且间隙均匀
	各类螺栓	螺栓齐全，作用良好，扭矩符合要求
	扣件	扣件齐全，扭矩达标，作用良好，无碰绝缘夹板等造成短路现象
	滑床板	滑床板作用良好、平直，无断裂、脱落或磨耗超过 3 mm 现象
	胶垫	转辙部位胶垫窜动或歪斜≤10 mm
	其他配件	齐全、作用良好

续上表

类　别	项　目	整治要求
钢岔枕（转辙机）	钢岔枕（转辙机）	钢枕（锁闭单元）的中心距两边基本轨的距离 75.25 mm
		钢岔枕起伏不超过 4 mm
		无失效，无空吊（≤2 mm）
		钢枕单元绝缘板固定良好、无窜出
		钢枕单元内部外部清洁，排水孔通畅
	转辙机滑床板	转辙机滑床板齿板与钢枕齿板啮合平整
		转辙机自润塑料滑床板的厚度及高度符合标准
	道岔安装螺丝	安装螺丝紧固，无松动，备帽、开口销齐全
动程及尖轨开程	转辙机动程及尖轨开程的检查与调整	测量第一牵引点为 160 mm－5 mm，第二牵引点为 80 mm－5 mm； 一点牵引的开程 152 mm＋5 mm
道岔密贴	道岔密贴状态	第一牵引点 2 mm 锁闭、4 mm 不锁闭，第二牵引点 3 mm 锁闭、6 mm 不锁闭
		密贴力测试符合标准
作业平台	硬面化平台	硬面化不影响线路排水

4. 道岔工电设备分工

1）道岔连接杆、拉杆，连接销或螺栓，提速道岔钢岔枕、钢岔枕与钢轨的连接螺栓、防跳器，基本轨通长垫板，岔枕上用于安装道岔安装装置的螺栓孔，提速道岔钢岔枕与钢轨连接螺栓的绝缘垫板及绝缘套管，心轨一动和二动拉板及其与心轨的连接螺栓轨距杆等由工务部门负责维修管理。

2）道岔转辙机、检查器、锁闭装置、导管装置、动作杆/表示杆、连接杆、防踩板、安装装置及防护罩（含固定螺栓），道岔安装装置绝缘，可动心轨道岔的锁闭板、锁闭板下塑料绝缘垫片及锁闭板与钢枕的连接螺栓，心轨一动、二动拉板安装外锁闭块的方孔及安装电务转辙机托盘的螺栓由电务部门负责维修管理。

3）岔枕等工务设备上用于安装电务设备的螺栓孔由电务部门负责检查，提速道岔钢岔枕与钢轨连接螺栓的绝缘垫板及绝缘套管由电务部门负责测试，发现失效时通知并配合工务部门修复。

4）锰钢辙叉上的导电销由电务部门负责日常检查、工务部门负责维护；电务部门发现导电销脱落时，应通知并配合工务部门焊修。

5）道岔辊轮安装、固定由工务部门负责，辊轮调整由电务部门负责。辊轮及其部件缺失、脱落或破损时，由工务部门准备材料并安装恢复，电务部门负责调整。

3.8.2　转辙机部病害原因分析

1. 反弹病害原因分析

反弹主要是指尖轨、可动心轨框架处于自由状态靠向基本轨、翼轨时，出现的刚性反弹。反弹量少则几毫米，多则十几毫米，甚至更多。这种反弹现象主要有两种情况，一种是指尖轨、可动心轨尖端先于第一连接杆与基本轨、翼轨密贴；另一种是指尖轨、可动心轨在第一连接杆以后竖切密贴部分先于尖轨、可动心轨尖端与基本轨、翼轨密贴。

1)原因分析

(1)内锁闭道岔尖轨框架组装不合标准。尖轨拉杆或连接杆的长度不符合安装标准、拉杆或连接杆安装位置错误，尖轨框架内部产生应力，在道岔振动时产生反弹。

(2)基本轨、翼轨框架不符合标准。岔头不方，直基本轨不直，曲基本轨弯折点、翼轨框架尺寸不标准。

(3)间隔铁型尖轨跟端过死，双头螺栓损坏或不标准，间隔铁孔眼大造成双头螺栓不起作用；间隔铁磨耗，尖轨跟端距离尺寸不符合标准，导致尖轨尖端在道岔振动时产生反弹。

(4)尖轨、可动心轨中后部滑床板过硬，造成尖轨、可动心轨在转换时后部转换不到位，再次扳动道岔时尖轨、可动心轨产生反弹。

(5)尖轨存在侧弯，尖轨扳动时，尖轨与基本轨不同时密贴，尖轨尖端最后密贴，再次扳动时尖轨产生反弹。

(6)可动心轨存在侧弯，可动心轨扳动时，可动心轨密贴范围内与翼轨不同时密贴，可动心轨尖端最后密贴，再次扳动时可动心轨产生反弹。18号(不含18号道岔)以上无缝道岔一般铺设于列车侧向通过速度较高的线路所或车站，可动心轨辙叉的长短心轨同时受直股和曲股连接无缝线路温度力的影响，两股钢轨伸缩量不同时，长短心轨会产生不均匀爬行，导致心轨侧弯，特别是位于主干线或直股侧心轨的比次要干线或曲股侧心轨的伸缩量要大。

(7)跨区间无缝道岔在温度力、钢轨伸缩位移影响下，尖轨与基本轨、可动心轨与翼轨间受间隔铁和限位器影响，尖轨、可动心轨跟端至最后拉杆之间受力形成侧弯。

(8)拉杆、连接杆、接头铁和连接销锈蚀或螺栓过紧，形成整体框架，尖轨扳动时转换不灵活。

(9)道岔密贴调整不当、密贴过紧。日常调整密贴时，电务现场作业人员试验2 mm/4 mm后再紧固备帽螺丝的习惯，容易导致道岔密贴过紧，在道岔转换过程中发生反弹。

(10)尖轨、可动心轨顶铁过长，致使尖轨、可动心轨中后部受顶铁过长影响形成侧弯，在道岔扳动时产生反弹。

(11)防跳限位装置调整不当,使道岔斥离尖轨轨底边缘与铁卡接触,在道岔振动时产生反弹。

2)影响分析

(1)道岔反弹力大,加上列车碾压、振动产生的横向力,容易使转辙机挤切销或尖端铁与道岔表示杆连接销折断。

(2)电机齿条块与齿轮啮合过紧,道岔容易产生不解锁现象,电机有电不转换。

(3)道岔密贴杆与表示杆在转换时不同步,受列车碾压、振动产生的影响,表示杆缺口容易发生变化。

(4)尖轨与基本轨、可动心轨与翼轨不密贴,有缝隙。

2. 卡阻病害原因分析

卡阻主要是指转辙部分基本轨卡阻尖轨,道岔转换杆件与岔枕间碰卡,顶铁、防跳顶铁、防跳间隔铁螺栓松动卡阻尖轨、可动心轨,滑床板开焊、滑床板内侧螺栓松动卡阻尖轨、可动心轨,影响尖轨与基本轨、可动心轨与翼轨之间密贴。

1)原因分析

(1)尖轨、可动心轨滑床板台面磨耗严重,滑床板严重变形,基本轨与滑床板不落槽、尖轨底部刨切不好引起转换卡阻。

(2)尖轨、可动心轨滑床板脱焊、折断产生错位、翘起引起转换卡阻。

(3)尖轨、可动心轨滑床板台面缺油锈蚀造成转换阻力增大,引起转换卡阻。

(4)尖轨滑床板辊轮缺油锈蚀、安装不正确,造成转换阻力增大,引起转换卡阻。

(5)尖轨、可动心轨中后部滑床板阻力大,尖轨、可动心轨在振动时,尖轨、可动心轨后部因受阻不能正常到位。

(6)尖轨、可动心轨滑床板高低不一致。部分滑床板胶垫腐蚀、压溃,胶垫腐蚀、压溃的滑床板在起道捣固作业时高于其他滑床板,转辙部、可动心轨辙叉存在高低不平顺、岔枕空吊使滑床板高度不在一个平面,增加了道岔转换阻力。

(7)尖轨尖端防跳凸台卡基本轨头部下颚。主要原因是尖轨塌腰导致尖轨尖端产生翘尖,尖轨中后部至跟端比尖轨尖端低,尖轨尖端产生翘尖,道岔在转换过程中产生卡阻。

(8)尖轨拱腰,尖轨中部与基本轨轨头下颚产生卡阻。

(9)尖轨非作用边或基本轨作用边存在肥边,使道岔产生转换卡阻。

(10)交分道岔双转辙部位两内侧尖轨尖端滑床板处绝缘垫板浮起,使道岔产生转换卡阻。

(11)外锁闭道岔由于锁钩通过尖轨连接铁安装在尖轨上,锁闭框安装在基本轨上,转辙机通过托盘安装在水泥枕木上,锁闭杆通过两个锁闭框与转辙机动作杆相连接,而锁闭框内空间距每边只有1.5 mm间隙。尖轨与基本轨之间随着气温的变化发生相对位移、岔枕爬行以后转辙机与锁闭杆不在一条直线上，导致锁闭杆、锁钩发生偏斜与锁框产生别劲，影响道岔扳动。

(12)外锁闭道岔开程不对和密贴调整过紧，会导致锁钩过紧，使道岔解锁困难。

(13)外锁闭道岔定、反位内表示杆与机体磨卡。由于道岔是通过独立的长、短表示杆与机内的定、反位内表示杆连接的，在安装杆件或调试道岔缺口时，紧固外表示杆很容易造成相应的内表示杆水平翻转，使本应在垂直方向密贴的两机内表示杆在上端或下端出现张口，在道岔转换时出现机内表示杆与转辙机机体方孔套磨卡，增加转换阻力。

(14)外锁闭道岔两表示杆张口，道岔表示杆由独立的长、短表示杆与机内的定、反位内表示杆连接。在安装杆件或调整道岔缺口时，紧固外长表示杆很容易造成内表示杆水平翻转，使本应在垂直方向基本密贴的两根内表示杆在上端或下端出现张口。在道岔转换时出现内表示杆与转辙机机体方孔套磨卡，增加附加转换阻力，从而引发道岔卡阻故障。

(15)锁闭框安装不正。位于基本轨上的锁闭框安装不正，锁闭框中线与外锁闭杆的中心线不在垂直方向重合，致使道岔在转换过程中，锁闭框与外锁闭杆侧边磨卡、限位铁与外锁杆磨卡、固定在锁闭框的定位螺栓与锁闭杆卡阻，从而引发道岔卡阻故障。

(16)可动心轨卡阻在提速道岔中较多，但是随着高速铁路道岔运营时间增加，也出现了可动心轨卡阻现象，二者有一定的区别。提速道岔可动心轨卡阻在60 kg/m钢轨38号道岔中较多，并且多受气候、温差的影响，特别是气候变化较大时，在可动心轨前三个牵引点处、可动心轨从斥离状态向密贴状态过程中会出现可动心轨卡阻。高速道岔可动心轨卡阻主要表现为可动心轨部位长心轨尖端处防跳台与防跳间隔铁卡阻，造成可动心轨转换别劲、不流畅现象，称为可动心轨卡阻。对于高速铁路道岔，一旦出现可动心轨卡阻现象会使可动心轨转换不到位，影响行车安全，高速铁路可动心轨卡阻有理论设计和制造上的原因，也有铺设上的原因，还有运营后温度差的原因。

①在理论设计时，间隙较小，未考虑铺设情况。在设计长心轨尖端处防跳台与防跳间隔铁时，间隙小于25 mm，铺设时又没有考虑现场具体情况，使间隙变小，因此使道岔在防止卡阻方面存在先天不足。

②道岔组装时，未考虑零部件的制造公差，现场铺设时道岔水平稍有偏差，容易造成可动心轨卡阻。

③道岔在厂内组装时，应严格保证活动零部件的活动间隙。

④运营过程中由于温度变化造成尖轨尖端部位爬行，导致锁钩与锁杆不在同一直线上，从而使转换阻力大于6 kN。

(17)尖轨、可动心轨不密贴，过车时状态不稳定，容易造成转换卡阻。

(18)岔枕铺设位置不正，转辙机处岔枕间隔不标准。尖轨、可动心轨因气温变化产生爬行，尖轨、可动心轨电务拉杆刮碰岔枕。

(19)防跳间隔铁、防跳顶铁松动，防跳间隔铁与可动心轨顶面、防跳顶铁与尖轨或可动心轨轨底间距不符合规定尺寸，防跳间隔铁与可动心轨顶面、防跳顶铁下倾与尖轨或可动心轨轨底容易刮碰，影响尖轨、可动心轨扳动。

(20)尖轨防跳限位装置螺栓缺少、松动使铁卡内侧与尖轨轨底边缘卡阻；销轴开口销脱落，防跳辊轮或销轴脱落掉入尖轨轨底边缘与铁卡之间产生卡阻，防跳辊轮下存在异物，导致密贴尖轨转换不到位。

(21)防跳限位装置调整不当，外锁闭道岔斥离尖轨轨底边缘与铁卡产生卡阻，导致密贴尖轨转换不到位。

(22)转辙部、可动心轨关键部位螺栓松动脱落，极易造成卡阻的产生。

①尖轨、可动心轨顶铁水平螺栓松动脱落，掉入尖轨与基本轨或可动心轨与翼轨之间；顶铁受螺栓松动脱落影响前端下倾或脱落，与尖轨、可动心轨轨底接触，使道岔产生卡阻。

②可动心轨长短心轨连接螺栓、翼轨间隔铁螺栓、长短心轨与间隔铁螺栓松动脱落掉入可动心轨与翼轨之间，使道岔产生卡阻。

③滑床板辊轮定位螺栓松动、上框架浮起刮碰尖轨轨底。

④尖轨、可动心轨顶铁水平螺栓防松夹、长短心轨连接螺栓螺母防松帽缺少或脱落，导致尖轨和可动心轨顶铁横向螺栓、长短心轨连接螺栓松动脱落，掉入尖轨与基本轨或可动心轨与翼轨之间。

⑤尖轨接头铁水平螺栓、尖端杆拐铁固定螺栓断裂及松动脱落，掉入尖轨与基本轨之间。

⑥交分道岔滑床板镶嵌的岔枕螺栓松动浮起高出滑床台，刮碰尖轨轨底。

⑦单开道岔尖轨尖端处滑床板内侧岔枕螺栓松动浮起，刮碰尖轨轨底。

⑧拉板螺栓松动。由于长时间使用、列车振动及拉板固定螺丝不牢等原因，使部分可动心轨拉板旷动严重，造成可动心轨两侧的拉板左右不平、前后不正等问题。在转换道岔过程中，道岔转换力受到分解。特别是在道岔锁闭时，拉板更加倾斜，易造成不能到位的设备故障。

(23)道岔转辙部位或可动心轨作业时，把工具放在尖轨与基本轨或可动心轨与翼轨之间，道岔突然扳动，工具没有及时拿出来，导致道岔转换卡阻。

(24)密贴检查器安装在岔枕上，表示杆安装在尖轨上，尖轨爬行或岔枕横移，容易使表示杆发生偏斜，密贴检查器内动接点与接点组接触不良或接触不到位，使道岔在转换时不解锁或不锁闭。

(25)冬季降雪时或降雪以后，道岔内尖轨与基本轨、可动心轨与翼轨之间，电务转辙设备云卷铁处，外锁闭道岔锁钩与锁闭铁斜面处，锁钩、锁闭杆侧面与锁框内侧面间，锁钩与尖轨连接销间及锁钩、锁闭杆与限位板间夹冰雪，引起道岔转换卡阻。

(26)尖轨、基本轨伤损掉块，夹在滑床板处尖轨与基本轨间。

(27)安装杆件的岔枕盒内石砟刮碰杆件，道床石砟高于滑床板平面，经列车振动后落到滑床板上，引起道岔转换卡阻。

(28)尖轨、基本轨、可动心轨和翼轨发生折断特别是在转辙机附件发生折断时，极易引起道岔销换卡阻。

2)影响分析

(1)道岔容易发生转换不到位，不锁闭；检查柱不能落入锁闭缺口，道岔无表示，锁闭电流超标。

(2)道岔容易产生不解锁现象，电机有电不转换。

3. 爬行病害原因分析

爬行主要是指道岔转辙部分尖轨与基本轨相对爬行，单开道岔、双开对称道岔两侧尖轨不对称爬行，复式交分道岔双转辙器部分四个尖轨尖端不在一条直线上，复式交分道岔可动心轨相对于弯折基本轨、单开道岔可动心轨相对于翼轨产生爬行。

1)原因分析

(1)外锁闭道岔转辙机固定在岔枕上，岔枕与基本轨相连，而锁闭杆与尖轨相连。正常情况下，转辙机动作拉杆与外锁闭装置的锁闭杆在同一条直线上。道岔转换时转辙机通过动作拉杆动作锁闭杆牵引道岔，由于受气温的影响，在气温升高时尖轨一般向前爬行，气温降低时尖轨一般向后爬行，在岔枕固定的情况下，因尖轨爬行动作杆与锁闭杆不在一条直线上，产生夹角，如果岔枕未固定好向反方向移动，两杆夹角更大。在道岔动作时，转换力受到分解，容易造成转换受阻。

(2)可动心轨道岔由于心轨本身有夹角，心轨爬行影响道岔锁闭力和解锁力。心轨向前爬行时由于心轨处翼轨增厚，势必增加了锁闭和解锁力，同时向前爬行严重会造成第一牵引点锁闭杆、锁钩、锁框发生磨卡，容易发生道岔扳动不良故障；反之心轨向后爬行时，则势必减小密贴力，容易出现卡口故障，同时向后爬行严重，会使心轨第二牵引点锁框与外锁闭杆间的距离变小甚至挤死，使道岔不能正常扳动。

(3)复式交分道岔各方向行车密度不一，通过总质量差别大，易造成道岔尖轨、可动心轨爬行，尖轨、可动心轨错差超限，甚至造成尖轨、可动心轨转换卡阻。

(4)尖轨长时间受车轮反向摩擦力推动导致尖轨发生不对称爬行。

(5)因机车制动、线路坡度影响，导致尖轨受纵向推动力，产生尖轨爬行。

(6)尖轨跟端限位器设置不合适,导致尖轨克服阻力带动限位器一起爬行。

(7)有砟道岔岔枕横移。由于道岔转辙机托板安装在岔枕上,岔枕产生横移将造成转辙机与杆件不垂直。

(8)基本轨、翼轨爬行。由于锁闭框安装在基本轨、翼轨上,锁闭杆必须与基本轨垂直,锁闭杆与转辙机内动作杆应成一条直线。基本轨、翼轨产生爬行时,将使两侧锁闭框中心不在同一轴线上,锁闭杆两端偏差大、中间连接部位弯曲、与转辙机动作杆不成一条直线。

(9)无缝线路位移对道岔的影响。

无缝道岔是实现跨区间无缝线路的关键设备之一。通常其里侧钢轨的一端承受着巨大的温度力,而另一端近似为自由端,为了控制尖轨或可动心轨的位移以保证转换要求,在尖轨及可动心轨跟端设置相应的传力部件,如间隔铁与限位器,与岔枕等部件一起,使里侧钢轨的温度力向基本轨传递,致使基本轨承受附加温度力。因此无缝道岔内各轨条间存在极为复杂的承力、传力和位移关系。而且由于长轨条在列车制动与启动较多的线路区段、长大坡道或变坡点附近,容易产生不均匀的爬行现象,这种爬行将会受到道岔的阻碍作用,导致道岔的受力变形规律更为复杂。

①岔后线路爬行对无缝道岔受力与变形的影响

岔后线路向岔前方向爬行,爬行区段距岔尾距离越短,对无缝道岔受力与变形的影响越明显,是导致尖轨、心轨位移过大而卡阻的主要原因。同时,因爬行附加力不随温度的变化而变化,在无缝道岔轨温变化幅度较小时,爬行对心轨尖端位移及基本轨附加温度力的影响更为明显。

②岔前线路爬行对无缝道岔受力与变形的影响

岔前线路向岔后方向爬行,爬行区段距岔首距离越短,对无缝道岔受力与变形的影响越明显,但由于爬行区段与尖轨跟端间存在着转辙器部分,在相同的爬行作用下,对无缝道岔受力与变形的影响较岔后爬行小,且对尖轨及心轨的位移影响不明显。

降温情况下,当岔后线路向道岔后端方向爬行、岔前线路向道岔前端方向爬行,对无缝道岔受力与变形的影响规律与前述相同。

(10)间隔铁式尖轨跟端双头螺丝松动、失效或缺落,尖轨跟端螺栓孔旷动量过大,使尖轨发生前后窜动或爬行超标,影响道岔表示。

2)影响分析

(1)在每年三、四月及入冬前十、十一月,由于气温变化幅度较大,会使道岔尖轨、可动心轨前后爬行或窜动,如果尖轨、可动心轨前后窜动量或爬行量大于 20 mm 时,很容易造成转辙机表示杆位置改变,导致道岔表示缺口、无表示,极易造成道岔锁闭设备故障。如果各部连接螺栓、销子再有一定旷量,当道岔爬行时,势必改变原来的状态,密贴状态及表示缺口就很难保证原来的设定位置，造成无表示，同时也容易造成密贴杆位置改变，使密贴力变化，导致道岔故障。

(2)尖轨爬行窜动必然带动尖端杆、表示杆、动作杆的位移，那么缺口就很难保证，而尖端杆、动作杆的位移会使道岔转换力发生角度变化，这一变化又会使得转辙机的动作电流升高，尖轨的爬行、窜动还会让道岔宏观密贴不良，因为尖轨的厚度是向后逐步加大，基本轨的刨切面基本不变，故而尖轨尖端会先靠或不靠。另外，爬行或窜动会让尖端杆螺丝根部与基本轨轨腰螺丝根部相碰。

(3)尖轨、基本轨、可动心轨、翼轨爬行使转辙机安装装置不方正，易造成密贴调整杆和表示调整杆与岔枕磨卡，导致道岔故障。

(4)尖轨爬行超标，表现在道岔杆件偏斜刮碰岔枕。

(5)在所有连接螺栓销子不旷动的情况下，尖轨爬行对表示缺口的移动量见表 3.38。

表 3.38　尖轨爬行与表示缺口移动量关系

序　号	尖轨爬行情况	表示杆缺口移动量(mm)
1	两根尖轨同时向前或向后爬行 20 mm	0.13
2	一尖轨向前爬行 20 mm，另一尖轨向后爬行 20 mm	3.05
3	一尖轨向前爬行 20 mm，另一尖轨不动	1.55

(6)如果各部销子再有一定旷动量，当道岔爬行时，势必改变原来的状态，密贴状态及表示缺口就很难保证原来的设定位置，造成无表示，同时也容易造成密贴杆位置改变，使密贴力变化，导致道岔故障。

4. 松(旷)动病害原因分析

松(旷)动主要是指尖轨接头铁与拉杆连接螺栓松动或是穿销旷动，拉杆鸭嘴上、下旷动，尖轨接头铁水平螺栓松动等。

1)原因分析

根据铁路相关测试结果，列车通过正线道岔时，作用在接头铁与拉杆之间连接销上的冲击力，一般为 2～6 kN，最大冲击力为 12 kN；冲击频次约为每年 280 万次。如果各部销子不紧，则在高频次、大动能冲击下，销子旷动量可达 2～3 mm(一年)。

连接螺栓松动或是穿销旷动随时可能使密贴调整杆的动程发生变化，密贴力不稳定，导致轨道框架结构不稳定，拉杆拉伸时旷动量增大，电务转辙机在锁闭时空动距离不足，容易造成表示不良。因此，规定尖轨接头铁与拉杆之间的连接销子与销孔旷动量合计磨耗应小于等于 1 mm，主要原因有以下三点。

①密贴调整杆与工务第一拉杆相连，如果第一拉杆的主销旷动，则势必引起密贴调整

杆的密贴力不稳定，密贴力过大、过小都可能造成道岔故障。

②主销旷动也可能引起尖轨移动距离发生变化。由于尖端杆与尖轨相连，从而间接地引起表示杆动程发生变化，这可能导致表示口不落锁道岔无表示的故障。

③第一拉杆是固定尖轨框架的主要杆件，如果主销旷动，将减小固定框架的能力，可能将固定框架的部分力量转加到电务的尖端杆上，使其难以承受，从而加速尖端杆主螺栓的松旷，影响道岔表示的正常工作。

2)影响分析

道岔各部位拉杆销子旷动超标，尖轨接头铁水平螺栓松动，容易导致道岔无表示，尖轨与基本轨离缝。

5. 离缝病害原因分析

离缝主要是指道岔尖轨与基本轨、可动心轨与翼轨不密贴，尖轨、可动心轨轨底与滑床板、顶铁与尖轨、可动心轨离缝超过规定标准值，转辙部位存在“三道缝”等病害。

1)原因分析

(1)尖轨框架尺寸不符合标准，尖轨拉杆、连接杆尺寸选配调整不当。

(2)两基本轨内侧框架尺寸不符合标准，曲基本轨弯折点位置不对或弯折尺寸不符合要求，尖轨尖端轨距超限。

(3)基本轨存在硬弯、方向不良，受列车横向力及转辙机密贴力的影响，尖轨、基本轨容易横移，加之钢轨和拉杆、连杆等构件磨耗，造成尖轨不密贴和 4 mm 及以上能锁闭。

(4)尖轨、可动心轨动程不符合规定标准，造成道岔不密贴。

(5)多机多点牵引道岔转辙机动程不标准，推、拉力不均匀或不足，使侧尖轨与基本轨、可动心轨与翼轨离缝。

(6)道岔前端连接的线路方向不良，列车进入道岔时摇晃，轮缘迫使基本轨外倾或外移，产生尖轨与基本轨动态不密贴。

(7)交分道岔钝角辙叉理论尖端至导曲线工作边的距离及短中轴轨距不易保持，结构本身存在冲击死角，活动心轨、V 形基本轨容易横移，连接杆销子磨损及活动心轨密贴杆强度不足，致使活动心轨在工作状态下 4 mm 及以上能锁闭。

(8)尖轨、可动心轨侧弯，尖轨、可动心轨中部离缝。

(9)转辙部位存在“三道缝”，即基本轨轨底边与滑床台边或是外侧轨距块之间有缝隙，基本轨外侧轨头下颚及轨底上部与轨撑接触部分有缝隙，轨撑尾端与滑床板挡肩有缝隙。

(10)顶铁离缝。尖轨、可动心轨、基本轨存在硬弯或轨向，尖轨、可动心轨中后部轨距偏小及顶铁本身加工缺陷，均会造成顶铁与尖轨、可动心轨离缝。

(11)道岔密贴调整不当，转辙机牵引动程到位，没有把尖轨拉到位，内锁闭道岔没有撑劲、外锁闭道岔钩头过松。

(12)基本轨横移会造成基本轨框架尺寸变化，使道岔尖轨与基本轨不密贴、离缝，轨距发生变化，从而造成道岔卡缺口、道岔不能机械锁闭、道岔假挤岔等，同时在列车经过时造成转辙设备杆件疲劳损伤，严重会造成杆件折断，危及行车安全。

(13)滑床板与尖轨轨底、可动心轨轨底离缝。

①尖轨、可动心轨拱腰或翘头，与滑床板间不能全部均衡受力密贴，导致部分滑床板离缝，部分因受力较大磨耗严重。

②轨枕不在同一水平面上或转辙部位、可动心轨辙叉高低不良，导致部分滑床板过硬受力较大，部分空吊引起离缝。

③个别轨枕有空吊现象，尖轨、可动心轨与滑床板在静态下看似密贴，但其内部受力不均衡。

2)影响分析

(1)尖轨与基本轨、可动心轨与翼轨、尖轨(可动心轨)与顶铁离缝以后，列车在通过道岔时冲击尖轨、可动心轨，缩短尖轨、可动心轨使用寿命，使转辙机动作杆密贴表示杆的连接螺栓和穿销产生旷动、折断，转辙机内部机械部件磨耗损坏，外锁闭道岔锁闭铁、锁闭框、锁钩非正常磨耗，尖轨、可动心轨动态水平加速度将成倍增加，缝隙较大有可能使列车逆向进入道岔时轮缘进入尖轨与基本轨、可动心轨与翼轨之间，致使列车脱轨，严重危及行车安全。

(2)尖轨(可动心轨)与滑床板离缝以后，列车在通过道岔时，尖轨(可动心轨)产生跳动，使滑床板脱焊、折断，岔枕出现伤损，岔枕螺栓、扣件螺栓松动，转辙机动作杆、密贴表示杆的连接螺栓和穿销产生旷动、折断，转辙机内部机械部件磨耗损坏，外锁闭道岔锁闭铁锁闭框、锁钩不正常磨耗，尖轨动态垂直加速度与水平加速度将成倍增加，而碎石道床结构本身的稳定性相对较差，车辆经过道岔系统时产生的振动较整体道床更为强烈，从而影响道岔整体框架强度，缩短尖轨、可动心轨使用寿命。

(3)尖轨、可动心轨与滑床板间离缝，导致部分滑床板不接触尖轨、可动心轨，部分滑床板受力过大，磨耗严重，尖轨、可动心轨扳动时因受力不均衡而滑动受阻，甚至不能正常锁闭。

6. 道岔病害对转辙机设备的影响

1)道岔病害对电动转辙机性能的影响

(1)严重吊板

列车通过道岔，使密贴调整杆、表示杆均随列车的通过而振动，同时产生纵向冲击力，使动作杆在齿条块中滑动，从而挤伤挤切销。

(2)道岔不方正

道岔在转换过程中会使动作杆扭动,加重牵引负载。

(3)道岔拱腰

当列车通过时,道岔尖轨作用于动作杆、表示杆的冲击力,有时可使移位接触器接点断开,切断表示电路。

(4)道岔反弹

这是在转辙机解锁和锁闭时产生的一种弹力,造成道岔解锁和锁闭困难,严重影响转辙机的寿命,损坏挤切销。

2)道岔病害对电动转辙机电气特性的影响

电动转辙机的工作过程可分为解锁、转换和锁闭三个阶段,道岔病害都将影响转换尖轨的阻力,是造成转辙机不解锁、不锁闭以及不能转换到位的主要原因。

3)道岔病害对电动转辙机机械特性的影响

道岔病害对转辙机的机械影响主要表现为转辙机在解锁、转换及锁闭时显得较重,使表示缺口发生改变。

4)其他原因对电动转辙机的影响

造成电动转辙机故障的其他原因大体有以下几个方面。

(1)工程施工控制不到位。

(2)部分结构设计欠佳。

(3)局部零件材质强度不够。

(4)维修工作不到位。

(5)职工业务素质不高。

3.8.3 道岔结合部病害整治

由于道岔设备的复杂性,一种道岔病害(表象)可能由几种不同的原因造成。造成病害的原因不同,采取的整治方法也各不相同,需要针对道岔的不同病害,认真分析,制定相应的整治方法,有的放矢、加以整治。处理方法也要适应现场病害情况,不要套搬相近或相适的案例,应该根据病害产生原因具体分析,根据实际情况确定处理方法。

道岔结合部故障处理应遵循“先电务、后工务、再电务”的原则,发生道岔故障时,首先由电务部门牵头,工务部门配合,采取措施迅速处理故障,最大限度缩短故障延时。

1. 病害检查方法

对于道岔结合部病害的查找,现场可以采用看、听、测、试等方法来比较、对照,进而发现病害所在,采取针对性措施,加以克服。

一看：一上道岔，远看近看相结合；直股看方向；曲股看圆顺，看曲基本轨是否呈抛物线状，尖轨是否密贴；顶铁是否起作用、是否顶死；密贴、缺口是否变化；尖轨的跳动状态；轨枕的起伏状态等。

二听：列车通过时的振动声音，吊板、拱腰、扣件失效、螺栓松动等有无异声。

三测：工务方面，测轨距、开程、框架尺寸、轮缘槽宽度；电务方面，测动作电流、故障电流、密贴间隙是否存在假密贴，开程、空动余量。明确一点：转辙机动程＝尖轨开程＋空动余量＋杆件、销孔旷动量。杆件，特别是工务第一连接杆旷动是造成空动余量不足的原因之一，日常整治中尤其要注意。

四试：2 mm/4 mm 试验；定反位操纵时观察主(副)机动作的一致性；尖轨是否平行移动，防止蛇行移动。

1)道岔反弹检查方法

反弹现象是尖轨密贴于基本轨时发生道岔故障的主要原因，这种现象是大量存在的，也是最不易诊断原因的，所以这是工电联合检查的重点。

(1)检查道岔反弹现象的方法，目前采用的有两种。

①利用设于车站控制台的电流表进行检查。单独操纵道岔，观察道岔的工作电流和锁闭电流变化，若工作电流与锁闭电流之差超过 0.3 A(经验值)时，就说明这组道岔存在反弹现象。

②用手摇把摇动道岔，当道岔解锁时，由于道岔有反弹，手摇把出现自动空转现象。这时可用撬棍检查道岔的反弹点，具体做法是将连接杆作为基本测试点，逐根连接杆用撬棍将尖轨向基本轨侧拨动，拨到哪一根连接杆反弹消除，也就找到故障点。这种做法叫分段诊断法，比较简单易行。

(2)现场还可以利用“三听四看”法来对道岔反弹进行诊断。

①“三听”

一听道岔解锁时是否有“砰”的响声，有则是反弹影响，响声越大说明反弹越大。

二听道岔转换时声音是否沉闷，声音沉闷说明阻力过大；如果接近密贴时沉闷，说明尖轨跟端过紧，容易出现道岔反弹。

三听尖轨密贴时有无撞击基本轨的声响，有则为密贴力大。

②“四看”

一看解锁时密贴杆是否先被尖轨推着走，即密贴杆的空动距离在没有抽出之前，尖轨已经先动，说明有反弹。尖轨瞬间斥离基本轨的距离为反弹距离，应不大于 4 mm。若超过此标准认为不合格。

二看有无尖轨尖端或腰部先于方钢处密贴现象。检查时应站在尖轨前端下俯身体，观看尖轨密贴过程，有上述现象则为反弹，先密贴点为反弹所在点，应采取收紧尖端杆或收紧第二、三连接杆的方法进行解决。如果是AT型尖轨道岔，无法采用收紧尖端杆方法处理尖端先密贴的问题时，只有适当松密贴力来缓解反弹。最终应采取更换尖轨方式彻底解决。

三看方钢是否窜动。在扳动时看丁字铁与方钢连接处有无窜动的痕迹。

四看前端有无吊板、腰部及根部滑床板过高尖轨翘头等病害。重点前三块滑床板应至少有两块与尖轨底部密靠，实践证明最好第一块密靠，此时尖轨转换阻力最小。如果滑床板都受力，则尖轨转换阻力就大。所以，腰部及根部滑床板过高会增加道岔阻力。

2)道岔密贴状态、锁钩松紧检查

扳动道岔后检查密贴位置侧，道岔尖轨尖端无间隙(间隙不大于0.5 mm)，用扳手撬动尖轨可使尖端间隙变化0.2 mm左右，并能自然恢复原状态，无假密贴现象；其余牵引点可同样检查，尖轨与基本轨间隙不大于1 mm，用大号螺丝刀插入间隙处撬动，可自然复位。用工具锤侧面反复轻轻敲击锁钩侧面，锁钩左右可小幅摆动，无反弹，无大阻力。同时并对钩头敲击检查，敲击锁钩头部侧面，钩头可左右小幅摆动，并无反弹，说明道岔密贴良好，锁钩松紧适度。另外一侧做同样检查。否则，要对道岔进行调整，达到前述的状态。道岔过紧，会使道岔解锁困难，再有钩锁缺油等其他因素存在，故障概率大增。同样，过紧也会使锁闭力增大，往往造成道岔上不去。锁钩过松，最突出的问题是机械磨耗严重，也会产生缺口变化。细致地维护当然应选择一个最佳并且合理的状态，使道岔工作有一定的可靠裕度。

3)道岔卡阻检查

(1)钩头与锁闭铁检查

钩头与锁闭铁在解锁、转换、锁闭时，钩头在锁闭铁槽内运动时，容易发生侧面磨卡，影响道岔的正常解锁、转换、锁闭，使道岔发生卡阻故障。

①检查方法：

a. 扳动观察法

在扳动时，钩头抬起和落下过程中，钩头和锁闭铁有无摩擦，锁钩侧面有无划痕。

b. 敲击检查法

手锤左右反复敲击钩头侧面，如钩头左右摆动自如，无反弹，说明两者无别卡。如钩头敲击不动或有反弹，还是应当首先检查锁钩是否过紧。

②可能造成两者别卡的原因有以下几个方面：

a. 锁闭杆不平顺，锁钩夹板造成锁钩方向变化。

b. 锁轴变形或锁钩内铜套不均衡磨耗造成锁钩方向变化。

c. 锁闭框偏离中心线。

d. 锁闭框尺寸误差造成两者不平行。

e. 是否使用半片插片。

找到了原因，解决问题应该变得比较容易。

(2)锁闭杆与锁闭框别卡

锁闭杆与锁闭框两者之间别卡现场比较普遍，检查方法也比较简单，在锁钩松紧适度前提下，用工具锤左右敲击锁闭杆(锁闭和斥离位置均可检查，锁闭位置更明显)，锁闭杆来回动作自如，不反弹，则无别卡；如敲击不动或有反弹，则说明锁闭框与锁闭杆有别卡，解决方法就是调整锁闭框位置，使杆件平顺后，再用同样的方法检查。

(3)斥离轨锁钩的检查

斥离轨锁钩也应该处于活动的状态，斥离位置的别卡往往也容易造成道岔的扳动困难，别卡的原因很多。

①斥离轨开程是否标准，两边是否平衡，可能会因为开程变化，造成锁闭杆凸块与锁钩凹槽卡牢。

②锁轴变形或磨耗，造成锁轴不能自由窜动。

③杆件是否方正平顺，锁钩内铜套不均匀磨耗也可能造成等。

(4)锁轴是否磨耗或弯曲变形

在锁闭位置，用扳手往一个方向转动锁轴，手感阻力应均匀；转动时如有半圈省力半圈费力，同时道岔密贴状态也跟着发生变化，则说明锁轴已弯曲变形，应更换锁轴。检查应在密贴侧进行，因斥离位置检查不十分明显。

(5)表示杆与叉型接头的别卡

表示杆与叉型接头别卡现象更为普遍，因为道岔缺口调整，表示杆调整螺丝紧固，表示杆、叉形接头、鼓形销间的应力始终存在，久而久之，再加上列车通过时振动，造成叉形接头折断。解决方法是在调整完毕，调整螺丝紧固后，用大扳手回一点力，这样表示杆接头、鼓形销、叉形接头就灵活了，处于自由状态。

(6)导向销的作用和检查

导向销的作用是为了保证锁闭杆水平运动，由于列车通过产生的振动，导向销在锁闭杆导向槽内振动磨耗产生凹坑，同样导向销自身也有磨耗，有的导向销发生折断。需要加强检查，更换时要扳动观察，特别是心轨部位，销要入槽。

(7)道岔转换卡阻重点检查项目

发生道岔故障后，要认真检查道岔转辙部分范围内所有设备，确定故障位置及原因，以最快速度排除故障，恢复设备的使用。

现场检查重点：

一是尖轨与基本轨、可动心轨与翼轨之间有无夹杂异物。

二是转辙部位各连接零件有无松动、失效。

三是滑床板有无脱焊、断裂、失效。

四是转辙部分几何尺寸、框架尺寸有无超限，尖轨有无翘头、侧弯、爬行。

五是尖轨、可动心轨防跳限位装置是否完好。

六是辊轮状态是否良好。

4)可动心轨辙叉故障检查

可动心轨辙叉发生故障以后，重点检查项目如下：

(1)顶铁过紧，成为锁闭硬点。工电联合整治要求顶铁与心轨间隙不大于1 mm，间隙过小可用纸片检查，锁闭时，纸片能轻松抽出即可，否则进行调整解决。

(2)心轨碰翼轨轨底。一般会出现明亮的磨痕，由工务部门打磨处理。

(3)滑床板长期磨耗，产生台阶，扳动受阻。一般痕迹明显，采用打磨方法，另外，因为心轨是由长短心轨拼装而成的，在拼装接缝处的滑床板产生磨耗台阶，一般难以发现，工务也难以处理，有的道岔中途停顿也可能与此有关，需进一步分析判断。

(4)岔跟后部小尖轨间隙内无杂物，整个心轨滑床板涂油至岔跟尖轨。

5)道岔不解锁、不锁闭检查

(1)道岔第一或其他牵引点不解锁检查

检查时联系室内对道岔进行反复扳动试验，室外道岔在转换时用手锤敲击不解锁牵引点处的锁钩两侧平面，外锁闭即可解锁。检查道岔尖轨、基本轨是否爬行，尖轨是否掉板，滑床板是否开焊，密贴调整是否过紧，锁闭铁的锁闭斜面、锁钩锁闭斜面、动作板凸起的锁闭台及锁钩锁闭下平面是否夹异物，是否卡出沟痕，发现问题，及时和工务人员现场处理。必要时更换锁闭铁及锁钩进行整治。

(2)道岔第一或其他牵引点不锁闭检查

检查时联系室内对道岔进行反复扳动试验，室外检查道岔尖轨、基本轨间是否夹异物。如果尖轨已密贴，可能是斥离尖轨卡阻或道岔密贴过紧造成，现场用手锤敲击密贴尖轨或用撬棍拨斥离尖轨，使道岔锁闭维持使用。重点检查道岔尖轨、基本轨是否爬行，尖轨是否吊板，滑床板是否开焊，杆件是否方正等情况。

6)道岔爬行检查方法

(1)检查密贴尖轨尖端与基本轨轨端的距离、可动心轨尖端与翼轨轨端的尖趾距离，应符合规定。当道岔心轨爬行大于10 mm、道岔尖轨爬行大于20 mm时，视为爬行超标。

(2)电务部门进行道岔扳动试验检查时，转辙机动作杆、表示杆与道岔外动作板外表示杆应呈直线状态。发现不在同一直线上，呈别劲状态，应检查尖轨、基本轨是否爬行，轨枕是否方正,工务部门应及时处理。电务部门应对锁框、表示杆连接铁进行调整,保证道岔使用。

2. 病害整治方法

1)整治反弹病害

(1)两基本轨间框架尺寸不达标的情况,首先方正基本轨接头,检查曲基本轨弯折量,当误差超过±1 mm时,应重新弯折;直股基本轨方向不良时,可用弦线测量,采用拨道或改道方法调整,对曲股进行轨距调整时,应结合测量两基本轨框架尺寸的方法进行调整;调整完毕应进行转辙性能测试。

(2)尖轨与拉杆框架尺寸不达标的情况,要调整尖轨与拉杆组成的框架尺寸,按照标准调整各部位连接杆的长度,遵循从前向后的顺序进行调整,如有误差,可采取加撤铁垫片或更换拉杆的方法进行调整。

(3)通过垫板或起道捣固的方法整修滑床板过硬、空吊,使转辙部各滑床台高度保持一致。

(4)更换双头螺栓,更换间隔铁,或在双头螺栓上加垫。

(5)窜动尖轨或调整基本轨,消除限位器卡阻问题。

(6)整修更换有侧弯的尖轨、可动心轨。

(7)调整尖轨、可动心轨顶铁、拧紧松动的顶铁螺栓。

(8)电务部门对于密贴过紧的道岔重新调整使其符合要求。

(9)调整防跳限位装置与尖轨轨底边缘的间隙,使其符合要求。

2)整治卡阻病害

(1)更换滑床板台面严重磨耗、变形、开焊或折断的滑床板。

(2)对滑床板高度调整,对于木枕道岔锛砍削平转辙部木枕,调整滑床板高低,使各岔枕上的滑床板高度保持一致;通过垫板或起道捣固的方法整修滑床板过硬、空吊。

(3)对基本轨工作边和尖轨非工作边出现的肥边应及时安排打磨,打磨后要进行道岔扳动试验,确保打磨后尖轨密贴状态良好。

(4)有砟道岔方正转辙机处横移岔枕,使岔枕位置间隔尺寸符合标准,防止尖轨、可动心轨电务拉杆刮碰岔枕。

(5)尖轨滑床板辊轮进行重新安装,拧紧辊轮定位螺栓,防止定位螺栓松动、上框架浮起刮碰尖轨轨底,引起转换卡阻。

(6)整修或更换拱腰、塌腰尖轨、可动心轨,使尖轨与基本轨、可动心轨与翼轨顺利密贴。对于翘尖的尖轨可以打磨尖轨尖端非工作边影响密贴的部位,或是更换尖轨。

(7)混凝土枕道岔处理AT型尖轨上部卡基本轨下颚,一是更换基本轨下压溃胶垫,二是调整过硬滑床台下铁垫板胶垫。

(8)在道岔运营过程中,应经常检查各类转换杆件与岔枕上滑床板、耳板、岔枕边缘间的缝除尺寸。发现缝隙小于 10 mm 时,应及时调整转换杆件的位置,拉轨并及时锁定扣件。

(9)对转辙部、可动心轨关键部位的螺栓,应加强检查,及时拧紧松动螺栓(表 3.39),对于拧不紧的反松螺栓必须进行更换处理。要及时补充更换松动、脱落的尖轨和可动心轨顶铁横向螺栓防松夹,以及尖轨和可动心轨间隔铁螺栓螺母防松帽。对于转辙部、可动心轨关键部位的螺栓可更换成防松螺帽。

表 3.39　转辙部、可动心轨各部位螺栓扭矩

序　号	螺栓种类	扭矩(N・m)
1	长短心轨连接螺栓	600
2	限位器、转辙器跟端间隔铁及翼轨间隔铁连接螺栓	1 100
3	岔枕垫板用 M30 螺栓	300～350
4	咽喉前翼轨间隔铁螺栓	600
5	防跳卡铁,顶铁螺栓	400～600

(10)在铺设组装时应充分考虑各零部件的公差,防止活动零部件的活动间隙过小。

(11)调整防跳间隔铁、顶铁,保证防跳间隔铁、顶铁与尖轨和可动心轨轨底有一定的间隙。

(12)电务部门及时调整电务转换设备,使之能够适应尖轨和心轨的自由伸缩,解决以往道岔在电务转换过程中出现的卡阻问题。

另外,由于外锁闭中滑动摩擦面多,同时有些零部件的摩擦面直接暴露在外,受外界环境影响较大,需要定期维护。特别对于外锁闭的接触摩擦面需要定期加油,下雨后需要注油,冬季要清雪。

3)整治爬行病害

(1)对尖轨、可动心轨爬行量超限的道岔采用更换尖轨、基本轨、可动心轨辙叉前后钢轨或是单个调整尖轨、基本轨、可动心轨辙叉纵向位置等措施,使其符合要求。道岔心轨爬行大于 10 mm,尖轨爬行大于 20 mm 时,视为爬行超标。

(2)锁定基本轨、翼轨。

(3)更换尖轨跟端双头螺栓。

(4)方正道岔,使道岔两尖轨尖端相错量不大于 10 mm。

(5)方正有砟道岔岔枕,对横移岔枕采用防横移的措施。

(6)尖轨、长心轨未焊接的道岔,可调整尖轨、长心轨跟端范围内钢轨轨缝的大小并拧紧道岔内扣件,同时在尖轨及可动心轨跟端采用冻结工艺对接头进行冻结,以阻止窜动爬行的产生。

(7)对尖轨、长心轨跟端已焊接的道岔，除组装时严格按标准进行对方组装外，日常养护中需经常拧紧扣件。

(8)在道岔前后焊接钢轨上增设防爬设备。

(9)将长心轨、短心轨、翼轨、间隔铁进行胶接处理。

(10)对尖轨严重不方已焊接的道岔，切割钢轨拉方后重新进行焊接。

4)整治松(旷)动病害

克服接头铁和拉杆之间连接销松动现象的措施，主要是采用高强度螺栓或更换为带螺扣的销子，同时应减少道岔爬行；对于第一拉杆的连接销应更换为高强度螺栓，并用高强度螺栓将其拉杆鸭嘴上下拧紧；经常检查水平螺栓是否松动，如果发现水平螺栓松动及时拧紧。

将连接销子改装成锥形，并加装护套以增大接触面，改善承受交变应力能力，将点接触改造成面接触，根据螺丝松紧控制轴套大小，消除连接处的旷动。

5)整治离缝病害

(1)尖轨与基本轨，可动心轨与翼轨，尖轨、可动心轨与顶铁离缝的情况，先调整各部位框架尺寸，若依然存在离缝，要对尖轨、可动心轨进行“放劲归零调整”，检查尖轨自由状态下是否能够密贴，确定其是否存在硬弯或者拱腰，确定后再相应的采取矫直或烤制及更换尖轨的办法解决。

(2)两基本轨间框架尺寸不达标的情况，首先方正基本轨接头，检查曲基本轨弯折量，当误差超过±1 mm时，应重新弯折；直股基本轨方向不良时，可用弦线测量，采用拨道或改道方法调整，对曲股进行轨距调整时，应结合测量两基本轨框架尺寸的方法进行调整；调整完毕应进行转辙性能测试。

(3)尖轨与拉杆框架尺寸不达标的情况，要调整尖轨与拉杆组成的框架尺寸，按照标准调整各部位连接杆的长度，遵循从前向后的顺序进行调整，如有误差，可采取加撤铁垫片或是更换拉杆的方法进行调整。

(4)通过增减垫片或更换顶铁的方法调整尖轨(可动心轨)与顶铁间缝隙。

(5)尖轨(可动心轨)与滑床板离缝，滑床板各台板表面磨耗不均匀，转辙部、可动心轨辙叉存在高低空吊，采取捣固、垫板、更换磨耗的滑床板等措施，使各滑床板在同一水平面上。

(6)整修或更换尖轨、可动心轨。

(7)调整动程不标准、两侧动程不均匀的尖轨和可动心轨动程。

(8)尖轨在第二、三牵引点处侧弯，分为两种情况。第一种是尖轨在第二、三牵引点处向内侧弯，针对这种病害，第二、三牵引点处密贴调整不宜过紧，开程调整略大一些。第二种是尖轨在第二、三牵引点处向外侧弯，针对这种病害，第二、三牵引点处密贴都是很好的，但是在第一牵引点处，尖轨反弹使道岔张嘴；当反弹间隙超过 4 mm 以上时，原则上工务必须进行更换处理；反弹间隙在 4 mm 以下，应进行适应性调整，该牵引点处密贴调整不能过紧。日常应保持外锁闭装置干净，注油良好，防沙、防雪罩安装良好。巡检时，重点检查外锁闭铁锁闭斜面是否有沟痕。道岔转换试验时，观察是否出现卡阻现象，发现不良，及时打磨处理。

第4章　故障案例分析

结合上章故障处理思路，特列举相关故障案例，其中部分来自温州 S1 线市域铁路故障案例。

4.1　轨旁设备故障案例

4.1.1　应答器故障

1. 故障现象

多趟列车 ATP+模式运行至科技城站下行进站前产生不明原因紧制，司机 RM 模式缓解后动车。

2. 分析判断

1)应答器日志

日志查看应答器均正常工作。

2)LEU 板卡状态

C 接口板、S 接口板灯位显示均正常。

3)车载日志：事件发生时列车运行方向为下行，故一端为主控端。根据日志显示可知：

(1)S0102 车：

05:29:37.972　主控端读取 F1223 无源应答器。

05:29:42.718　非主控端读取 F1223 无源应答器，如图 4.1 所示。

05:31:32.967　主控端读取 F1225 无源应答器。

05:31:44.493　非主控端读取 F1225 无源应答器，如图 4.2 所示。

05:29:47.466　主控端丢失 B1204 有源应答器，导致点式移动授权丢失，引起列车紧急制动。EB 时列车运行速度为 60.282 km/h。

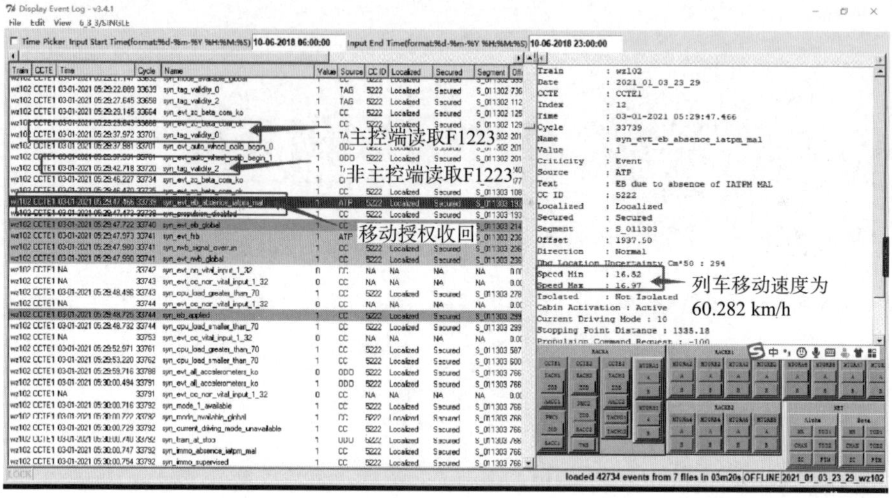

图 4.1　S0102 车 F1223 日志

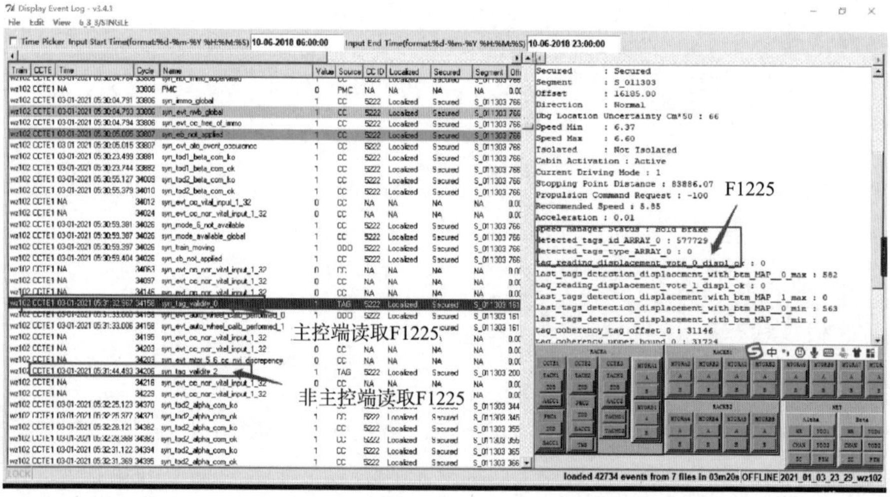

图 4.2　S0102 车 F1225 日志

(2)S0103 车：

05:42:42.862　主控端读取 F1223 无源应答器。

05:42:45.444　非主控端读取 F1223 无源应答器。

05:43:03.193　主控端读取 F1225 无源应答器，如图 4.3 所示。

05:42:48.695　主控端丢失 B1204 有源应答器，导致点式移动授权丢失，引起列车紧急制动。EB 时列车运行速度为 98.082 km/h。

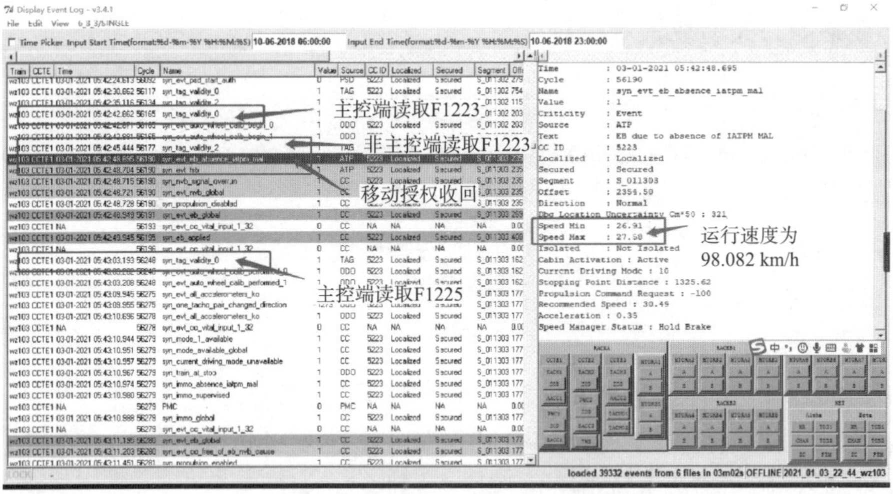

图 4.3　S0103 车 F1223、F1225 日志

(3)S0108 车：

05:49:57.237　主控端读到 1223 无源应答器。

05:50:00.237　非主控端读到 F1223 无源应答器。

05:50:15.989　主控端读到 F1225 无源应答器，如图 4.4 所示。

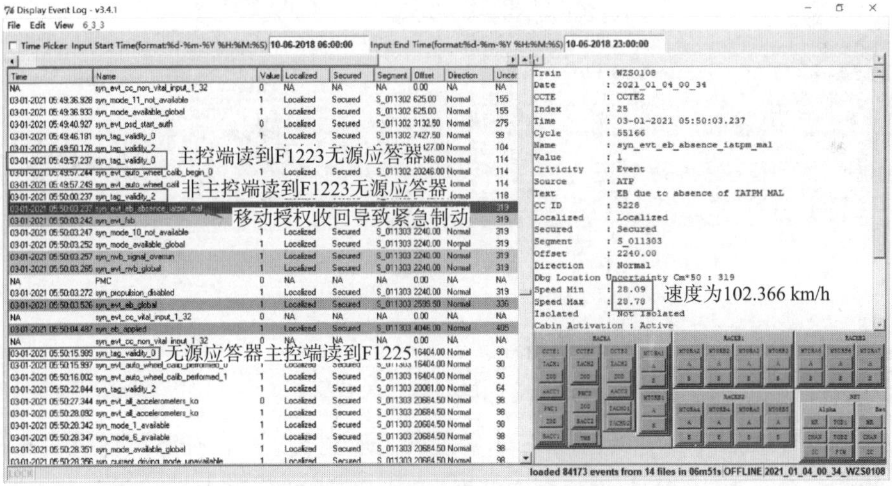

图 4.4　S0108 车 F1223、F1225 日志

05:50:03.237　主控端丢失 B1204 有源应答器，导致点式移动授权丢失，引起列车紧急制动。EB 时列车运行速度为 102.366 km/h。

综上，通过日志显示：S0102、S0103、S0118 车故障原因均为主控端丢失 B1204 有源应答器，导致点式移动授权收回，引起列车紧急制动，通过日志显示可以看到列车两端均未读取到 B1204 有源应答器。

4.1.2 应答器丢失造成紧制故障

1. 故障现象

20912 次(S0101 车)列车 ATO 模式运行至德政站至新桥站上行区间产生不明原因紧制,司机 RM 缓解动车。

2. 分析判断

事件发生时列车运行方向为上行,故四端为主控端。

通过日志显示:

18:29:58.991　非主控端读取到 B0508R 有源预告应答器。

18:29:56.741　主控端丢失 B0508R 有源预告应答器,引起列车超速紧急制动。EB 时列车运行速度为 95.93 km/h,如图 4.5 所示。

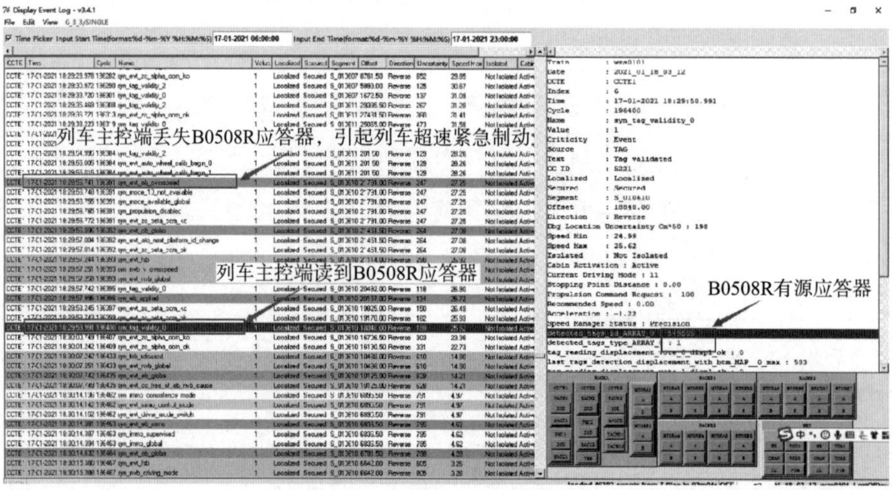

图 4.5　S0101 车 B0508R 日志

18:32:16.486　列车 ATO 模式可用。

18:32:19.706　列车转 ATO 模式,如图 4.6 所示。

综上,通过日志分析 18:29:58.991 非主控端读取到 B0508R 有源预告应答器,18:29:56.741 主控端丢失 B0508R 有源预告应答器,引起列车超速紧急制动。EB 时列车运行速度为 95.93 km/h。

4.1.3 信号机灯丝报警故障

1. 故障现象一

中央 ATS 告警信息显示机场联锁区总灯丝报警、X1604 信号机黄灯丝报警,故障瞬时恢复,暂不影响信号设备使用。

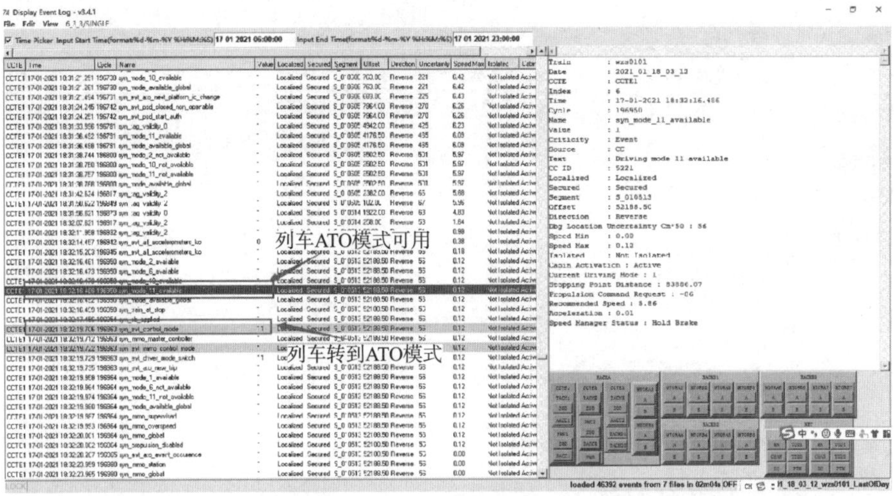

图 4.6　列车 ATO 模式日志

2. 分析判断

1)信号机 X1604 黄灯灯丝报警问题分析

SDM X1604 信号机黄灯驱动记录如图 4.7 所示，SDM X1604 信号机黄灯采集记录如图 4.8 所示。

根据 SDM 日志分析，14：11：35 联锁给出驱动 UJ(黄灯继电器)命令；14：11：36 联锁收到回采 UJ(黄灯继电器)信息，UJ 吸起；14：11：37 2DJ(2 灯丝继电器)吸起，正常运行情况下 2DJ(2 灯丝继电器)吸起时间应和 UJ(黄灯继电器)同时吸起。该故障为 X1604 信号机 2DJ(2 灯丝继电器)吸起时间延后 1 s 所致，现场已将室外黄灯发光盘点灯变压器更换，室内 UJ(黄灯继电器)、2DJ(2 灯丝继电器)更换，现场实验各项参数指标均在正常范围内。

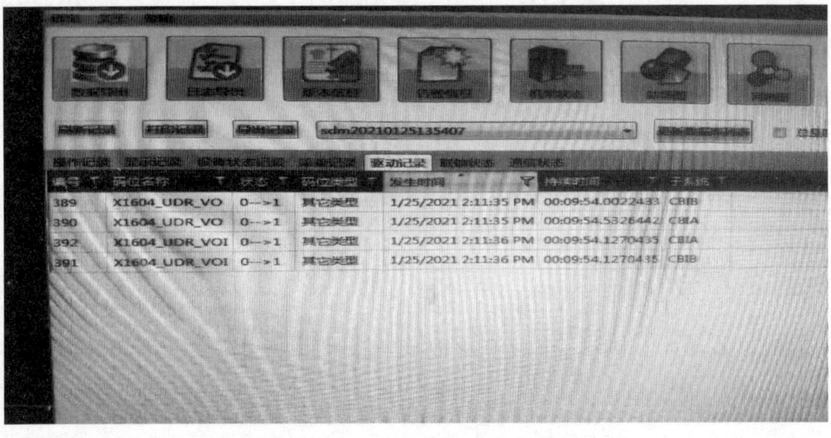

图 4.7　SDM X1604 信号机黄灯驱动记录

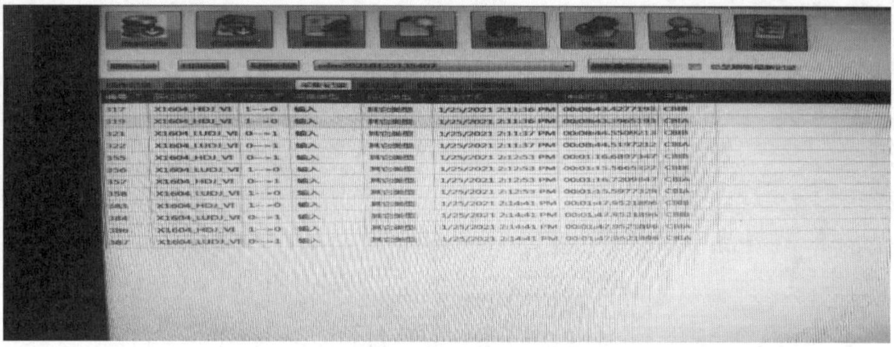

图 4.8　SDM X1604 信号机黄灯采集记录

2)信号机 X1604 黄灯点灯电路排查

室内排查 X1604 室内线缆部分。测得黄灯红白线间环阻 47 Ω,线间绝缘大于 500 MΩ,对地绝缘大于 500 MΩ 线缆部分正常。对室外信号机 X1604 排查,设备正常,对该信号机预防性更换黄灯发光盘、点灯变压器。

3. 故障现象二

行调发现中央 ATS 显示:双瓯大道站 S2107 红灯丝故障及双瓯大道站 STA 总灯丝报警均瞬时恢复。跟进双瓯大道站 S2107 红灯丝故障信息,19:15 后续列车 20514 次(S0101 车)在双瓯大道站 ATO 模式正常折返,列车出站后 S2107 信号机红灯丝故障持续存在。

4. 分析判断

信号机 S2107 灯丝报警问题分析如下。

1)经查看 SDM 数据分析可知:

第一次红灯灯丝报警是绿灯转换红灯的过程:

驱动 LJ↑19:05:18,LJ↓19:05:36,DJ↑采集时间 19:05:39,报警时间:19:05:39。

第二次是在黄灯转换红灯过程:

驱动 UJ↑19:07:14,UJ↓19:07:23,在 UJ↓时未采集到 DJ 状态,报警时间 19:07:25。

第三次是在黄灯熄灭后红灯报警:

驱动 UJ↓19:09:07,DJ↑采集时间 19:09:09,报警时间 19:09:09。

第四次是在绿灯转换成红灯过程:

驱动 LJ↑19:14:15,LJ↓19:15:19,DJ↓采集时间 19:14:55,报警时间 19:15:20。

由以上数据可得红灯灯丝报警均在转换为红灯时出现报警。

2)经测量 S2107 信号机 DJ(灯丝继电器),发现该 DJ(灯丝继电器)内部二极管异常,无法正常吸起导致绿灯无法正常开放,如图 4.9、图 4.10 所示。

综上可知,该故障为 S2107 信号机 DJ(灯丝继电器)内部二极管异常所导致。

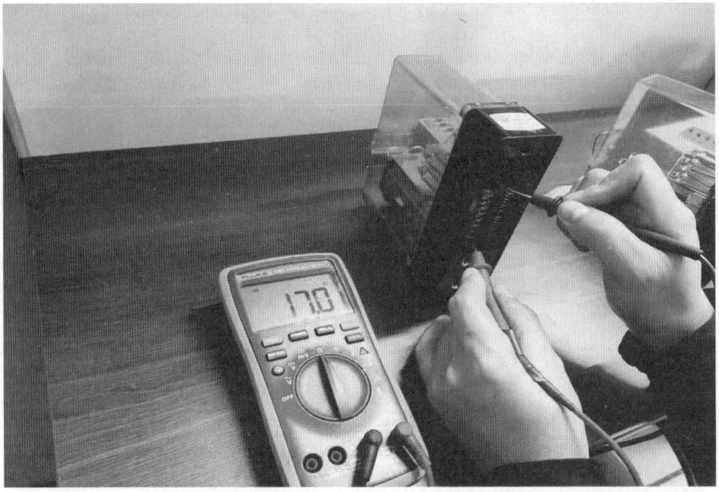

图 4.9　现场测量该继电器 63 接点—线圈 1 有阻值

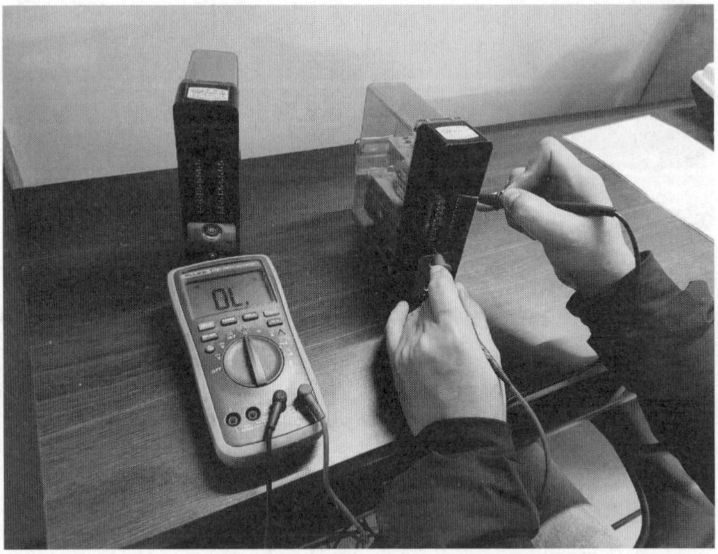

图 4.10　正常继电器 63 接点—线圈 1 阻值无穷大

4.1.4　转辙机故障

1. 故障现象:1DQJ 不能自闭。

分析判断:扳动道岔时,控制台表示灯熄灭,挤岔表示灯点亮、铃响,道岔不能到位。经来回扳动该道岔发现 QDJ 在吸起状态,1DQJ 先于 BHJ 落下,经进一步检查发现 1DQJ 自闭线圈(1-2 线圈)开路(1DQJF 已吸起,故障在 1DQJF 线圈 4 至 KZ 电源之间,可以借 KF 查 KZ)。

2. 故障现象：ZBHJ 在道岔操纵过程中不能励磁造成 1DQJ 不自闭。

分析判断：扳动道岔时，控制台表示灯熄灭，挤岔表示灯点亮、铃响，道岔不能到位。经来回扳动该道岔试验，发现 QDJ 在道岔转换 2～3 s 后落下，1DQJ、BHJ 也跟随落下，进一步检查发现该道岔 ZBHJ 在道岔操纵过程中不能励磁吸起，经查找发现 $1BHJ_{61\text{-}62}$ 接点不良（电压法：借 KZ、KF 都能查到故障点）。

3. 故障现象：DBQ 无直流电压输出或输出直流电压低造成 1DQJ 不能自闭。

分析判断：某站扳动 11 号道岔时，控制台定位表示灯熄灭，电流表闪了一下就恢复到零，13 s 后挤岔表示灯点亮、铃响，道岔不能反位。经反复扳动该道岔试验，发现 DBQ 上指示灯闪了二下（表示控制电源 380 V 已送至三相电机，回路中有电流流过）后就熄灭了，但 BHJ 不能励磁。

故障原因一：经进一步查找测试发现 DBQ 输出直流电压 26 V，而 BHJ1-4 线圈两端测不到电压，继续往下检查发现 DBQ 直流输出端子 1 上的配线虚焊（这是电压法，当道岔在静状不操动的情况下，也可以直接用电阻法测量 DBQ 输出 1、2 端子间电阻，同样很快能找到故障点）。

故障原因二：经进一步查找测试发现 DBQ 输出直流电压只有 6 V，造成 BHJ 不能励磁。更换 DBQ 继电器后，11 号道岔恢复正常。

4. 故障现象：1DQJ 线圈 3-4 缓放时间短造成 1DQJ 不能自闭。

分析判断：某站在更换第一道岔启动继电器（JWJXC-H125/80）后，发现该道岔不能正常转换，经反复试验发现 1DQJ 继电器在 BHJ 吸起前的瞬间落下，造成 1DQJ 不能可靠自闭，经比较更换前后的两个 1DQJ 继电器的缓放时间后，发现新的 1DQJ 缓放时间偏低（0.51 s），而原来使用的 1DQJ 继电器的缓放时间为 0.68 s，更换缓放时间为 0.65 s 的 1DQJ 继电器后，故障消失。

5. 故障现象：2DQJ 不能转极。

分析判断：某站在办理进路时，发现 5 号（提速双机）道岔不能转换（定位往反位），使用手摇把将道岔转换到反位后再开放信号，结果该道岔由反位转换到定位，经观察室内继电器时发现：不论往定位或反位操纵该道岔时，1DQJ 都能吸起，2DQJ 在定位（吸起位置）不转极，进一步检查时发现本组合内部 01-1 至 01-2 端子之间残焊短路，致使该道岔在操纵过程中 2DQJ1-2 线圈、3-4 线圈同时送电，造成 2DQJ 不能转极，道岔不能转换。

6. 故障现象：综合分析 BHJ 不励磁造成道岔不能转换。

分析判断：某站在办理进路时，发现 12 号道岔不能转换（定位往反位），控制台挤岔表示灯点亮、铃响，信号值班人员经来回扳动该道岔试验，观察室内继电器动作时发现 DBQ 上指示灯不闪，BHJ 不能励磁。综合分析判断如下（道岔在定位时有表示）。

1)测量 $1DQJ_{12}$、$1DQJF_{12}$、$1DQJF_{22}$ 接点相互之间是否有交流 380 V 电源。

(1)无:检查三相电源、保险及配线。

(2)缺相:检查所缺相的保险、DBQ 线圈和配线。

(3)正常:进行第二步。

2)借用 BD_1-7 表示变压器线圈 3 上电压,测量 $1DQJ_{11}$、$1DQJF_{11}$、$1DQJF_{21}$ 接点上是否有交流 105 V 左右电源(此时室内控制电路在反位,2DQJ 在落下状态,室外道岔在定位,反位表示电路呈现短路状态)。

(1)如果 $1DQJ_{11}$、$1DQJF_{11}$ 有电压,而 $1DQJF_{21}$ 无电压:检查 $1DQJF_{21}$ 至三相电机 U_1 之间有开路故障。

(2)如果 $1DQJ_{11}$、$1DQJF_{21}$ 有电压,而 $1DQJF_{11}$ 无电压:检查 $2DQJ_{111\text{-}113}$ 接点开路故障。

(3)如果 $1DQJ_{11}$、$1DQJF_{11}$、$1DQJF_{21}$ 接点上都有电压:进行第三步。

3)在操纵道岔过程中分别测量 $1DQJ_{11\text{-}12}$、$1DQJF_{11\text{-}12}$、$1DQJF_{21\text{-}22}$ 接点,有 380 V 左右电压的接点,为故障不良接点。

7. 故障现象:无列车通过时,道岔突然失去定位表示。

分析判断:在控制台操纵道岔,观察定位向反位动作是否正常及反位表示是否良好。

1)如果定位向反位动作正常(控制台道岔动作表示灯亮灯时间约为 5～6 s)。

(1)如果反位无表示,说明是定、反位表示电路公共部分故障,在室内进一步观察这组道岔的尖轨和心轨的反位表示继电器是否吸起。

若尖轨和心轨反位表示继电器有一个未吸起,则观察该组合的表示熔断器是否良好。确定为良好后,可在分线盘测量是否有交流表示电源送出,以确定是室内故障还是室外故障。

①若有交流表示电源送出,说明室外有故障:

a. 交流电压 20～30 V 左右且无直流,说明二吸管可能已经被击穿;

b. 如无直流且交流电压 105 V 左右,说明整流堆部分开路。

②若没有交流表示电源,需进一步甩开 X_3,进行判断:

a. 如有交流开路电压,说明整流堆部分可能短路。室外公共部分,由于道岔能动作,可以排除 X_1 线和电动机线圈部分定、反位表示公共部分仅剩整流堆及其两端配线部分,应重点检查室外整流堆部分;

b. 如仍无电压说明室内故障 BD_1-7 变压器、电阻 R_1 及相关配线不良。

(2)如果反位有表示,说明故障点为定位表示局部电路部分,这时应将道岔操纵至定位,测量分线盘 X_2 与 X_4 线端子:

①如有交、直流电压,说明故障在室内,可能为 DBJ 本身故障或有关配线断线(或者原

电气集中电路中 DBJ 电路故障)。

②如无直流电压,且交流电压偏高,说明室外部分故障,这里可以排除 X_2 与 X_4 电缆和转辙机 11-12 接点,因为道岔能正常动作。这时应立即到现场进一步查找转辙机 15-16、31-32、33-34 接点等是否接触良好;密贴检查器接点 A 和 B 接触是否良好及有关配线是否存在线头松动、断线等情况。

2)如果定位向反位动作不正常(在组合架观察继电器动作情况),道岔动作也不正常时(尖轨或心轨不能动作),则故障在表示电路与动作电路的公共部分,应将道岔置于定位进行查找。

(1)测量分线盘 X_1 与 X_2 端子,检查有无交、直流电压。

①无交、直流电压,说明室内组合架 $1DQJ_{11}$ 到分线盘的 X_1 断线或 $1DQJF_{11}$ 到 $2DQJ_{111}$ 之间断线。

②如交、直流电压均有,说明电动机 W 绕组、U 绕组及 X_1 电缆良好。故障可能在 V 绕组/转物机 11-12 接点及 X_4 电缆或室内配线部分。

③若有交流电压且偏高但无直流,说明室外 X_1 电缆、W 绕组、U 绕组、V 绕组部分有问题,应到室外电缆盒及转辙机进一步查找确定。

(2)当测量分线盘 X_1 与 X_2 端子间交、直流电压均有,应进一步测量分线盘 X_2 与 X_4 端子。

①如交、直流电压均有,说明 X_4 电缆及转辙机 11-12 接点、V 绕组均良好,故障在室内 X_4 部分。

②如交、直流电压均无,说明故障在 X_4 电缆或转辙机 11-12 接点或 V 绕组。

8. 故障现象:未操纵道岔,当列车通过时,尖轨定位表示中断但列车通过后,表示自动恢复。

分析判断:当列车通过时,表示中断,而列车通过后又自动恢复,这类故障一般在室外。

1)到现场检查密贴检查器处尖轨与基本轨间的缝隙是否过大(规定不得大于 1 mm)。如过大,应检查第二牵引点密贴是否偏松,如密贴松应立即调整;如密贴不松,则很可能是工务线路的轨距或方向发生了变化,应会同工务部门立即处理;如缝隙不大,则应检查检测杆小缺口是否偏向于非工作面一侧,不良时应立即调整。如上述问题均不存在,应进一步查找。

2)如密贴检查器机械部分无问题,应认真查找电气部分故障,大多可能为接点接触不良或配线线头松动,这时有条件的话,最好能将道岔置于反位,通过一列车,看是否有故障现象发生,以进一步确定是公共部分还是定位局部电路部分。确定范围后,认真检查转辙机及密贴检查器的有关接点和配线。

4.1.5　轨道电路故障

1. 故障现象:有车占用无红光带。

判断分析:发生这一类型的故障相当危险,很容易引发大事故,故障后应先停用设备后处理,其原因一般有以下 8 个方面。

1)"死区间"过长,属设计原因,一般不会出现。

2)设有轨端绝缘但没有设受电端的渡线或侧线,因轨端接续线或岔后跳线断、脱,而造成"死区间"。

3)轨面电压调整过高或送端变阻器调整的阻值过小,造成车辆压不死。

4)一送多受的轨道区段因各受电端相距较远,轨面电压调整不平衡,有个别受电端轨面电压过高,造成车辆压不死。

5)由于轨面生锈,车辆自重过轻以及轮对电阻过大等导致车辆轮对分路不良。

6)控制台光带无表示信息。

7)轨道继电器有剩磁或接点卡阻、粘连等。

8)其他电源混入,如移频电压干扰等。

当轨道电路出现红光带时,可以在分线盘测试。若在分线轨道电路受电处测得的电压较平时偏高,则为室内断路故障。若电压低,则应在分线盘上甩开一个端子,若电压仍然较低,则为室外断路或短路故障;若电压升高,则应该重点检查室内是否短路。尤其应注意的是,一送二受或一送三受的轨道区段,若 DGJ 不吸起,则应先看 DGJ1 和 DGJ2 是否正常;若 DGJ1 和 DGJ2 正常,再查 DGJ 电压。

2. 故障现象:无车占用红光带。

1)送电端断路故障分析

(1)在 XB_1 型轨道变压器箱 1、3 端子(以单送为例)上测量

①若有交流 220 V 电压,说明室内已将 GJZ、GJF 送至本区段。

②若无交流 220 V 电压,说明室内未将电源送至本区段。

(2)在 XB_1 型轨道变压器箱 2、4 端子上测量

①若有交流 220 V 电压,说明熔断器正常。

②若无交流 220 V 电压,至少有一个熔断器熔断,分别判断即可。

(3)在 BG_1-50 型变压器Ⅰ次侧测量

①若有交流 220 V 电压,说明端子 2、4 至 $Ⅰ_1$、$Ⅰ_4$ 之间配线良好。

②若无交流 220 V 电压,说明端子 2、4 至 $Ⅰ_1$、$Ⅰ_4$ 之间配线断线,分别判断即可。

(4)在 BG_1-50 型变压器Ⅱ次侧测量

①若有电压，说明变压器正常。

②若无电压，Ⅱ次侧两组线圈均使用，首先测量封线是否正常。

a. 封线两端有电压，说明封线断线。

b. 封线两端无电压，说明封线良好（仅限于同一区段，仅存在一处断路；若同一轨道区段同时存在两处断路，即使封线断，在封线的两端也测不到电压）。若封线正常，说明变压器故障。

（5）变压器故障判断

设 BG_1-50 型变压器Ⅱ次侧封连 $Ⅱ_3$、$Ⅱ_4$，使用 $Ⅱ_2$、$Ⅱ_5$；Ⅰ次侧封连 $Ⅰ_2$、$Ⅰ_3$，使用 $Ⅰ_1$、$Ⅰ_4$。

①Ⅰ次侧的判断

a. 若 $Ⅰ_1$-$Ⅰ_2$-$Ⅰ_3$-$Ⅰ_4$ 之间均为 110 V 电压，则Ⅰ次侧正常。

b. 若 $Ⅰ_1$-$Ⅰ_2$ 之间有 220 V 电压，说明 $Ⅰ_1$-$Ⅰ_3$ 断线。

c. 若 $Ⅰ_3$-$Ⅰ_4$ 之间有 220 V 电压，说明 $Ⅰ_4$-$Ⅰ_2$ 断线。

d. 若 $Ⅰ_1$-$Ⅰ_2$-$Ⅰ_3$-$Ⅰ_4$ 均无电压，说明封线断。

②Ⅱ次侧的判断

若Ⅱ次侧各端子之间均无电压输出，则可以判明是Ⅰ次侧的故障，否则是Ⅱ次侧故障，判断方法如下：

a. 先是甩开Ⅱ次侧的封线（因为 $Ⅱ_2$、$Ⅱ_5$ 通过轨道与受电端构成了回路，易形成串电现象，若不甩开封线，即使端子的引出线断开，也能测到电压）；

b. 分线圈测量，即可以判断出是哪个线圈或引出线断线。

需要注意，从变压器Ⅰ次到变压器的Ⅱ次进行测量时，应注意更换万用表挡，防止烧坏万用表。并且判断变压器Ⅱ次故障，最好甩掉封线，防止因记错电压数值而发生误判。

（6）在送电端轨面及限流电阻上测量

①若限流电阻电压为 0 V，轨面电压为 0 V，则说明从轨面到变压器Ⅱ次侧发生了断线故障。

需要注意，限流电阻电压与轨面电压之和为Ⅱ次侧电压。

②若限流电阻电压为 0 V（或接近 0 V），轨面电压接近Ⅱ次电压，则说明从送电端到受电端（共用部分）发生了断路故障。

需要注意，限流电阻上的电压是区分轨道电路故障性质的重要数据，所以测试时，应与平时的数据进行认真比较。

2）线路部分断路故障分析

（1）若在送电端，电压已经送上轨面，但在受电端测不到电压，说明线路部分发生了断路，应用万用表在线路上进行查找，电压从有到无之间为故障点。

需要注意，在线路上测量，应特别注意岔后跳线是否正常，同时，应该防止轨面生锈而造成表笔接触不良测不到电压，从而造成误判。

(2)若相邻两轨道区段同时出现红光带，则应注意检查极性交叉。检查方法如下。

方法一：检查确认轨道绝缘良好后，用万用表交流 2.5 V 挡先测轨面电压 U_{AD}，再用一根导线封连绝缘，与此同时测试另一轨端绝缘电压 U_{DC}。若 $U_{DC}>U_{AD}$，说明没有极性交叉。

方法二：先联系要点，同时封连两组端绝缘，若两个轨道区段同时亮红光带，说明极性交叉正常。

方法三：在轨端绝缘处交叉测量 U_{AC} 和 U_{DB}，若 U_{AC} 和 U_{DB} 低于轨面电压，说明极性交叉正常。

3)受电端断线故障分析

(1)DGJ(直股部分)侧发生断线，DGJ1(弯股部分)侧正常。

现象：送电端限流电阻电压略有降低，而轨面电压略有升高。

分析：若 DGJ↓，DGJ1 正常，则轨道电路仍有一个负载。

(2)DGJ1(弯股部分)侧发生断线，DGJ(直股部分)侧正常。

现象：送电端限流电阻电压有降低，而轨面电压有较大升高。

分析：若 DGJ1↓，则 DGJ1↓→DGJ↓，从而将轨道电路的两个负载均断开，减小了限流电阻上的压降。

注意：

测量受电端 BZ4 型变压器Ⅰ次与Ⅱ次电压时，应注意变换表挡。

BZ4 型变压器Ⅱ次侧电阻为 20 Ω 左右。

切割弯(直)股时，当弯(直)股无电压时，应注意检查的后路线是否良好。

开路故障应注意查“三线”，即轨端接续线、轨道电路路线和变压器箱连接线。若从送电端至受电端顺序查找，则电压突然下降之处是故障点；若从受电端至送电端顺序查找，则电压突然升高之处是故障点。

4)短路故障分析

(1)造成短路故障的主要原因

①轨道电路岔后极性绝缘破损。

②轨道电路安装装置角钢绝缘双破损。

③轨距保持杆绝缘和轨道电路第二、第三连接杆绝缘破损。

④轨端绝缘双破损(有些相邻区段轨端绝缘双破损只有一个区段亮红光带)。

⑤变压器箱连接线轨端绝缘双破损。

⑥变压器箱连接线接触轨底或混连。

⑦岔后路线接触轨底。

⑧交分轨道电路垫板杆件擦角钢。

⑨异物短路，诸如铁丝、车辆上的部件等。

⑩其他钢管、钢丝过道接触轨底。

轨道电路的短路故障，在现场较为多见。但自从有了钳流表之后，使得轨道电路短路故障的处理变得简单明了。

(2)故障举例：限流电阻电压接近Ⅱ次输出电压，轨面电压接近0 V。

故障分析判断如下。

①送电端变压器箱至钢轨的引接线上。

a. 有较大电流，说明短路点在轨道部分或受电端。

b. 有较小电流(较正常值减小)，说明短路点在轨道箱内或箱壁上。

②轨道部分容易造成短路的点较多，应注意检查轨道电路安装装置、尖端杆、第一连接杆、轨距保持杆、岔后绝缘等处，正常时均不应有电流；若有电流，则说明发生了短路故障。

注意：平时应注意多观察、分析轨道部分电流正常时的分布情况。

③两个受电端，若任一侧的电流明显增加，而另一侧明显减小时，则电流增加的一侧存在短路现象。

注意：用钳流表查短路故障时，若在同一线路上，电流从某一点突然变小时，则此点为短路点的其中之一，再从另一线路上查找另一点即可。

5)常见故障分析

(1)几个区段同时出现红光带，应重点检查电源熔断器和电缆。

(2)两个区段同时出现红光带，一般是相邻处的轨端绝缘破损。

(3)只有一个区段出现红光带，先在分线盘区分故障的范围，确定为室外故障后，再去室外处理。

①若靠近送电端，先测轨面电压，若电压较高，一般为开路故障，可直接向受电端查找。

②若靠近受电端，先测受端轨面电压，当轨面电压高于0.6 V时，若是一送一受的轨道区段，故障肯定在受电端至室内方面。一送多受区段，应开箱检查，分别进行区分。当轨面电压低于0.6 V时，有以下4种情况。

a. 测BG2型变压器Ⅰ、Ⅱ次侧电压是否成比例或测Ⅰ、Ⅱ次侧电阻值，判断是BG2型变压器短路。

b. 用钳流表测量，判断轨道电路是否短路或半短路。

c. 重点查找“三线”，即轨端接续线、轨道电路路线和箱盒连接线，判断轨道电路是否开路或半开路。

d. 用钳流表测量 BG2 型变压器二次侧有电流,说明受端电缆混线。

总之,当室外设备发生故障时,除对故障多发部位进行重点检查外,在测量时,应将所测数据与平时的记录做比较,防止发生误判。

6)轨道电路闪红光带故障

轨道电路的正常工作 25 Hz 相敏轨道电路是靠送电端供出轨道电源经有关设备和轨道传送到受电端,再由有关设备接收并进行相位鉴别使轨道继电器吸起。当送、受电端有关设备故障或轨道电路有车占用(也包括断轨等故障),都会使轨道电路由调整状态变成分路状态。如果发生的是瞬间故障,故障后又立即恢复,那就是闪红光带故障。

4.1.6 计轴红光带故障

故障现象:某区段多次出现红光带。

分析判断:观察各板卡灯位指示,并测量对应磁头空闲、占用电压,在初步预防性更换备件板卡后,仍出现红光带。判断室外磁头问题,经抢修人员在室内排查和下轨排查,判断为该区段点位计轴磁头故障导致段红两个相邻区段红光带。更换完磁头,红光带不复发。

4.2 电源屏故障案例

1. 故障现象:输入电源超出允许偏差范围。

分析判断:可能外电网输入电源出现故障。

处理方法:发现输入电源偏差不在技术要求范围内时,立即要把电源切换到正常的一路电源。在确认外电网原因后,汇报电务段调度并联系电力人员处理。

2. 故障现象:H 型供电方式下,引入的两路交流电源不能进行自动切换。

分析判断:可能是交流接触器故障,或两路电源电压不正常。

处理方法:当引入的两路交流电源不能进行自动切换时,检查净化稳压屏或区间屏交流接触器 KM 及控制继电器 KA 吸合、断开是否正常。

正常情况下,两路输入电源同时工作,当任一路发生断电或断相时,不影响向信号设备继续供电。信号维修人员应定期对两路交流输入电源进行切换功能的检查。任一路输入电源发生断电或断相时,观察是否影响各输出分路电源。

3. 故障现象:输入电源电压正确,出现过、欠压保护器故障报警。

分析判断:可能是过、欠压保护器故障。

处理方法:按下保护器上的按钮,取消过、欠压保护,等待要点进行更换。

4. 故障现象:监测单元发出模块故障报警。

分析判断:可能是模块故障。

处理方法:根据故障告警的状况进行具体分析,查看历史告警,检查该路所对应的电源模块。交流模块故障,先断开该模块输入断路器,旋下该模块输入、输出插头,将备用同型号模块更换上,接牢输入、输出插头后,闭合该模块输入断路器;直流模块故障,关闭该模块上电源开关,拔下该模块,将备用同型号模块更换上,插牢后,闭合该模块电源开关。直流电源模块有冗余,一块模块故障不影响正常输出,如现场没有该型号模块,在监测单元告警参数设置、开关量屏蔽启用中,屏蔽该模块(同型号模块在任何屏内均可通用,插入时注意插头、插座要对准)。

4.3　车载设备故障案例

4.3.1　列车 CVRE2 显红故障

故障现象:20807 次(S0111 车)瑶溪下行出站时 CVRE2 板卡显红,现列车运行正常。

分析判断:事件发生时列车运行方向为下行,故一端为主控端。

根据日志显示,如图 4.11 所示。

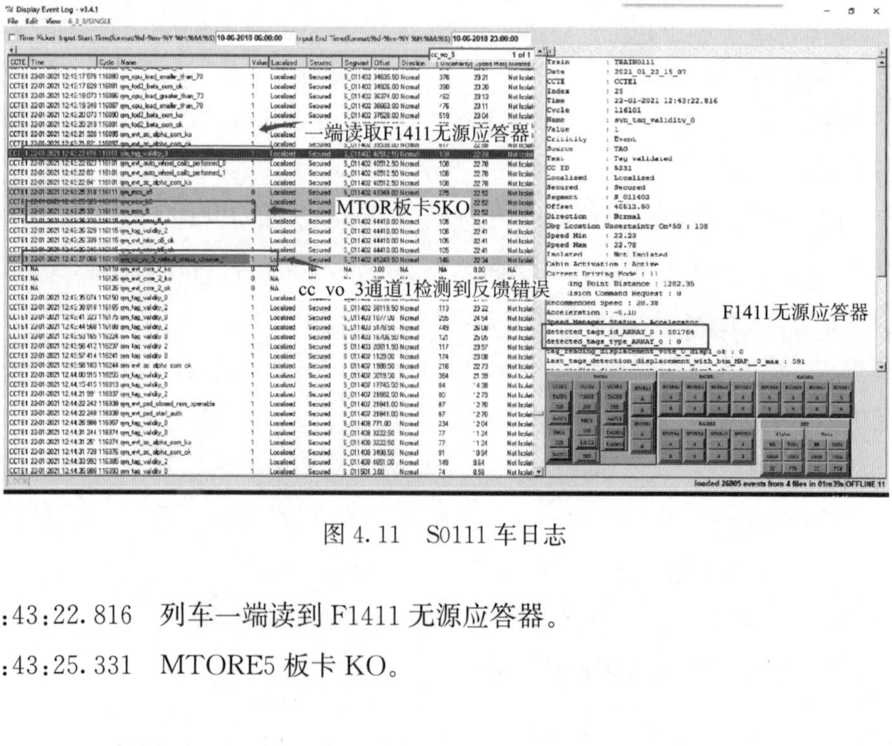

图 4.11　S0111 车日志

12:43:22.816　列车一端读到 F1411 无源应答器。

12:43:25.331　MTORE5 板卡 KO。

12:43:27.068 cc_vo_3 的通道 1 检测到反馈错误，导致 CVRE2 显红。

综上可得，12:43:22.816 列车在通过下行分相区时受干扰使 cc_vo_3 的通道 1 检测到反馈错误，导致 CVRE2 显红。

4.3.2 列车 AACC1 板卡显红故障

故障现象：行调报 20410 次（S0104 车）列车在三垟湿地上行司机发现 TOD 与 CC 通信图标显黄，AACC1 板卡显红，现列车运行正常。

分析判断：15:55 列车回场后抢修人员上车查看列车状态，MCT 显示 AACC1 加速度计自锁。

通过日志分析，如图 4.12 所示。

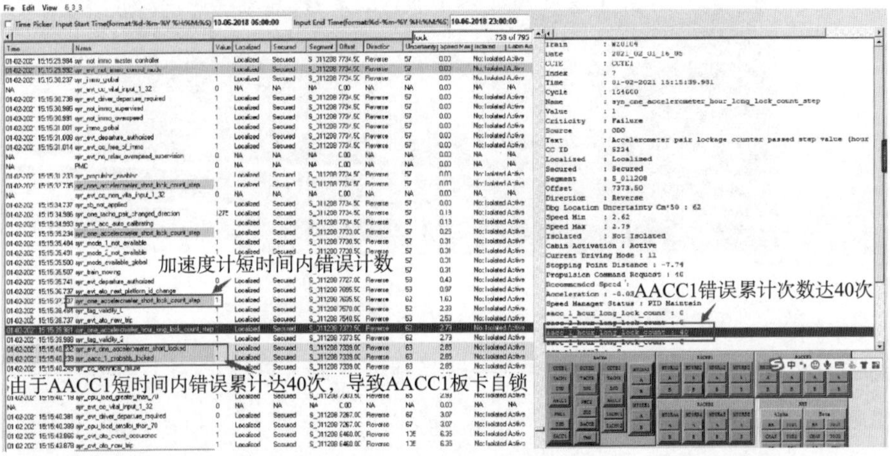

图 4.12 S0104 车日志

15:15:40.239 AACC1 在短时间内错误计数达到 40 次后自锁，导致出现 AACC1 显红，由于 AACC1 显红导致 CC-TOD 通信显黄，此时列车运行速度为 9.936 km/h。

AACC1 显红故障原因：车载抢修人员上车检查加速度计的安装水平，水平尺显示加速度计安装水平无异常。再通过 MCT 查看加速度计校准值，显示加速度计校准值正常；首先对 AACC1 的进行校验；并通过 MCT 清除所有加速度计的错误计数后，AACC1 恢复正常，CC-TOD 通信恢复正常，通过 MCT 软件查看加速度计无错误计数，静态验证正常。

综上可知，通过现场排查及软件校验，判断故障原因是短时间内错误计数超过 40 次导致 AACC1 显红，通过 MCT 清除所有加速度计的错误计数后，AACC1 即恢复正常并具备运营条件。

4.4 线缆绝缘破损

1. 故障现象一：灵昆站 HMI 显示电源报警，电源屏三配电监控板上第一灯位亮红灯。

分析判断：通过现场查看电源屏三配电监控板上第一灯位亮红灯，如图 4.13 所示。

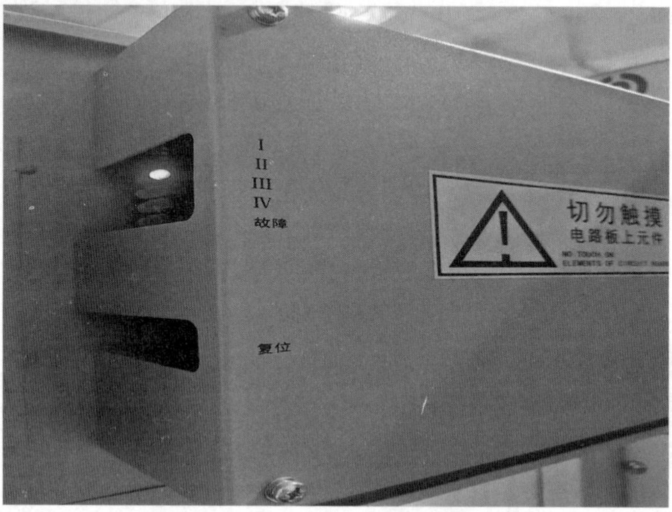

图 4.13　电源屏三配电监控板

经查看电源屏图纸发现，该灯位对应交流转辙机电源 QF75 空开。现场按压配电监控板的同步复位按钮，电源屏报警消失。观察一段时间并未出现。由于即将开始运营，安排人员进行保驾至运营结束。

22:36　开始对交流转辙机电源的六根电源线进行对地绝缘测试，测试参数均在正常范围。随后按信号设备图纸逐段往后排查，并根据微机监测调看故障时的相关信息，对动作过的道岔进行逐一排查。后在分线柜测量 W1816XA 发现 F303-1(X1)、F303-2(X2)、F303-4(X4)室外部分，线的对地绝缘异常。

之后人员去往轨行区 W1816XA 处分段排查，经测量 4 方向盒至电机线缆绝缘良好，只有室内分线柜至 4 方向盒电缆 X1、X2、X4 绝缘存在问题。

现场测试备用线绝缘良好，更换并进行设备试验，工作状态良好。

2. 故障现象二：电源屏 1 监控板发现“配电监控板-1”系统输出漏电。

判断分析：发现交流四路漏电检测板第三个灯位亮灯。结合图纸初步判断为电源屏 1 输出配电单元 AP 电源 2、AP 电源 4、AP 电源 6、AP 电源 8 问题。利用兆欧表测量查出 AP 电源 8，电源屏 1 至分线柜的蓝色电源线绝缘问题。

第5章 常规仪器认知使用

作为信号工岗位日常维护、测试中使用的工具，仪器仪表的作用是定量测量设备的各种运用指标或是定性判断设备的使用状态。本章列出了一些日常使用的仪器仪表，并对它们的使用方法予以简要介绍。

5.1 万用表

万用表是一种多功能、多量程的便携式电工仪表，一般的万用表可以测量直流电流、直流电压、交流电压和电阻等。

5.1.1 MF14 万用表

1. 外观结构

万用表由表头、测量电路及转换开关三个主要部分组成，如图 5.1 所示。

图 5.1 万用表外观结构

1)表头

它是一只高灵敏度的磁电式直流电流表。表头的灵敏度是指表头指针满刻度偏转时流过表头的直流电流值，这个值越小，表头的灵敏度愈高。测电压时内阻越大，其性能就越好。

2)测量线路

测量线路是用来把各种被测量转换到适合表头测量的微小直流电流的电路，由电阻、半导体元件及电池组成。

3)转换开关

转换开关的作用是用来选择各种不同的测量线路，以满足不同种类和不同量程的测量要求。

2. 使用方法

下面以模拟万用表的使用为例进行说明。

万用表在测量前，应注意水平放置时，表头指针是否处于交直流挡标尺的零刻度线上。

若不在零位，应通过机械调零的方法使指针回到零位。

1)测量电压

交流电压的测量：将选择开关旋至交流电压挡相应的量程上。万用表两表笔和被测电路或负载并联即可。

直流电压的测量：将选择开关旋到直流电压挡相应的量程上。测量电压时，需将电表并联在被测电路上，并注意正、负极性。如果不知被测电压的极性，需将选择开关旋至直流电压挡最高量程上，并进行试探测量。如果指针不动则说明表笔接反；若指针顺时旋转，则表示表笔极性正确。

2)测量电流

测量直流电流时，将万用表的转换开关置于电流挡合适量程上。测量时必须先断开电路，然后按照电流从"+"到"−"的方向，将万用表串联到被测电路中，即电流从红表笔流入，从黑表笔流出。如果误将万用表与负载并联，因表头的内阻很小，会造成短路烧毁仪表。

3)测量电阻

测量电阻时，应选择合适倍率挡。万用表欧姆挡的刻度线是不均匀的，所以倍率挡的选择应使指针停留在刻度线较稀的部分为宜，且指针越接近刻度尺的中间，读数越准确。一般情况下，应使指针指在刻度尺的 1/3～2/3 之间。

4)欧姆调零

测量电阻之前，应将 2 个表笔短接，同时调节"欧姆(电气)调零旋钮"，使指针刚好指在欧姆刻度线右边的零位。如果指针不能调到零位，说明电池电压不足或仪表内部有问题。并且每换一次倍率挡，都要再次进行欧姆调零，以保证测量准确。

5)读数

表头的读数乘以倍率，就是所测电阻的电阻值。

3. 注意事项

1)在测电流、电压时，不能带电换量程。

2)选择量程时，要先选大的，后选小的，尽量使被测值接近于量程。

3)测电阻时，不能带电测量。

4)测量完成后，应使转换开关在交流电压最大挡位或空挡上。

5.1.2 数字万用表(17B 型、15B 型)

数字式测量仪表与模拟式仪表相比，数字式仪表灵敏度高，准确度高，显示清晰，过载能力强，便于携带，使用更简单。下面以 17B 型数字万用表为例，简单介绍其使用方法和注意事项。

1. 使用方法

使用前，应认真阅读有关的使用说明书，熟悉电源开关、量程开关、插孔、特殊插口的作用。

1）交直流电压的测量

根据需要将量程开关拨至直流电压或交流电压挡，红表棒插入 V/Ω 孔，黑表棒插入 COM 孔，并将数字万用表并联在被测电路中即可。测量直流量时，数字万用表能自动显示极性。直流电压小数值测量可选择直流毫伏挡。

2）交直流电流的测量

根据需要将量程开关拨至 DCA（直流电流）或 ACA（交流电流）挡，红表棒插入 A 孔，黑表棒插入 COM 孔，并将数字万用表串联在被测电路中即可。测量直流量时，数字万用表能自动显示极性。直流电流小数值测量可选择 DCmA（直流毫安）或 DCμA（直流微安）挡，交流电流小数值测量可按下黄色按钮再选择 DCmA（直流毫安）或 DCμA（直流微安）挡，即转换为交流毫安或交流微安挡，选择此两个量程请注意更换红表棒插孔至 mA/μA 孔。

3）电阻的测量

将量程开关拨至 Ω 挡，红表棒插入 V/Ω 孔，黑表棒插入 COM 孔。如果被测电阻值超出所选择量程的最大值，万用表将显示“1”，这时应选择其他合适型号数字万用表测量。测量晶体管、电解电容器等有极性的元器件时，必须注意表棒的极性，红表棒为正极，黑表棒为负极。

2. 注意事项

1）17B 型数字万用表会自动调节合适量程，在满量程时，仪表仅在最高位显示数字“1”，其他位均消失，这时应选择其他合适型号数字万用表。

2）测量电压时，应将数字万用表与被测电路并联。测量电流时，应将数字万用表与被测电路串联。

3）当误用交流电压挡去测量直流电压，或者误用直流电压挡去测量交流电压时，显示屏将显示“000”，或低位上的数字出现跳动。

4）禁止在测量高电压（220 V 以上）或大电流（0.5 A 以上）时换量程，以防止产生电弧，烧毁开关触点。

5）当显示“BATT”或“LOW BAT”时，表示电池电压低于工作电压。

6）测量完毕，应将量程开关拨至“OFF”挡。

5.2 兆欧表

兆欧表又称摇表，是用来测量被测设备的绝缘电阻和高值电阻的仪表，它由 1 个手摇发电机、表头和 3 个接线柱（即 L：线路端、E：接地端、G：屏蔽端）组成。

5.2.1 兆欧表的选用原则

额定电压等级的选择。一般情况下,额定电压在 500 V 以下的设备,应选用 500 V 或 1 000 V 的兆欧表;额定电压在 500 V 以上的设备选用 1 000~2 500 V 的兆欧表。

电阻量程范围的选择。兆欧表的表盘刻度线上有两个小黑点,小黑点之间的区域为准确测量区域。所以在选表时应使被测设备的绝缘电阻值在准确测量区域内。本节主要介绍 ZC25B-3 型兆欧表,额定电压为 500 V,适用于信号系统维护。

5.2.2 兆欧表的使用

1. 校表。测量前应将摇表进行一次开路和短路试验,检查兆欧表是否良好。将两连接线开路,摇动手柄,指针应指在"∞"处,再把两连接线短接一下,指针应指在"0"处,符合上述条件者即良好,否则不能使用。

2. 被测设备与线路断开,对于大电容设备还要进行放电。

3. 测量绝缘电阻时,一般只用"L"和"E"端,但在测量电缆对地的绝缘电阻或被测设备的漏电流较严重时,就要使用"G"端,并将"G"端接屏蔽层或外壳。线路接好后,可按顺时针方向转动摇把,摇动的速度应由慢而快,当转速达到 120 r/min 左右时(ZC-25 型),保持匀速转动,1 min 后读数,并且要边摇边读数,不能停下来读数。

4. 拆线放电。读数完毕,一边慢摇,一边拆线,然后将被测设备放电。放电方法是将测量时使用的地线从兆欧表上取下来与被测设备短接一下即可(不是兆欧表放电)。

5.2.3 注意事项

1. 禁止在雷电时或高压设备附近测绝缘电阻,只能在设备不带电,也没有感应电的情况下测量。

2. 摇测过程中,被测设备上不能有人工作。

3. 兆欧表线不能绞在一起,要分开。

4. 兆欧表未停止转动之前或被测设备未放电之前,严禁用手触及。拆线时,也不要触及引线的金属部分。

5. 测量结束时,对于大电容设备要放电。

5.2.4 电子兆欧表

现阶段也有比较方便使用的电子兆欧表,其操作方法如下。

1. 测量步骤:开启电源开关"ON",选择所需电压等级,轻按一下指示灯亮代表所选电压挡，轻按一下高压启停键，高压指示灯亮，LCD 显示的稳定数值即为被测的绝缘电阻值，关闭高压时只需再按一下高压键，关闭整机电源“OFF”。

2. 启动高压后，机内定时器开始工作，一分钟时仪表自动报警 5 s，此时数值被锁定，便于计算吸收比。

3. 接线端子符号含义：测量绝缘电阻时，线路“L”与被测物同大地绝缘的导电部分相接，接地“E”与被测物体外壳或接地部分相接，屏蔽“G”与被测物体保护遮蔽部分相接或其他不参与测量的部分相接，以消除表泄露所引起的误差。测量电气产品的原件之间绝缘电阻时，可将“L”和“E”端接在任一组线头上进行。

5.3 钳形表

钳形表是一种用于测量正在运行的电气线路的电流大小的仪表，可在不断电的情况下测量电流及电压。

5.3.1 结构及原理

钳形表实质上是由一只电流互感器、钳形扳手和一只整流式磁电系有反作用力仪表所组成。钳形表的使用原理是利用电磁感应原理，在不破坏电路连贯性的前提下测量电流及电压。

5.3.2 使用方法

1. 测量前要机械调零。

2. 选择合适的量程，先选大，后选小量程或看铭牌值估算。

3. 当使用最小量程测量，其读数还不明显时，可将被测导线绕几匝，匝数要以钳口中央的匝数为准，则实际值＝指示值/匝数。

4. 测量完毕，将转换开关放在最大量程处。

5. 测量时，应使被测导线处在钳口的中央，并使钳口闭合紧密，以减少误差。

5.3.3 注意事项

1. 被测电路的电压不可超过钳形电流表的额定电压。钳形电流表不能测量高压电气设备。

2. 不能在测量过程中转动转换开关换挡。在换挡前，应先将载流导线退出钳口。

5.4 接地电阻仪

接地电阻测试仪也称接地摇表，主要用于测量各种接地装置的接地电阻值。目前，常用的接地电阻测量仪有两种，一种为三个端钮，另一种为四个端钮。

5.4.1 结构外观

ZC-8 型接地电阻测试仪主要由手摇发电机、相敏整流放大器、电位器、电流互感器及检流计等构成，全部密封在铝合金铸造的外壳内。仪表都附带有两根探针，一根是电位探针，另一根是电流探针。外部由接线头、指针显示盘、旋钮组成。

5.4.2 使用方法

1. 使用接地电阻测试仪准备工作

1)备齐测量时所必需的工具及全部仪器附件，并将仪器和接地探针擦拭干净。

2)将接地干线与接地体的连接点或接地干线上所有接地支线的连接点断开。

2. 使用接地电阻测试仪测量步骤

1)将两个接地探针沿接地体辐射方向分别插入距接地体 20 m、40 m 的地下，插入深度为 400 mm。

2)将接地电阻测试仪平放于接地体附近，并进行接线。

(1)用最短的专用导线将接地体与接地测量仪的接线端 E1(三端钮的测量仪)或与 C2、P2 短接后的公共端(四端钮的测量仪)相连。

(2)用最长的专用导线将距接地体 40 m 的测量探针(电流探针)与测量仪的接线钮 C1 相连。

(3)用余下的长度居中的专用导线将距接地体 20 m 的测量探针(电位探针)与测量仪的接线端 P1 相连。

3. 将测量仪水平放置后，检查检流计的指针是否指向中心线，否则调节“零位调整器”使测量仪指针指向中心线。

4. 将“倍率标度”(或称粗调旋钮)置于最大倍数，并慢慢地转动发电机转柄(指针开始偏移)，同时旋动“测量标度盘”(或称细调旋钮)，使检流计指针指向中心线。

5. 当检流计的指针接近平衡时(指针近于中心线)加快摇动转柄，转速达到 120 r/min 以上，同时调整“测量标度盘”，使指针指向中心线。

6. 若“测量标度盘”的读数过小(小于 1)不易读准确时，说明“倍率标度”倍数过大。此时应将“倍率标度”置于较小的倍数，重新调整“测量标度盘”使指针指向中心线上并读出准确读数。

7. 计算测量结果，即数值=“倍率标度”读数×“测量标度盘”读数。

5.4.3　注意事项

1. 解开和恢复接地引下线时均应戴绝缘手套。

2. 必须确认负责拉线和打探针的人员不碰触探针或其他裸露部分的情况下才可以摇动接地电阻测试仪。

3. 若摇测时遇到较大的干扰，指针摆动幅度很大，无法读数，应先检查各连接点是否接触良好，然后再重测。如还是一样，可将摇速先增大后降低（不能低于规定值），直至指针比较稳定时读数，若指针仍有较小摆动，可取平均值。

4. 接地电阻的测试应在气候相对干燥的季节进行。

5. 雷雨天气时，严禁对杆塔的接地电阻进行测量。

6. 测量完毕，应对设备充分放电，否则容易引起触电事故。

5.5　示波器

5.5.1　示波器的概念与原理

1. 示波器的概念

示波器是一种图形显示设备，它能描绘电信号的图形曲线，呈现的图形能够表明信号随时间的变化过程。示波器波形图垂直(y)轴表示电压；水平(x)轴表示时间；有时称亮度为 z 轴。

该波形能够说明信号的许多特性。例如：信号的时间、电压值、振荡信号的频率；信号所代表电路的“变化”部分；信号的特定部分的频率；是否存在部件方面的故障，使信号产生失真；信号的直流值(DC)和交流值(AC)；信号的噪声值和噪声是否随时间变化等。

2. 波形和波形的测量

波形是波的图形表现形式。电压波形水平方向表示时间；垂直方向表示电压。波形可以分为：正弦波、方波和矩形波、锯齿波和三角波、阶跃波和脉冲波、周期和非周期信号、同步和异步信号以及复杂波。

1）正弦波：正弦波是基本波形。它具有和谐的数学特性，这与三角学课程中的正弦函数曲线的形状一样。信号发生器振荡电路产生的测试信号通常就是正弦波。大多数 AC 电源产生波形是正弦波。AC 表示交流，它输出的电压值也如同正弦波那样变化，实际上他的电压值也在改变。DC 表示的是直流，同时意味着稳定的电流和电压，电池产生的就是 DC。衰减的正弦波是振荡电路产生的特殊实例，它随时间而衰减。

2)方波和矩形波：方波是另一种常见的波形。从本质上看，方波是以相同的时间间隔，不停开关的电压(或者不断为高低值)。它是测试放大器的标准波形，好的放大器在增加方波幅值的同时有最小的失真。电视、广播和计算机电路中经常使用方波作为定时信号。矩形波与方波类似，不同之处在于高低电压值的间隔时间并不等长。在分析数字电路时，矩形波非常有用。

3)锯齿波和三角波来源于线性控制电压的电路。例如，模拟示波器的水平扫描，或者电视的光栅扫描。这类波形以恒定速率对电压电平值进行转换。这些渐增过程称为斜坡信号。

4)阶跃波和脉冲波：阶跃波和脉冲波之类的信号很少发生，并且是非周期信号。这类信号被称为单脉冲或瞬时信号。阶跃波指示的是电压的突然变化，打开电源开关时电压的情况即是如此。脉冲波指示的是电压的突然的两次变化，打开电源开关马上又关闭时，产生的电压波形就是脉冲。在计机电路进行传输时，一个脉冲可以表示信息的一位。计算机的数字部件通过脉冲进行相互通信。在 X 射线和通信设备中，脉冲广泛得到应用。

5)复杂波：一些波形组合正弦波、方波、阶跃波和脉冲的特性，形成新的波形。信号的信息可以置入幅值、相位中，可能还置入频率变量当中。

6)波形测量：

(1)频率和周期

不断重复的信号具有频率特性。频率的单位是赫兹(Hz)，表示一秒时间内信号重复的次数，即周期每秒。重复信号也具有周期特性，即信号完成一个循环所需要的时间量。周期和频率互为倒数关系，即 1/周期等于频率，同理 1/频率等于周期。

(2)电压

电压是电路两点间的电势能或信号强度。有时把地线或零电压作为参考点。如果测量的是波形从最高峰值到最低峰值的电压值，则称为电压的峰值—峰值。

(3)幅度

幅度是指电路两点间电压量。幅度通常指被测信号以地线或零电压为参考时的最大电压。

(4)相位

参照正弦波很容易理解相位。正弦波的电压值是基于圆形运动的。一个圆的度数是 360°，而正弦波的一个周期也是 360°。为描述经过的周期数，可以参照正弦波的相位的角度。

7)利用数字示波器对波形进行测量:

现代的数字示波器使波形测量变得更为容易。通过面板按钮,以及基于屏幕的菜单,方便选择全自动的测量参数。包括幅值、周期、上升/下降时间等等。许多数字仪器也能提供均值和均方值的计算、占空比和其他数学运算。自动化测量通过屏幕读取数值。一般来说,读取的数值可能比直接利用有刻度的工具更为准确。

5.5.2　示波器的测量使用

1. 示波器的各个系统和控制

示波器包含四个不同的基本系统:垂直系统、水平系统、触发系统和显示系统。理解每一个系统的含义,有助于更有效地应用示波器,完成特定的测量任务。

示波器的前面板分为三个主要的区域,标注为垂直区、水平区和触发区。当使用示波器时,为接纳输入信号,需要对以下配置进行调整。

信号的衰减和放大值:通过控制伏特/格,可以把信号的幅度调整到期望测量范围内。

时基:通过控制秒/格,可以显示屏中每一水平刻度代表的时间量。

示波器触发:利用触发电平,可以稳定重复信号,或者触发单一的事件。

1)垂直系统和控制

波形垂直的位置和标度由垂直控制部分调控。垂直控制还能设置耦合方式和其他的信号条件。

(1)输入耦合

耦合指的是一个电路与另外一个电路中的电信号的连接方式。输入耦合指测试电路与示波器的连接。耦合方式可以设置为DC、AC或者地线。DC耦合会显示所有输入信号,而AC耦合去除信号中的直流成分,结果是显示的波形始终以零电压为中心。

(2)地线

地线的设置不需要输入信号与垂直系统相连。观察地线,就可以知道屏幕中零电压的位置。如果使用的是地线输入耦合和自动触发模式,那么屏幕中就有一条表示零电压值的水平线。测试信号电压相对地的电平值的便捷方法为:把耦合从DC转换到地,再重新转换回DC。

(3)位置和每刻度电压

垂直位置控制能按照需求准确地上下移动波形。调节每刻度电压值[通常记为volts/div,伏特(V)/格],那么显示波形大小会随之改变。较好的通用示波器可以精确显示信号电平范围,大概是从4 μV到40 V。

伏特/格是一个标度因数。假设分为8个主要的刻度格子,如果伏特/格设置为5 V,则8个垂直格中的每一个都表示5 V,那么从下到上整个屏幕可以显示40 V。如果设置的是

0.5 V/格，那么从下到上可以显示 4 V，依此类推。屏幕显示的最大电压是伏特/格乘上垂直刻度的数量。注意探头有 1×或 10×，它也影响标度因数。注意示波器是否把伏特/格除以衰减系数。

通常，伏特/格有可变的增益控制或精密增益控制，使显示的信号标度在数个合适的刻度内。利用这样的控制方式，方便对上升时间等的测量。

(4)带宽限制

大多数示波器中存在限制示波器带宽的电路。限制带宽后，可以减少显示波形中不时出现的噪声，显示的波形会显得更为清晰。但在消除噪声的同时，带宽限制同样会减少或消除高频信号成分。

(5)交替和断续显示模式

模拟示波器显示多个信道时采用交替(alternate)或断续(chop)模式。许多数字示波器可以同时表示多个信道，而不需要使用间隔和交替模式。

交替模式轮流绘制每一通道：示波器首先完成通道 1 的扫描，马上对通道 2 进行扫描，接着又扫描通道 1，如此循环。这一模式适用于中速到高速的信号，此时秒/格标度设置在 0.5 ms，甚至更快。

断续模式是示波器前后变换着描绘信号中的一小段。变换的速度相当快，人眼难以注意到，波形看上去也是一个整体。捕获的扫描速度为 1 ms 或者更低的慢速信号，可以采用这一模式。

2)水平系统和控制

示波器的水平系统与输入信号有更多的直接联系，采样速率和记录长度等需要在此设定。水平控制用来表示波形水平方向的位置和标度。

(1)捕获模式

捕获模式控制如何从采样点中产生出波形点。采样点是直接从模数转换器(ADC)中得到的数字值。采样间隔指的是相邻采样点的时间。波形点指的是存储在存储区内的数字值，它将重构显示波形。相邻波形点之间的时间差用波形间隔表示。

采样间隔和波形间隔可以一致，也可以不一样。由此产生出几种不同的实际捕获模式，其中一个波形点可以由数个捕获的采样点序列构成，另外有一种捕获模式，波形点是由若干捕获产生的采样点共同构成。

(2)捕获模式的类型

采样模式是最简单的捕获模式。每一个波形间隔，示波器存储一个采样点的值，并作为波形的一个点。

峰值检测模式是示波器将波形间隔内采样出来的采样点，选取其中的最小值和最大值,并把这些样值当作两个相关的波形点。采用峰值检测模式的示波器以非常高的采样速率运行ADC,即便设置的时基非常慢也是如此(慢时基等效为长的波形间隔)。采样模式不能捕获发生在波形点之间的快速变化的信号,而峰值检测模式可以捕获到。利用峰值检测,非常有效地能观察到偶尔发生的窄脉冲。

高分辨率(Hi Res)模式与峰值检测一样,当ADC采样快于时基的设置要求时,高分辨率模式是获取更多信息的一种方法。对于这种模式,在一个波形点时间间隔内,采多个样值,然后算出平均值,得到一个波形点。噪声会对结果产生负面影响,而低速信号的分辨率会提高。

包络模式与峰值检测模式类似。但是包络模式是由多次捕获得到的多个波形的最小和最大波形点,重新组合为新波形,表示波形随时间变化的最小/最大量。常常利用峰值检测模式来捕获记录,组合为包络波形。

(3)触发系统和控制

示波器的触发功能可以在信号的正确点处同步水平扫描,这对表现清晰的信号特性非常重要。触发控制可以稳定重复波形,采集单脉冲波形。触发器使重复波形能够在示波器屏幕上稳定显示,实现方法是不断地显示输入信号的相同部分。可以想象,如果每一次扫描的起始都从信号的不同位置开始,那么屏幕上的图像会很混乱。模拟和数字示波器都有边缘触发的方式,边缘触发是最基本和常见的类型。模拟和数字示波器都提供触发门限,除此之外,许多数字示波器提供许多特定的触发设置,而这些设置是模拟设备所不具备的。这些触发器可以响应输入信号的不同条件,这样会使检测简化。为检查通信信号,有一些示波器专门设计出可供选择的触发控制方式。

(4)显示系统和控制

示波器的前面板包括内容有显示屏、旋钮、按钮、开关,以及用来控制信号捕获和显示的指示器。前面板控制通常分为垂直、水平和触发几个区域,前面板还包括输入连接器。

对于示波器显示屏,需注意屏幕中的栅格记号,这些记号形成格子线,垂直和水平线构成主刻度格,格子线通常布置为8×10的区块。示波器控制的标号[例如伏特(V)/格和秒(s)/格]通常参照的是主刻度。中央的水平线和垂直线上标注的标号称为小刻度。

2. 探头

精密的测量是从探头触点开始的。探头的作用是把示波器和测量系统连接起来。正确的探头自然匹配示波器和试验件(DUT),探头不仅仅要求把信号完整地送入示波器,还需要放大和保护,以最大限度满足信号的完整性和测量的精度。

大多数无源探头有一些衰减因数,例如1×、10×等等。×表示衰减因数,衰减因数在数的后面标注×,例如10×衰减探头。与此对应,10×(读作"10倍")衰减探头减少了电路的负载，而 I×探头则是极好的通用无源探头。对于高频和/或高阻抗信号源，电路负载的影响重大，所以首先要分析信号和探头负载的相互影响，然后再选择探头。10×衰减探头改善测量的精确性，同时把示波器输入的信号幅度减少为原来的十分之一。

3. 示波器的测量技术

基本的测量技术，可以做的两个最基本的测量就是电压和时间测量。但大多数数字示波器包含有自动测量工具。

1)时间和频率的测量

可以用示波器的水平刻度进行时间的测量，如图 5.2 所示。时间测量包括测量周期和脉冲群中的脉冲宽度。频率是周期的倒数，所以当知道周期后，用周期除 1 就得到频率。与电压测量相似，当调整待测信号部分使其覆盖屏幕的大量区域时，时间测量会更精确。

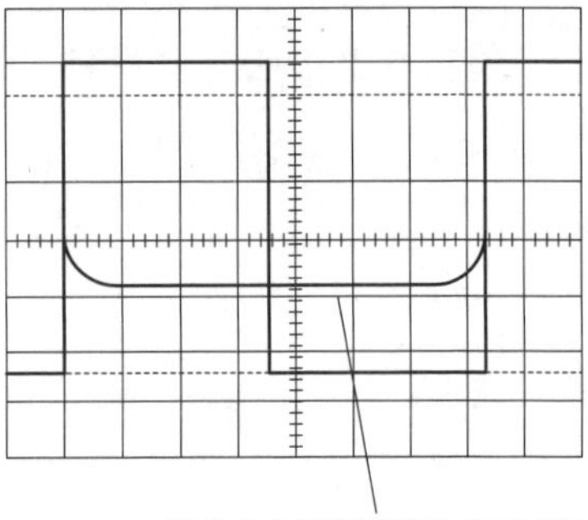

图 5.2　中心水平刻度线处测量时间

2)脉冲宽度和上升时间测量

在许多应用中，脉冲形状的细节很重要。脉冲有可能畸变，并由此导致一个数字电路的误动作，而脉冲串中的脉冲同步通常也很重要。标准脉冲测量是脉冲宽度和上升时间。上升时间是一个脉冲从低电压到高电压所占时间的数量。按照惯例，从脉冲全电压的 10%处到 90%处来测量上升时间。这就消除了脉冲转角的不规则性。脉冲宽度是一个脉冲从低电压到高电压再到低电平所占时间的数量。按照惯例，在脉冲全电压的 50%处来测量脉冲宽度。

5.6　频谱分析仪

频谱分析仪主要用于射频和微波信号的频域分析，包括测量信号的功率、频率、失真产物等，更先进的频谱仪可以对射频和微波信号进行解调分析。

MS2721B(Spectrum Master)手持式高性能频谱分析仪适合监测、测量以及分析各种信号和频谱环境，典型的测试应用包括：带内信号分析、带内干扰分析和带外干扰分析。其他的测量选件包括各种无线通信制式的射频、调制和空中接口性能指标分析。功能强大的 marker 功能方便对信号细节进行深入的定量分析；极限线设置功能帮助快速进行 pass/fail 测试，并附有声音提示。测试结果可以保存在内部存储器、外置 U 盘，或者 CF 卡上。存储的数据可以通过仪表的 USB 或者以太网端口下载到 PC 上，然后就可以在 PC 上显示测量曲线、放大缩小、并进行光标和极限线在内的各种操作和分析。可以同时叠加多条曲线以方便分析和比较。存储的数据可以用于 Excel 或其他任何分析工具，以便进行更深入的统计和分析。

5.6.1　频谱仪外部接口按键及应用

MS2721B 手持式高性能频谱分析仪的菜单导向式界面十分易学易用。位于屏幕下方的 5 个功能按键用来访问和设置最重要的仪表功能，这 5 个按键从左至右分别是：频率(Frequency)，频率跨度(Span)，幅度(Amplitude)，带宽(Bandwidth)和光标(Marker)。

其余的按键和旋转拨轮位于屏幕右侧。其中的 8 个按键具有双重功能，附加的功能以蓝色小字标注在数字键的上方，先按下 Shift 功能键然后按下相应的数字键就可以启动对应的附加功能。Esc 键用于解除数据输入状态。改变任何参数的设置既可以用旋转拨轮调整也可以用数字键直接输入。

紧邻屏幕右边是 8 个没有任何文字标注的按键，这是我们通常所说的软按键，他们的功能随着屏幕上的菜单变化，当前的按键功能请参考屏幕上对应的菜单显示。所有端口都位于仪表顶部。

1. 电源适配器接口

该接口用于连接外部电源适配器为仪表供电或为电池充电，输入范围为 DC 12 V～15 V(最高 5.0 A)。电池充电过程中，绿色的充电指示灯不断闪烁，充电完成后指示灯一直保持点亮状态。当使用外部电源适配器时，一定要使用三相交流电并保证接地良好。

2. 以太网接口

该接口用于将仪表连接到网络上或与计算机直接连接(通过交叉网线)。端口上有两个指示灯，琥珀色的指示灯点亮就表示已经连接到了有效的以太网端口，绿色指示灯闪烁则表示有数据正在以太网端口上传输。要设置仪表的 IP 地址，首先按下 Shift 键，然后按下数字键 8(对应 System 附加功能)，通过软按键选择 System Options(系统选项)，接下来通过软按键选择 Ethernet Config(以太网设置)，可以选择 DHCP 方式自动配置 IP 地址(如果网络支持)，或者手动输入 IP 地址和子网掩码。

3. USB 接口(B 型)

该接口可以用来直接连接仪表和 PC(使用随机配备的 USB 电缆)，效果和以太网直接连接类似。初次连接 PC 会要求安装驱动程序，请使用随机附带的光盘安装(Windows XP 兼容)。如果已经安装了 Master Software Tools 软件并选择安装了 USB 驱动程序，则无须重复安装驱动。

4. USB 接口(A 型)

该接口用于连接 U 盘存储数据或者连接 PSN50 功率探头进行高精度功率测量。

5. 耳机接口

仪表内置扬声器，连接耳机后则扬声器被旁路，音频信号从耳机输出。支持的功能包括在 AM/FM 解调时监听音频信号，或者在干扰查找时监听音频啸叫信号。

6. 外部触发输入接口

该接口用于连接外部扫描触发信号（TTL 电平驱动）。外部触发一般在零扫宽模式下使用，触发条件就是触发信号中的上升沿。扫描完成后在屏幕上显示测量轨迹（时域）并停止扫描，等待下一个触发上升沿的到来。

7. 外部频率参考输入

用于接受外部频率参考的输入。外部参考的频率请在 System 菜单的 Ext Ref Freq（外部参考频率）项目下设置，支持的外部参考频率包括 1 MHz、1.228 8 MHz、1.544 MHz、2.048 MHz、2.457 6 MHz、4.8 MHz、4.915 2 MHz、5 MHz、9.830 4 MHz、10 MHz、13 MHz，以及 19.660 8 MHz，支持的输入电平范围是－10 dBm～10 dBm。

8. 跟踪源信号输出接口

当选择跟踪信号源选件时，此接口作为跟踪信号源的输出端口。跟踪信号源的输出频率范围为 100 kHz～7.1 GHz。

9. 射频输入端 n（RF In）

测试信号由此接口输入仪表进行测量。

5.6.2 基本频谱测量

要进行有效的频谱测量就必须在仪表屏幕上正确显示和定位被测信号，这是通过正确设置仪表的 Frequency（频率）、Amplitude（幅度）、Span（频率跨度）等各项参数来实现的，具体过程如下所述。

1. 通过电缆或天线把被测信号接入 RF In 测试端口。

2. 按下 Freq（频率）按键，显示频率设置菜单。

3. 按下 Center Freq（中心频率）软按键，然后输入仪表扫描的中心频率。

4. 按下 Span（频率跨度）按键，然后输入仪表扫描的频率范围。

5. 上述 3、4 两个步骤也可以通过在频率设置菜单中分别设置 Start Freq（起始频率）和 Stop Freq（终止频率）来实现。

5.7 场强测试仪

场强测试仪主要用于空中无线电信号的监测接收以及无线电设备的检测等工作。

PH-6S 轨道交通无线场强测试仪频率范围：30 MHz～1 000 MHz(可根据要求选择 9 kHz～1 800 MHz 或 9 kHz～3 600 MHz)，调谐精度：1 Hz，测量精度：±2 dB，接收灵敏度：－137 dBm(－30 dBuV)，无杂散动态范围：90 dB，滤波器选择：50 Hz～15 kHz(1 Hz 连续可调)，230 kHz(WFM 模式)，有 AM、AMS、LSB、USB、DSB、ISB、CW、FM、WFM 等多种调制模式。外接扩展口 RS232、USB、LAN；内置 GPS 接收模块。所能完成的功能主要分为三大类：通用信号监测功能、轨道交通场强覆盖测试功能、可扩雇的其他测试功能，本节主要介绍前两种功能。

5.7.1　通用信号监测功能

此功能模式下，完成常用接收机的测量功能。PH-6S 轨道交通无线场强测试仪主测试界面，用户通过设置 PH-6S 中的各种参数(频率、衰减、带宽、解调模式、AGC、静噪门限、检波方式等)，可完成对电平、场强、频率、频偏信号频谱、音频解调等多种射频参数的精确测量。测量结果可以数字、图形、模拟指针等不同的方式显示，并可进行自动存储。除上述常用的测量参数外，设备还可根据实时的测量数据进行分析计算，输出普通接收机不具备的测量值，比如：信号发射带宽、电平/场强时序图、场强分布图等。

5.7.2　轨道交通场强覆盖测试功能

此功能主要面向轨道交通行业(包括铁路、地铁、轻轨)，利用接收机来完成。可对指定频点(或多个频点)自动进行场强覆盖测试，测量结果自动保存，可在仪表上完成实时显示及回放等功能。后期可进行信号占用情况分析、场强变化分析等。可按用户要求生成测试报告。

此测试功能模块主要包含自动测试及数据分析两部分。

自动测试：主要功能有频率设置、参数设置、行驶信息以及测试控制。

频率设置：最多可同时测试 5 个频点，频点设好后自动保存，下次测试时默认加载。

参数设置：可对中频带宽、输入衰减、预放、AGC 等测量参数进行设置，自动保存，下次测试时默认加载。

行驶信息：可输入、修改行驶路线信息(站名)、行驶方向(上、下行)，在进行测试前选好一条预存的行驶路线即可。

测试控制：在上述所有参数设置完或加载完成后，即可进行自动的场强覆盖测试，各频点的测试数据按时间实时显示并自动保存，在测量图下方的表格里还可以实时显示出各频点的统计数据，如：最大场强值、最小场强值、平均场强值等。考虑到城市轨道交通的特点(包含地下铁路)，在测试进行时，可通过选择“进站”“出站”并适时地输入即时车速的方式进行数据记录。在数据分析时可由这些信息，自动计算出场强—距离曲线并形成表格。

通过 PH-6S 轨道交通无线场强测试仪场强测试界面可进行如下操作。

数据分析：主要包括数据加载回显、分析计算以及报表输出。

数据加载：对已测试的数据进行选择、加载，并以场强—时间曲线的方式显示。

分析计算：通过选择测试频点、分析区间（起始站名）、分析间隔（距离）以及分析门限等参数，系统自动统计分析出满足要求的场强—距离曲线，同时所有分析的数据还将在曲线图下方的表格中显示。可根据需求，改变分析条件多次进行分析。

报表输出：可将分析完成的场强—距离图以及数据表格自动生成一个 Excel 报表文档。文档自动以“线路名＋频点＋统计间隔＋时间”进行命名，方便用户归档、查询。

5.8 车轮传感器调整工具

1. 车轮传感器调试专用工具清单

车轮传感器调试专用工具清单见表 5.1。

表 5.1 车轮传感器调试专用工具清单

序号	设备名称	规格	数量	备注
1	车轮传感器检测仪	R58/117/1	1	
2	车轮传感器调整板	SSPV9	1	
3	车轮传感器调整装置	EW1	1	
4	测量规	SAHL2	1	
5	万用表	FLUCK 15B	1	
6	一字螺丝刀	3 mm×150 mm	1	
7	套筒	—	1	电缆终端盒钥匙
8	扭力扳手	0～100 N·m	1	

2. 各工具使用方式

1）测量规 SAHL2

用测量规 SAHL2 测量车轮传感器的安装高度，要求 $X>37$ mm。在新钢轨上钻孔时，$X=45$ mm（＋0～2 mm）。

注意测量过程考虑钢轨及道床的倾斜对测量的影响，要求 SAHL2 水准仪与钢轨轨顶面垂直。水准仪气泡不再做参考量，如图 5.3 所示。

2）车轮传感器检测仪 R58/117/1

车轮传感器检测仪 R58/117/1 尾缆与车轮传感器尾缆根据“棕黄绿白”线色用鳄鱼夹一一连接，如图 5.4 所示。

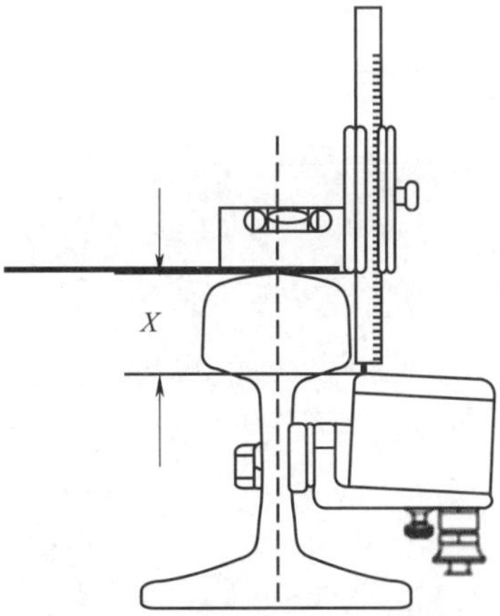

图5.3 测量规SAHL2

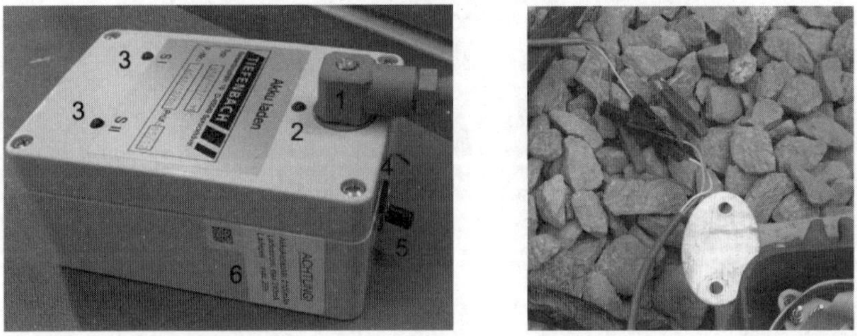

图5.4 车轮传感器检测仪R58/117/1

3)车轮传感器调整板SSPV9

将调整板SSPV9刻度值预设为43.5 mm,如图5.5所示。

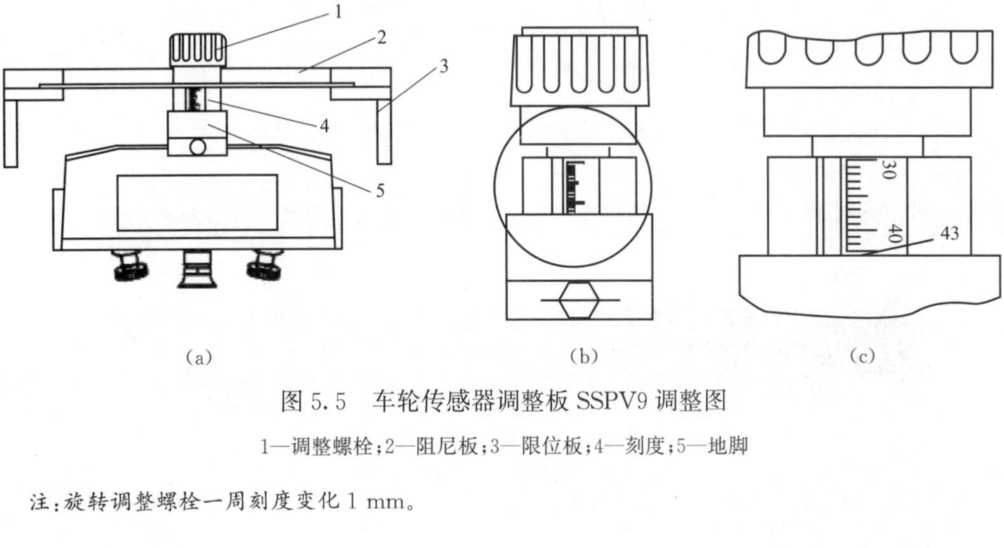

图5.5 车轮传感器调整板SSPV9调整图

1—调整螺栓;2—阻尼板;3—限位板;4—刻度;5—地脚

注:旋转调整螺栓一周刻度变化1 mm。

4)车轮传感器调整装置 EW1 调整传感器感应高度

第一步:先将车轮传感器调整板 SSPV9 放置磁头正上方,如图 5.6 所示。

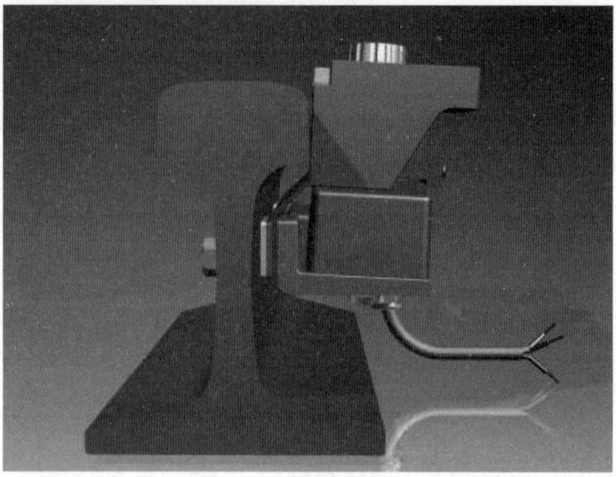

图 5.6　车轮传感器调整板放置磁头正上方

第二步:将磁头下方的两个旋帽取下,如图 5.7 所示。

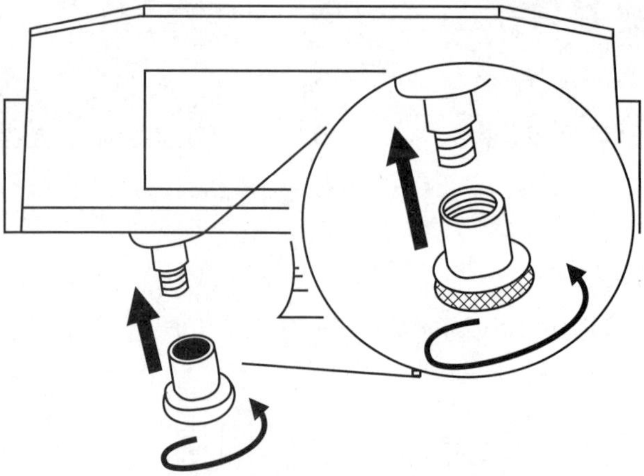

图 5.7　磁头下方两个旋帽取下

第三步:将调整杆对准要调试的磁头接头,旋转螺帽进行调整,如图 5.8 所示。

图 5.8　转动接头调整旋转螺帽

第四步：当感应高度达到设定值时，车轮传感器检测仪 R58/117/1 两个指示灯会点亮（EW1 调整 SⅠ、SⅡ刚好指示灯亮），如图 5.9 所示。

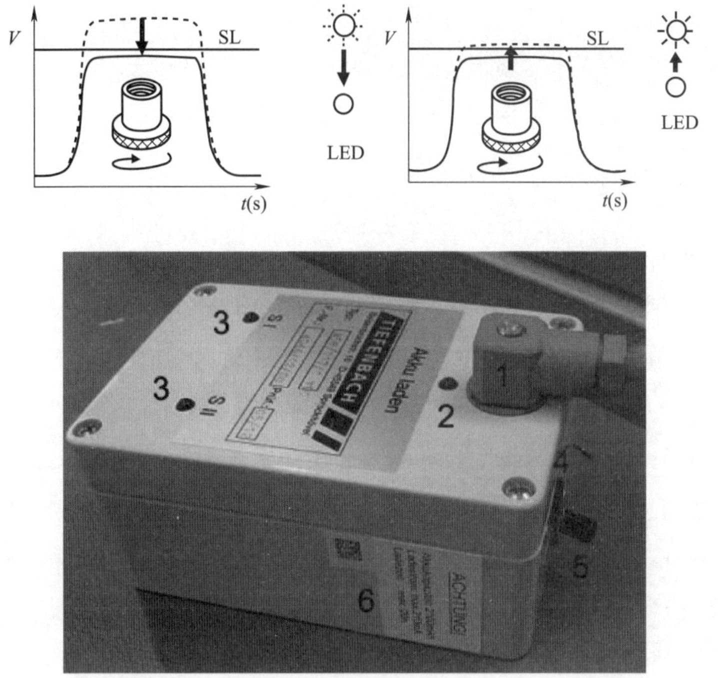

图 5.9　指示灯点亮

第五步：SSPV9 检查感应高度是否同步，如图 5.10 所示。

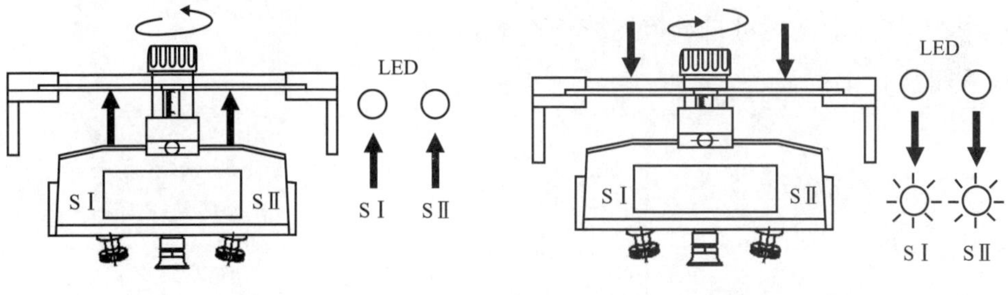

(a)传感器空闲指示灯熄灭　　(b)传感器占用指示灯亮

图 5.10　检查感应高度

要求：

(1)SSPV9 预设 43.5 mm；

(2)EW1 调整 SⅠ、SⅡ刚好指示灯亮；

(3)旋转 SSPV9 螺母在一圈(1 mm)范围内，两个指示灯出现同时熄灭与亮，或者先后熄灭与亮时，即认为已将传感器感应高度调整为 43.5 mm。

5)万用表：

测量磁头空闲电压：4.79 V≤V≤8.31 V；占用电压：8.39 V≤V≤9.96 V。

6)扭力扳手：

用扭力扳手校紧磁头，要求扭力为 55 N·m。

5.9　光功率计

手持式光功率计：BN 2302/01/11、BN 2302/02/12、BN 2302/03/13 测量光纤系统的功率。该测试装置特别针对所有类似于宽带网络、无源光网络和千兆以太网系统的高性能测试而设计。通过 2 节 AA 型电池供电，甚至在场地条件恶劣的情况下，其坚固及防振的设计可维持长时间运行。交流线路通过独立的交流适配器供电，且 USB 接口(仅 BN 2302/11/12/13 有)能够确保其在实验室或生产环境方便使用。

一般特征：所有 OLP-3x 功率计可与单模和最大纤芯直径为 62.5 μm 的多模光纤连接。通过 1.25 mm 和 2.5 mm 套管的 UPP 适配器，很容易使用不同类型的接头对不同制造商生产的系统进行测试。测试衰减要求使用合适的光源。JDSU OLS-3x 光源为此应用的理想之选。调制及未调制的光信号均可测量。并显示调制光信号的平均功率。调制单模采用不同的固定频率，用于确定光纤束中的光纤，例如：OLP-3x 光功率计的“自动 λ”功能可自动检测波长。本应用要求采用波长编码光源，例如：JDSU OLS-3x 光源。

仪表之间的差异：所有功率计校准至 850 nm、980 nm、1 310 nm、1 550 nm 和 1 625 nm。仪表之间的区别在于二极管类型和最大允许功率的不同。

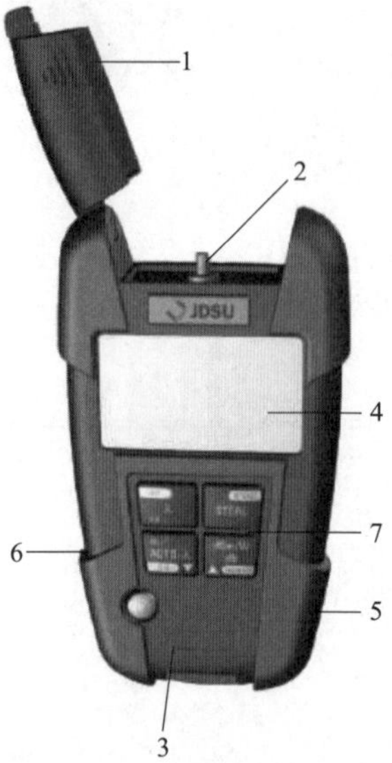

图 5.11　仪表示意图

1—测试端盖；2—连接器面板；3—仪表标签；4—显示屏；5—外部电源连接器的 USB 接口(仅 BN 2302/11/12/13 有)，用于连接电源及下载测量数据；6—电池盒(在仪表的后方)；7—键盘

1. 仪表概况

手持式光功率计如图 5.11 所示。

1)按键：每个键有两个功能。按下键一次进入首要功能。按住该键多于 2 s，进入次要功能，见表 5.2。

表 5.2 按键功能

	首要功能：按下该键开启和停止仪表(ECON，经济模式) 次要功能：按下该键开启仪表(PERM，常开模式)
	首要功能：按下该键从 5 个预定波长中选择适用的波长 次要功能：改变预定的波长
	首要功能：启动/关闭自动波长识别 次要功能：尚未设置
	首要功能：按下以存储当前测试结果 次要功能：调用已存储的测试结果
	首要功能：按下该键在以下模式之间转换： (1)dBm/Watt(绝对模式)； (2)dB(相对模式)。 次要功能：设置基准电平

2)电源

下列电源可用于操作 OLP-3x 光功率计：

2 节 1.5 V 干电池(Mignon AA 型，建议使用碱性电池)；

2 节 1.2 V 镍氢可充电电池(Mignon AA 型)；

通过交流适配器；

通过 USB 控制接口(仅 BN 2302/11/12/13 有)。

2. 仪表操作

1)打开/关闭仪表

OLP-3x 仪表具有两种功率模式：

(1)常开(PERM)：仪表永久地打开。

(2)自动“关闭”模式(ECON)：上次操作结束 20 min 后，仪表自动关闭。该功能只有在仪表是由电池供电时方可启用。

打开仪表：

按下 ECON 模式下打开仪表。

按下并持续 2 s 以上以 PERM 模式下打开该仪表。

关闭仪表：

按下并持续 2 s 以上，以关闭该仪表。

2)显示元件

显示元件如图 5.12 所示,显示信息见表 5.3。

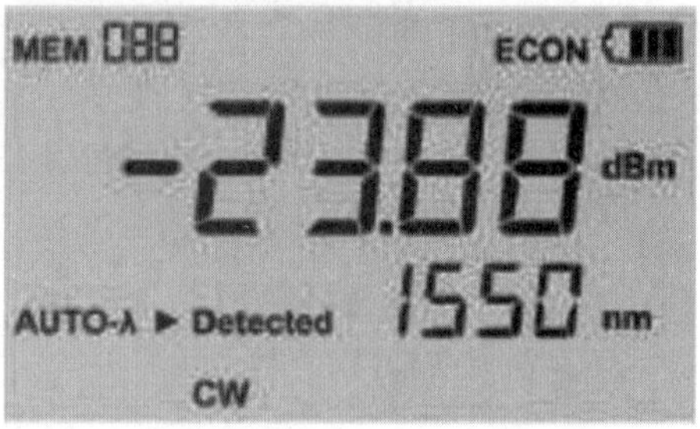

图 5.12　显示元件

表 5.3　显示元件及含义

显示元件	含　义
	电池状态 指示电池状态。仅在使用 AC 适配器时,其不显示电池状态
PERM 常开模式 ECON 自动关闭模式	功率模式 · 常开模式:仪表保持打开状态; · 自动关闭模式:上次操作结束 20 min 后仪表关闭
存储器 088	存储位置 1 至 100
显示屏中心位置	显示以 dBm 或 dB 为单位的测量结果
1 550 nm	波长设置 所选波长的显示(显示的波长取决于设置和模型)
Auto-λ CW(连续波)	信号调制 · CW:连续波; · Auto-λ:自动波长检测; · 270 Hz、1 kHz 和 2 kHz。 调制频率

3)选择波长

光电二极管的灵敏度高低取决于波长。该仪表的波长设置必须与输入信号的波长相匹配以确保读数正确。

按下[λ]键选择新波长。

可以通过按压此键的方式选择波长,该波长是内部波长表中所包含的一个波长。

4)编辑波长表:波长表中提供了 5 种波长的定义。

编辑波长表:

(1)按[λ]键选择波长(1 至 5)。

(2)按压[SET]键并持续 2 s 以上,波长表就处于编辑模式。

(3)使用[▲▼]键以改变波长值。

按压该键一次可以改变波长步进大小一次。

常按该键以增加步进变化率。

(4)按[SET] 键以保存新波长。

5)显示绝对功率

绝对功率显示模式中显示以 dBm 或者瓦特(nW、μW 和 mW)为单位的功率等级。

按[dBm/W]键以显示绝对功率,并将其在 dBm 和 W 之间转换。

功率范围见表 5.4。

表 5.4 显示绝对功率范围

测试器	dBm	W
BN 2302/01/11	−60～+5 dBm	0.1 nW～3.16 mW
BN 2302/02/12	−65～+10 dBm	0.316 nW～10 mW
BN 2302/03/13	−45～+26 dBm	31.6 μW～400 mW

6)显示相对功率

相对于参考功率的测量的实际功率以相对功率显示模式显示。

设置参考电平:按[ABS→REF]键并持续两秒以上,实际功率被设置为新的参考电平。需要注意,必须单独保存每个波长的参考电平,即使断开电源时,也必须保存。

7)显示调制信号

OLP-3x 仪表可以自动检测调制在 270 Hz、1 kHz 和 2 kHz 固定频率上的光信号的调制频率。显示屏下方中间显示所检测的频率。

8)启用 Auto-λ 模式

Auto-λ 是 JDSU 公司开发的特有功能,该功能可以自动识别波长。为了实现该功能,需将信号调制在通过 JDSU 公司的 OLP-3x 仪表可以检测到的特定频率上(通过配备有自动 λ 功能的光源,例如 JDSU OLS-34/-35)。如果出现以下情况,检测到的波长可能不准确:

(1)接收到的功率级过低。

(2)由于某些干扰因素的影响,不能检测到波长编码。

(3)测量系统的绝对功率级,该系统中不具有与 JDSU 公司光源相匹配的波长编码。

Auto-λ 模式打开/关闭的切换→按[Auto-λ]键:启用 Auto-λ 模式。如果启动 Auto-λ

模式，而且连接支持 Auto- λ 模式的激光光源，那么将显示 Auto-λ 模式。

当启用 Auto-λ 模式而且检测不同的波长时，在这些波长上所测的功率将单独显示。几秒之后，显示屏将自动切换至下一个检测到的波长。采用 Auto-λ 模式的显示，其显示一个检测到的波长及其功率。

9)存储管理

OLP-3x 可以将测得的功率结果值存储进数据存储器中并在需要的时候调用它们，最多可以存储 100 个测试结果。

注意：结果总是在最后一个存储位置处开始顺序存储，直到所有的 100 个位置被全部分配完毕为止，不可以覆盖或重新填充空的存储位置数据可以通过 OFS-355 下载管理器，经 USB 接口进行下载至 PC 机，以便进行进一步的评估(仅 BN2302/1x 提供)。

10)保存测试结果

保存当前的测试结果：按[STORE]键保存当前的测试结果。结果被保存，相关的存储位置会在屏幕的左上角短暂显示，例如“ MEM 2. ”。

注意：新的测试结果总是顺序附加在最后的存储位置处，即便是删除了之前的某个编号较小的存储位置也是如此。

11)调用测试结果

调用存储的测试结果

(1)按[RECALL]键，并保持至少 2 s。仪表处于调用模式，并且最后的存储位置将会在屏幕的右上角显示。

(2)使用[▲▼]键浏览存储的存储器位置。

(3)再次按[RECALL]键退出调用模式。

12)删除测试结果

(1)删除某个保存的测试结果：√仪表首先要处于调用模式。

①使用[▼▲]键选择将被删除的存储器位置。

②按[CLR]键，并保持至少 2 s。所选的存储器位置被删除，显示屏显示 4 个条形图。

注意：不能选择和覆盖空的存储器位置。

(2)删除所有存储的测试结果：√仪表首先要处于调用模式。

①同时按住[CLR]键和[ALL]键，并保持至少 2 s。所有的存储器位置被清空。

②再次按[RECALL]键，退出调用模式。

13)维护：在进行维护或者清洁之前，必须确保仪表与所有电源和光辐射源断开和切断。

清洁测试端口：如有必要的话，最好在开始测量之间，检查光学连接是否清洁，如果该连接不清洁，对其进行清洁。即使在接头端面上或者测试适配器中留有很小的灰尘颗粒也可以对测量的精确性产生不良影响。清洁流程如下：

(1)关闭仪表。

(2)拆除光学连接中的测试适配器。现在接头端面可触及。

(3)使用在异丙醇中浸泡过的棉花棒擦拭插头端面。这种清洁方法非常有效，且不会在插头端面上留下任何残渣。

(4)利用干净的压缩空气(可通过喷雾器提供，例如：防尘喷雾器中用的空气)吹除测试适配器中的灰尘。必须确保水或清洗液不会进入仪器内。

5.10　OTDR

1. OTDR 介绍

光时域反射仪(optical time-domain reflectometer，OTDR)是通过对测量曲线的分析，了解光纤的均匀性、缺陷、断裂、接头耦合等若干性能的仪器。它根据光的后向散射与菲涅耳反向原理制作，利用光在光纤中传播时产生的后向散射光来获取衰减的信息，可用于测量光纤衰减、接头损耗、光纤故障点定位以及了解光纤沿长度的损耗分布情况等，是光缆施工、维护及监测中必不可少的工具。

2. OTDR 使用操作

用 OTDR 进行光纤测量可分为三步：参数设置、数据获取和曲线分析。

人工设置测量参数包括波长选择、脉宽、测量范围、平均时间。

1)波长选择(λ)

因不同的波长对应不同的光特性(包括衰减、微弯等)，测试波长一般遵循与系统传输通信波长相对应的原则，即系统开放 1 550 波长，则测试波长为 1 550 nm；判断故障则应两个波长分别测量后判断。

2)脉宽(Pulse Width)

脉宽越长，动态测量范围越大，测量距离更长，但在 OTDR 曲线波形中产生盲区更大；短脉冲注入光平低，但可减小盲区。脉宽周期通常以 ns 来表示。

3)测量范围(Range)

OTDR 测量范围是指 OTDR 获取数据取样的最大距离，此参数的选择决定了取样分辨率的大小。最佳测量范围为待测光纤长度 1.5～2 倍距离之间。

4)平均时间

由于后向散射光信号极其微弱，一般采用统计平均的方法来提高信噪比，平均时间越长，信噪比越高。例如，3 min 的获得取将比 1 min 的获得取提高 0.8 dB 的动态。但超过

10 min 的获得取时间对信噪比的改善并不大。一般平均时间不超过 3 min。

3. OTDR 使用操作经验与技巧

1)光纤质量的简单判别

正常情况下,OTDR 测试的光线曲线主体(单盘或几盘光缆)斜率基本一致,若某一段斜率较大,则表明此段衰减较大;若曲线主体为不规则形状,斜率起伏较大,弯曲或呈弧状,则表明光纤质量严重劣化,不符合通信要求。

2)波长的选择和单双向测试

1 550 波长测试距离更远,1 550 nm 比 1 310 nm 光纤对弯曲更敏感,1 550 nm 比 1 310 nm 单位长度衰减更小,1 310 nm 比 1 550 nm 测的熔接或连接器损耗更高。在实际的光缆维护工作中一般对两种波长都进行测试、比较。1 550 nm 波长上最大损耗系数为 0.21 dB/km,在 1 310 nm 波长上最大损耗系数为 0.36 dB/km。对于正增益现象和超过距离线路均须进行双向测试分析计算,才能获得良好的测试结论。

3)接头清洁

光纤活接头接入 OTDR 前,必须认真清洗,包括 OTDR 的输出接头和被测活接头,否则插入损耗太大、测量不可靠、曲线多噪声甚至使测量不能进行,它还可能损坏 OTDR。避免用酒精以外的其他清洗剂或折射率匹配液,因为它们可使光纤连接器内黏合剂溶解。

4)折射率与散射系数的校正

就光纤长度测量而言,折射系数每 0.01 的偏差会引起 7 m/km 之多的误差,对于较长的光线段,应采用光缆制造商提供的折射率值。

5)附加光纤的使用

附加光纤是一段用于连接 OTDR 与待测光纤、长 300～2 000 m 的光纤,其主要作用为前端盲区处理和终端连接器插入测量。一般来说,OTDR 与待测光纤间的连接器引起的盲区最大。在光纤实际测量中,在 OTDR 与待测光纤间加接一段过渡光纤,使前端盲区落在过渡光纤内,而待测光纤始端落在 OTDR 曲线的线性稳定区。光纤系统始端连接器插入损耗可通过 OTDR 加一段过渡光纤来测量。如要测量首、尾两端连接器的插入损耗,可在每端都加一过渡光纤。

5.11 接地混线故障查找仪(XJWELL-513)

1. 配置及性能

1)信号发送器与信号接收器对应工作模式其配图

信号发送器与信号接收器结构图如图 5.13 所示,配置见表 5.5。

(a)信号发送器　　(b)高低阻信号接收器　　(c)信号接收器专用互感器 E30

图 5.13　信号发送器与信号接收器结构图

表 5.5　信号发送器与信号接收器配置表

信号接收器		信号发送器		主要功能应用
工作模式	连接传感器	工作模式	使用输出插座	
高阻模式	C30、C40 C41、C18	高阻人工	安全输出	高阻、低阻设备及配线接地、混线、短路故障点，电缆识别
		高阻自动	安全输出	
		特高阻自动	安全输出	特高阻、高阻、低阻设备及配线接地、混线、短路故障点，电缆识别
	C30、C40 C41、C18	脉冲连续	安全输出	低阻设备及配线接地、混线、短路故障点
		脉冲断续	安全输出	
绝缘测试		绝缘测试	安全输出	绝缘在线快速测试

2)主要特点

(1)设备不停电、不甩线、不解线把情况下，迅速、准确、直观地确定故障点；

(2)故障查找准确率 100%；

(3)输出电流无级调节(预防误动继电器)；

(4)接地故障在线定量分析，精确诊断接地性质；

(5)数字远距离遥控、显示；

(6)全自动、迅速、准确地定位高低阻、特高阻故障；

(7)内置高性能锂电池，交直流两用；

(8)迅速、准确、直观地确定电缆断线、短路、接地、混线故障点及电缆长度(X3S)；

(9)迅速、准确、直观地分析确定电缆接头位置(X3S)；

3)主要功能(设备不停电、不甩线、不解线把情况下)

(1)查找设备及配线高低阻、特高阻接地(漏电)故障点；

(2)查找设备及配线高低阻、特高阻混线故障点；

(3)查找设备及配线短路故障点；

(4)查找车辆电路接地、混线、短路故障点；

(5)查找轨道电路短路、漏泄故障点；

(6)测试中出现不达标数据立即给出声音警示；

(7)自动测量电缆高低阻接地故障点；

(8)自动测量电缆高低阻混线、短路故障点；

(9)实时连续测量、显示故障点；

(10)完全消除电缆故障测量时,故障电阻持续上涨的测量误差等。

2. 外形及结构

1)信号发送器外形及功能键操作说明

信号发送器开机需预热 3 min,以确保测量精度。

(1)开机进入主菜单界面

①有高阻模式、绝缘测试、工作参数设置 3 个选项。

②如开机 10 s 内如无任何操作,信号发送器将自动进入“高阻人工”250 V 安全常用模式。

③发送器停止状态时,如 5 min 内无任何操作,将自动关闭无线信号,操作任意键可重新唤醒无线发送。

④开机主菜单下,不接输出线时,长按“置零/模式”键可进入仪器自校正程序,建议用户不要使用。

(2)高阻模式

①此模式有高阻人工、高阻自动、特高阻自动、脉冲连续、脉冲断续、参数设置 6 个选项。

②选择“高阻人工”“高阻自动”“特高阻自动”“脉冲连续”“脉冲断续”“参数设置”,按“确认”键进入。

③高阻人工按键的基本操作:

a.“上”“下”键切换输出电压挡位(20 V、50 V、100 V、150 V、200 V、250 V、300 V、400 V、500 V、600 V),默认进入输出电压挡位为 250 V;

b.“调节”旋钮可细调输出电压,左右慢旋慢速、快旋快速地调节输出电压大小;

c. 长按“调节”4 s 以上有提示音后可来回切换输出电压极性;

d. 按“置零/模式”键可重新快速选择“高阻人工”“高阻自动”“特高阻自动”“脉冲连续”“脉冲断续”“参数设置”等工作模式;

e. 按“确认”键,发送器开始发送并输出信号;

f. 按“返回”键,发送器停止发送信号并关闭输出;

g. 长按“返回”键可返回开机主菜单。

④高阻自动

按键的基本操作同上，进入“高阻自动”后，选择相应输出电压，按“确认”键，发送器开始发送并输出信号。按“返回”键，发送器停止发送信号并关闭输出，如图 5.14 所示。

⑤特高阻自动

进入“特高阻自动”与高阻自动工作模式相同，它提供双极性的测试电压，适用于更高阻抗的故障检测。发送状态对应有二种状态：a. 正发：正向输出；b. 反发：反向输出。发送器按一定的时间间隔交替反发（置零）、正发（读数），接收器会自动完成置零操作，可在反白时读数，如图 5.15 所示。

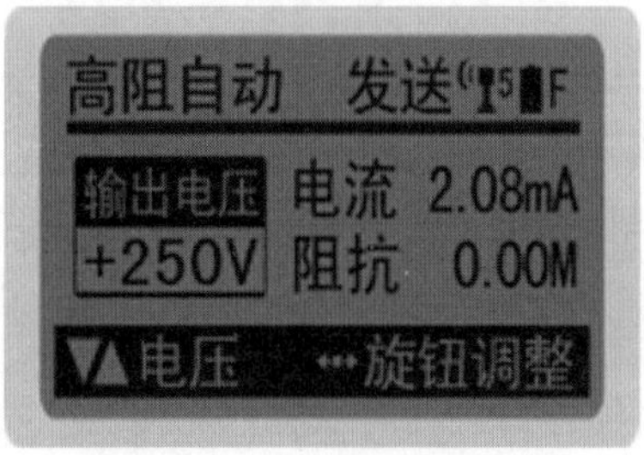

图 5.14　高阻自动

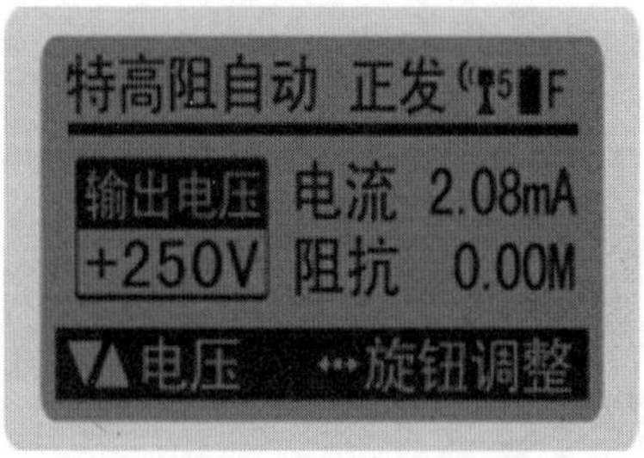

图 5.15　特高阻自动

⑥脉冲连续

脉冲连续指信号发送器发送连续的脉冲测试信号，适用于部分低阻接地、混线故障的快速查找，如图 5.16 所示。

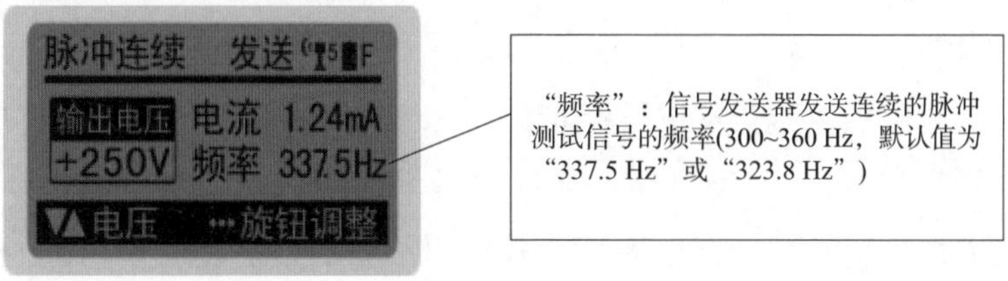

图 5.16　脉冲连续

⑦脉冲断续

脉冲断续指信号发送器发送断续的脉冲测试信号，适用于部分低阻接地、混线故障的快速查找，如图 5.17 所示。

(3)绝缘测试

“绝缘测试”有单极手动、双极自动 2 种测试方式。

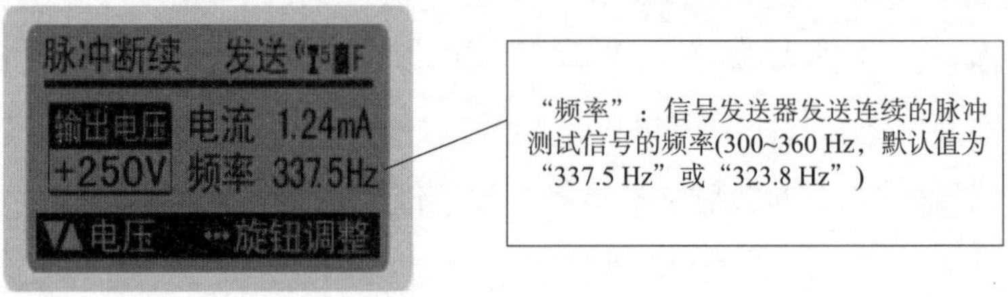

图 5.17 脉冲断续

单极手动测试：单向电压下预警，测试、反白显示当前极性的阻抗（＋或－），“阻抗”显示值为未经校正的当前极性的阻抗。单极手动测试时输出电压极性保持不变，需手动切换极性。

双极自动测试：自动双向电压下全面预警，测试、反白显示当前极性的阻抗（＋或－），“阻抗”显示值在双极一个周期后，显示经过校正的阻抗（该校正阻抗主要是用来消除带电测量阻抗的误差）。双极自动测试时自动定时切换输出电压极性。

默认进入单极手动测试模式，按“置零/模式”键可切换至双极自动测试模式。

①按键的基本操作

a. 按“置零/模式”键可循环切换单极手动测试模式与双极自动测试模式。

b. 按“上”“下”键可切换输出电压挡位。

c. “调节”旋钮：可细调输出电压，左右慢旋慢速、快旋快速地调节输出电压大小。

d. 长按“调节”旋钮 5 s 以上有提示音后可来回切换输出电压极性。

e. 按“确认”键开始测试。

f. 按“返回”键停止测试，长按“返回”键返回开机主菜单。

②“绝缘测试”操作步骤

选择进入“绝缘测试”状态，长按“调节”旋钮来回切换输出电压极性；长按“返回”键返回开机主菜单，按“置零/模式”键可循环切换单极手动测试模式与双极自动测试模式，按“返回”键停止测试，按“确认”键开始测试。两输出线分别接被测电源与地，按“确认”键开始测试，如有警示音，说明电源存在绝缘不良故障隐患，此时，请再对该电源进行对地电压测试，进一步确认结果。

(4)参数设置

参数设置：有“高阻自动参数设置”“脉冲断续设置”“脉冲频率设置”“绝缘测试设置”“阻抗报警音设置”“无线数传设置”“电池节电设置”“恢复出厂设置”8 个选项。

①高阻自动参数设置如图 5.18 所示。

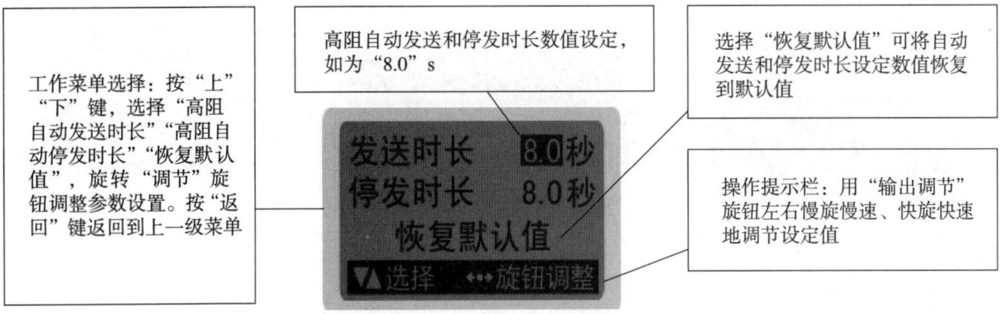

图 5.18　高阻自动参数设置

②脉冲断续设置如图 5.19 所示。

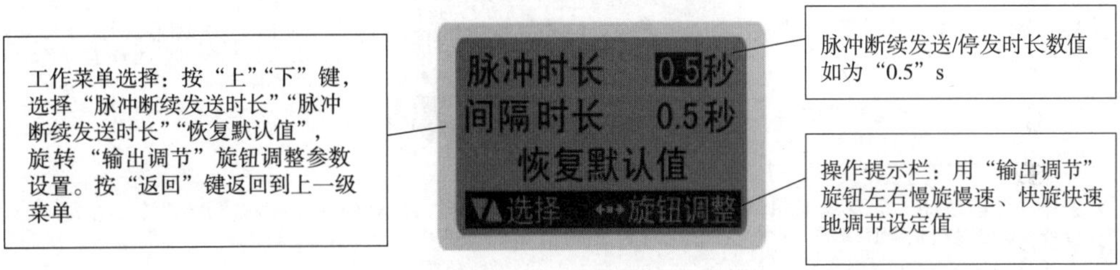

图 5.19　脉冲断续设置

③脉冲频率设置如图 5.20 所示。

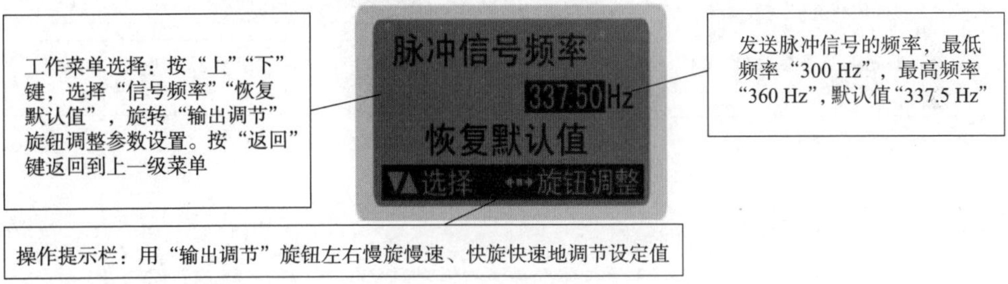

图 5.20　脉冲频率设置

④绝缘测试设置如图 5.21 所示。

⑤阻抗报警音设置如图 5.22 所示。

⑥无线数传设置如图 5.23 所示。

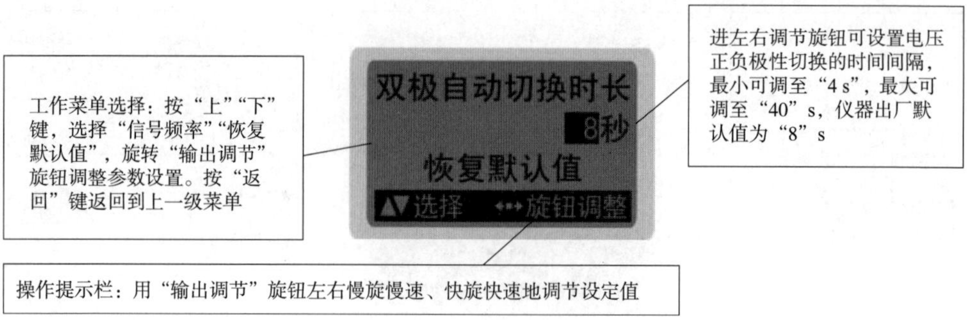

图 5.21　绝缘测试设置

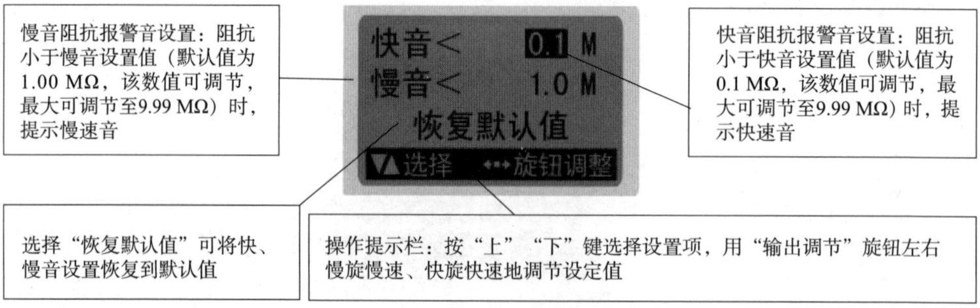

图 5.22　阻抗报警音设置

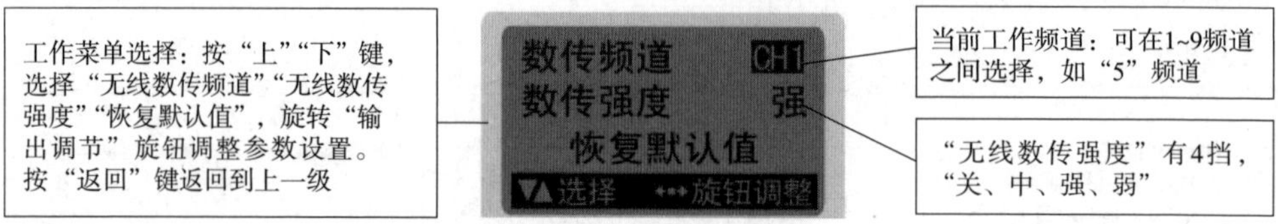

图 5.23　无线数传设置

⑦电池节点设置如图 5.24 所示。

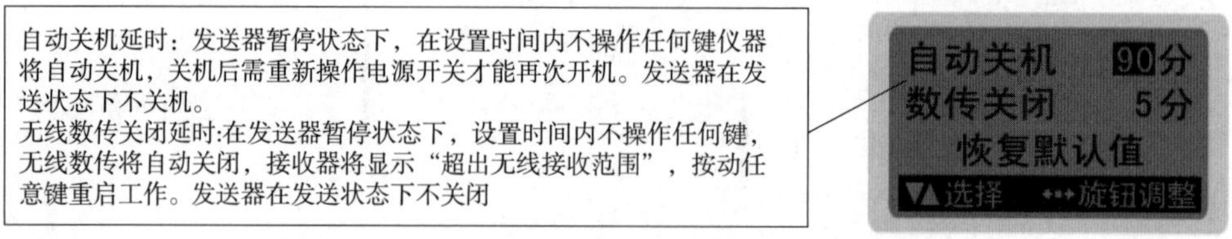

图 5.24　电池节点设置

⑧恢复出厂设置如图 5.25 所示。

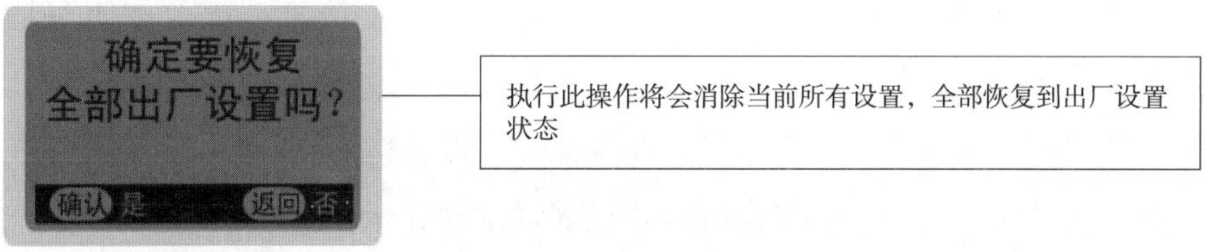

图5.25 恢复出厂设置

2)信号接收器外形及功能键操作说明

信号接收器：插入天线，开机需预热5 min，以确保测量精度。

(1)开机进入主菜单界面

开机需预热5 min，以确保测量精度。开机后自动进入第1级菜单，左边黑色箭头指示被选中的菜单选项，“上”“下”按键。选择测试模式。按确认键进入所选菜单，如图5.26所示。

图5.26 开机进入主菜单界面

“高阻模式”：接收信号发生器“高阻人工”“高阻自动”和“特高阻自动”状态发送的信号。

“快捷脉冲模式”：接收信号发生器“脉冲连续”“脉冲断续”状态发送的信号。

“无线频道设置”：设置改变无线频道，频道应设置的与发送器无线频道相同。

“高阻倍率设置”：“高阻人工自动”菜单模式下测量时，设置各种钳子所对应的倍率和线性度。

“快捷抗干扰设置”：“快捷脉冲”菜单模式下测量时，设置显示数据的抗干扰值大小。

注意：开机后5 s内如不进行按键操作，将自动进入“高阻人工自动”测试界面，右下角数字为当前电池剩余电量。

(2)高阻模式

此模式可接收信号发送器“高阻人工”“高阻自动”“特高阻自动”模式发送的信号。

当接收数据跳动大时，可用转动钳形接收器钳头位置或同时卡正负电源方法消除方式克服(注意：本机天线、信号发送器天线、使用中的无线对讲机如靠近钳形互感器钳头、或有继电器动作时都会引起接收数据大的跳动)。

挡位选择▲:大小挡位切换。开机自动置于小挡位。如测量超出范围时可切换至大挡位。

置零:故障查找(测试)时,需要频繁的在线信号置零,才能确保显示准确度。发送器在高阻自动、特高阻自动状态时,接收器将自动置零,可在反白时读数。

读数:信号接收器电流值反白显示时发送器工作在“发送”状态,正常显示时发送器工作在“暂停”状态,应在反白时读数。如接收数据跳动大时,可用转动钳形接收器钳头位置或同时卡正负电源方法消除方式克服。

(3)脉冲模式

此模式可接收信号发送器“脉冲连续”“脉冲断续”模式发送的信号,如图 5.27 所示。

进入脉冲模式后,第 1 行是信号发送器状态显示信息,第 2 行显示的是信号接收器的测试数据,第 3、4 行显示的是信号接收器当前操作状态、操作提示信息及电池状态。

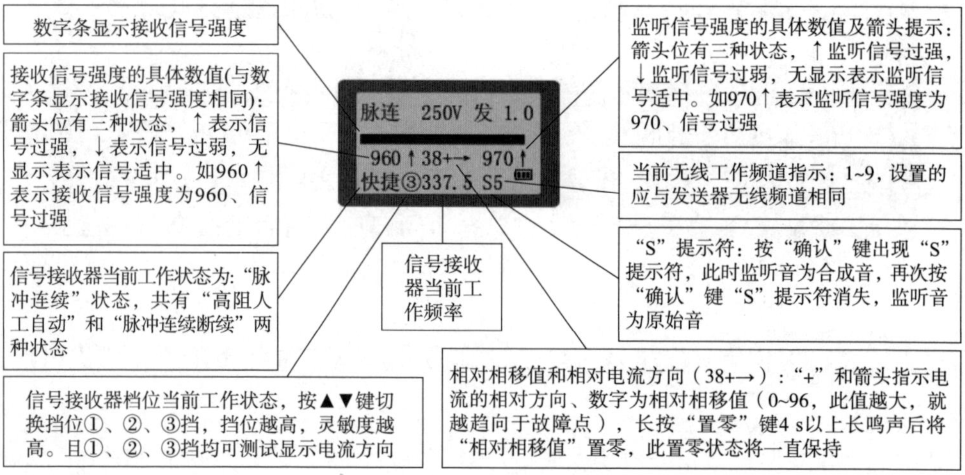

图 5.27 脉冲模式

①脉冲模式之下“校准接收频率”操作

具体对频(校准接收频率)操作:该操作可使信号发送器与信号接收器达到良好匹配。一般情况下出厂时已对频,无须再对频操作。在测试时,如信号接收器的接收信号强度指示条不能良好指示信号发送器的发送信号时,需要对频操作。

具体操作:信号发送器在“250 V、脉冲连续、发送”状态,信号输出端短路,输出电流在 1 mA,信号接收器的钳形接收器卡红线,调节信号输入大小,使监听信号强度上箭头指示处于刚灭状态,具体数值在 800 左右,长按“确认”键,进入对频操作状态,按▲▼键调整工作频率,应使接收信号强度最大,方向相对值的+-波动速度越缓慢越好,按“返回”键退出时提示是否保存当前频率设置。

②"环境干扰扫描"操作如图 5.28 所示。

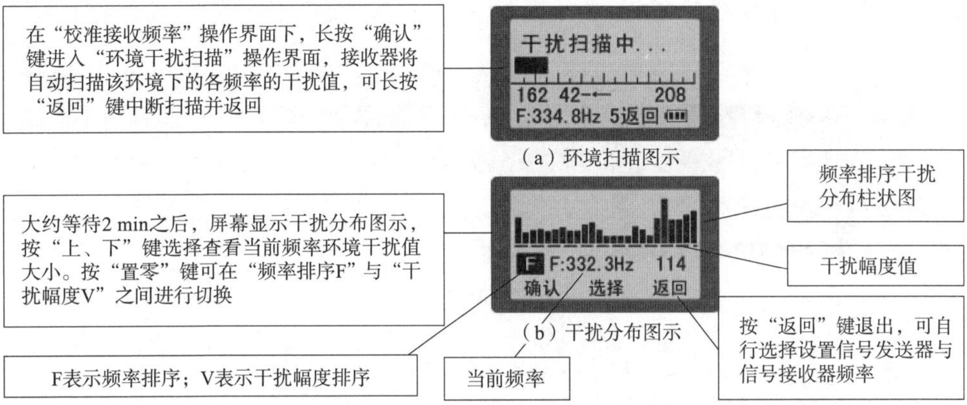

图 5.28 "环境干扰扫描"操作

(4)无线频道设置

进入无线频道设置后，按▲▼键选择需要改变设置的频道或按"置零"键恢复出厂设置，按"返回"键返回主菜单时提示是否保存当前设置，如图 5.29 所示。

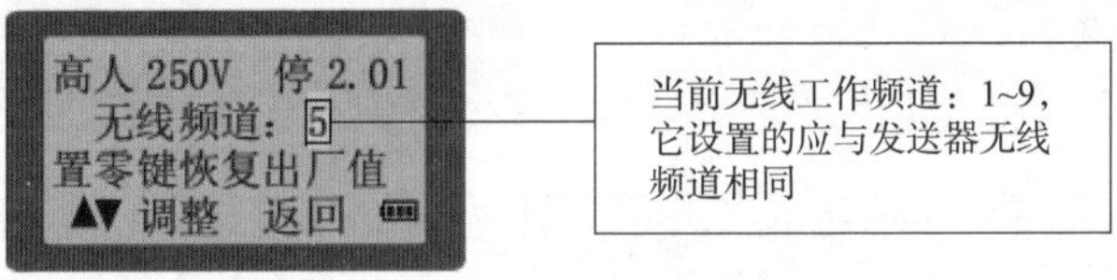

图 5.29 无线频道设置

(5)高阻倍率设置

进入高阻倍率设置后，第 1 行是信号发送器状态显示信息，第 2、3 行显示的是信号接收器的测试、设置数据，第 4 行显示的是信号接收器操作提示信息及电池状态，如图 5.30 所示。

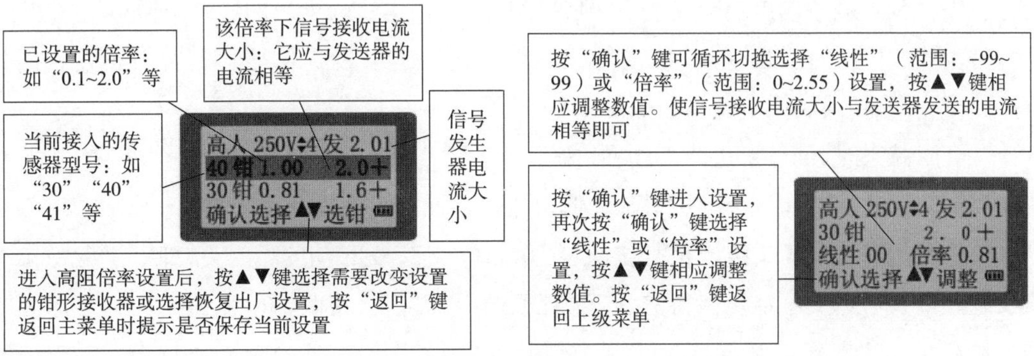

图 5.30 高阻倍率设置

(6)快捷抗干扰设置

进入快捷抗干扰设置后,第 1 行要设置的抗干扰值,第 2、3 行是操作提示信息,如图 5.31 所示。

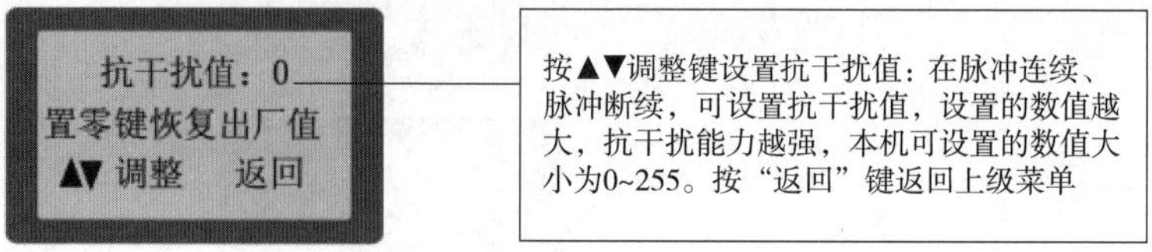

图 5.31　快捷抗干扰设置

3. 操作方法

严格遵守"三不动,三不离",严格按照设备绝缘测试所要求的规定电压进行选择挡位,切勿超范围选择输出电压挡位。

1)信号发送器正向输出时,红线为输出正(电流流出),黑线为输出负(电流流进)。信号发送器反向输出时,红、黑线输出反之。

2)电池在良好状态,查找故障前应事先做好充电工作。使用前应首先擦除接收器钳口上的脏物,以确保其磁阻最小。

3)测试确定电源接地(漏电)端或混线端。

测试确定电源接地端:使用电压表测量电源两端对地电压,小的一端为电源接地端,或使用电流表串联电阻测量电源两端对地电流,小的一端为电源接地端。

测试确定电源混线端:使用电压表测量两混线电源四端互相电压,小的两端为电源混线端,或使用电流表串联电阻测量两混线电源四端互相电流,小的两端为电源混线端。

4)根据被检测设备接地电阻大小在 250～600 V 之间设定电压(一般设定在 250 V,高阻状态输出工作电流一般调整在 1.5～2 mA 左右。

注意:开机时的"250 高阻人工"正向输出状态为安全状态,可带电查找故障。

5)由小到大调整输出调节旋钮,达到调整信号输出电流强度目的。

6)查找故障时,按"确认/开始或遥控器发送键"按钮,发送信号。需要停止发送时按"返回/停止"按钮或关闭电源切断输出。

7)高阻状态时,信号发送器工作在"高阻人工""高阻自动""特高阻自动"模式,接收器请使用高阻模式(它同时也可以查找高、低阻故障),此模式为推荐使用方式。

8)将专用互感器插头接入信号接收器"信号输入",按下"电源开/关"即可进入故障查找状态。卡线后钳头一定要保持静止,绝对不能手动,信号接收器电流值反白显示时发送器工作在"发送"状态,正常显示时发送器工作在"暂停"状态,应在反白时读数。如接收数据跳动大时,可用转动钳形接收器钳头位置或同时卡正负电源方法消除方式克服。如需精确测量可切换至小挡位。故障查找(测试)时，需要频繁的在线信号置零，才能确保显示准确度。高阻自动状态接收信号时，急促 4 声蜂鸣声后置零，慢 3 声蜂鸣声后读数。

9)接收信号时，请先卡线、发送器输出在暂停状态时置零，发送器输出在发送状态时读数。信号接收器"数字指示器"显示"1.28 m"时，表示通过钳形接收器的电流方向与钳形接收器"+"电流指示箭头相同。显示"−1.28 m"时，表示通过钳形接收器的电流方向与钳形接收器"−"电流指示箭头相同。钳形接收器正向卡线或反向卡线时，"1.28 m"和"−1.28 m"正反向电流交替显示说明接收信号正常。钳形接收器需要不断的"置零"操作(注意:测试时请慢开、慢闭)。

10)高阻故障查找时，需要频繁的在线无信号(暂停)置零，有信号(发送)读数，才能确保显示准确度。高阻自动状态，接收信号时，急促 4 声蜂鸣声后置零，慢 3 声蜂鸣声后读数。

11)脉冲状态时，接收器使用快捷脉冲模式(①②③挡):

(1)接收器使用快捷脉冲模式①②③挡，信号发送器工作在"脉冲连续""脉冲断续"模式，250 V 挡为安全输出挡，可带电进行故障查找、测试，其余则不可以带电进行故障查找、测试。

(2)调整接收器挡位(①②③挡之间)"输入调节""监听音量"旋钮，接收发送器红、黑输出的单线信号与双线回路信号，使两者接收主信号强度比越大越好，接收单线信号接收强度指示 800 左右为合适，音量调整合适。

(3)调节信号发送器输出旋钮，将发送器红、黑输出线施加至故障设备，使输出信号电流一定，接收信号发送器输出的单线信号，调节信号接收器输入调节至一定程度，使信号接收强度最大，然后进行故障查找。

(4)脉冲模式的"①②③"挡，主要增强了相对电流方向和相对相移值的稳定性，使其得到了有效的运用，实现了以电流的大小、相对方向及相对相移值(0 至 96)三位一体的故障确定方式。按"确认"键出现"S"提示符，此时监听音为合成音，再次按"确认"键"S"提示符消失，监听音为原始音。

(5)调整接收器挡位至①②③挡、"输入调节"旋钮及声音提示功能键，接收发送器红、黑输出线的单线信号与双线回路信号，使两者接收主信号强度比越大越好，接收单线信号接收强度指示 800 左右为合适，且电流的相对方向明确稳定，长按置零键 4 s 以上有提示音后使相对相移值置零。

(6)如需带电快速查找低阻故障时，先将发送器置于"脉冲连续"或"脉冲断续"模式的 250 V 挡，红、黑输出线施加至故障设备，接收信号发送器输出的单线信号，接收单线信号接收强度指示 800 左右为合适，且电流的相对方向明确稳定，长按置零键 4 s 以上有提示音后使相对相移值置零。发送器输出在发送状态时读数，信号接收器“相对相移值和相对电流方向”显示“0+→”时，表示通过钳形接收器的电流方向与钳形接收器“+”电流指示箭头相同、相对相移值为 0。显示“0−←”时，表示通过钳形接收器的电流方向与钳形接收器“−”电流指示箭头相同、相对相移值为 0。钳形接收器正向卡线或反向卡线时，“0+→”和“0−←”正反向电流交替显示说明接收信号正常。

12）在电源接地（漏电）端与地或混线两电源端之间正反向施加信号。如正向施加信号源后，输出电流随时间推移逐步变小，甚至小到 0.1 左右，而反向施加信号为黑输出线接故障设备，红输出线接地。

13）接地（漏电）故障：接收红或黑输出线输出信号，此数据为总的人为故障电流，记录此数据然后顺线把接收信号，信号接收器指示的最终大小突变点即为电源接地（漏电）点。使用脉冲模式的①②③挡（或接收器 V5.0 以前版本中的快捷脉冲模式的“D”挡）时，接地点同时还应有相对相移值突变趋大的特征。

混线故障：按配线图逐根接收信号，根据信号接收器指示的电流方向及最大值径路，混线电源径路中不同电源线点的交汇处，即为电源混线点。使用脉冲模式的①②③挡（或接收器 V5.0 以前版本中的快捷脉冲模式的“D”挡）时，混线点同时还应有相对相移值最大的特征。

14）查找接地故障时，尽量要进行“终端”测量，即：卡住一个测量单元的所有进出线，接收“整体终端”信号。在总电源线处测量时，尽量要进行“整体电源”测量，即：同时卡住一个测量电源的正负电源线，目的是消除干扰。施加信号源：一般在电源屏处为最佳，这样可以马上区分屏内、屏外接地，只要查到组合架内部或控制台内部时，就已经离故障点不远了。

4. 各种故障查找方法释疑

1）查找设备及配线接地（漏电）故障点

故障图例如图 5.32 所示。其中，粗线：设备配线或线把；虚线：信号发送器构成的查找故障电流回路。

故障说明：设备 1 无接地（漏电），设备 2 无接地（漏电），设备 3 无接地（漏电）但有接地（漏电）回线电流通过，设备 4 接地（漏电），设备 5 无接地（漏电）。信号发送器输出施加于接地（漏电）电源任一点（如 A 点）与地之间，用信号接收器在该设备整线把处接收的信号接收强度指示：

A：有；B：有；C：无；D：有；E：有；F：无；G：有；H：有；I：无［接地（漏电）回线电流相互抵消］；J：有；K：有；M 无；L：有［即可确定设备 4 接地（漏电）］，如设备及配线繁多，为了查找故障迅速可直接对各个独立回路或设备整线把处接收，哪一部分有信号接收强度指示，接地（漏电）故障一定在此设备内，再对其内部分块进一步接收查找，即可确定设备及配线接地(漏电)故障点。使用快捷脉冲模式的①②③挡(或接收器 V5.0 以前版本中的快捷脉冲模式的"D"挡)时,接地点同时还应有相对相移值突变趋大的特征。

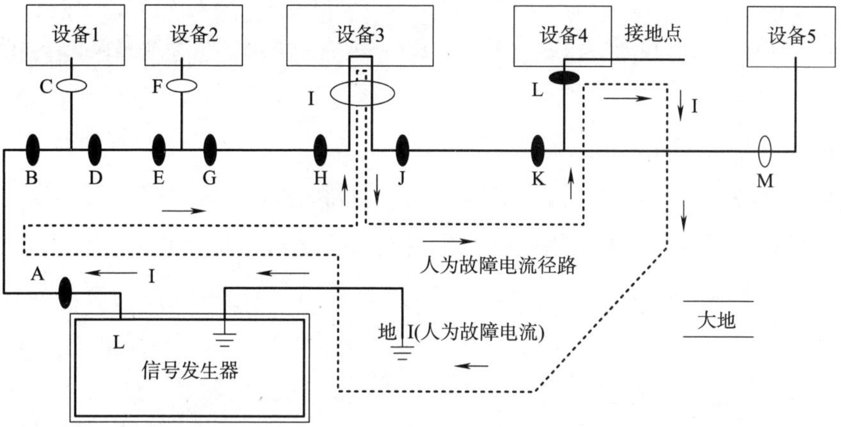

图 5.32　故障图例

2)查找设备及配线混线故障点

查找设备及配线混线故障点如图 5.33 所示。

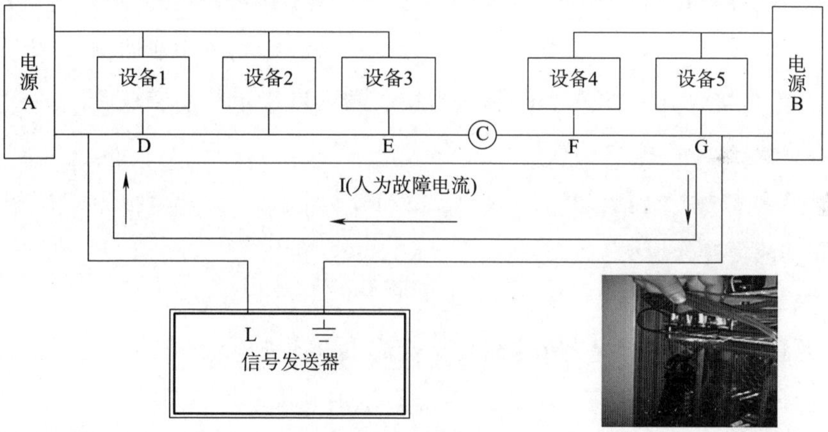

图 5.33　查找设备及配线混线故障点

信号发送器输出可施加于混线电源两端 DG 之间,人为故障电流一定而且必须经过混线点,用信号接收器按图对单根配线进行接收,对每根有信号接收强度指示的配线,根据设备配线图确认它属于那个电源的线点,这样,两电源线点 E 与 F 的交分处 C 即为设备及配线混线故障点。使用脉冲模式的①②③挡(或接收器 V5.0 以前版本中的脉冲模式的"D"挡)时,混线点混线电流支路同时还应有相对相移值最大的特征。

3)查找设备及配线短路故障点

信号发送器输出可施加于短路电源两端,人为故障电流一定而且必须经过短路点。用信号接收器按图对单根配线进行接收,对每根有信号接收强度指示的配线,根据设备配线图确认它属于电源正或负的线点,这样,正负电源线点的交分处即为设备及配线短路故障点。

4)查找轨道电路设备短路故障点

信号发送器输出可施加于轨道电路设备二次电源两端,人为故障电流一定而且必须经过短路点,用信号接收器按图对单根配线进行接收,对每根有信号接收强度指示的配线,根据轨道电路设备图确认属于电源正或负的线点,这样,正负电源线点的交分处即为轨道电路设备短路故障点。

5)直流电流及漏电流在线测试

只用信号接收器测量,开机自动置于小挡位,可精确测量。也可切换至大挡位。

6)查找车辆电路搭铁、短路、混电故障点

查找原理同上述 1)2)3)类。

7)查找明线故障

接地(短路、混线)故障:将信号发送器输出 L 端接故障线路一端,信号发送器输出地端接地(或短路、混线另一端),这样信号发送器输出通过故障明线构成回路,产生人为接收故障信号,张开信号接收器钳口进行接收,信号接收器强度指示的突变点(或不同电源的交汇点)即为接地(或短路、混线)故障点。

5. 高阻电缆故障快速测试仪(XJWELL-X2)

1)主要功能键操作说明

(1)电源开关:按下电源开,再次按下电源关。

(2)电源状态指示:红灯亮表示主机处于交流供电或充电状态(充电时只需连接充电器即可,无须操作任何键);灭灯表示主机处于非交流供电状态。

(3)MIN USB:程序数据连接口。

(4)数字显示窗:工作状态显示。

(5)功能键:

置零/模式:短按可随时置零;长按单双极测试模式循环切换。

确认:短按开始测试;长按参数设置。

返回:短按停止测试或返回上一级菜单;长按帮助菜单。

↑ ↓:短按测试电压挡位切换;长按测试挡位选择:自动(A)、1、2、3 挡位切换。

(6)调节:测试模式下,长按单极测试电压极性切换,短按快速设置电缆总长度参数(反白部分为当前输入区，左右慢旋慢速、快旋快速进行调节）；参数设置模式下，调整线阻率参数、自动双极时长，左右慢旋慢速、快旋快速进行调节。

（7）输出线，红、绿、黑 测试鳄鱼夹。

2）操作方法

（1）电池在良好状态，查找故障前应事先做好充电工作。

（2）使用前应首先将被测线接地放电，以确保测量数据准确。

（3）操作方法

①开机进入接线提示界面（开机需预热 3 min，以确保测量精度）。

②进入测试界面。

开机默认进入“单极自动连续”模式，长按“置零/模式”键循环切换“单极自动连续”“双极自动连续”2 种测试模式（测试过程中要时刻观察阻抗值的变化，阻抗值不宜过大）。

③参数设置。

长按“确认”键进入参数设置界面：①设置线阻率为“0～999.99”Ω/km。②自动双极时长设置，默认 10 s。③按“上”“下”键选择设置参数，旋转“调节”旋钮，左右慢旋慢速、快旋快速“调节”旋钮进行调整当前反白部分参数，按“返回”键保存设置参数，按“确认”并返回测试界面。④如选择“恢复出厂设置”，按“确认”键恢复出厂设置，如图 5.34 所示。

图 5.34 参数设置

注意：查找电缆接地时，远端先不要短接，进入测试状态，先用 X2S 的红线或绿线分别接参考线（好线）或故障线（坏线），黑线接地，正反向施压，测试观察参考线或故障线的对地绝缘各是多少，绝缘是否有上涨现象。再用 X2S 的红线或绿线接参考线（好线），黑线接故障线，正反向施压，测试观察参考线与故障线的线间绝缘各是多少，绝缘是否有上涨现象。最后确定选择测试模式。

④单双极绝缘测试。

在测试界面下，按“确认”键开始测试，按“返回”键，停止测试，可即时显示“红”测试线与“黑”测试线之间的绝缘电阻，或“绿”测试线与“黑”测试线之间的绝缘电阻。单极测试时,长按“调节”旋钮,输出电压极性“+”“-”循环切换。测试过程中,短按“上”“下”按键切换电压挡位;双极自动测试时,输出电压极性会定时进行自动切换,可双极绝缘循环自动测试。

电缆故障测试中模式选择见表 5.6。

表 5.6 电缆故障测试模式选择表

序号	模　式	测试方式	条　件	使　用	首　选
1	单极自动连续	自动连续	单向施压时,阻抗处于稳定状态	单极自动连续测试	1
2	双极自动连续	自动连续	正反向施压时,双向的阻抗均处于慢速不断上涨状态	双极自动连续测试	2

注意:

1. 测试前一定要分别施加正反向不同电压(单极自动连续界面下)半分钟以上,观察阻抗的显示值,处于稳定状态还是不断上涨状态。

2. 测试过程中一定要时刻观察阻抗的显示值,尽量不要有快速突变或>1 MΩ,否则,须重新选择模式。

3)各种故障查找方法释疑

电缆接地、混线、短路故障测试:按屏幕上提示的步骤逐步操作,将会自动给出测试点(近端)至故障点的距离,另一端(远端)至故障点的距离,如图 5.35、图 5.36 所示。

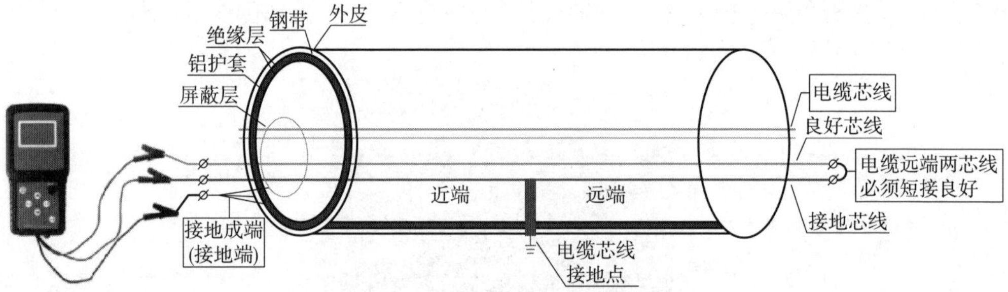

图 5.35 测试电缆芯线接地时接线图

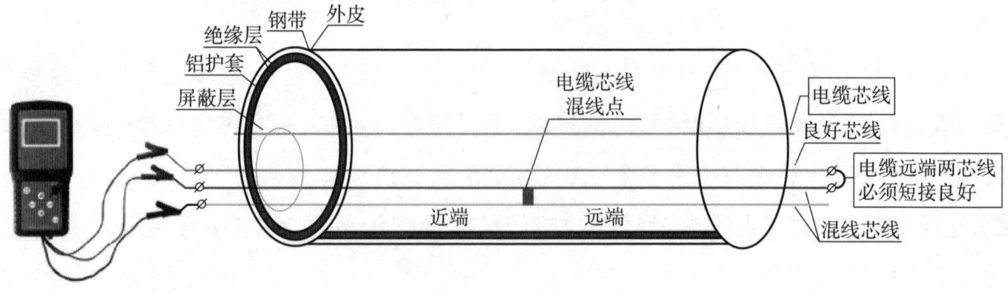

图 5.36 测试电缆芯线混线时接线图

6. 电缆接头分析仪(XJWELL-X3S)

1)主要功能键操作说明

(1)电源状态指示:红灯亮表示主机处于交流供电或充电状态(充电时只需插入充电器即可,无须操作任何键)。灭灯表示主机处于非交流供电状态。

(2)数字显示窗:工作状态指示。

(3)功能键:

幅度:显示测试波形的幅度,手动测量时,根据波形大小幅度选择不同值,显示波形无削顶削底为宜。

缆长:电缆测试长度的范围,手动测量时,按需要选择测试电缆的长度范围。

波速:发射测试波形的波速,根据电缆芯线不同介质进行选择,默认值为信号数字电缆选择值。

通道:当前使用的测试通道,可设定“1”“2”“1+2”“1−2”“1+S”5 个通道方式。

抗干扰:测量时抗干扰强度,可设定 1～10,数值越大,抗干扰效果越强。自动测量时,幅度、缆长为自动设置。手动测量时:幅度、缆长、波速、通道、抗干扰需手动设置。

(4)状态栏:

相关操作说明如图 5.37～图 5.40 所示。

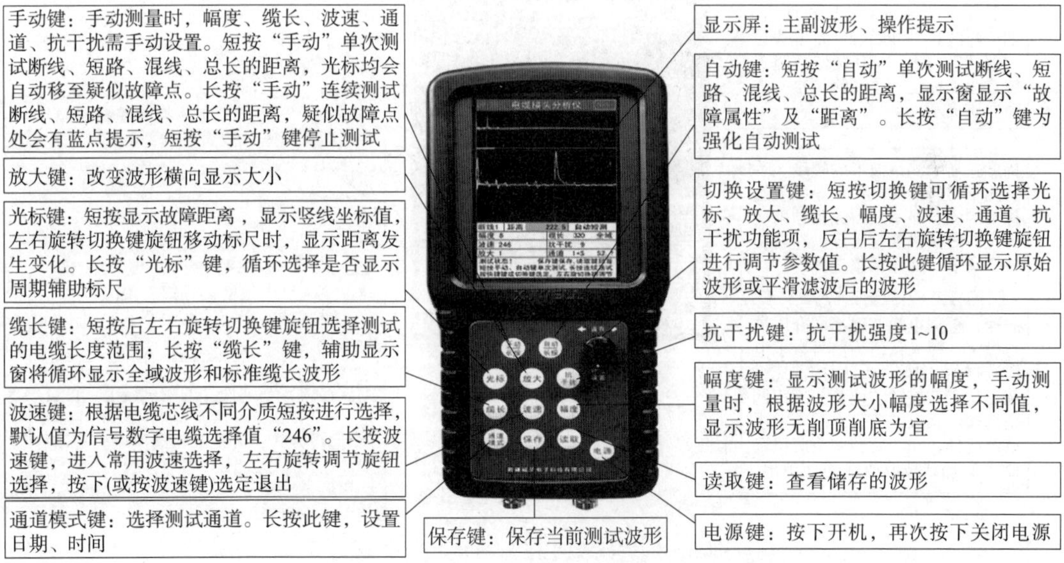

图 5.37　XJWELL-X3S 主要功能键操作说明

特别注意:数字电缆测试时应尽量使用同一屏蔽组的两芯线进行测量(避免干扰)。

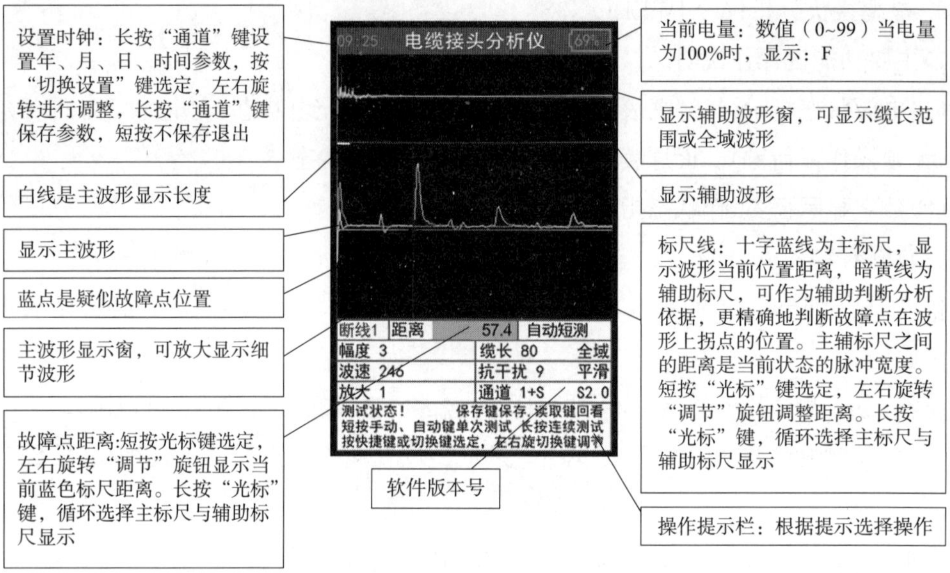

图 5.38　XJWELL-X3S 面板操作图 1

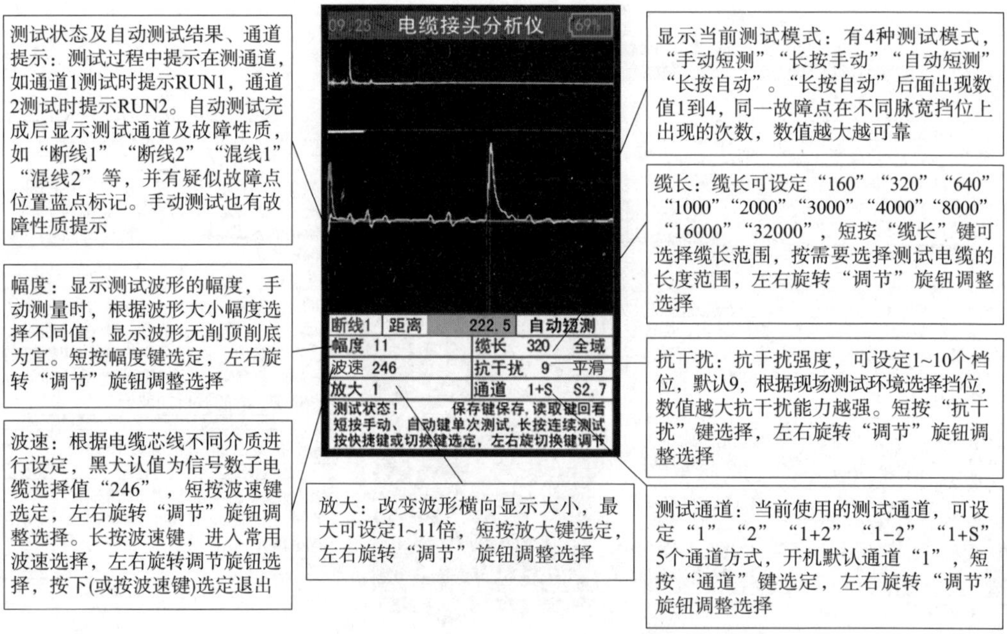

图 5.39　XJWELL-X3S 面板操作图 2

测试通道：使用通道“1＋S”测试时，黄线波形为“通道 1”测试波形，绿线波形为标准波形。通过“1＋2”“1－2”测试时，黄线波形为“通道 1”测试波形，绿线波形为“通道 2”测试波形，如图 5.41 所示。

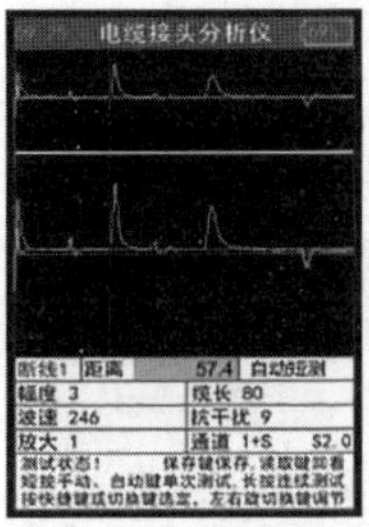

(a)原始波形图

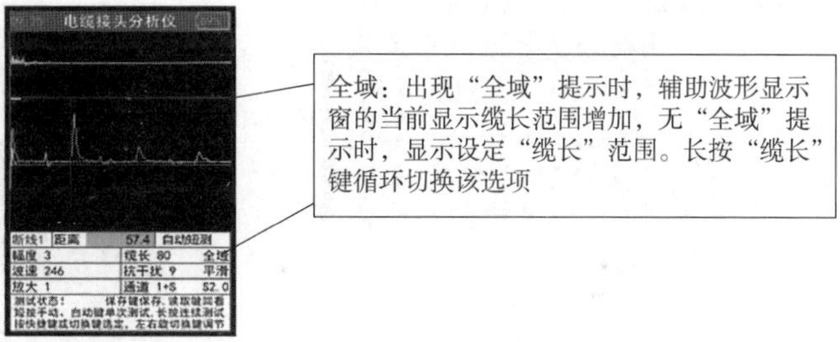

(b)全域波形图

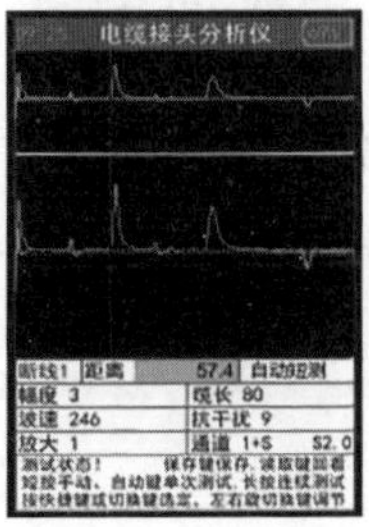

(c)原始波形图

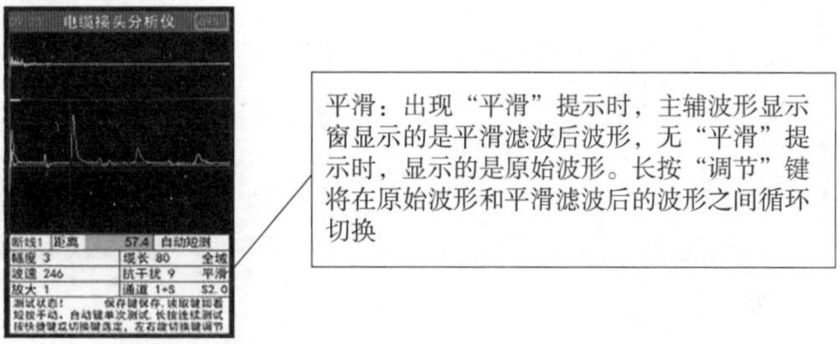

(d)滤波波形图

图 5.40　波形图

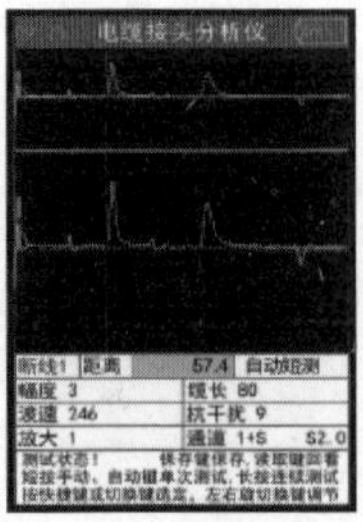

(a)通道“1＋S”测试波形

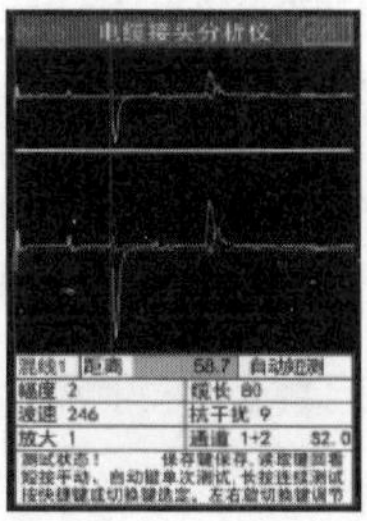

(b)通道“1＋2”测试波形

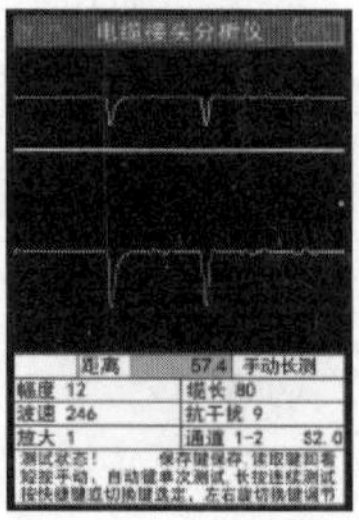

(c)通道“1－2”测试波形

图 5.41　通道测试波形

短按“保存”键在“提示”栏显示当前被保存波形文件名称，再短按一次“保存”键保存当前波形文件，长按“保存”键，取消保存，如图 5.42 所示。

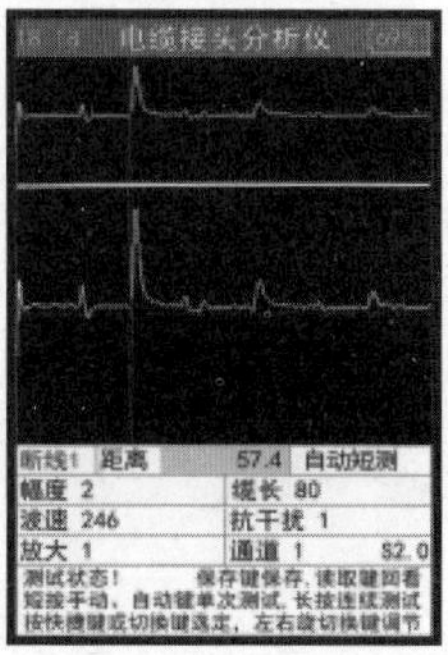

图 5.42　测试波形保存

短按“读取”键显示当前被读取波形文件名称，左右旋转切换键选定项目，再短按一次“读取”键读取当前波形文件，长按“读取”键取消读取文件；在查看波形状态时，可操作“手动”“自动”“通道”键退出读取状态，如图 5.43 所示。

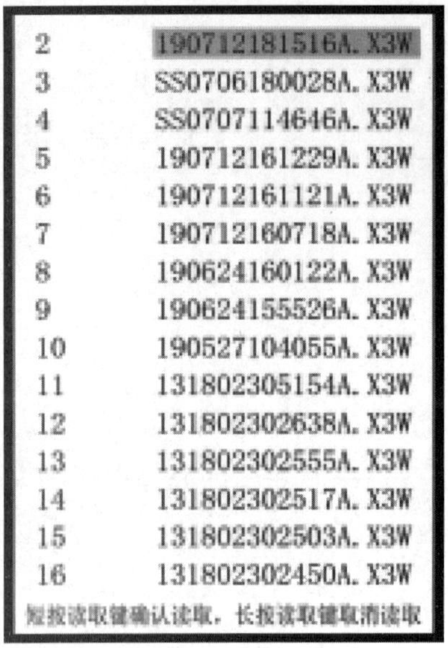

(a)保存波形选择

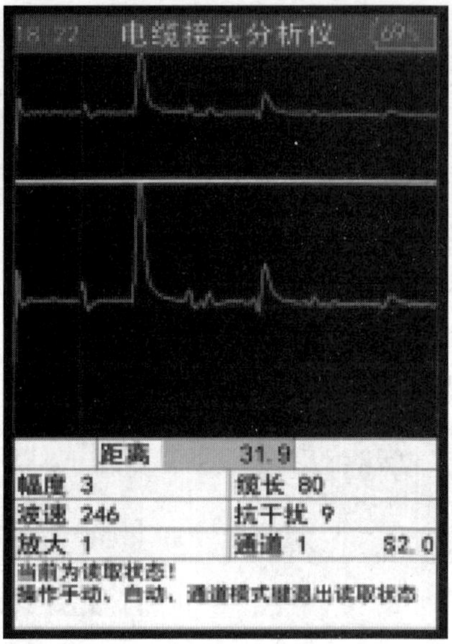

(b)读取波形状态

图 5.43 波形选择与读取

测量原理简介：向电缆发送一电压脉冲，利用发送脉冲与障碍点反射脉冲的时间差与障碍点距离成正比的原理确定障碍点，通过观察电缆的脉冲反射波形可以找出障碍点的位置及判别障碍的性质（开路、短路），测量电缆低阻、短路与断路故障非常迅速、准确，还可用于测量电缆的长度、区分电缆的中间接头、终端头等。

电缆高阻接地、混线故障建议使用“高阻电缆故障定位仪”（XJWELL-X1）、“高阻电缆故障快速测试仪”（XJWELL-X2），会更直观、更准确。

接头波形识别：接头波形是在原标准波形前进方向上发生了变向处（一般是一个小正弦波形）。

2）操作方法

（1）电池在良好状态，查找故障前应事先做好充电工作。

（2）使用前应首先将被测线接地放电，以确保测量数据准确。

（3）按图 5.44 所示方法操作。

3）各种故障查找方法接线图

各种故障查找方法接线图如图 5.45～图 5.51 所示。

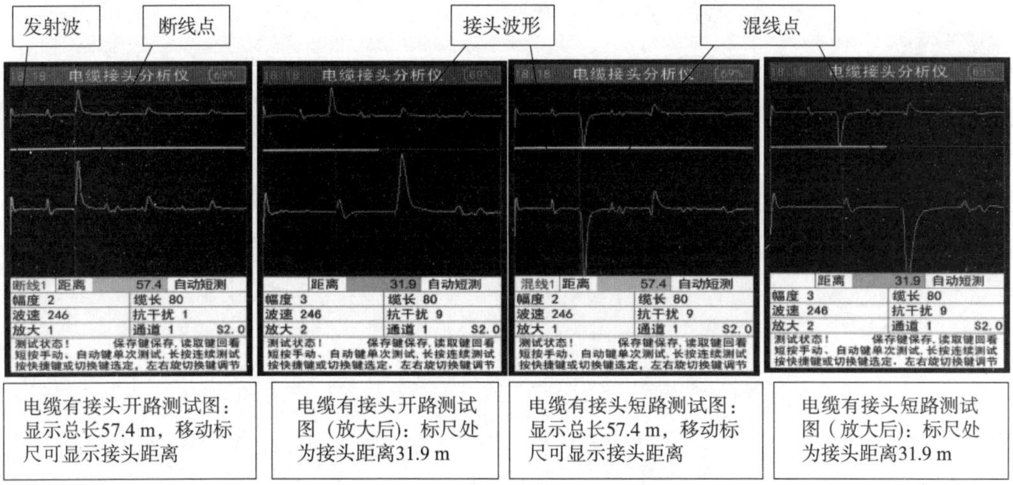

图 5.44　图解方法操作示意图

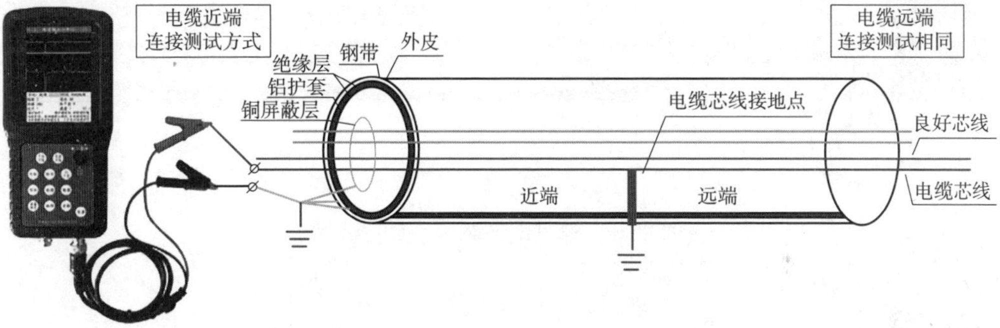

图 5.45　测试电缆芯线接地时接线图

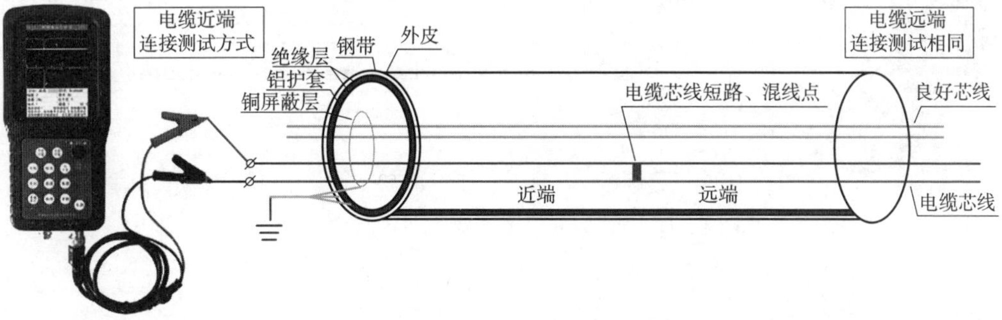

图 5.46　测试电缆芯线短路、混线时接线图

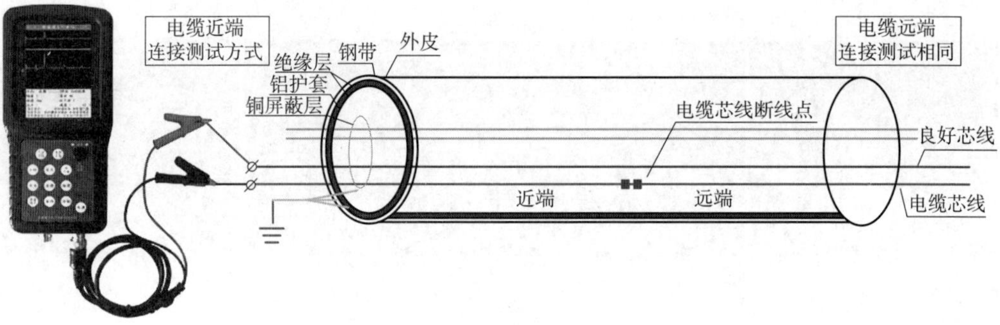

图 5.47　测试电缆芯线断线时接线图

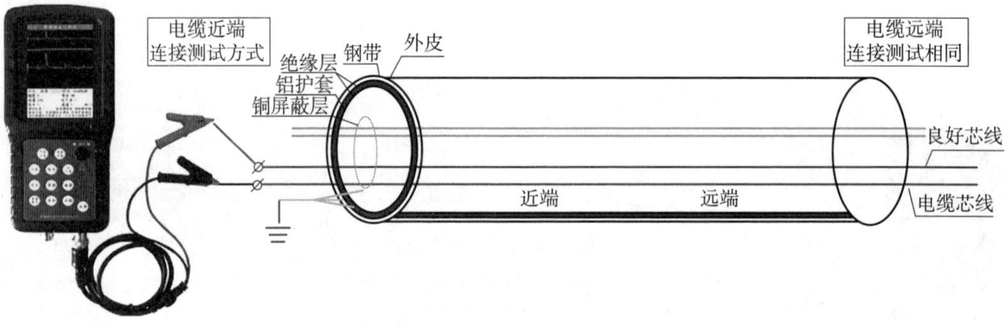

图 5.48　测试电缆芯线全长接线图

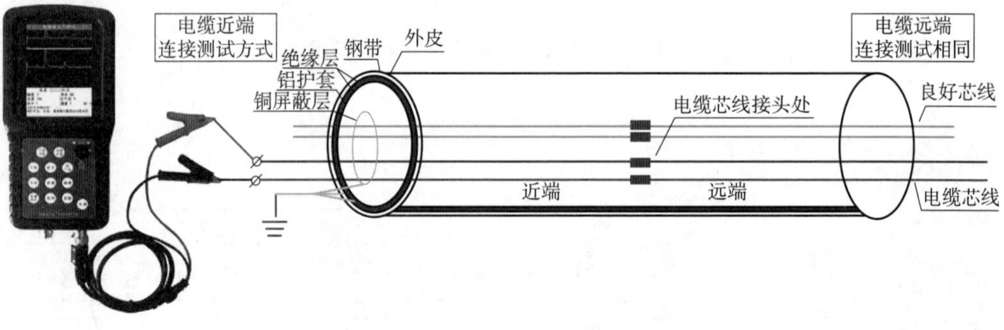

图 5.49　分析电缆接头时接线图

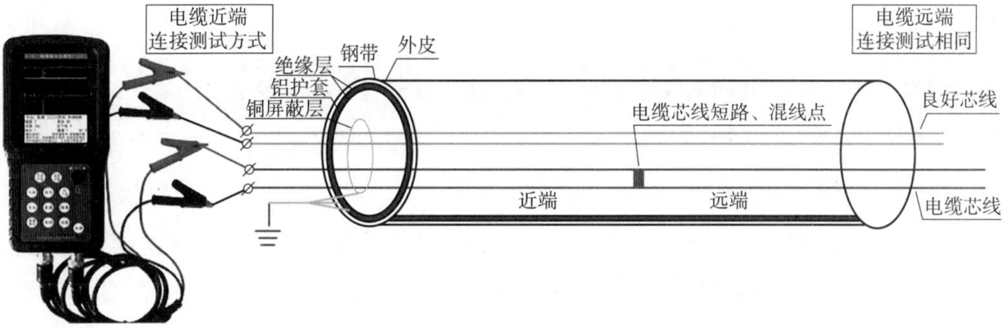

图 5.50　对比波形测试电缆芯线短路、混线时接线图

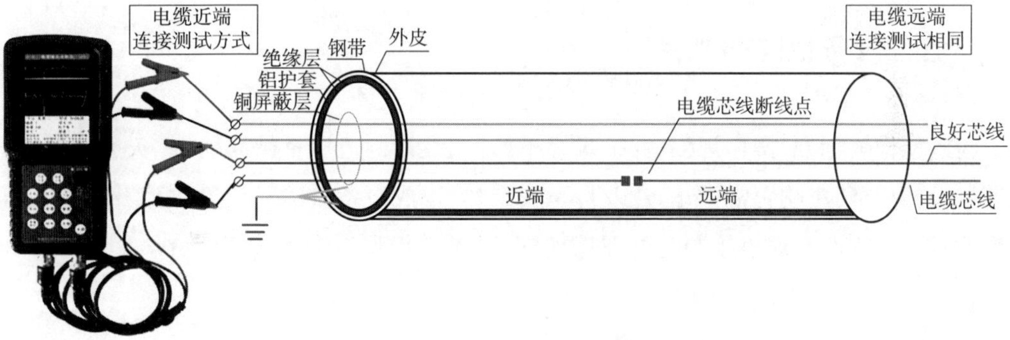

图 5.51　测试电缆芯线断线时接线图

第6章 安全基本知识

安全是铁路运输的生命线。随着我国铁路现代化的发展，列车运行速度、行车密度、列车牵引重量等都在不断提高，行车安全的重要性也就更加突出。所以，认真贯彻“安全第一，预防为主”的方针，提高人员素质、依靠技术进步保证运输生产的安全，显得尤其重要。

6.1 信号设备故障的判断

因违反作业标准、操作规程，养护维修不当，或设计制造质量缺陷、自然灾害等原因，造成信号设备损坏，影响正常行车，危及行车安全，均构成设备故障。设备故障升级为铁路交通事故时，按《铁路交通事故调查处理规则》有关规定办理。

1. 信号设备故障的责任判定

信号设备故障分为责任故障和非责任故障。

1)因违反作业标准、操作规程或养护维修质量不良造成的设备故障，列电务部门责任。

2)未按国铁集团规定制定或自行发布的文电，违反规章制度、技术标准、作业标准，导致设备故障，列发文(电)部门(单位)主要责任，同时追究会签部门(单位)因专业把关不严导致错误签发文(电)的责任。

3)设备质量不良造成设备故障，属设计、制造、采购、检修、验收等单位责任的，定相关单位责任。未按规定采用行政许可、认证生产的产品，或采购不合格、不达标的产品，造成设备故障时，定采购、采用单位责任。

4)营业线施工中因建设、设计、监理、施工、设备管理等原因造成的设备故障，定相关单位责任。

5)涉及两个及以上单位，或结合部发生的设备故障，不能判定原因时，定相关部门同等责任。

6)凡经国铁集团批准或铁路运输企业批准，并报国铁集团核备后的技术革新项目、科研项目在运营线上试验时，在限定的试验期内确因试验项目本身发生设备故障，不定责任事故；但由于违反操作规程以及其他人为因素造成的设备故障，定责任事故。

7)设备故障发生单位隐瞒或查不清原因的,定该单位责任;协同隐瞒的单位追究同等责任。

8)租(借)用其他单位的设备发生故障,定租(借)用单位责任;有合同约定的,按合同办理。

9)因自然灾害等不可抗力原因导致的信号设备故障,列非责任;经公安部门查明,确系人为破坏原因造成的设备故障,列非责任;应采取防范措施而未采取,导致人为破坏造成的设备故障,定设备维修单位责任。

10)供电、电气化、通信及结合部影响,列车车载物体刮、砸设备,道岔尖轨卡物、外界施工妨碍等造成的设备故障,列相关单位责任。

2. 信号设备故障原因及分类

信号设备是由许许多多的元件、器材及电线连接而成,每个元件、器材的物理性能是有差异的,同时,设备的安装、使用条件及自然界和外界不可预见的影响,都有产生故障的可能,信号设备昼夜不停地处于运行状态,出现故障是在所难免的。另外,使用人员的操作失误、维修人员的工作失误等同样也会造成设备故障。下面总结分析信号设备故障的原因及分类。

1)故障原因

(1)材质不良(客观原因)

元器件变质,任何器材或设备,都具有一定的使用期限,越过使用期限后,各部位均可能发生质变。同样信号电气设备的许多元件,经过一段时间使用后,都可能因发生变质而失去正常的功能,导致设备故障。如某站进站信号机开放后自动关闭,造成列车信号机外停车。原因是接车进路上的一个轨道区段受电端BZ4,变压器Ⅱ次侧的防雷元件压敏电阻短路。

制造工艺缺陷:因制造工艺落后选用材料不当,生产过程控制不严等原因造成不合格品出厂使用。如某站出站信号机不能开放信号,造成列车站内停车,原因是绿灯灯泡内主、副丝共用线不通。

(2)维修不良(主观原因)

业务素质差:从事任何工作,都需要有相应的知识,具有一定的操作技能,没有一定的技术水平而从事信号维修工作,造成设备故障则是必然的结果。如某信号工在中间站的到发线出岔的送电端进行检修作业,发现送电端所使用的二柱瓷端子上的电缆芯线固定螺母松动,由于不熟悉轨道电路的供电情况,未经过要点,即卸下螺母进行整治工作,造成上行咽喉轨道电路红光带。

责任心不强:具有强烈的责任感,是做好工作的基础,也是保证安全的前提,工作中的任何一点疏忽，都可能给铁路运输工作造成不可弥补的损失。如某信号工在检修道岔时，发现道岔的密贴调整备用螺母松动，由于已经到下班时间，就没有进行紧固，造成道岔的缺口发生变化影响表示，致使列车停车。

(3)违章作业(人为原因)

规章制度是信号维修人员必须遵守的章程。违反了安全操作规程，就无从谈起安全。如某站在进行信号设备冬季防护检查时，竟然将道岔动作杆取下检修，仅用表示杆连接转辙设备，造成列车颠覆事故。

(4)其他影响(外界原因，对于信号工也是客观的)

由于信号设备分布于铁道线上，自然环境不可避免地要对其产生影响，同时，铁路其他部门的维修、施工方法不当，社会不法分子对设备的破坏，都将直接造成信号设备故障。

自然界的影响：如夏季的雷害造成防雷元件击穿，冬季的严寒造成断轨等。

行车及施工影响：如工务施工、道床整治、线路检修，造成绝缘破损，影响轨道电路的正常工作等。

其他因素影响：如因线路长时间没有列车或车列通过，造成轨面生锈，使轨道电路分路不良；钢轨接续线被盗、道床漏泄影响轨道电路的正常工作等。

2)故障分类

(1)按故障原因分类

人为故障：违章作业造成的设备故障。

设备故障：因为设备材质不良或维修不良而发生的设备故障。

(2)按故障性质分类

机械故障：机械设备的材质发生变化，固定螺栓松动。如电动转辙机的机械卡阻、自动开闭器不能协调动作、道岔的缺口、密贴发生变化等造成的故障。

电气故障：电子元件发生质变、调整不当、电网电压发生变化等因素造成信号设备的电气特性发生了变化。

(3)按故障范围分类

室内故障：机械室内设备发生的故障，如联锁电路、电源屏、控制台、功能模块等故障。

室外故障：如室外的道岔、轨道电路、信号机等故障。

(4)按故障状态分类

断路故障：本来应该接触良好的器件因故接触不良而造成的故障。

短路故障：本来应该具有一定绝缘性能的设备因故使绝缘程度下降，从而影响设备的电气性能而造成的设备故障。

(5)按故障部位分类

线路故障:如电缆、变压器箱连接线道岔跳线断线、短路,造成设备之间的连接线断路或短路等造成的故障。

器材元器件故障:器材变质、机械性能发生变化等。

(6)按故障数量分类

单一故障:同一性质的电路中,同时仅存在一个故障。此类故障体现出的现象较为明显,在日常工作中经常发生,故障现象较易分析。

叠加故障:同一性质的电路中同时存在一个以上的故障。此类故障在设备正常使用中较少发生,新设备开通时较为多见。此类故障较为复杂,体现出的故障现象也各不相同,分析较复杂。

(7)按故障现象分类

非潜伏性故障:通过信号控制设备的自诊能力,在发生故障之后能以一定的形式表现出来的故障。

潜伏性故障:只有在使用到该部分电路或器件时,才能发现的故障。在正常使用时,并不能利用信号控制设备的自诊能力发现故障,所以此类故障造成的危害最大。

6.2　基本安全制度和作业纪律

1. 基本安全制度

电务工作人员必须认真执行“三不动”、“三不离”、“三不放过”和“三级施工安全措施”等基本安全制度,这是保证行车安全、杜绝违章作业、防止设备故障升级的具体措施。

1)三不动

(1)未登记联系好不动。

(2)对设备性能、状态不清楚不动。

(3)正在使用中的设备(指已办理好进路或闭塞的设备)不动。

2)三不离

(1)工作完了,不彻底试验良好不离。

(2)影响正常使用的设备缺点未修好前不离。

(3)发现设备有异状时,未查清原因不离。

3)三不放过

(1)事故原因分析不清不放过。

(2)没有防范措施不放过。

(3)事故责任者和群众没有受到教育不放过。

4)三级施工安全措施

电务段、车间、工区三级组织的施工均应制定施工安全措施。安全措施的内容须包括：施工前的准备措施，施工中的单项作业措施，安全卡控措施及安全防护措施，施工后检查试验措施，以及发生故障时的应急措施等。

5)电务工作人员必须严格执行作业纪律

(1)严禁甩开联锁条件，借用电源动作设备。

(2)严禁采用封连线或其他手段封连各种信号设备电气接点。

(3)严禁在轨道电路上拉临时线构通电路造成死区间，或盲目用提高轨道电路送电端电压的方法处理故障。

(4)严禁色灯信号机灯光灭灯时，用其他光源代替。

(5)严禁甩开联锁条件，人为构通道岔假表示。

(6)严禁未登记要点使用手摇把转换道岔。

(7)严禁代替行车人员按压按钮、转换道岔、检查进路、办理闭塞和开放信号(或依据客运专线的有关规定)。

2. 技术作业安全要求

1)在站内、区间作业时的安全要求：

(1)上道进行施工、检修作业及设备检查时，应实行群体作业，按规定穿着防护服(饰)，并应设安全防护员，实行专人防护。

(2)防护员应与室内值班人员保持联络，随时预报列车运行情况。防护员应佩戴标志，携带规定的防护用具。防护员不准兼做其他工作。

(3)电务值班人员应随时与车站值班员联系，掌握列车运行情况，并及时通知室外安全防护员，现场作业人员接到安全防护员通知后，应立即停止作业，下道躲避。

(4)在站内作业时要实时注意瞭望列车运行情况，根据站场线路布置，建立作业安全岛。有条件的车站应安装列车接近自动音响或语音报警装置。

(5)在区间行走时应走路肩；在道床上行走或工作时，应不断前后瞭望；在复线区间，应逆列车运行方向行走，并不断前后瞭望，禁止在邻线和两线中间躲避列车。

(6)横越线路时，须执行“一站、二看、三通过”的制度。禁止从车辆下部或车钩处通过。在停留列车、车辆前部或尾部通过时，应与其保持 5 m 以上距离。

(7)禁止在机车行驶中检修机车外部的电务设备，机车入库或在车站停车检修机车外部的电务设备时，应挂红色信号旗或红灯防护，并在操纵手柄上悬挂红色“禁止操纵牌”。

(8)禁止在钢轨、枕木上和车辆下部休息。

(9)雷雨或暴风时，禁止在信号机上作业；打雷时，禁止修理避雷器、地线。

(10)冬季室外作业时，所戴防寒帽应有耳孔。

(11)检修电动(电空、电液)转辙机时，应打开遮断器。

(12)挖坑、沟时，应了解地下设备情况，土质松软处所应有防护和加固措施，以防坍塌。坑、沟一般不应过夜，不得已时，须采取防护措施。

(13)扛抬笨重物品时，每人负重一般不得超过 50 kg。

2)在高柱信号机上作业时的安全要求：

(1)离开梯子或站在梯子架外侧工作，须使用安全带。

(2)禁止上、下同时作业；不得将工具、材料放在信号机上；不准上、下抛递工具、材料。

(3)列车通过时，禁止在该股道两侧信号机上停留。

(4)不准人扛、手提笨重物品攀登信号机。

3)对带有 220 V 及其以上电压的信号设备进行作业时，一般应切断电源或双人作业。需停电进行检修作业时．应指派专人负责断电，并在电源开关处悬挂警示牌。恢复供电时，应确认全体工作人员作业完毕，脱离带电部件后，方可合闸，摘除警示牌。对高于 36 V 电压的信号设备进行带电作业时，应遵守以下规定。

(1)使用带绝缘的工具，穿绝缘胶鞋(室内应站在绝缘板上)。

(2)不得同时接触导电和接地部分。

(3)未脱离导电部分时，不得与站在地面的人员接触或相互传递工具、材料。

4)在电气化区段作业时的安全要求发：

(1)人身和携带物件(如长杆、导线、工具等)与接触网设备带电部分，必须保持 2 m 以上的距离，与回流线有 1 m 以上的距离。

(2)在距离接触网带电部分不足 2 m 的处所作业时，接触网必须停电，由接触网工区人员安设可靠的临时接地线后，方可开始工作。作业时应有接触网工区人员在场监护。拆除临时接地线后，严禁再进行作业。

(3)禁止攀登接触网支柱，不得在支柱上搭挂物品。

(4)严禁向接触网上搭挂绳索等物，发现接触网上挂有线头等物，不准接触。当发现接触网导线断落时，要远离该处 10 m 以外，将该处加以防护，并立即通知有关部门处理。电务设备的地线必须安装牢固，接触良好，接地电阻应符合要求。信号人员作业时应确认地线接触良好。

(5)信号人员作业时，应按规定使用耐高压的绝缘防护用品，如高压绝缘手套、绝缘靴、绝缘垫等。

(6)更换扼流变压器、中心连接板、轨道电路送、受电的扼流变压器引接线、站内横向连接线等器件时，应按规定采取相应的安全防护措施，保证牵引电流畅通后，方可进行作业。

(7)更换轨道电路绝缘时，应在确认扼流变压器连接线各部分连接良好后，方准开始作业。

(8)整修电缆时，应先确认电缆外皮(全塑电缆除外)与电缆屏蔽地线连接牢固，接触良好，同沟内数条电缆外皮焊接良好，方准开始作业。

5)检修整流、变流及磁饱和等电源设备时的安全要求：

(1)电压高于 220 V 的设备应关闭电源，并通过人工放电，释放电容器电能后，方可开始工作。

(2)不准将电流互感器二次线圈开路，以免产生高电压击穿设备和危及人身安全。

6)信号机械室内必须保持清洁，禁止烟火，并应做好以下防火工作。

(1)必须备有符合要求的报警和灭火设施，并保持其良好。

(2)电缆进出口应采用防火材料封堵，电力电缆不得与信号电缆同沟敷设。

(3)必须按日常养护周期巡视信号设备，发现温升异常须及时处理。

(4)室内不得存放易燃易爆物品。

(5)严禁用汽油、酒精等擦拭设备的电气接点，并不得用易燃油擦洗地面和设备。

7)检修工具及安全防护用品，必须经常保持完好，发现不良的，应及时更换。检修人员使用前，必须进行检查。

8)工区应备有急救药箱，所有工作人员应掌握预防作业伤害、触电和外伤处理知识。

参 考 文 献

[1] 林瑜筠,魏艳,赵炜．城市轨道交通信号基础设备[M]. 北京:中国铁道出版社,2012.

[2] 孙艳英．车载信号设备检修[M]. 北京:人民交通出版社股份有限公司,2018.

[3] 张仕雄,薄宜勇．铁道信号基础设备维护[M]. 北京:中国铁道出版社,2015.

[4] 上海申通地铁集团有限公司轨道交通培训中心．城市轨道交通信号技术[M]. 北京:中国铁道出版社,2012.

[5] 陈伟革．铁路信号作业指导书[M]. 北京:中国铁道出版社,2014.

[6] 戴成新．道岔工电结合部病害整治[M]. 北京:中国铁道出版社,2018.

[7] 袁成华．铁路信号设备故障分析与处理[M]. 北京:中国铁道出版社,2009.